発展する中国の流通

矢作敏行・関根孝・鍾淑玲・畢滔滔 [著]

Distribution in China

Yahagi Toshiyuki
Sekine Takashi
Chung Sulin
Bi Taotao

東京 白桃書房 神田

■はしがき

　いかなる企業にとっても,「縮む市場」で生きていくことはつらい。極端な話をすれば,持続的な成長戦略を見出せない企業は結局,競争相手の数を少なくする合併・買収でしか生き残りを図れないともいえる。実際,日本の流通業界では苦しい状況に追い込まれた企業がなりふり構わず経営統合に走る例が数多くみられるようになった。

　そうだとすれば,なぜ「伸びる市場」に経営資源を移転し,自らの経営を高める機会を求めていかないのかと不思議に思う。商業統計によると,日本の小売市場は1997年の147兆7000億円をピークに,2007年には134兆7000億円まで下落しおよそ13兆円の市場を失っている。これは百貨店市場7兆7000億円をはるかに上回る規模であり,主要な小売業界の1つか2つがそっくりなくなってもいっこうにおかしくない劇的な市場規模の縮小なのである。しかも,これから人口減少や高齢化が進むのであるから,事態は深刻化しても大きく回復する可能性はほとんどない。

　日本の周囲を見渡してみよう。アジアには膨大な市場が広がっている。すでに1980年代4匹の小竜とうたわれた韓国,台湾,香港,シンガポールが存在感を増し,90年代その背後から中国という1匹の巨大な竜が登場し,世界の注目を一身に浴びた。そして,成長の波は東南アジアからインド,中東へとおよんでいる。アジア市場で「縮む市場」から「伸びる市場」へ経営の軸足を移すのは,当然のことのように思えるのだが,現実はいささか異なっている。流通・サービスやその他の内需型産業は長い間,国境を超えることをちゅうちょしてきた。

　流通業界では「流通ドメスティック（国内的）産業論」が依然として支配的

である。たしかに，流通のあり様はそれぞれの国の歴史的，社会的，文化的要素から強い影響を受けて成り立っており，単純なグローバリゼーションは起こりえないに違いない。流通はあくまで流通である。それぞれの国・地域の生活の内部から生み出された商品と商品の集合があり，流通にはそれぞれの都市空間や交通体系から規定された店舗立地や流通経路のあり方がありうる。

　それはその通りであるが，日本企業が立ち止まっている間に欧米や韓国，台湾の流通業や消費財メーカーは明確にアジア・シフトを実行し，目覚しい実績を上げている，それはなぜか。ドメスティック産業はドメスティック産業なりの国際化があるということではないだろうか。共著者の1人はその点を「小売国際化プロセス論」として提示し，自社の将来を海外市場の託す欧米企業の「能動的な国際化」に対して，日本の有力小売企業の国際化を，「受動的な国際化」と批判的にとらえた。

　われわれが「発展する中国の流通」の現実をとらえようと思い立ったのは，単なる地域研究としてではなく，以上のように流通業が国境を超えて発展し，ドメスティックな要素とグローバルな要素が交錯するアジアと日本の流通の現実を強く意識したからにほかならない。まず，中国の流通の現実を理解することから始め，そこから日本とアジアの流通産業の行方を考え，各企業の行動指針を示したい。

　したがって，アジアのなかで日本の流通をとらえ直すという究極の目標を遠くにみやりながら，本書では種々の角度から中国の流通近代化プロセスを分析する課題に取り組むことになった。具体的には，①国有企業改革の流れに乗る中国有力小売企業，外資のなかで異彩を放つ華人資本，日本型卸売業の移転に取り組む日系総合商社という，中国流通近代化の多様な担い手に光を当てた，②流通の地域差を考慮して，大都市と地方都市における計画経済から市場経済体制への移行過程における小売・卸の変化を現地調査で分析した，③家電，自動車，食品の3分野で新しい流通チャネルの生成をみた，の3点が本書の特徴である。

　共同研究チームは4年前の2004年，法政大学イノベーション・マネジメント研究センター内に中国流通研究会として正式に発足し，当初は月例研究会で中国に進出している日系企業の関係者からレクチャーを受ける一方，北京，上

海，広州，深圳，成都，青島，唐山の各都市，および台湾・台北で現地調査を順次進めた。

その過程で意見を交換し，各自の研究上の関心はおのずと固まっていった。すでに日本と韓国の小売競争論で研究実績を残している関根は流通近代化とは何かを自問自答しながら，小売，卸市場（イチバ）を含む地域商業の変容と家電流通チャネルの生成を取り上げ，台湾企業の経営史を専門とする鍾は華人資本の積極果敢な中国戦略に，また地域商業論に取り組む畢は河北省の地方都市における卸売流通システムと日系自動車メーカーの系列ディーラー組織化に焦点を当てた。矢作は中国における国営配給システムが崩壊するなかで日本型卸の経営移転を意図する日系総合商社と，外資参入に対抗しながら成長する中国チェーンストアの成長戦略という異なる２つのテーマを取り上げた。

４人の研究上の関心が補い合い，多様な中国流通近代化プロセスを分析する第一歩を踏み出すことができた。とりわけ，語学力に優れた鍾，畢のおふたりの存在は現地調査や資料収集・分析に絶大な力を発揮された。改めて感謝したい。

本書は共著者の１人が研究代表者を務める平成15年度〜同18年度科学研究費（研究課題番号：15402031）ならびに平成19年度〜同21年度科学研究費（同：19330093）の研究成果の一部である。研究会開催に際しては法政大学イノベーション・マネジメント研究センター・スタッフから支援していただき，さらに出版に際しては同研究センターから出版補助を受けた。記して感謝申し上げたい。

最後になったが，過去２冊の研究書を刊行していただいている白桃書房には今回も大変お世話になった。共著特有のむずかしい編集作業に黙々と辛抱強く取り組んでいただいた田村和弘さんには，心より御礼申し上げたい。

2008年11月

共著者を代表して

矢作　敏行

■目 次

序 章 1
  1 3つの改革 1
  2 問題の所在 5

第Ⅰ部　移行経済体制下の流通近代化を探る

第1章　中国流通の近代化プロセス 13
  1 はじめに 13
  2 計画経済期における流通改革（1953～1977年）............................. 14
  3 経済改革開放期の流通改革（1978～1991年）............................... 18
  4 社会主義市場経済転換段階の商業（1992～2000年）..................... 26
  5 WTO加盟後の流通近代化（2001年～）...................................... 31
  6 おわりに 38
  補論　中国の商業統計 41

第2章　外資参入動向と現地市場へのインパクト 45
  1 はじめに 45
  2 資本自由化と外資参入動向 45
  3 外資系総合量販店の出店戦略 55
  4 コンビニエンスストアの出店戦略 62
  5 現地市場のインパクト 68
  6 まとめ 72

第3章　華人・華僑系流通資本の中国市場戦略 77
  1 概　況 77
  2 主要華人・華僑系資本の動向 81

3	華人・華僑系資本の参入背景と特徴	100
4	今後の研究課題	106

第4章　中国小売企業の成長戦略と競争力 　111
　　　　　北京有力2社の比較事例研究

1	問題の所在	111
2	調査の方法と対象	113
3	物美の成長戦略	114
4	京客隆の成長戦略	124
5	特異な収益モデル	131
6	競争力の予備的検討	133
7	結びにかえて	137

第5章　中国における日本型卸売業の発展可能性 　141
　　　　　総合総社の取り組みから

1	はじめに	141
2	参入概況	143
3	伊藤忠商事の戦略	143
4	三菱商事の戦略	151
5	丸紅の戦略	156
6	住友商事の戦略	159
7	まとめ	162

第Ⅱ部　地域流通の近代化をみる

第6章　中国地方都市の近代化プロセス 　169
　　　　　河北省唐山市の現地調査から

1	はじめに	169
2	ケースとしての唐山市	171
3	唐山市の流通近代化	175

4	小売業の近代化―百貨店とショッピングセンターの発展	183
5	民営卸の成長	191
6	結びにかえて	199

第7章　中国地方都市の卸売流通システム　　205
　　　　河北省唐山市の現地調査から

1	はじめに	205
2	唐山市の商業改革	207
3	唐山市の卸売構造の現状：統計データに関する分析	208
4	唐山市の卸売流通の現状：現地調査の結果	212
5	分　析：唐山市の卸売構造の形成要因とその影響	217
6	おわりに	222

第8章　中国大都市の流通近代化の現状　　225
　　　　上海の流通近代化

1	はじめに	225
2	先進都市「上海」	225
3	小売業の動向	227
4	卸売業の動向	247
5	おわりに	252

第Ⅲ部　流通チャネルの革新をつかむ

第9章　家電流通の革新者　　259
　　　　国美と蘇寧

1	はじめに	259
2	中国における家電品チャネル変遷	260
3	家電量販店成長の軌跡	266
4	成長に弾みがつく国美電器	269
5	追跡する蘇寧電器	278

6	自社チャネル網の構築急ぐ家電メーカー	283
7	おわりに	288

第10章　変貌する乗用車市場におけるメーカーと4S店の共存共栄　295
トヨタ自動車の中国合弁事業の事例を中心に

1	はじめに	295
2	21世紀に入ってからの中国乗用車市場の変化	296
3	買い手市場における大手メーカーの販売促進・チャネル戦略	301
4	4S店との共存共栄をめざす販売促進・チャネル戦略の効果と問題	310
5	おわりに	314

第11章　食品流通チャネルの生成と発展　319
台湾系2社の比較事例研究

1	はじめに	321
2	中国の流通構造と流通政策の概況	321
3	頂新（康師傅）のブランド戦略とマーケティング・チャネル構築	322
4	統一企業グループのブランド戦略とマーケティング・チャネル構築	329
5	頂新グループと統一企業の比較	336
6	おわりに	340

結　章　課題と展望　345

1	はじめに	345
2	明らかになったこと	345
3	中国流通近代化の特徴	350
4	「小売イノベーション」と「流通業のグローバル化」	353
5	課題と展望	355

索　引　359

執筆担当章一覧

矢作敏行：序章(共)，第2章(共)，第4章，第5章，結章(共)。

関根　孝：序章(共)，第6章，第8章，第9章，結章(共)。

鍾　淑玲：第1章，第2章(共)，第3章，第11章。

畢　滔滔：第1章補論，第7章，第10章。

■序　章

1　3つの改革

　中国の人々が「100年に一度の歴史的な出来事」と熱狂した北京オリンピックが終了した直後，今度はアメリカ金融界のリーダーが「100年に一度の金融危機」と表現した混乱が世界を襲った。急転回する世界経済のなかで中国経済もまた減速を余儀なくされているが，その存在感はいっこうに衰える気配はない。中国の国内総生産（GDP）は2007年，世界第3位のドイツに迫り，数年内には日本を追い抜く勢いにあり，その一挙手一投足が世界に大きなインパクトを与えるようになっている。

　「世界の工場」であると同時に，「世界の市場」となった中国において，生産と消費を結ぶ流通は要石的存在となっている。計画経済体制下で国が組織した商品配給機構は1978年の経済改革以降変容し，92年初め鄧小平の南巡講話を契機にした改革開放路線の加速により一気に崩壊へと向かった。

　1993年11月中央政府が決議した「社会主義経済体制を確立する若干の問題に関する決定」によれば，中国が掲げる「社会主義市場経済」の改革目標は10項目からなっている（呉，2007，コラム2．5）。そのうち流通部門に直接的な影響を与えたのは，①国有企業の経営メカニズムを転換し，現代企業体制を確立する，②対外経済体制改革を推進し，対外開放を一層拡大する，③市場システムを育成し発展させる，の3点である。中国の流通近代化は国有企業改革，対外市場開放，市場システムの育成という3つの改革目標により大きく方向づけられた。

1970年代末以降，国有企業への経営自主権の付与，配給制度と価格統制の逐次的廃止，経営請負制度の導入が段階的に実施され，93年以降は株式会社という現代企業体制への改組が加速した。背景には多額の負債を抱えた国有企業の経営不振があり，97年時点においても小売・卸売事業に従事する国有流通企業の40％が赤字経営に陥っていたとの報告もある（黄，2002）。

　本書で取り上げる北京の有力小売・卸売企業，北京京客隆商業集団股份有限公司（第4章）や上海の有力小売企業，聯華超市股份有限公司（第2章，第8章）はいずれも1990年代前半，国有企業改革の流れに乗り誕生した国有流通企業で，2000年代には株式の一部を香港証券市場などに上場し，いち早く「現代企業」に転換した例である。

　また，小売・卸売分野における日系企業の合弁会社パートナーはイトーヨーカ堂，セブン-イレブン・ジャパン，ヨークベニマル（以上，北京），イオン（青島，広州），丸紅（上海），三菱商事（上海，大連，天津）等の場合，圧倒的多数が国有流通関連企業である。

　対外市場開放は小売業の場合，1992年7月，5つの経済特区と北京，上海，広州等の6都市で若干件数の中外合弁事業が認可される方針が示され，卸売業は99年6月から正式認可が受け入れられるようになった。これにより巨大市場・中国への外資の参入機運は急速に盛り上がり，97年末合弁小売企業数は300社余りに達した（胡，2001，原資料は『中国国内商業統計1998年版』）。外資の力を借りて，中国に「現代企業体制」を確立するとの政府の目論みは一応，功を奏した結果となった。

　たとえば，われわれが訪問した河北省の地方都市，唐山では地元の有力食品小売企業はそろって外資系店舗を学習対象としてとらえていた。なかには河北省における総合超市（衣食住を総合的に扱う総合量販店の1種）のパイオニアである河北保龍倉商業連鎖有限公司のように，深圳のウォルマートを見学し，そのスケールに感動し，仲間と語らい小売企業を起こし，店舗運営はカルフールからスカウトした人材で乗り切るといった例もあった。外資導入に伴う，国内企業活動への刺激と経営知識のスピルオーバー（漏出）効果は，かなり大きかったといえる。

　中国経済は2003年から07年までの5年間で2桁成長を遂げる未曾有の

「WTO加盟景気」（呉，2008，26頁）に沸き，国際社会での地位を一気に高めた。この時期は，小売・卸売事業の開放が進んだ01年11月のWTO（世界貿易機関）加盟から04年12月の「完全自由化」に至る時期と重なる。外資の投資態度は一段と積極化し，外資間での競争の優劣が明らかになった。欧米外資は絶好の成長機会を逃さず，出店や企業買収に積極的に投資し，事業拡大した。2007年中国小売企業ランキングにはフランス・カルフール（家楽福）とフランス・オーシャン系の大潤発の2社がトップ10入りしている。対照的に，日本の有力小売企業の投資態度は慎重である。詳細は，第2章で論じよう。

　また，中国市場特有の現象として台湾，香港，タイ，マレーシアといったアジアの華人資本の「帰郷現象」が目を引く。小売分野のみならず，食品分野では台湾系の統一企業グループや頂新グループは，独自の製販統合型事業モデルを構築し，いち早く全国的な生産・販売体制を整備した（第11章）。その過程で頂新グループと伊藤忠商事・ファミリーマート，統一企業グループとセブン-イレブン・ジャパンといった日系企業との戦略的提携が成立した（第2章，第5章）。

　最後の市場システムの育成・発展は多様な問題を含んでいる。国有企業の民営化，民営企業の台頭，外資の事業拡大はそれ自体が市場システムの担い手の登場を意味している。とくに，流通分野ではチェーンストアの健全な成長が市場メカニズムの円滑な作動に寄与すると期待され，1990年代国内チェーンストアの育成・強化策が示された。本書の事例研究で取り上げる北京最大の食品小売企業，北京物美商業集団股份有限公司（第4章），中国最大の小売企業である家電量販店の国美電器集団（第9章）の両社はいずれも企業家が創業した典型的な民営企業であり，国が指定する重点育成流通企業リストに顔を出している。

　市場システムの担い手として，われわれが注目したのはおびただしい数の卸売市場の出現である。1980年代階層的な3段階卸売流通システムが放棄され，国有卸売企業の民営化・株式会社化が進む一方，中央政府は卸売流通システムの再生のため，伝統的な市場（イチバ）を含む卸売市場の建設を促進した。地域流通調査の場として選んだ河北省唐山市の場合，市や村が管理する例や個人が管理・運営するものを含めて消費財，生産財の商品交易市場が545市場

(2004年現在）あり，市卸売販売額のおよそ半分を占めていた。つまり，全国的にみると，大中小さまざま卸売市場の存在が多数の中小卸売企業の存続と同時に，中小小売店の生存に貢献している現実をうかがい知ることができる。

ただし，制度面では市場システムの課題は相当数存在する。独占禁止法による取引慣行の是正は遅れており，小売企業の収益モデルは商品供給業者から提供されるリベート等の「その他収益」に大きく依存している（第4章の第5節）。また，流通近代化を急ぐ余り，市場メカニズムと都市計画との調整という新たな問題点も浮かび上がってきている（第6章，第8章）。

中国政府は以上のような市場経済化を，長い時間をかけて漸進的に進めた。つまり，ロシアや東欧諸国の「ビッグバン」方式のように短期間に計画経済から市場経済へと一気呵成に体制改革するのではなく，「実験から普及へ」，「一部から全体へ」，「容易なものから困難なものへ」と，目標に沿って段階的に改革を進める漸進的改革路線が徹底されたのである（関，2005）。

しかしながら，共産党による一党独裁という政治体制を維持したまま，市場経済化を図る中国の漸進的改革はさまざまな点であいまいさを引きずっており，外部観察者には理解しにくい点が多いのも事実である。国有企業の組織形態や統治機構がそうである。1993年の国有企業改革の大号令にしたがい，国有企業は株式会社への道が開かれ，事業拡大に邁進したが，同業種，異業種にかかわらずグループ化されている例が多く，また企業統治面でも複雑な多階層組織となっており，各経営体のトップ人事の選考基準等はまったくブラック・ボックスのなかにある。

本書の第2章，第8章等で言及されている上海・百聯集団を例にとると，国有資産管理委員会の監督・管理下に4つの企業集団があり，それぞれの企業集団傘下には多数の上場会社や中外合弁企業がある。一百集団には第一百貨商店，第一八佰伴といった百貨店のほか，日中合弁事業の卸売会社，上海百紅商業有限公司が含まれ，華聯集団には永安百貨店や華聯超市，ローソン（羅森），マクドナルド，また，上海友誼集団には聯華超市やコンビニエンスストアの快客などがある。上海物資集団は燃料，金属，木材などの生産財卸売業の最大手である。以上4企業集団は2003年，国有商業企業の大同団結という上海市の方針にしたがい合併したが，組織構造や企業統治の観点から，どの程度

「現代企業」として評価できるか未知数の部分が残されている。

　法体系のあいまいさも外資を悩ませている。法律に明記された内容が簡略にすぎ，実際には各地方政府の運用しだいでものごとが決まる例が少なからず観察される。2004年の「完全自由化」でフランチャイズ事業も解禁されたのにもかかわらず，日本のコンビニエンスストアのフランチャイズ契約関係が認可されないケースは，そうした法運用のあいまいさを象徴している（矢作，2007，第3章）。

　漸進的改革のもう1つの課題は，中央政府と地方政府の関係である。国有企業改革は行政機構改革でもある。1987年以来の改革開放政策により，国有企業の経営請負責任制等が導入された結果，地方分権化が急速に進んだ。この「権限下放」は国有企業の監督・管理が中央政府から省政府に委譲されたことを意味するが，同時に財政収入を重視する省政府による国有企業への新たな介入をもたらした。民営企業サイドからみても，多くの許認可権を有する地方政府の意向を無視することはできず，業績の低迷する国有商業企業の買収・合併・提携を促される結果となった。その意味では国有企業改革に対応した行政改革が十分に徹底されたかというと，やや疑問が残るのである。

　市場経済化の過程で起きた中央政府と地方政府の呼吸の乱れは，小売市場開放においても現われた。1992年，中央政府が都市と件数を大幅に限定して小売外資の参入を試験的に認可したにもかかわらず，地域振興に熱心な地方政府は外資誘致競争に走り，地方認可型中外合弁企業が急増したのが一例である。中央政府はこの問題を調査し，地方政府と個別企業を指導する「整理整頓」に数年を費やしている（第2章）。

　なお，「国有」と「国営」，「民有」と「民営」等は区別すべきであるとの意見があるが，中国では企業形態が複雑で使い分けが困難であるため，本書では便宜的に「国有」と「国営」を厳密に区別することなく，また「民営」という用語をおもに用いることにした。

2 | 問題の所在

　中国の漸進的改革は種々の問題点を抱えながらも，大局的には着実に市場経済化を推し進めている。市場経済化は言い換えれば，競争原理による市場システムの作動を意味し，流通段階ではいわゆる流通近代化が促進されることになる。

　それぞれの国には社会的，歴史的に規定された流通のかたちと役割が存在するが，経済の持続的な発展が起こると，さまざまな営業形態（業態）の小売企業がつぎつぎに現われ，小規模分散的だった伝統的な小売・卸売市場が統合され，消費者を起点とした新しい流通のかたちと役割が創出されるという類似の現象が生じる。そこでは受動的な商業者が能動的な行動主体に変わっている。それが流通近代化とか流通革命と呼ばれる現象にほかならない。

　流通近代化の産業的・経営的な基礎は，同一業態の店舗を多数展開するチェーンストア（連鎖店）経営である（佐藤，1971）。総合量販店（日本の総合スーパー，フランスのハイパーマーケット，アメリカのスーパーセンター等，衣食住の3商品部門を総合的に扱う大型店舗の総称）やスーパーマーケット，コンビニエンスストア，各種専門店といった多様な業態がチェーンストア経営を基礎にして持続的な成長を遂げ，業態ごとに対応した財・サービスの新しい集合が編成され，既存の生産・流通体制のあり方を変えていく。

　メーカーの市場戦略は変わらざるをえない。大量生産体制を整えたメーカーは，自社の提供する製品と付帯サービスに応じて流通チャネルを垂直的に組織化し，大量販売を可能にした。その際，基本的なチャネル戦略の目標は市場シェア拡大と価格の安定の2つであり，具体的には自社製品の「ブランド内競争」を適宜管理しながら，競争メーカーとの「ブランド間競争」に勝つことである（矢作，2006）。

　つまり，異なるメーカーと同一製品カテゴリーで競争する「ブランド間競争」では市場シェア拡大が，また異なるチャネル間で自社製品の販売競争を行う「ブランド内競争」では，拡販に加えて「同士討ち」による過度の価格競争を管理することが主たる課題として意識された。しかし，市場シェア拡大と価

格の安定は現実に世界では必ずしも両立しない。生産力が急上昇する流通近代化の過程では，とくにそうである。日本の消費財産業で，近代産業の飛躍期といわれる大正から昭和初期から，第2次世界大戦後まで何回となく繰り返されてきた「乱売」現象がその証しである（石原・矢作編，2004）。

　強力なマーケティング能力を有する日本の消費財メーカーが流通系列化という「閉じられた流通」を歴史的にいち早く志向したのは，相反する状況に陥りかねない拡販と価格安定という2つの目標を同時に実現するためであった。しかしながら，ひとたび流通近代化が始めると，商品横断的な独自の財の集合を提供する業態の浸透は，伝統的な業種別メーカー別に編成された財の集合を提供する「閉じられた流通」をしだいに破壊し，多様な業態を基にした「開かれた流通」が主流となる。これはメーカーの市場戦略の転換を促すが，メーカーにとっても悪い話ではない。チェーンストアという大量販売機関の出現は少なくともメーカーの拡販戦略には適合する。そこでは，価格を一定の幅で安定化するチェーンストアとの継続取引関係の構築が必須の課題として浮上する。

　問題となるのはメーカーとチェーンストアの峡間に立たされた卸の存在である。日本の流通革命論では「細くて長い」流通チャネルが「太くて短い」流通チャネルに変わると主張され，「問屋無用論」として脚光を浴びた（林，1962）。ところが，現実には卸は今も昔も，日本の流通のなかで一定の役割を果たしている（矢作，2008）。メーカー主導の「閉じられた流通」では特約店・代理店，メーカー販売会社の母体として，またチェーンストア主導の「開かれた流通」では商品の集荷・保管・仕分け・配送機能の担い手として，である。

　中国の流通のかたちを決定する鍵は，この生産と小売を結ぶ卸の消長が握っている。なぜなら，欧米企業やアジア系華人資本はチェーンストアと消費財メーカーが直接取引関係を結び，小売企業側が管理する配送センターを介して店舗に納品するワンステップ流通を中国に持ち込んでいる。中国には日本と同じような卸売機構は発達していない（第7章）。しかし，国有卸が崩壊後，まったく卸が姿を消したかというと，そうではない。第4章，第5章，そして第8章を読み進むと，北京，広州，上海にはブランド品の代理店機能を軸に年間販売額300〜600億円規模の加工食品卸が存在している。これは流通革命論

はなやかりし1960年代初め，加工食品問屋最大手の国分の年間販売額が300数十億円だった事実とつき合わせると，中国での卸の発展可能性を頭から否定することはできないことに気づく。

このように流通近代化の概念を理解したうえで，中国流通近代化のプロセスを分析するため，つぎのような3部構成とした。第Ⅰ部では，まず第1章で議論の前提となる中国の流通改革と市場開放のプロセスを概観し，ついで第2章で小売外資の参入動向と参入後の出店戦略を，また第3章で外資のなかでも積極的な参入で異彩を放つ華人資本の市場戦略を取り上げた。そのうえで，第4章において外資参入に対抗して，中国小売企業がどのような成長戦略を採用し，どこまで外資と競い合えるのかをみた。そして，第5章では卸売外資の参入例として日系総合商社4社の事例研究を取り上げ，日本型卸売業の発展可能性を探った。

第Ⅱ部では，地域におりて，第6章で河北省地方都市の唐山市における流通近代化プロセスを，第7章で同市における卸売流通システムの崩壊と再生のプロセスを，それぞれつぶさにみた。第8章では中国流通の地域間比較研究を意識し，流通先進地の上海の流通近代化プロセスと主要な小売・卸売企業を素描した。

第Ⅲ部では，メーカーの視点から垂直的な流通チャネルの編成過程に焦点を当てた。第9章では，家電大国の中国で驚異的な成長を遂げた民営家電量販店の比較事例研究を，また第10章では世界に冠たる日本の自動車メーカーが得意とする系列ディーラーの組織化の事例研究を報告する。最後に，第11章では台湾で生産から小売段階まで垂直統合した製販統合型事業モデルの中国での移転・複製プロセスを華人企業2社の比較分析で論じた。

改めて3部11章の構成を概観して気づくのは，中国における「流通の多様性」という側面の重要性である。

1つは，中国政府の漸進的改革・開放政策の徹底により意図的に生み出された「流通の多様性」である。小売市場の開放政策は1992年に始まり，2004年に一段落する。実に，12年間という長期にわたり段階的市場開放政策を展開し，そのなかで外資の導入を図りながら，国内企業の育成・発展に取り組んだ。その結果，総合量販店市場では外資の勢力拡大は目覚しい半面，家電量販店やコ

ンビニエンスストア，スーパーマーケットといった他の事業分野では国内資本が主要地域市場でマーケット・リーダー（当該事業分野で第1位か2位の企業）の地位を確保している。

　背景には段階的に進められた国有商業企業の改革と，国内チェーンストア企業の育成が連動している事実がある。スーパーマーケットやコンビニエンスストアといった中小型店に強みをもつ北京物美は，北京市の中小規模の国有商業企業の経営請負や買収で事業の基礎を固め，競争相手の北京京客隆は国有卸としてやしなってきた物流能力をテコにして食品小売業分野に進出した。また，上海コンビニエンスストア市場では，百聯集団と農工商超市という二大国有企業グループが圧倒的な優位に立っている。これらの事例は外資には採用できない中国企業独自の成長戦略が存在した可能性を示唆している。

　2つ目は，地域差という意味での多様性である。所得水準や生活様式の相違を反映し，上海，北京といった東部沿岸部の大都市と河北省の地方都市，唐山では小売業態や卸売流通市場の発展度合いが大きく異なっていた。地方都市では地元資本の手になる総合量販店やスーパーマーケット，全国チェーンの家電量販店はある程度展開されているが，本格的なショッピングセンターやコンビニエンスストア等他の業態の普及はほとんど実現していない。コンビニエンスストアの場合には上海と他の大都市の間でもかなり普及に開きがある。また，外資系総合量販店の出店も当初は東部沿岸部大都市に集中し，その後西部や北部の主要都市に出店し，そこ拠点に店舗網を築く出店戦略を採用している。広大な空間市場をもつ中国をみるとき，たとえ分析対象が「流通近代化」という経済発展とともに共通して起こる類似の現象だとしても，「地域の多様性」は軽視できない。

　3つ目は，商品別にみた場合の流通チャネルの多様性である。台湾系食品メーカーが卸機能を内部化し，ときには小売事業も一部囲い込む製販統合型事業モデルを追求し，日本の自動車メーカーが自社の新車を専売し，部品・修理サービスも合わせて提供する系列ディーラーの組織化に全力を上げている。また，家電量販店チェーンではすでにメーカーとの直接取引が一般化している。いずれも卸の存在を脅かす動きである。

　しかしながら，多くの消費財・生産財流通では地方政府の育成・管理による

商品交易市場という卸売流通システムが機能し，それぞれの地域流通ではなくてはならない存在となっている。さらには，大都市では加工食品を中心にメーカーと中小小売商や飲食店を結ぶ代理店卸が一定規模の事業を展開している。

　以上のように，政策がつくり出す多様性と地域別・商品別に生じる自然発生的な多様性が，発展する中国の流通を特徴づけている。

参考文献

石原武政・矢作敏行編（2004）『日本の流通100年』有斐閣。
胡欣欣（2001）「日米欧がしのぎを削る中国」ロス・デービス／矢作敏行編『アジア発グローバル小売競争』日本経済新聞社。
呉軍華（2008）『中国　静かなる革命』日本経済新聞社。
呉敬璉（2007）『現代中国の経済改革』（青木昌彦監訳，日野正子訳）NTT出版。
黄磷（2002）「中国の流通システム」黄磷編『WTO加盟後の中国市場〔流通と物流がこう変わる〕』蒼蒼社。
佐藤肇（1971）『流通産業革命』有斐閣。
関志雄（2005）『中国経済のジレンマ─資本主義への道』ちくま新書。
林周二（1962）『流通革命』中央公論社。
矢作敏行（2006）「流通─『経済の暗黒大陸』の夜明け」山下裕子＋一橋大学BICプロジェクトチーム『ブランディング・イン・チャイナ』東洋経済新報社。
矢作敏行（2007）『小売国際化プロセス─理論とケースで考える』有斐閣。
矢作敏行（2008）「流通革命の回顧と展望」経営史学会第44回全国大会報告集・当日配布資料（立教大学）。

第Ⅰ部

移行経済体制下の流通近代化を探る

■第1章
中国流通の近代化プロセス

1 はじめに

1-1 歴史からみる中国の流通システム

　中国の流通を理解するには，歴史的な側面から中国の流通発展プロセスの特徴を把握する必要がある。しかし，既存研究を調べると，中国の流通に焦点を当てたものはあるものの，流通近代化プロセスについては部分的かつ断片的なものが多い。そこで，本章は中国における流通近代化の全体動向を把握することを目的として，歴史的な側面から中国の政策改革と流通近代化の関係を取り上げる。

　1949年に中国人民共和国が設立された。それ以降の商業発展は大きく5つの段階に分けることができる。すなわち，(1)計画経済期以前の段階（1949～1952年），(2)計画経済期（1953～1977年），(3)経済改革段階（1978～1991年），(4)社会主義市場経済転換段階（1992～2000年），(5)WTO加盟後段階（2001年～），の5つである。本章では，計画経済期以降の4つの段階の流通改革プロセスを，卸と小売段階に分けて考察する。

　なお，WTO加盟後における流通外資の参入については，参入の開放プロセスに言及するにとどめ，外資の参入戦略と特徴については第2章で述べることにする。また，上海と唐山を取り上げた地域流通の近代化に関しては第II部の各章で考察することにする。

1-2　商業部と供銷合作社の二大流通系統の誕生（1949～1952年）

　1949年から52年までの間，中国国有の流通システムには商業部系統と供銷合作社系統の二大系統があった。そのうち，商業部系統が主システムであり，供銷合作社系統が副システムである。

　商業部系統を管理する機構は中国の商業部であり，前身は1949年11月に設立された中央人民政府貿易部（略称，中央貿易部）で，中国の国内貿易と対外貿易を管理する政府部門であった。ただし，商業部系統は数回の組織改革を経て，52年8月中央人民政府対外貿易部となった。

　供銷合作社系統においては，1950年7月合作社系統の最高指導機関である「中華全国合作社聯合総社」が設立され，それに伴い農村地域を対象とする供銷合作社系統が誕生した。両系統の大きな違いは，商業部系統は国有企業を傘下におさめているのに対して，合作社系統は協同組合形式による企業であり，集団所有制がほとんどを占めていた。

　また，二大流通系統以外にも多数の個人経営者が商品流通を担っていた。1949年時点で，中国全国には約724万人の個人経営者が存在していたが，中国政府は違法行為を取り締まる目的から，登録制を導入したため，52年個人経営者数は318万人に減少した。それでも同年の個人経営者の売上高は168.6億元であり，社会消費品小売総額の276.8億元の60.9％を占めていた（『中国商業年鑑（1988年）』，27頁）。

2　計画経済期における流通改革（1953～1977年）

　1953年から1977年までは，中国の計画経済期である。計画経済期はさらに，(1)第1次5ヵ年計画期（1953～1957年），(2)大躍進期（1958～1960年），(3)国民経済調整期（1961～1965年），(4)文化大革命期（1966～1977年），の4つの時期に分けられる。順を追って，それぞれの時期の流通改革の動向を説明しよう。

2-1　卸売3段階制の形成と展開

（1）第1次5ヵ年計画期（1953〜1957年）

　新中国では工業生産の70％以上が沿海部の大都市に集中していたので，内陸部の工業振興により産業分布を是正するため第1次5ヵ年計画期（1953〜1957年）が策定された。この時期，中国政府は工業製品，農産品など数百種類の主要商品の生産，流通，販売を集中管理する集中配分制度を正式に導入した。中国国営の卸売3段階体制は，この計画経済期の第1次5ヵ年計画改革期に誕生した。

　1952年9月の全国大区（大地域）貿易部長会議において，経済地域ごとに批発站（卸売会社）を設置する方針が決定された。そして，民営卸売企業は国有の卸売機構である専業公司に吸収・合併されることになった。53年後半から，民営の大型卸売商の代わりに，国有企業が卸売業務を代替する方針が実行に移された。既存の大型卸売商は小売，工業，サービス業への転業か休業が要求され，中小卸売商は国との共同経営に企業転換された。

　そして，商業部の下には，百（百貨），文（文化），針（針織），紡（紡績），五（五金），交（交通），化（化学）のような業種別の専業公司が設置された。1953年末までに中央，省，市レベルごとに，1，2，3級の3つの段階に専業公司が設立され，民営卸売企業の国営への再編も55年末までに完了し，中国における国営卸売3段階体制が確立した。57年まで，商業部系統の国有卸売商の1級卸は36ヵ所，2級卸は270ヵ所，3級卸は1万1848ヵ所になり，従業員は合計18万2400人であった（図1-1参照）（『中国商業年鑑』（1988年）34頁，『中国商業年鑑』（1992年），Ⅰ-9頁）。

図1-1 ●中国の卸売3段階体制―商業部系統（1955年時点）

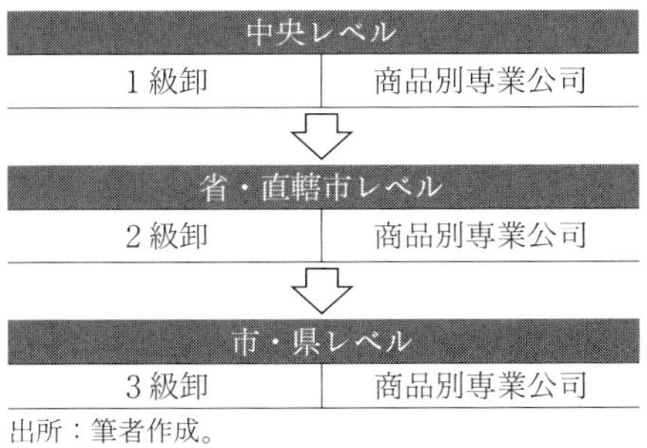

中央レベル	
1級卸	商品別専業公司

⇩

省・直轄市レベル	
2級卸	商品別専業公司

⇩

市・県レベル	
3級卸	商品別専業公司

出所：筆者作成。

合作社系統の場合，まず1954年7月に合作社系統の最高指導機関である「中華全国合作社聯合総社」が「中華全国供銷合作総社」に改称された。56年，中国の商業機構は商業部，対外貿易部，糧食部，都市サービス部，水産部，そして，全国供銷合作総社の6つの部門に再編された，翌57年までに最下層にある供銷合作社の数は1万9402社に増加した。その社員総数は1.6億人に達し，農村人口の30％を占めていた。この時期から，合作社系統は農村商品流通の主要な流通チャネルになった。

(2) 大躍進期（1958～1960年）

1958年，大躍進時期に政企合一（政府機関と企業の結合）政策が推進され，専業公司が撤廃された。具体的には，商業部に所属していた専業公司が専業貿易局に再編され，1級卸のみを管理する体制になり，2級卸以下を管理することができなくなった。そして，省レベルの専業公司は商業庁（局）内部の専業処になり，県レベルの専業公司は県商業局の経理部に再編された。2級以下の卸は省と市政府が管理することになった。同時に，農村地域における管理体制の再編が行われた。しかし，このような政企合一政策の改革は，消費調達や商品流通における混乱と効率性の悪化をもたらした。

(3) 国民経済調整期（1961～1965年）

1958年の改革で生じた問題を克服するために，中央政府は61年1月「調整管理体制の諸問題に関する暫定規定」を発表し，中国の経済改革は国民経済調整期に突入し，商業については，主に専業公司制度の再開と再建が政策的課題として浮上した。

1962年5月，国務部は「商業部系統の専業公司の再開と設立に関する決定」，さらに同年の9月「商業の諸問題に関する決定」を発表し，中国国内商業は国営（商業部系統），合作商業（供銷合作社系統），集市貿易の3つの流通系統の併存策を打ち出した。65年までに，商業部の下には紡績品，百貨，五金交電，石油，煤健，食品，文化体育公司，糖業煙酒，医薬，漢方薬材など，10の専業総公司と飲食サービス，野菜，民族貿易，労保特需用品などの専売局が再組織化され，地方の各商業部門もそれぞれの公司に対応する機構を新設し

表1-1 ●計画経済期(1953～1977年)における中国卸売体制の発展と変革

段　階	変革の重点
(1)第1次5ヵ年計画期 (1953～1957年)	集中買い付け，集中流通，統一配給制度の正式開始 専業公司の設立
(2)大躍進期 (1958～1960年)	政企合一政策 専業公司制度の廃止
(3)国民経済調整期 (1961～1965年)	専業公司制度の再開と拡張
(4)文化大革命期 (1966～1977年)	専業公司制度の廃止，大躍進期の卸売体制への逆戻り 政企合一政策

出所:『中国商業年鑑』(1988年)と『中国国内貿易年鑑』(1999年)をもとに筆者が作成。

た。また，供銷合作社系統や集市貿易は，それぞれ60年1月と11月に再開された。

(4) 文化大革命期(1966～1977年)

1966年から77年までは，中国における文化大革命の時期であり，卸売体制は再び大躍進の時期のような政企合一に戻された。商業部や地方レベルの専業公司が撤廃され，集団所有制の供銷合作社も70年に国有商業に再編された。さらに，商業部，糧食部，全国供銷合作総社，国家工商行政管理局の4つの部署は商業部に統合され，専業公司と専業局も廃止された。以上の4つの段階における中国流通管理体制の変化は表1-1の通りである。

2-2　小売段階における商業改革

計画経済期に入り，中国の国有小売商業は卸売段階と同様に合併や吸収による個人企業の国有化が図られた。さらに，繰り返された開放と集中政策によって，個人経営の小売店舗数も大きく変動していたことが特徴的であった。

第1次5ヵ年計画期における国営化により，個人商店が激減し，国民生活に不便さが生じた。1956年10月に，国務院は「農村市場管理の緩和に関する指示」を公表し，国家による自由市場の設置を通して生活の不便さを解消する政策をとった。これにより個人経営の商業にも好機が訪れた。

1957年個人経営企業の売上高は12.9億元であり，社会消費品小売総額474.2億元の2.7％であった。個人経営者の数は自由市場設置前の8万人から33万人へ

表1-2 ●1952～1998年中国の社会消費品小売総額の推移

単位：億元

年	社会消費品小売総額	国有企業	集団経営	民営企業	個人経営	その他
1952	276.8	45.0	50.3	—	168.6	12.9
1953	348.0	60.6	84.4	—	190.3	12.7
1958	548.0	399.9	71.3	—	10.1	66.7
1975	1,271.1	708.3	536.0	—	1.8	25.0
1978	1,558.6	851.0	674.4	—	2.1	31.1
1980	2,140.0	1,100.7	954.9	—	15.0	69.4
1985	4,305.0	1,740.0	1,600.3	—	661.0	303.7
1990	8,300.1	3,285.9	2,631.0	—	1,569.6	813.6
1995	20,620.0	6,154.1	3,981.6	513.4	6,253.8	3,717.1
1998	29,152.5	6,021.3	4,829.9	1,392.6	10,802.2	6,106.5

注1：1958年の国有企業の売上高には，供銷合作社の売上高が含まれている。
 2：1993年まで，民営企業は個人企業に含まれていた。
 3：1993年以降のその他には，合弁企業や農民の直接販売以外に，株式企業，外国資本企業，台湾・香港・マカオ資本企業が含まれている。
出所：『中国国内貿易年鑑』（1999年），218頁より作成。

と大幅に増加した。さらに，60年1月商業部と供銷合作社系統に吸収された個人企業は，合作商店や合作組合の形で，国営と集団経営から分離され始めた。結果として，61年の個人経営企業の数は65万社に戻った（『中国商業年鑑』(1988年)，27頁，『中国国内貿易年鑑』(1999年)，12頁と14頁）。

　しかし，文化大革命の段階に，個人経営企業の活動は再び大きく制限された。自由市場は農民の「副業」などとともに「資本主義のシッポ」として厳しく批判され，ほとんどが閉鎖された。1978年時点の個人経営の小売企業は9万社に激減し，年間売上高も2.1億元に減少し，社会消費品小売総額の1558.6億元の0.1％を占めるにとどまった（表1-2参照）。

3 ｜ 経済改革開放期の流通改革（1978～1991年）

　「4人組」検挙で文化大革命は終焉し，1978年「共産党第11期3中全会」において経済改革開放政策が提出され，中国の経済改革は市場開放期へ突入した。自由市場は社会主義経済の必要な補完部分として位置づけられた，とくに商品流通改革では「3多1少」（多様な経済形式，多様な経営方式，多様な流

通経路，少ない流通段階）政策が推進され始めた。

3-1　卸売段階における改革

　経済改革開放期における中国の卸売段階の改革については，3つの特徴がある。1つ目は卸売業の3段階制の見直し，2つ目は3固定制の崩壊と経営形態の多様化，3つ目は「貿易中心」（自由取引センター）や「批発市場」（卸売市場）の設置である。

（1）工業製品の3段階卸売体制の見直し

　改革前の中国国営の卸売体制は，図1-1のように，中央，省，市レベルごとに，1，2，3級の卸が設置された。卸売企業はさらに百（百貨），文（文化），針（針績），紡（紡績），五（五金），交（交通），化（化学）のように，業種別に分別されていた（『中国商業年鑑』（1992年），Ⅰ-9頁）。

　1979年7月，全国商業庁局長座談会において流通段階の見直しが提唱され，各経済地区における2級卸（站）の整理や，80年1月，1級卸から2級卸への商品供給の停止などの措置がとられた。それを受けて，80年3月，商業部は不合理的な制限を排除し，流通段階を短縮することを決断した。

　商業部は1984年には「現在の都市商業体制改革に関する諸問題の報告」を国務院に提出し，同年7月に国務院が改革を許可し，中国における3段階制の卸売体制の改革が本格化した（『中国国内貿易年鑑』（1999年），17頁）。

　本来，商業部が管理するのは中央レベルの工業製品1級卸であり，上海，天津，広州の3都市に1級卸は配置された。1984年の改革において，商業部はこれらの国営1級卸の管理権限を，それぞれ上海，天津，広州の各市政府に移管し，1級卸は市が所有する卸売機構に統合され，市所属の卸売会社になった。また，省レベルにある2級卸は省政府に任された。

　さらに，国は多段階な流通の再発を防ぐため，同じ都市の同じ産業に多段階国営卸売機構を放置することを禁止した。これにより，国営の3段階制の卸売体制は崩壊し，中国の卸売体制は2段階体制に短縮された（図1-2参照）（『中国国内貿易年鑑』（1999年），20頁，および『中国商業年鑑』（1988年），35頁）。

図1-2 ● 3段階制卸売体制の崩壊

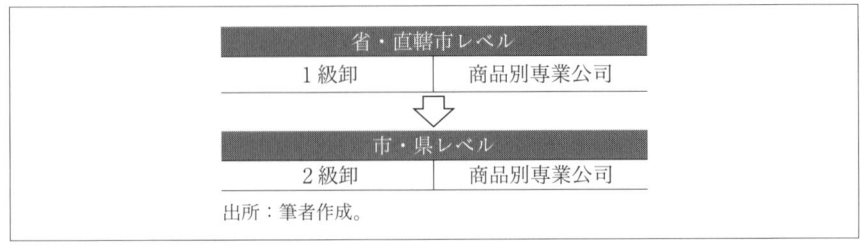

出所：筆者作成。

（2） 3固定制の崩壊と経営形態の多様化

　各レベルの流通機構が自由に仕入先と仕入数量を選択することができるようになったのは，1981年以降である。各卸売企業は小売企業へ直接商品を供給することが可能となり，仕入先と供給先の地理的な制限も撤廃された。

　1982年6月，国務院は「都市と農村商品の流通システムの改善，および農村への工業製品流通の拡大に関する決定」を発表し，工業製品の都市と農村における供給・流通体制を改革した。具体的には，商業部系統の企業は農村地域で商品を調達・販売することができ，供銷合作社も都市で商品の調達と販売が可能になった。また，3段階卸売体制改革に先立ち，83年に商業部は各1，2，3級卸間における「3固定制」（供給地域の固定，販売先の固定，価格割引率の固定）を廃止した。

　1984年，商業部は商管字第17号文書を発表し，1級卸の商品仕入は中央レベルの商業部の許可，2級卸の商品仕入は省レベルの商業庁の許可を義務づけた規制を廃止し，国営卸の営業範囲を自由化した。合わせて，国営，集団経営，個人経営など卸売企業の経営形態の多様化を可能にした（『中国商業年鑑』(1988年)，35頁）。

　卸売価格の設定も見直され，価格設定は段階別のマークアップ価格制から，卸売数量や交渉による自由価格制へ転換された（『中国国内貿易年鑑』(1999年)，17頁）。

（3）「貿易中心」や「批発市場」の設置

　卸売体制改革の一環として，1980年4月商業部が発表した「全国商業局長座談会議概要」において全国規模で工業製品を自由に取引する「貿易中心」の設

置が提案された。「貿易中心」は地域と業種の制限や国営，集団経営，個人経営の枠をなくして，売買双方の自由卸売取引を可能にした卸売市場である。84年1月設立された四川省の「重慶工業製品自由取引センター」はその代表である。加えて，「批発市場」という名称の卸売市場が各地で育成された。84年，第6回の全民大会の2次会議において「農産品卸売市場設置の拡大」が提案され，それにより総合的な卸売市場や野菜，果物，食肉，糧食などの専門卸売市場が展開された。91年に商業部が設置した野菜・果物卸売市場の数は600数ヵ所に達し，「青島莱州路農副産品卸売市場」，「南京下関果物卸売市場」，「徐州黄河副産品卸売市場」，「埧上街農副産品卸売市場」など，有名な卸売市場がいくつも現れた。

　各地域における「小商品批発市場」(服飾，日用雑貨，工芸品などの小物商品を取り扱う卸売市場) の設置も再開された。たとえば，400年以上の歴史のある「武漢市漢正街小商品市場」や，1978年の第11期中央委員会第3回全体会議後の南京市で最初に開放された個人経営者向けの「南京夫子廟小商品市場」，日用雑貨やアパレル商品などの「浙江省義烏県稠城小商品市場」がそうである(『中国国内貿易年鑑』(1999年)，22頁，『中国商業年鑑』(1988年)，36-38頁)。

　農村地域においては「集市貿易」というバザール方式の市場が1979年から再開された。また，同年それまで禁止されていた農村地域の住民による都市部の農副産品(農水産物や食用油，調味料などの副産品の総称)自由取引センターへの入場と販売が許可された(『中国国内貿易年鑑』(1999年)，16頁)。

　1985年末，商業部系統下には1630ヵ所の「貿易中心」と「批発市場」があり，そのうち工業製品関連は1001ヵ所，農副産品関連は629ヵ所(うち糧食取引センターが182ヵ所)にのぼっていた(『中国国内貿易年鑑』(1999年)，22頁，および『中国商業年鑑』(1988年)，35頁)。

　1988年末，商業部系統下にある「貿易中心」と「批発市場」の数は1569ヵ所と若干減少し，工業製品関連は867ヵ所，農副産品関連は720ヵ所となった。これは競争のなかで経営の優劣が生じ，閉鎖と統合が起きたためである。(『中国国内貿易年鑑』(1999年)，16頁，『中国商業年鑑』(1989年)，31頁)。

　しかし，その後経済の持続的な成長とともに，1991年末には「貿易中心」と

「批発市場」の数は5195ヵ所に増加し，そのうち工業製品関連は3686ヵ所，農副産品関連は1509ヵ所と，いずれも急成長した（『中国商業年鑑』(1992年)，Ⅲ-2頁）。

3-2　小売段階における改革

　経済改革開放期の小売段階では，商品の配給制度の崩壊と国有企業の経営形態の多様化という2つの大きな変化が起きた。

　とくに，国有企業の経営形態の多様化については，国有の大・中型企業における「承包経営責任制」（下請け経営責任制）への転換が，また小型企業においては1984年からの「改，転，租，売」（種々の経営改革）の改革と，91年重慶市で実行された「四放開」改革が全国へと拡大した。

(1) 商品の配給制度の崩壊と価格自由化

　1982年，中国人民大会常設委員会で商業部と全国供銷合作総社，糧食部の合併・再建法案が提出された。商業部が中国全土の商業流通を管理・組織し，都市と農村など諸段階の商業活動を調整する役割であることが明確になった。84年には国務院の「都市商業体制改革に関する諸問題の報告」において，商業部による国内商業の行政管理機能が再確認された。

　計画経済期において，集中買付，統一分配制度が実施されていたことは前節で述べた通りである。1979年以降，そのような配給制度は徐々に崩れ，買付価格の引き上げや集中管理商品の種類の縮小，管理価格の緩和などが行われた。たとえば，82年国務院が発表した「段階的な小商品価格の市場調整の開放に関する報告」によると，160種類の商品価格は市場調整機能に任せ，企業が決定するようになった。83年9月には開放する数を350種類に増加し，さらに，84年には服飾や日用品雑貨などの小商品の価格設定が全面的に自由化された。

　そのほか，1978年には一般国民に切符制で定量配給する商品は73種類[1]であったが，84年以降は糧食（米・麦など）と食用油以外の商品の定量配給制が廃止され，自由取引による，新しい国民の消費生活が始まった（『中国国内貿易年鑑』(1999年)，19-20頁）。

さらに，農副産品の販売価格について，1984年2月に発表された国務院の「協同組合組織と個人による農副産品の販売・運送に関する規定」で，売買双方による自由交渉が認められ，卸売と小売併存の経営方式も可能になった。

（2）国有大・中型企業における「承包経営責任制」の実行へ

　1978年，商業部と財政部は一部の国有の飲食業，サービス業などの業種を対象に経営責任制を実験的に導入した。最初の経営責任制は企業が得た利益のうち20％を国家に納め，残りの80％を企業が保有する2対8の分配制であった。また，企業に自主企画権，価格設定権，人事管理権を与えた。79年末まで，3900軒以上の国営商業，飲食，サービス企業がこの制度を試行した。80年には，さらに損益はすべて企業の責任になる新たな経営責任制が実験的に導入された。81年末までに全国28の省，自治区，直轄市で3万5000以上の企業がこの経営責任制を実施し，企業全体総数の3分の1を占めるに至った。

　1987年4月，国家体制改革委員会，商業部，財政部の3者が共同提出した「国営商業と供銷合作社体制の転換に関する改革意見の報告」に，「国営大中型商業企業（小売業，卸売業）は各種の責任制を実施し，進展はみられるものの，企業の活力問題は根本的に改善されず，さらなる改革が必要である」との結論が示された。それに関する具体策は，①大中型商業企業・飲食サービス業における下請け経営責任制を計画的かつ漸進的に実施する，②中型小売企業は賃貸制を試行する，③各地で試行中の企業の株式制は遂行する，の3点である（『中国国内貿易年鑑』（1999年），22頁）。

　これをきっかけに，1987年から大・中型国有企業を中心に，改良された「承包経営責任制」が推進された。「承包経営責任制」とは，企業が国家に対して経営の下請け責任を負うと同時に，企業内部にも段階的な下請け責任制が導入される措置で，企業は政府と企業内部の双方に対する経営責任を負うことになった。87年に，この下請け経営責任制を実施した国有大中型商業は1万3324社を数え，商業企業数全体の61.2％に達した（『中国国内貿易年鑑』（1999年），18頁，および『中国商業年鑑』（1988年），5頁）。

（３）国有小型企業における「改，転，租，売」

　1979年，中央政府は集団所有制企業およびそれらの関連部門に，資金と物資を援助する方針を公表し，83年3月には中央政府・国務院は「都市小売商業とサービス業の発展に関する指示」を発表し，集団・個人経営の商業に関する指導方針を明確化した。

　1984年以降，国有小型企業における経営方式の「改，転，租，売」改革が実施された。「改」は国家所有，集団経営に転換するが，納税や損益は経営者の責任になること，「転」は完全に集団所有に転換すること，「租」は飲食，サービス，修理業務関連の零細小売店舗を，個人の経営者に貸し出すこと，「売」は郊外や利益率の低い店舗，赤字の零細小売店舗，一部の飲食サービス企業を，入札方式で個人や企業に売却することである。

　なお，ここでの小型企業は，①京（北京），津（天津），滬（上海）の三大都市にある年間利益が20万元以下の企業，②省政府所在地（たとえば雲南省の昆明，吉林省の長春など）や重慶市では年間利益15万元以下の企業，③その他の都市で年間利益が8万元以下の企業のことである。ただし，「僑滙商店」，「友誼商店」，「外貿供応公司」，「石油商店」，「自選商場（セルフサービス販売方式の商店）」などの特殊小売店は対象外であった[(2)]。

　1984年末中国の小型国有商業，飲食とサービス企業は5万8060社であり，そのうち「国家所有，集団経営」（改）に転換したのは4万6589社，「集団所有制」（転）に改組されたのは5554社，「個人への貸出経営」（租）は5917社であった。87年末までに国有小型企業全体の81.9％の87万880社が経営形態の転換を行った。そのうち55.6％は「国家所有，集団経営」（改）へ，4.2％は「集団所有制」（転）へ，「個人への貸し出し経営」（租）は39.8％，売却企業（売）は0.45％であった。そして，89年に国有小型企業の90％以上が「改，転，借，売」による経営形態の転換が図れ，国有小売企業の多様化経営が実現した。

（４）重慶市の改革が全国へ

　1990年9月，四川省政府は重慶の地域商業の衰退が深刻化したため，打開策として現地の供銷合作社の経営，価格，分配を開放する「三放開」政策を試行した。翌91年1月，重慶市はさらに現地の小売企業を対象に「四放開」（経営

開放，価格開放，分配開放，人事開放）政策に拡大した。同年4月，改革対象は小売企業から大・中型の卸売企業へと拡大され，五金，交電，百貨の3つの業種を対象に改革が実行された。91年末，商業，糧食企業，軽工業の8割以上の企業が対象になり，企業数でみると500社以上に達した。

「四放開」の具体的な内容は以下の通りである。

①経営開放：企業は自社の設備，資本，人員を用いて，経営範囲拡大と経営方式の変更が可能になった。取扱商品の種類に関する制限も緩和され，また，一部の消費財に関して小売業者は申請によって，卸売業を兼務することができるようになった。

②価格開放：小売業者は国が価格制限を課している一部の商品以外，自由に小売価格を決定することができるようになった。また，卸売業者には重要な生活必需品を除いて，段階的に卸売価格の自主決定権を与えた。

③分配開放：「承包経営責任制」に基づき，企業による従業員への賃金分配は，企業損益や従業員の能力によって設定できるようになった。

④人事開放：企業は従業員を公募することができ，また，企業の規定に違反した従業員を解雇することができる。従業員も自分で選んだ職を辞める権利が与えられた。

重慶市は「四放開」のほかに，さらに「三制」と「三崗」という制度を導入した。「三制」とは，全員契約制，幹部任用制，自宅待機制である。そして，「三崗」（崗とは「丘」とか「見張り場所」の意味）とは，職務適任者は「在崗」，学習によって復帰できた人は「試崗」，それ以外の自宅待機者は「待崗」というように，能力別に地位が異なる制度であり，「待崗」になった従業員は最低限の生活費しか支給されない。このような「四放開」改革は重慶市の商業の活性化に大きく貢献し，実施後1年目の関連企業の売上高は30％増加し，多くの小売・卸売企業が抱えていた不良在庫問題もかなり改善された（「『四放開』重慶商業企業改革の新しい出口」『中国商業年鑑』（1992年），Ⅰ-10，11頁）

このような重慶市の「四放開」改革は中国の国務院に高く評価され，商業部や国家体制改革委員会の呼びかけにより，1991年末より全国各地へと広がった。ただし，地域により呼び方が変更されたり，開放範囲が拡大される場合も

あった。たとえば，陝西省では「四搞活」（4つの活性化），浙江省は「四放寛」（4つの開放）と呼ばれている。上海市は経営，価格，分配，人事の4つに，投資と機構設置の改革を加えて「六自主」改革を行った。いずれも政府と企業の権限分離を進める政策であり，とくに分配と人事改革の影響が大きく，中国国有企業の民営化の歴史的な第一歩となった（『中国国内貿易年鑑』（1999年），23頁，『中国商業年鑑』（1992年），Ⅲ-2頁）。

4　社会主義市場経済転換段階の商業（1992～2000年）

　1992年の中国共産党第14大会において，社会主義市場体制の形成を経済改革目標が決定され，それにより中国の流通近代化は新たな段階へ入った。

4-1　卸売段階の特徴

　1993年11月，に中国共産党14期三中全会で発表された「社会主義市場経済体制の設立に関する諸問題の決定」において，以下の方針が示された。第1に，商品流通体制の改革と消費市場の成長を目指して，主要商品の産地，販売地，集散地においては，大量農産品，工業消費財，生産資材の卸売市場を設置する。第2に，国有商業企業は経営改革を行い，積極的に市場競争に参加し，効率を高めることにより国内卸売市場の発展をリードする役割を果たす。第3に，商品流通の需要に応じて，大中小企業が連携し，多様な経済システムと経営方式の併存を実現する。第4に，商品市場における販売網の機能を完備して，流通近代化を推進する。

　この時期における卸売段階改革の主な特徴は，以下の卸売市場の大型化と国有卸売企業の減少の2つである。

（1）卸売市場の大型化と専門化

　1990年代に入ると，年間売上高が1億元を超えた卸売市場が1000ヵ所を超えた。たとえば，食料品は河南省鄭州の糧食卸売市場，鋼鉄材料は北洋（天津）鋼材卸売市場，木材は北方木材卸売市場と南方木材卸売市場，食用砂糖は北方

食糖卸売市場と南方食糖卸売市場，肉類は四川省成都肉類卸売市場と上海肉類卸売市場と，大規模な卸売市場が各地で整備された。全国の農副産品卸売市場の数は3000ヵ所にのぼり，山東の寿光野菜卸売市場や北京の大鐘寺農副産品卸売市場のような大規模卸売市場が形成された。

また，「専業卸売市場」(専門卸売市場)の商品流通における役割はますます重要になった。中国の専門卸売市場の多くは産地の近くで自然発生的に形成され，その後，政府が運営，管理に関与した。専門卸売市場は工業製品が中心であり，とくに小商品や服装などが多い。卸売市場の取引には生産者，卸売業者，小売業者が参加するほか，一般消費者も利用できる。代表的な専門卸売市場は浙江省の義烏小商品市場，福建省の石獅服装市場，四川省成都の荷花池市場があり，年間売上高が100億元を超えたものも現れた。

(2) 国有卸売企業の減少

国有卸売企業の減少が顕在化した。商業企業形態の開放により，国有卸売企業の数が大幅に減少し，1992年時点で25万7000社あった商業部系統の卸売企業は94年末には12万7000社に半減した。しかも，国有卸全体の赤字は総額37億元とかなりの金額に膨れ上がり，国有卸売企業の経営改善は中国流通改革の大きな課題になった。

4-2 小売段階の特徴

1992年以降，中国の小売近代化は加速した。政策には，「全民所有制工業企業転換経営機制条例」(全民所有制のもとにある工業企業の経営形態転換条例)や「全民所有制商業企業転換経営機制実施方法」(全民所有制のもとにある商業企業の経営形態転換実施方法)の徹底が要求され，重慶市の「四放開」改革，大中型国有企業における下請け経営責任制度の導入，小型国有企業の「改，転，租，売，包，併」改革，株式制の推進が継続された。

加えて企業集団の育成，外資との合資・合弁企業の設置，連鎖店(チェーンストア)方式経営の導入，商業企業の組織化程度の向上などの流通近代化政策がつぎつぎに実施された。結果として，百貨店，専門店，ショッピングセンター，コンビニエンスストア，スーパーマーケットなどの多様な業態が出現

し，それに伴い民営・個人小売企業数が大幅に増加した。以下，いくつかの主要な特徴を考察する。

(1) 国有商業企業の株式化・集団化

　1992年，商業関連の株式企業の総数は3700社に達し，そのうち400社は同年に新設された。国有商業企業のうち，92年には200社以上が関連株式会社を有し，上海地域では13社の国有商業企業が株式化された。そのうち，中国最大の国有小売企業である上海第一百貨商店は92年に株式企業に転換され，上海良華実業株式有限公司も同年，全国レベルの糧食系株式会社の第1号として設立された。それを受けて，93年12月，第8回の全民大会常設委員会の第5次会議で「中華人民共和国公司法」が公布され，商業企業の株式制度の規範法が正式に制定された。

　国有系株式企業の増加に伴い，所有権の管理問題が浮上した。山東省青島市商業局はそれに対応するため，1992年に商業局を商業総公司へ転換し，株式会社化された25社を傘下企業として資産を登録した。そのうち19社は国有独立資本企業，6社は国有持ち株会社と有限責任会社で構成されていた。

　国有の小型企業については株式合作制が試行された。株式合作制は社員に持ち株を譲渡することにより，共同経営を行うものである。税引き利益を公益金8％，奨励基金5％，ボーナス基金15％，公的基金72％の比率で分配する制度であり，1998年以降全国各地で導入された。最初は，四川省の広漢市で試行された。

　一方，国有系株式企業の集団化も進められた。上海市では1995年7月に，第一商業局を撤廃し，上海一百（集団）有限会社，華聯（集団）有限会社，友誼（集団）有限会社の三大企業集団として集約化された。そのうち，上海一百集団は上海市第一百貨商店株式有限公司を含めた7社により構成され，華聯集団は2つの株式会社と4つの有限責任会社，3つの独立資本子会社により構成されている。三大集団の傘下関連企業の総数は合計140社に達している。ちなみに，93年中央レベルでは商業部が物資総局と合併し，新しい部署である国内貿易部として生まれ変わっている（『経済日報』1993年4月5日付，11月25日付）。

（２）連鎖店経営の導入

　チェーンストア経営の推進策は1995年に発表され，国内貿易部が「全国連鎖店経営発展計画」を公表して，35の主要都市でチェーンストアの実験を開始した。2000年までに1500社のチェーンストア，店舗数6万店を設置し，売上高は1200億元，小売売上総額の5％を占めることを目標にした（黄，2002，207頁）。

　さらに，1997年3月中国国内貿易部は「連鎖店経営管理規範意見」を公布し，連鎖店の定義，分類，管理方法，規定を明示した。97年11月には「商業特許経営（フランチャイズ経営）管理方法（試行）」を発表し，中国におけるフランチャイズ経営の定義や運営方法，フランチャイザーとフランチャイジーの権利・義務関係などを明確にした。また，同年に中国連鎖経営協会が設立された（商務部および中国連鎖経営協会のホームページ）。

（３）外資系小売企業の参入

　1992年7月，「商業小売分野の外資利用問題に関する許可」が公布され，北京，上海，天津，広州，大連，青島の6つの沿海都市と，深圳，珠海，厦門，汕頭，海南の5つの経済特区において，1つか2つの中国と外国資本の合資，あるいは共同経営による商業小売企業の試行が認められた。それ以前は外資の製造企業による中国国内市場における一部商品の販売が許されたが，外資による小売，卸売企業への投資は禁止されていた。ただし，外資の小売企業への投資範囲は百貨小売業務と関連した商品の輸出入業務に限定される。輸入商品の取扱範囲は当該企業の百貨小売業務の商品に限り，年間輸出総額は当該企業の年間小売売上高の30％以下に制限される。卸売業務と代理輸出入業務は引き続き禁止である。

　1995年10月，国務院は北京と上海に2社の中外合資の連鎖小売企業の営業を認めた。課税方式は92年に国務院が発表した「商業小売分野の外資利用問題に関する許可」にしたがうこととし，出資割合は中国側が51％以上であることが義務づけられた。経営年限は30年以内と制限され，営業内容は国務院による審査が必要とされた（『中国国内貿易年鑑』（1999年），28頁）。

　さらに，1999年6月，中国国家経済貿易委員会と対外貿易経済合作部は

WTO（世界貿易機関）加盟を控えて，「外資系企業による商業企業の投資試行規則」を発表した。小売業の市場開放地域の拡大と合弁事業の審査基準（合弁事業主体の資格，資本金，出資比率，合弁期間等）の明確化を図った。とりわけ，以下の４点が流通に関する重要項目である。

①小売業においては３店舗までの合弁事業を展開する場合，外資の出資比率は65％まで可能とするが，４店舗以上の場合（便民店，専売店，専業店を除く），国務院が許可した一部の優良企業を除いて，外資の出資比率は49％までに制限する。

②卸売業については外資の出資比率は49％までに制限されており，中国側企業が51％以上出資する。

③外資と中国の合弁事業によるチェーンストア展開は直営店に限る。ただしフランチャイズ方式による店舗展開に関しては外資参入が認められない。

④経営年限は30年間の期間を設けて，内陸地域は40年間までとする。

（４）その他の市場状況

まず，市場の経営形態と数が大きく変化している。1992年以降，本来は小売取引が中心の集貿市場は，小商品と多数の工業製品の全面開放により，徐々に農副産品と工業製品の卸売・小売併存型市場へ移行し，数も増加した。95年の時点全国には８万2892ヵ所の集貿市場があり，そのうち都市部は１万9892ヵ所，農村部は約６万3000ヵ所にのぼっていた。90年に比べると，集貿市場数は14.2％増加し，取引総額は１万1590億元と，90年の５倍強に達していた。

また，個人経営と民営商業企業も継続的に増加した。1994年末，個人経営の商店は1154.2万店になり，そのうち登録済みの民営商店は14.46万店になり，前年より91％増加した。

もう１つの特徴は，小売業態の多様化である。1998年６月，国家国内貿易局は「小売業業態分類規範意見（試行）」を発表し，百貨店，スーパーマーケット，大型総合スーパー，便利店（コンビニエンスストア），専業店（Specialty Store），専売店（Exclusive Shop），ショッピングセンター，会員制ウェアハウスクラブ（Warehouse Club）などの小売業態の定義を明確にした。

5　WTO加盟後の流通近代化（2001年～）

　中国は2001年12月WTOに加盟し，外資商業企業の参入拡大により，中国国内市場の競争が激化し，流通近代化が加速した。

5-1　流通外資参入の拡大

　流通分野の外資企業参入は1992年から始まり，2003年9月までに中国市場に参入した外資商業企業は234社，店舗数は3800店舗に達した（商務部，2004）。

　2001年中国のWTO加盟の際に，「外資小売企業による参入地域と出資制限を04年までに全面開放する」という国際的な公約が交わされた。公約を履行するため，02年3月，国家計画委員会，国家経済貿易委員会，対外貿易経済合作部が新しい「外商投資産業指導目録」を公表し，同年4月実行に移した。

　当指導目録は，1997年12月に発表された旧「外商投資産業指導目録」に代わり，外資導入に関して中国が促進，許可，制限，禁止する産業をそれぞれ明示した。一般商品の卸売，小売，物流業は促進産業に含まれていたが，外資による出資方法や経営方法は制限付きで，段階的に開放するとの方針が示された。

　小売業については2002年12月までに外資による50％の出資を認め，その後，04年12月までに外資による独資企業の展開を可能にする。ただし，30店舗以上のチェーンストアについては外資による経営権の主導は禁止する。ついで，卸売業については02年12月までに一部の商品を除いて，外資による50％までの出資を許可する。04年12月までに外資による独立資本の卸売企業の展開を認め，ただし，塩とたばこについては開放しない。最後に，フランチャイズ経営と固定店舗を持たない卸売業と小売業については，04年12月までに外資の投資を許可する（国家発展改革委員会（旧国家計画委員会）のホームページ）。

　そして，2004年4月，商務部は新しい外資投資政策である「外商投資商業領域管理方法」を公表した。04年12月までに外資による小売業，卸売業参入の出資比率，経営内容，出店地域を大幅に緩和し，また，フランチャイズ経営の制限を撤廃した。これにより，外資による中国流通市場への参入制限が大幅に緩和され，外資の参入攻勢が一段と活発化になった（表1-3参照）。なお，外資

表1-3 ●流通の外資参入開放プロセス

	1992年	1999年	2004年
小売業	・一部地域で制限開放（6つの沿海都市と5つの経済特区） ・出資比率の制限（不明）	・全国で制限開放 ・外資の出資比率（3店舗以内：65％まで，4店舗以上：49％まで）	・全国で一部制限開放 ・外資の出資比率（100％可能）
卸売業	未開放	・全国で制限開放 外資の出資比率（49％まで）	・全国で一部制限開放 ・外資の出資比率（100％可能）
チェーンストア経営，フランチャイズ（FC）経営と加盟店方式FC	未開放	・1995年，北京と上海で，合弁事業による外資のチェーンストア経営可能。	・1999年，全国で合弁事業による外資のチェーンストア経営が可能。ただし，直営店のみ。フランチャイズ方式は不可。	・外資によるフランチャイズ経営を許可。

出所：筆者作成。

系商業企業に関する投資審査の一部は，06年3月中央レベルから省レベルの商務部門へ委譲された（『新京報』2005年12月23日付）。

5-2　国内流通改革の加速

2001年以降，国有商業企業の経営形態の改革は継続的に行われていた。さらに，チェーンストア企業やフランチャイズ経営の拡大，POSシステムの普及，物流配送システムの導入などにより，中国の流通近代化が一層進んだ。

(1) 国有商業企業の改革

1978年時点で，国有商業企業の売上高は全体売上高の54.6％，集団企業を含めると97.9％を占めていたが，2002年になると，国有企業の売上高は全体の40.2％に下落し，集団企業の4.4％を加えても，合計44.6％であり，78年の約半分の割合に減少した。代わりに合弁企業が41.4％と大きく伸び，民営企業，外資系企業もそれぞれの7.4％，6.6％を占めた。

また，1980年代から開始した株式会社化により，2000年末までに73％の国有商業企業が株式会社に再編成され，そのうち98社が上場した（商務部，2004）。

2003年3月，国内外の商業と貿易，国際経済協力を担当する部門として，国務院の指示により商務部が新設された（国発［2003］8号，『中国商務年鑑』(2004年）序）。08年になると，中国における流通改革や流通近代化政策の策定

と推進は，商務部のもとにある商業改革司が担当するようになった。

2005年，国務院は流通業の発展を促すため，「国務院による流通業の発展を促進する諸意見」という通達を各省，自治区，直轄市の地方政府や国務院の各部署に出した。具体的には，国有商業企業の再編，経営不振企業の処分，大型商業企業集団の育成，中小商業企業の活性化，チェーンストア経営の促進，近代的な経営方法の導入，物流配送センターの設置，情報化などである（国発［2005］19号，国務院のホームページ）。

国務院の指示を受けて，2005年9月商務部は「商務部による中小商業企業改革と発展に関する指導意見」を発表し，国有の中小商業企業の改革に関する政策を打ち出した。たとえば，経営形態の改革に関しては，中型商業企業の株式企業化，小型商業企業の外資との合併による共同経営が提案された。また，税制や金融面での支援，チェーンストア経営の促進，流通ブランドの育成，新設手続きの簡約などの方針が改めて掲げられた（商務部のホームページ）。

(2) チェーンストア経営の拡大

2001年，国家経済貿易委員会は「"十五"（第10回5ヵ年計画期，2001～2005年）における全国チェーンストア経営発展計画」を公布した。さらに，02年10月には，印刷物「全国連鎖経営"十五"発展規定」を配布し，"九五（第9回5ヵ年計画期，1996～2000年）"期間内に，チェーンストア経営を一層推進するとの構想が打ち出された。

計画には企業の連携・合併・再編の推進，複数地域間のチェーンストア展開によるチェーンストア企業規模の拡大，情報システム化の促進と集中配送の導入など，多くの施策が盛り込まれた。企業規模が小さく，管理レベルが低いという"九五"期間中のチェーンストア経営の二大問題点を改善することが狙いである。目標は"十五"の終盤に，チェーンストアの店舗数を10万店舗に，売上高を7000億元に増加させることである（国家経済貿易委員会のホームページ，および矢作，2003，82頁）。

2002年末，中国の小売・外食産業のチェーンストア企業は1232社，総店舗数は3万4511店舗，年間売上高は2469億元であった。全国の消費財小売総額の4億911万元に占める割合は6.04％であり，00年より2.3％増加した。また，02年

末までに大中型小売店舗の90％以上がPOS（販売時点情報管理）システムを導入し，50％以上がバーコードを利用しているほか，製販企業間の電子データ交換EDI（Electronic Data Interchange）や全地球測位システム GPS（Global Positioning System），イントラネットなどを導入している企業も徐々に増加した（商務部，2004）。

さらに，2007年4月「商業特許経営備案管理方法（登録管理方法）」と「商業特許経営情報公開管理方法」が発表された。前者はフランチャイズ企業の設置を審査する機関を明確にし，省，自治区，直轄市内における設置はそれぞれの政府商務管理部門，2つ以上の地域でフランチャイズ店舗を展開する場合は国務院商務管理部門が審査を担当することを定めた。また，フランチャイザーに対して経営状況や事業計画書などの書類の提出を義務づけた。後者は，おもにフランチャイジーの権利を守ることを目的として，フランチャイズ契約に関する情報公開を規定したものである。2つの法案とも07年5月に実施された（商務部令2007年第15号，商務部のホームページ）。

（3）集団企業の再編成

外資系小売企業が増大しているなか，中国国内の国有集団企業は競争力強化のため，企業再編へと向かった。代表例は，上海の百聯集団と北京の首聯集団の2つの国有集団企業の再編がある。

上海の百聯集団は2003年4月，上海商業委員会に属していた上海一百（集団）有限会社，華聯（集団）有限会社，友誼（集団）有限会社，そして，上海市の経済委員会に属している物資（集団）総公司の4集団が大同団結して誕生した。百聯集団の総資産は当時，280億元，年間売上高は700億元以上にのぼっていた。第一百貨商店，華聯商厦，華聯超市，聯華超市といった上場企業が傘下にあり，中国最大の商業集団として生まれ変わった。

北京の首聯集団は2001年に，13社の商業企業が店舗資源や資本を集約化し，設立された。成長著しい総合量販店業態を強化するのが主要な目的であり，傘下企業には億客隆，燕京望京，小百羊超市，星座興石などの連鎖店がある。03年店舗数は60数店舗で，全体の年間売上高は19.7億元であった（『中国商業年鑑』（2004年），23頁）。

（4）その他の流通改革

　商務部は農村部の商業企業の機能を強化するため，2005年「万村千郷市場工程計画」を開始した。農村地域の小売店舗を対象に，総額2.04億元の資金支援を行い，小売店舗の規模に応じて3000元から4000元の経営改革補助金を与えた（『新華網』2006年8月31日付）。

　2006年になると，商務部は小売企業のサービス水準や信頼性の向上，ブランド・イメージの確立を助長するため，経営評価制度を導入した。最初の対象地域は，北京，天津，上海，重慶，南京，長沙，西安，大連，青島の9都市であり，対象企業は売場面積が6000平方メートル以上の百貨店347店であった。経営評価の結果は，65％の223店舗が合格の標準基準に達し，35店舗が1つ上のランクである上級基準を満たすというものであった。06年10月，商務部は青島で「全国小売企業等級分別経験交流会」を開催し，評価結果を公表するとともに，他地域・他業態への適用の可能性を示唆した（商務部のホームページ，および『第一財経日報』2007年1月11日付）。

　2008年には物流システムの整備が重点的に取り上げられた。08年3月，中国商務部は「わが国の流通分野の現代物流発展に関する指導意見」を発表し，現代物流理念の確立，専門物流企業の育成，都市から農村地域におよぶ物流ネットワークの整備，生鮮物流の構築，物流における情報システムの活用など，物流の近代化に関する多くの目標を立てた。そのうち，物流分野における外資系企業への開放，とくに内陸地域における投資の必要性が強調された（商務部のホームページ）。

5-3　流通構造の変化

（1）売上高でみる中国の流通構造

　近年，中国国内の消費市場は一段と成長した。商業企業全体の売上高からみると，1999年の一定規模以上（卸売業の場合，年間売上高が2000万元かつ従業員が20人以上；小売業の場合，年間売上高が500万元かつ従業員が60人以上の企業）の卸売業の年間総売上高は2兆2614億元であったが，05年は3.3倍の7兆5510億元に拡大した。また，一定規模以上の小売業の年間総売上高は99年の4833億元から05年の1兆7640億元へと，6年間で3.6倍の成長を遂げた（『中国

統計年鑑』(2000年), 表16-9, 『中国統計年鑑』(2006年), 表17-8)。

また，総合市場や専業市場について，2005年時点，年間取引高が1億元以上の市場は3323ヵ所，そのうち総合市場は767ヵ所（工業製品総合市場228ヵ所，農産品総合市場は539ヵ所)，専業市場は2214ヵ所であり，総計224万8803の店舗が市場に入居し，総営業面積は1億3140万平方メートル，総売上高は3兆20億元であった。(『中国統計年鑑』(2005年), 表17-35)。

(2) 資本形態でみる中国の流通構造

流通業の資本形態の変化をみると，現地資本企業の経営形態が一層多様化した事実がよくわかる。

1999年から2005年の6年間の比較でみると，卸売企業の場合，現地資本の国有企業と集体企業の企業数が激減し，有限責任公司や私営企業が大幅に増加している。また，外資系の香港・マカオ・台湾資本企業や，その他の国の外資系企業が全体に占める割合が増加している。なかでも，独資の数は香港・マカオ・台湾資本企業で12倍，その他の外資系企業で55倍と，かなり高い増加率となっている（表1-4参照）。

小売企業の場合は，現地資本の国有企業と集体企業の企業数が減少し，卸売企業と同じように有限責任公司や民営企業が増加している。また，香港・マカオ・台湾とその他の外資系企業が全体に占める割合についてはほとんど変化がない。これは現地資本の小売企業が急増していることが影響している。外資系独資企業の企業数は9倍になり，店舗数は30倍に増加した。また，2004年の外資による独資の設立緩和後，外資系独資企業は当然のことながら増加した（表1-5参照）。

なお，本来ならば1998年以前の資本形態別企業売上高との比較が望ましいが，98年を境目に統計方法が変更され，現在の統計には資本形態別の売上高の統計は行われていない。そのため，ここでは99年と2005年を比較した。

また，国家統計局が行った別の小売企業関連調査によると，2005年の時点で，一定規模以上のチェーンストア企業（「共通の経営方針のもと，複数の店舗により構成されている小売企業」）の総店舗数は9万475店舗，総売上高は1兆668億元である。そのうち，現地企業は8万5223店舗，全体の店舗数

表1-4 ●一定規模以上の中国卸売企業の構造変化

卸売業	1999年				2005年			
	企業数	全体に占める割合	店舗数	全体に占める割合	企業数	全体に占める割合	店舗数	全体に占める割合
現地資本企業	16,282	99%	23,551	99%	25,947	96%	54,825	98%
国有企業	10,375	63%	15,628	66%	4,710	17%	13,618	24%
集体企業	2,946	18%	3,964	17%	1,099	4%	3,448	6%
株式企業	358	2%	471	2%	354	1%	852	2%
聯営企業	238	1%	247	1%	173	1%	263	0%
有限責任公司	1,400	9%	1,973	8%	7,442	28%	12,810	23%
株式有限企業	575	4%	873	4%	1,164	4%	10,132	18%
民営企業	387	2%	391	2%	10,933	41%	13,620	24%
その他の企業	3	0%	4	0%	72	0%	82	0%
香港,マカオ,台湾企業	52	0%	61	0%	308	1%	376	1%
資本提携企業	29	0%	33	0%	62	0%	85	0%
業務提携企業	6	0%	7	0%	13	0%	14	0%
独資企業	17	0%	20	0%	227	1%	264	0%
投資株式有限企業		0%	1	0%	6	0%	13	0%
外国資本(香港,マカオ,台湾以外)企業	48	0%	108	0%	708	3%	956	2%
外資と中国資本の資本提携企業	30	0%	48	0%	117	0%	229	0%
外資と中国資本の業務提携企業	4	0%	6	0%	14	0%	25	0%
外資系独資企業	10	0%	12	0%	567	2%	678	1%
外資投資株式有限企業	4	0%	42	0%	10	0%	24	0%
合計	16,382	100%	23,720	100%	26,963	100%	56,157	100%

出所：『中国統計年鑑』(2000年)、表16-5、および『中国統計年鑑』(2006年)、表17-4により、筆者作成。

表1-5 ●一定規模以上の中国小売企業の構造変化

	1999年				2005年			
	企業数	全体に占める割合	店舗数	全体に占める割合	企業数	全体に占める割合	店舗数	全体に占める割合
現地資本企業	10,540	98%	18,403	96%	20,346	98%	71,673	97%
国有企業	5,198	48%	8,581	45%	2,798	13%	11,296	15%
集体企業	2,865	27%	4,394	23%	1,799	9%	7,411	10%
株式企業	434	4%	717	4%	487	2%	1,546	2%
聯営企業	154	1%	167	1%	145	1%	239	0%
有限責任公司	824	8%	2,263	12%	5,561	27%	24,740	34%
株式有限企業	658	6%	1,818	9%	1,068	5%	10,176	14%
民営企業	401	4%	440	2%	8,377	40%	16,029	22%
その他の企業	6	0%	23	0%	111	1%	236	0%
香港,マカオ,台湾企業	109	1%	193	1%	134	1%	549	1%
資本提携企業	67	1%	103	1%	72	0%	400	1%
業務提携企業	33	0%	76	0%	25	0%	29	0%
独資企業	6	0%	10	0%	33	0%	108	0%
投資株式有限企業	3	0%	4	0%	4	0%	12	0%
外国資本(香港,マカオ,台湾以外)企業	84	1%	624	3%	255	1%	1,552	2%
外資と中国資本の資本提携企業	54	1%	560	3%	146	1%	1,141	2%
外資と中国資本の業務提携企業	24	0%	56	0%	50	0%	159	0%
外資系独資企業	6	0%	8	0%	55	0%	244	0%
外資投資株式有限企業	0	0%	0	0%	4	0%	8	0%
合計	10,733	100%	19,220	100%	20,735	100%	73,774	100%

出所：表1-4に同じ。

の94.2％であり，売上高は9244億元，全体の86.6％である。香港・マカオ・台湾企業は1492店舗，全体の店舗数の1.6％であり，売上高は310億元で，全体の2.9％である。それ以外の外資系企業の店舗数は3761店舗，全体の4.2％であり，売上高は1058億元で，全体の9.9％である（『中国統計年鑑』（2006年），表17-28）。

6　おわりに

　本章は，計画経済期（1949～1977年まで），経済改革段階（1978～1991年まで），社会主義市場経済転換段階（1992～2000年），WTO加盟後段階（2001年～）の4つの時期に分けて，歴史的な側面から中国における流通近代化のプロセスを考察した。中国における流通改革の歴史を回顧すると，中国の流通構造は当然のことながら，経済改革と流通政策から大きく影響を受けたことを確認できた。図1-3は，1984年以降における中国主要流通改革の変遷をまとめたものである。

　全体的にみると，現地資本企業については1980年代から開始した流通改革により国有企業の資本形態が大きく変わり，株式会社と民営企業の数が大幅に増加した。しかし，これらの数字は資本形態の変化を示しているものの，株式化された国有企業は実質的に国有である現状はそれほど変わらない。先に取り上げた百聯集団はその典型例であり，国有資産管理委員会の監督・管理のもとにあり，4集団を完全所有している。

　さらに，中国における流通近代化の進展をみると，外資の導入とチェーンストア経営の2つが大きなキーワードとなっている。中国は1992年から段階的に流通の外資を導入し，外国から資金投入と経営技術の獲得により，国内商業企業の近代化を促進させた。2005年，内陸地域を対象とした流通近代化政策にも外資の導入による促進策が含まれている。チェーンストア経営の推進については，05年時点，一定規模以上の小売チェーンの総店舗数は9万475店舗に増加した一方，外資の勢力拡大がしだいに現地企業の大きな脅威になり，打開策として01年以降の現地企業の集団企業への編成が行われた。このように，中国に

図1-3 ●中国における流通近代化プロセスの全体像（1984年以降〜）

	1984年	1991年 1992年	1995年	1999年 2001年	2004年
卸売段階	・卸売3段階制の崩壊 ---> ・民営・個人卸売企業増加			・外資卸売参入の開始・拡大 ----------------------------------->	
貿易中心, 卸売市場, 集貿市場	・都市部：「貿易中心」「批発市場」の設置 ・農村地域："集貿市場"の再開・増加		・卸売市場の大型化（綜合化） ・卸売・小売併存型へ --->	・専門化	
小売段階	・国有大・中型企業における"承包経営責任制"（下請け経営責任制）の実行 ・国有小型企業における"改, 転, 租, 売"改革 ・配給制度の撤廃	・重慶の"四放開"改革の開始と全国への拡大 -----------------------------------> ・国有小型企業の"改, 転, 租, 承, 包, 合, 併"改革 ・外資小売参入の開始 ・民営・個人小売企業の増加		・国営大型企業の株式化, 集団化・企業集団の再編成 ・外資小売参入の拡大・FC開放 ・チェーンストアー経営の導入・拡大 ・情報化, 近代化の促進 ----------------------------------->	

出所：筆者作成。

おける流通近代化は矛盾と衝突が時折発生しながら進行してきた。しかし，農村地域における流通近代化の推進も含めて，中国における近代化の課題はまだまだ多い。

注
(1) これらの切符は「票」や「券」と呼ばれ，最も一般的なのは「糧（食糧品）票」，「油票（食用油）」，「布票」，「綿花票」，「肉票」，「水産票」，「煙（たばこ）票」，「酒票」，「肥皂（石鹸）票」，「日用工業品の購物（買）票」などがあり，ほかには，地域や季節限定の切符がある。たとえば四川省には「鮮蛋供応券（卵供給券）」，湖北省には「嬰児牛奶券（乳児ミルク券）」，河北省には「米票」などがあり，「米票」は「糧票」を米とその他の穀類に細分化したものである。また，重慶市には「糯米票」という春節（旧正月）のみ発行する切符がある。
(2) 「僑滙商店」は「僑滙券」の所持者のみ利用できる商店であり，中国ではかつては海外華僑の国内親族への金銭振込を促すために，「僑滙券」という貨幣を発行していた。また，「友誼商店」は外国人対象の商店であり，利用者はかつて「外滙券」という貨幣が必要だった。「外貿供応公司」の性質は「友誼商店」と類似している。「石油商店」は石油関連商品を販売する商店である。

参考文献
日本語：
黄磷編著（2002）『WTO加盟後の中国市場』蒼蒼社。
白石善章（2005）「WTO加盟後の中国流通構造」田中道雄・栗田真樹・鄭杭生・李強著『現代中国の流通と社会』ミネルヴァ書房。
松山宏編（2005）『現代中国の流通』同文舘出版。
矢作敏行編（2003）『中国・アジアの小売業革新』日本経済新聞社。
『経済日報』,『新京報』,『新華網』,『第一財経日報』各号。

中国語：
中華人民共和国国内貿易部主催・中国国内貿易年鑑社編『中国国内貿易年鑑』（1994～2002年）中国国内貿易年鑑社。
中華人民共和国国家統計局編『中国統計年鑑』（各年版）中国統計出版社。
中華人民共和国商務部（2004）「流通業改革発展要綱」, 6月。
中国商業部主催・中国商業年鑑社編著『中国商業年鑑』（1988～1993年, および2003～2006年）中国商業年鑑社。
中国商務年鑑編集委員会編『中国商務年鑑』（2004年）中国商務出版社。

その他：
中華人民共和国国務院のホームページ（http://www.gov.cn/）。
中華人民共和国国家統計局のホームページ（http://www.stats.gov.cn/）。
中華人民共和国国家発展改革委員会のホームページ（http://www.sdpc.gov.cn/default.htm）。
中華人民共和国商務部のホームページ（http://www.mofcom.gov.cn/）。
中国商業聯合会のホームページ（http://www.cgcc.org.cn/）。
中国連鎖経営協会のホームページ（http://www.stats.gov.cn/）。

補論 中国の商業統計

　中国国内商業の現状をマクロ的にとらえるには，統計データの活用が不可欠である。日本の「商業統計表」に相当する中国の商業統計資料は，『中国商業年鑑』である。『中国商業年鑑』は1988年に創刊され，毎年刊行されている。1994年版から2002年版まで年鑑の名称は『中国国内貿易年鑑』に変更されたが，03年版からは『中国商業年鑑』に戻った。この年鑑には，統計項目や商業企業の分類に連続性が欠けており，中小商業者に関するデータが皆無に近い，という2つの深刻な問題がある。そのため中国の国内商業の構造を時系列的にとらえること，さらには流通の主要な担い手の1つである中小商業者の状況を把握することを困難にしている。しかし，このような問題が存在する一方，『中国商業年鑑』は現在，中国の国内商業に関する最も包括的で権威ある年鑑であり，商業の現状をマクロ的にとらえるうえでもっとも基礎的な資料である。そこでこの補論では，統計項目に大きな変化がなかった1990年代終盤以降の『中国商業年鑑』を中心に，その主な内容と利用方法を紹介する。そのうえで，年鑑の2つの問題に関して，考えられる代替的なデータ・ソースを説明する。なお『中国商業年鑑』には商業（卸売・小売業）と飲食業の調査結果がまとめられているが，この補論では商業に関するデータのみを紹介する。

　『中国商業年鑑』はおもに概要と統計資料の2つの部分から構成される。概要の部分は年によって項目が多少異なるが，共通して3つの項目が含まれている。すなわち，①商業企業の所有制改革やチェーンストアの発展など商業と商品流通における年間の重要な出来事，②主要な消費財と生産財の年間生産・販売状況，③年間の重要な商業・流通政策である。これらの内容のうち，③は当該年に公布・施行された法律・通達のリストだけではなく，政策の全文も掲載されているため，中国の流通政策の変化と現状をとらえるには非常に重要なデータである。一方，項目①と②では詳細なデータが掲載されていないが，項目①では商品流通に関するトップニュースが列挙され，また，項目②では食料品，衣料品，家電製品などの主要な消費財と，化学工業原料などの生産財の年間生産量と販売量，対前年比などのデータが示されているため，商品流通と主

要な商品の需給状況のトレンドを把握する際には参考となる。

　統計資料の部分について，1990年代終盤以降の『中国商業年鑑』でも調査項目に多少の違いがあるが，卸売業と小売業それぞれの事業所数，従業者数，年間商品販売額といった商業全体の構造に関する基本的なデータが公表されていない一方，一定規模以上の商業企業について非常に詳細なデータが公表されている，という特徴がある。たとえば，2007年現在最新版である『中国商業年鑑』2006年版を見よう。同年鑑の統計資料は，(a)商業全体の構造に関するデータ，(b)一定規模以上の卸売企業・小売企業に関するデータ，(c)その他のデータの3つの内容からなる。

　まず，(a)商業全体の構造に関する基本データは約70ページの統計資料のうちのたったの2ページしかない。公表されたデータは消費財交易市場の数の他，商業企業の小売年間販売額，商業企業の年間商品（消費財と生産財）販売額（卸売と小売）とだけである。日本の『商業統計表』が商業構造全体に関するデータを豊富に提供していることとは対照的に，情報量が著しく不十分である。たしかに商業企業の年間商品販売額と小売年間販売額を用いて，商業企業の卸売年間販売額を推測できるが，卸売業と小売業それぞれの事業所数と従業者規模，また小売業全体の売場面積はこれらのデータだけでは把握することができず，業種別の商業企業の状況をとらえることはさらに不可能である。

　一方，(b)一定規模以上の卸売企業・小売企業，すなわち年末の従業者数が20人以上かつ年間販売額2000万元以上の卸売企業と，年末の従業者数60人以上かつ年間販売額500万元以上の小売企業について，『中国商業年鑑』で非常に詳細なデータが公表されている。これらのデータは，法人企業数とその事業所数，従業者数，年間仕入額・販売額・年末在庫高といった基本データだけではなく，これらの企業の資産と負債状況，営業収入・コスト・利益といった経営状況および，近年発展してきたチェーンストアの店舗数，売場面積，従業者数，年間仕入れ額と販売額などのデータが公表されている。また，これらのデータのほとんどはさらに，所有制別，地区別，業種別などの細分類のデータも発表されている。これらのデータを用いて，一定規模以上の卸売企業と小売企業の構造だけではなく，その経営の現状およびチェーンストアの発展状況をとらえることができる。

(c)その他のデータには，おもに消費者物価指数など物価に関するデータおよび，大・中型商品交易市場（年間取引額1億元以上）に関するデータがある。本文で説明したように，改革開放後中国において小売・卸売集積である商品交易市場が大きく発展し，現在流通の重要な担い手となっている。大・中型商品交易市場について『中国商業年鑑』では，市場のタイプ，市場数，ブース数，営業面積，年間取引額とそのうちの卸売額・小売額などのデータが公表されている。また，これらのデータのうち，商品別と地区別の細分類のデータも公表されているものもある。これらのデータを分析することによって，商品交易市場が中国の商品流通で果たしている役割や，流通機関における位置づけを明らかにすることができる。

以上のように『中国商業年鑑』では，一定規模以上の商業企業と商業集積についてより詳細のデータが公表されている一方，中小商業者に関するデータが皆無に近いといえる。そのため，この年鑑を活用することによって，重要な流通機関である大・中型商業企業と商業集積の現状をマクロ的にとらえることができるが，他方では，改革開放後重要な流通の担い手に成長してきた中小商業者の状況を把握することがむずかしく，また，彼らを含めた中国商業全体の構造を解明することが困難である。

こうした限界を完全に解消することはできないが，他のデータ・ソースを利用することによって部分的に解決が可能である。たとえば特定の市の中小商業者の現状を把握するには，当該市の統計年鑑における「国内貿易」で公表されるデータを活用することができる。唐山市の中小商業者を含めた商業全体の現状をとらえるには，『唐山統計年鑑』を利用した。このような統計年鑑は，直轄市や省都のような大都市だけではなく，河北省唐山市や浙江省温州市などの地方都市においても市の統計年鑑が1980～90年代より継続的に刊行されている。ただし，これらの統計年鑑の「国内貿易」の部分は『中国商業年鑑』と同じように，1990年代終盤以降とそれまでの統計項目や企業分類が大きく異なるため，それを用いて市の商業構造の変化を長いタイムスパンでとらえるのはやはり困難であると考えられる。

（補論は畢滔滔が執筆を担当した）

■第2章
外資参入動向と現地市場へのインパクト

1 はじめに

　中国流通近代化の重要な局面である外資の参入動向とそれが現地小売市場に与えたインパクトを取り上げる。最初に中国における小売市場開放のプロセスと小売外資の参入時期・参入方法を概観し，ついで総合量販店とコンビニエンスストアの2つの事業分野について有力外資の出店戦略をまとめ，最後に外資参入が現地小売市場に与えた影響を探る[1]。

2 資本自由化と外資参入動向

2-1　中国小売市場の開放プロセス

　中国小売市場への外資の参入は1992年7月まで「原則閉鎖期」であった。それ以前に参入した外資系企業はごく一握りの企業であり，あくまで特例措置として参入が許された。香港のハチソン・ワンポア（和記黄浦）グループが展開する百佳超市はその数少ないなかの1社であり，84年経済特区として市場開放が進んでいた深圳市に「百佳超級市場」1号店を開店した。

　1992年7月から97年ころまでは「漸進的開放期」である。北京，上海，天津，広州，大連，青島の6つの沿海都市と深圳，珠海，厦門，汕頭，海南の5つの経済特区で，若干件数の「試点」（実験）小売合弁事業が認可された。日本のジャスコ（中国名・佳世客，吉之島，上海と青島の2件），イトーヨーカ

堂（同：華糖洋華堂，北京），ヤオハン（同・八佰伴，上海），マイカル（同・麦凱楽，大連），アメリカのウォルマート（同・沃爾瑪，深圳），オランダのマクロ（同・万客隆，北京），マレーシアのパークソン（同・百盛，青島），タイの総合量販店「ロータス」（易初蓮花）を展開する正大グループ（天津），台湾の豊群投資（武漢）等20件の中外合弁事業が認められ，その1号店の多くが95年から98年にかけて開業した（胡，2001）。

　少なくとも，初期段階における日系小売企業の参入意向は旺盛だった。とりわけ，日本のイトーヨーカ堂はオランダのマクロとともに全国的に出店することを認可された特別な存在だった。しかし，実際には中央政府が認可した上記合弁事業以外に，地方政府が独自に認可した中外合弁事業が急増し，1997年には200件を大きく越えていた。とくに，95年12月，中央政府の認可ではなく地方政府の認可で北京と上海に進出したフランスのカルフール（家楽福）はその後も積極的な出店を続け，99年には各地で20店舗を越す店舗網を，いち早く築いた。

　中央政府は地方認可型の合弁事業の急増に対処するため，実態調査を実施し，行政指導を強化した。中央政府の認可なしに全国展開を目指し，出資比率の面でも現地企業に対する支配力を強めていたカルフールは中央政府の指導を受けて，2000年新規出店を自粛する事態に至った。このように，中央と地方の市場開放策のスピードの違いを調整した1997年から99年ころは資本自由化の「整理整頓期」と呼ばれている。

　しかし，「整理整頓期」は長く続かなかった。他産業の資本自由化が急速に進むなかで，中央政府は政策を一転させ，市場開放政策は「大幅緩和期」に変わった。すなわち，1999年6月「外資系商業試行規則」が公布され，外資の出資比率は3店舗以内で65％まで，4店舗以上の場合は49％までの制限付きで緩和された。

　そして，WTO（世界貿易機関）加盟から3年を経過した2004年12月には「完全自由化期」に入った。外資による小売業・卸売業参入の出資比率，経営内容，出店地域が原則自由になり，フランチャイズによる出店も可能になった。これを機会に外資参入の機運は一段と高まったが，現実には「完全自由化期」といっても，主要都市における都市商業配置政策からの出店制限の実施，コン

ビニエンスストアが採用しているフランチャイズ会計方式の導入認可に対する慎重な姿勢など国内営業規制は残っている点には注意したい（流通経済研究所，2008）。

2-2　参入時期

　つぎに，現時点に中国で小売店舗を展開している有力外資系企業の参入時期を比較する。中国における1号店を設置した時期を基準にすると，1990年代前半は，さきに言及した香港系の百佳超市のほか，92年香港のデアリー・ファームが深圳でセブン-イレブンの1号店を開業したのに続き，94年にはマレーシア系のパークソンが北京，成都で，また台湾系の太平洋SOGO百貨店が上海で，それぞれ百貨店事業を開始した。いずれも華人企業（華人・華僑企業を単に華人企業と略す）である（図2-1参照）。

　1900年代後半には「試点」合弁事業による参入組のほか，日本のローソン（羅森），ドイツのメトロ（麥德龍），アメリカのプライス・マート（普爾斯馬特），フランスのオーシャン（欧尚），スウェーデンのIKEA（宜家），イギリスのB&Q（百安居）などが一斉に名乗りを上げた。中国で展開している台湾系の三大総合量販店である好又多，楽購，大潤発も97年から98年にかけて進出した。

　1990年代後半には各国の有力小売企業がかなり出揃った。ウォルマートの深圳・湖景店は96年8月，ジャスコの広州・天河城広場店と上海・不夜城店も同年中に開店した。ただし，審査に手間取ったイトーヨーカ堂の北京1号店の十里堡店は，98年4月開店とやや遅れた。

　資本自由化が実現した2004年12月以降，今度は有力カテゴリー・キラー（特定商品分野で圧倒的な強さを発揮する大型専門店）の参入が相次いだ。もともと海外進出に積極的なイケアやB&Qといった欧州企業は90年代後半に参入したが，国際化経験の乏しいアメリカ系企業はそれより遅れ，ホームセンターのホーム・デポ（家得宝），家電専門店チェーンのベスト・バイ（百思買）はともに2000年代半ばの参入となった。

　また，タイ，韓国でマーケット・リーダー（当該業態市場シェアで第1位か2位の企業）の座に就いたイギリスのテスコ（特易購）は2004年，台湾系楽購

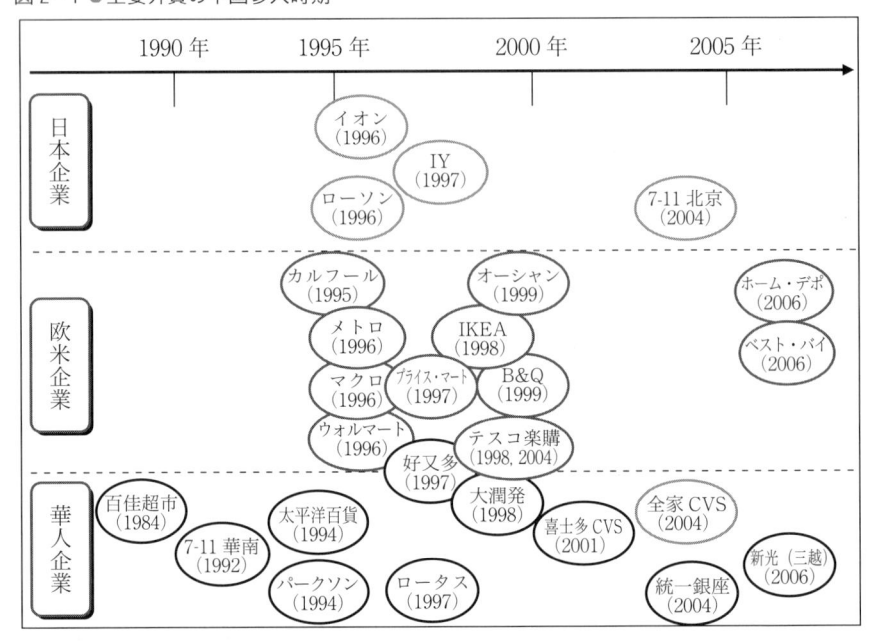

図2-1 ●主要外資の中国参入時期

	1990年	1995年	2000年	2005年
日本企業		イオン(1996) ローソン(1996) IY(1997)	7-11北京(2004)	
欧米企業		カルフール(1995) メトロ(1996) マクロ(1996) ウォルマート(1996) プライス・マート(1997)	オーシャン(1999) IKEA(1998) B&Q(1999) テスコ楽購(1998, 2004) 好又多(1997) 大潤発(1998)	ホーム・デポ(2006) ベスト・バイ(2006)
華人企業	百佳超市(1984) 7-11華南(1992)	太平洋百貨(1994) パークソン(1994) ロータス(1997)	喜士多CVS(2001) 統一銀座(2004)	全家CVS(2004) 新光(三越)(2006)

注：「参入時期」は原則として1号店の開店時期だが，テスコ楽購，ホーム・デポ，ベスト・バイのようにM&A（企業の買収・合併）の場合は買収時期としている。なお，テスコ楽購の参入時期，1998年は買収された楽購の1号店開店時期であり，テスコは2004年楽購を買収するかたちで中国市場に参入した。
出所：各種資料から筆者作成。

（ハイモール）の株式50％を取得後，06年12月には持株比率を90％まで引き上げ，参入の遅れを取り戻した。

2-3　参入方式と参入後の動向

　中国国家統計局の統計調査に基づき，1999年から2007年までの一定規模以上（従業員60人以上，年間売上高500万元以上）の中国小売企業の動向を分析し，そこから外資の参入動向に関する理解を深める。

　外資系小売企業数は2007年現在，業務提携を含め534社，総店舗数4862店舗にのぼり，企業数で中小小売企業全体の2.3％，店舗数で同5.7％を占めている。1社当たりの平均店舗数は約9店舗で，全体の3.5店舗を大幅に上回っている。1999年の外資系小売企業数は193社，817店舗だから，過去8年間で企業

数は2.8倍，店舗数は6.0倍に急増したことになる。

1999年，外資小売企業の参入企業数193社のうち香港，マカオ，台湾の華人企業は109社，それ以外の外資系企業は84社である。華人企業の参入企業数はそれ以外の外資系企業のそれを上回っていた。ところが，2002年になると，その他の外資系企業の参入件数は140社に増え，華人企業の115社を上回った。さらに，華人企業以外の外資は05年255社，07年351社と急増し，華人企業系の05年134社，07年183社を大きく引き離した。

つまり，香港，マカオ，台湾の華人企業は日欧米等の外国企業に先駆けて参入し，その後の参入企業数も伸びているが，2000年代にはいると，日欧米等の外国企業の参入が活発化したことが特徴的である。これは前項で紹介した主要外資の参入時期の観察結果とほぼ一致している。中国本土市場に強い愛着を感じていた華人企業が投資リスクをものともせず，日米欧企業に先んじて積極果敢に進出したのに対して，それ以外の外国企業は市場開放政策の進展や経済成長の持続性を確認しながら，当初はやや慎重に，2000年代にはいると，活発に参入した結果といえる（表2-1参照）。

外資系全体（華人企業とその他の外資系企業の合計）の参入方法をみると，中国企業との資本提携，つまり中外合弁事業による参入企業数は1999年の121社から2002年の143社へ，さらに07年には260社まで増加した。ただし，中外合

表2-1 ●一定規模以上の中国小売企業の構造変化（1999～2007年）

	1999年		2002年		2005年		2007年	
	企業数	店舗数	企業数	店舗数	企業数	店舗数	企業数	店舗数
現地資本企業	10,540	18,403	11,088	28,006	20,346	71,673	23,129	79,796
香港，マカオ，台湾企業	109	193	115	266	134	549	183	1,119
資本提携企業	67	103	67	201	72	400	86	915
業務提携企業	33	76	24	29	25	29	25	40
独立資本企業	6	10	21	32	33	108	70	158
投資株式有限企業	3	4	3	4	4	12	2	6
外国資本企業（香港，マカオ，台湾以外）	84	624	140	479	255	1,552	351	3,743
外資と中国資本の資本提携企業	54	560	76	198	146	1141	174	2,801
外資と中国資本の業務提携企業	24	56	43	242	50	159	53	263
外資独立資本企業	6	8	19	35	55	244	114	637
外資投資株式有限企業	0	0	2	4	4	8	10	42
合　計	10,733	19,220	11,343	28,751	20,735	73,774	23,663	84,658

注：「一定規模以上」とは従業員60人以上，年間売上高500万以上の企業。
出所：『中国統計年鑑（1999年）』表16-5，『中国統計年鑑（2002年）』表16-5，『中国統計年鑑（2005年）』表17-4，および『中国統計年鑑（2007年）』表17-4により筆者作成。

弁事業が外資系企業全体に占める割合は99年の63％から，02年の56％，そして07年の49％と下落している。また，フランチャイズ方式等を含む業務提携企業数は頭打ちで，外資系企業全体に占める割合は99年の30％（57社）から07年の15％（78社）へと低下した（図2‐2参照）。

それに対して，外資100％の独資企業数は1999年12社で，外資系企業に占める割合は6％にすぎなかったが，2002年は40社，同16％，05年は88社，同23％，そして07年184社，同34％と，企業数と割合とも大幅に増加した。07年，香港，マカオ，台湾の華人企業の38％，それ以外の外資の32％が現地企業の統制水準の高い独資で占められている。ただし，独資企業は急増しているが，企業数では07年で184社と，合弁企業の260社を下回っている。

要約すると，中国市場に参入した一定規模以上の小売企業の参入方式は資本自由化の進展と中国市場の成長を背景に，業務提携から合弁事業か独資による資本進出へと急速に変化した。独資の企業数は急増しているが，現状では依然として現地パートナーと組む合弁会社方式が外資全体のほぼ半数を占め，主流を形成している（図2‐2参照）。

また，店舗数別でみると，中外合弁企業の店舗数は2007年3716店舗で，外資系全体の76％と圧倒的多数を占めている。それに対して，独資企業の店舗数は99年の18店舗から07年の795店舗へと急増しているが，それでも07年外資系全体に占める割合は約16％にとどまっている。店舗数の面では合弁企業が先行していることになる。合弁，独資企業系店舗を合計すると，外資小売企業の店舗数の約90％を占めている（図2‐3参照）。

最後に，現地資本企業は企業数，店舗数の両面で外資系に伍して伸びている。現地資本企業の数は1999年の1万540社から2007年の2万3129社へ2倍以上に増え，店舗数は同期間，1万8403店舗から7万9796店舗へ4倍以上に伸びている。その結果，外資系企業数が一定規模以上の小売企業全体に占める割合は99年1.8％だったが，その後02年2.2％，05年1.9％，07年2.3％と，傾向としては上昇気味だが，一定の幅のなかにおさまっている。また，店舗数に占める外資系の割合は99年の4.3％から02年2.6％，05年2.8％といったん下落した後，07年5.7％に上昇している。

換言すると，対象は一定規模以上の企業に限定されているが，現地企業は

図2-2 ●外資全体の参入方式の変化（企業数別）

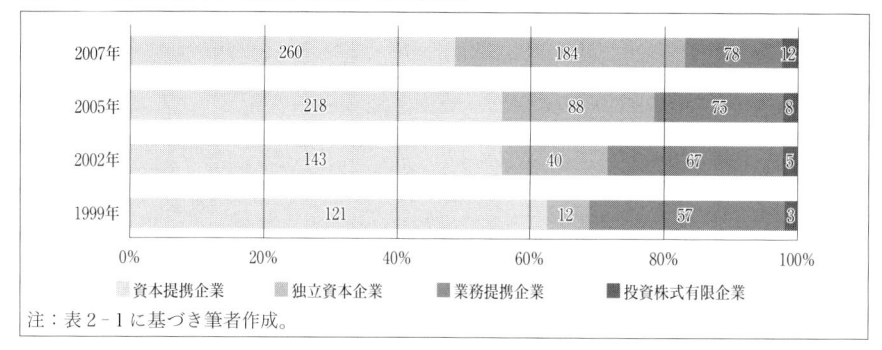

	資本提携企業	独立資本企業	業務提携企業	投資株式有限企業
2007年	260	184	78	12
2005年	218	88	75	8
2002年	143	40	67	5
1999年	121	12	57	3

注：表2-1に基づき筆者作成。

図2-3 ●外資全体の参入方式の変化（店舗数別）

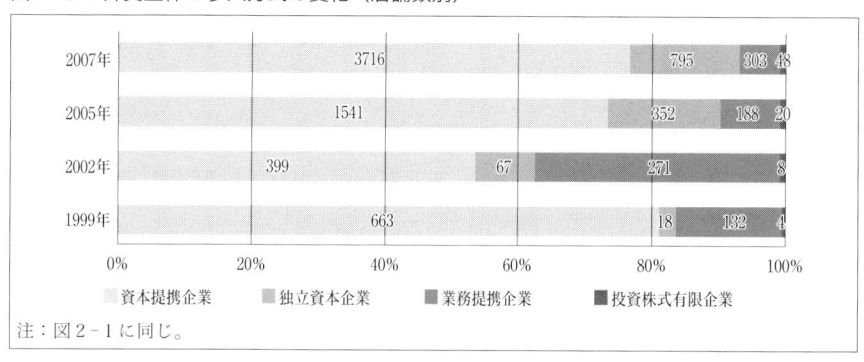

	資本提携企業	独立資本企業	業務提携企業	投資株式有限企業
2007年	3716	795	303	48
2005年	1541	352	188	20
2002年	399	67	271	8
1999年	663	18	132	4

注：図2-1に同じ。

1999年から2005年まで店舗数では外資を上回る成長を遂げていた事実を確認することができた。ただし，05年以降は外資系の店舗数が現地企業を上回る速度で増加した。つまり，資本自由化が進展した1990年代終わりから2000年代を通してみると，中国小売市場における出店競争は外資のワンサイド・ゲームに終始してきたわけではなく，現地企業が善戦健闘している現実が浮かび上がってくる。

2-4　外資の成長

　外資系小売企業が中国小売市場に占める地位は確実に高まっている。中国商業聯合会が集計した中国小売上位百社企業ランキングによると，2003年百社ランキングに入った外資系企業がわずか9社を数えるのみであったが，2年後の05年には15社，さらに06年には17社に増えた。また，03年外資9社の売上高

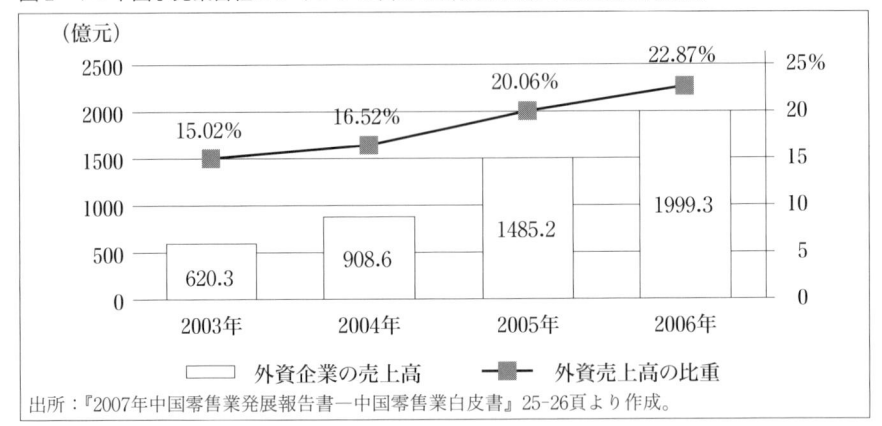

図2-4 ●中国小売業百社ランキングに占める外資系企業の売上高と同割合

年	外資企業の売上高（億元）	外資売上高の比重
2003年	620.3	15.02%
2004年	908.6	16.52%
2005年	1485.2	20.06%
2006年	1999.3	22.87%

出所：『2007年中国零售業発展報告書―中国零售業白皮書』25-26頁より作成。

合計は620.3億元で，百社全体の15％を占めていたのに対して，05年には15社合計の外資売上高は1485.2億元と2倍以上に伸び，全体の20％を占めるに至った。翌06年には外資系17社の売上高は約2000億元に達し，百社合計売上高に占める割合は約23％と，一段と上昇した（図2-4参照）。

中国小売業百社ランキングと前節で紹介した一定限度以上の企業のデータは対象，時期が異なるので，比較できないが，2つのデータから推測できる点はつぎの通りである。

前節で指摘したように現地企業が出店数の面で健闘していたとしても，外資系店舗の店舗面積・売上高規模は大きいため，外資系企業の売上高規模の成長力は店舗数の伸び以上に，高いと推測できる。事実，その点に関するデータがとれる中国連鎖経営協会が集計した一部飲食店チェーンを含む，2006年中国連鎖店百社売上高ランキングの分析によると，外資系18社の店舗数の前年比伸び率は20％で百社平均を下回っているものの，売上高の合計は同27％で百社平均を上回る伸びをみせている（中国連鎖経営協会，2007）。

その中国連鎖経営協会の連鎖店百社ランキングの2007年版をみると，香港系の華潤万家を除いて，上位10社にはカルフールと，台湾・大潤発とフランス・オーシャンが共同経営する康成投資の2社が顔を出している。上位20社まで広げると，ウォルマート，台湾系の好又多，マレーシア系のパークソンの3社がランク入りしている。つまり，上位20社（一部飲食店チェーンを含む）の4社

表2-2 ●2007年中国連鎖店売上高ランキング上位30位

順位	企業名	売上高（万元）	増加率（％）	店舗数	増加率（％）
1	国美電器集団	10,235,000	18	1,020	24
2	百聯集団有限公司	8,713,915	13	6,454	3
3	蘇寧電器集団	8,547,546	40	632	22
4	華潤万家有限公司	5,029,979	33	2,539	13
5	大連大商集団有限公司	5,022,000	39	145	41
6	家楽福（中国）管理咨詢服務有限公司	2,960,000	24	112	24
7	物美控股集団有限公司	2,794,052	21	718	6
8	康成投資（中国）有限公司（大潤発）	2,567,489	31	85	25
9	重慶商社（集団）有限公司	2,216,700	23	263	20
10	農工商超市（集団）有限公司	2,209,569	13	3,226	74
11	江蘇五星電器有限公司	2,156,159	21	249	9
12	百勝餐飲集団中国事業部	2,150,000	27	2,400	15
13	沃爾瑪（中国）投資有限公司	2,131,500	42	102	44
14	新一佳超市有限公司	1,675,390	18	100	8
15	合肥百貨大楼集団股份有限公司	1,567,300	28	99	34
16	宏図三胞高科技股份有限公司	1,511,040	46	155	48
17	好又多商業発展集団公司	1,400,000	0	101	0
18	百盛商業集団有限公司	1,400,000	—	41	8
19	山東省商業集団総公司（銀座集団）	1,389,000	38	99	50
20	文峰大世界連鎖発展有限公司	1,350,321	12	851	11
21	楽購TESCO	1,250,000	34	55	17
22	利群集団股份有限公司	1,223,624	21	840	13
23	新合作商貿連鎖集団公司	1,200,000	50	52,000	145
24	武漢中百集団股份有限公司	1,138,576	20	570	14
25	錦江麦徳龍現購自運有限公司	1,107,942	18	37	12
26	北京王府井百貨（集団）股份有限公司	1,060,000	27	16	0
27	武漢武商集団股份有限公司	924,560	10	48	23
28	安徽省徽商集団有限公司	921,261	13	2,435	64
29	北京迪信通商貿有限公司	850,000	42	1,000	67
30	人人楽連鎖商業集団股份有限公司	823,750	14	59	26

出所：中国連鎖経営協会「2007年中国連鎖経営上位百社企業ランキング表」により作成。一部飲食業も含む。

に1社は小売外資である。テスコとマクロも上位30社以内にはいっており，90年代半ばから出店を開始した外資は十数年間で中国市場において確固たる地位を築いたといえる。

　1970年代半ば資本自由化された日本市場では，上位100社内にランク入りしている外資は第60位に日本トイザらス1社（日経MJ流通新聞「小売業2007年度売上高ランキング」2008年6月25日付）であることを考えれば，中国市場に

おける外資の浸透度の速さをうかがい知ることができる。

　特徴的な点は，上位30社にはいった外資は百貨店を経営するパークソンを除くと，残り6社はいずれも総合量販店系チェーンストアである事実である。流通近代化の初期段階で衣食住の主要3商品部門を取り扱い，競争的な価格でワンストップ・ショッピングを提供する小売業態が発展するケースは日本や韓国，タイといった他のアジア諸国でも確認できる傾向である。中国連鎖経営協会の分析（『中国連鎖経営年鑑』2004～2007年版）によると，中国においても2000年代，ハイパーマーケットや会員制ホールセール・クラブ等の総合量販店（中国では「大型総合超市」，「大商場」，「総合超市」等の名称で呼ばれている）の成長がもっとも高い。そこに焦点を当てた業態戦略で，有力外資は短期間に躍進を遂げたことになる。

　総合量販店のなかで成長力がそれほど高くないのが，会員制ホールセール・クラブであり，スーパーマーケット（「超級市場（超市）」）の成長力はハイパーマーケットより低く，会員制ホールセール・クラブより高いと，中国連鎖経営協会は分析している。

　ちなみに，中国系小売企業では家電量販店の成長が著しく，連鎖店百社ランキングで国美電器が第1位，蘇寧電器が第3位を占めているほか，多業態を展開する国営系の百聯集団や大連大商集団，農工商超市が上位に顔を出している。

　次節では，外資の中心勢力を形成する総合量販店と，近年東部沿岸都市部で成長が目覚しく，かつ日本企業の参入が活発なコンビニエンスストアの2つの業態に焦点を当て，代表的な企業の出店速度，出店地域，業態戦略について考察する。総合量販店ではカルフール，ウォルマート，テスコ楽購，メトロ，オーシャンの欧米系5社とイオン，IYの日系2社を，またコンビニエンスストアについては上海を本拠地とした可的，好徳，快客，良友金伴の中国企業4社とローソン，セブン-イレブン北京，ファミリーマートの日系3社を比較分析することにする。

3 外資系総合量販店の出店戦略

3-1 出店動向

　欧米系のカルフール，ウォルマート，メトロ，オーシャンの4社，それに日本のイオン，イトーヨーカ堂の2社の中国1号店は，いずれも1990年代後半に開店している。当初，カルフール，メトロ，オーシャン，イオン，楽購等外資の出店がもっとも集中したのが上海で，深圳，広州の華南地区と首都北京市にも多数の外資は押し寄せた。有力外資はそろって東部沿岸部大都市に進出したが，その後の出店地域と速度は各社ごとに大きく異なる。進出後十数年間の出店動向をみると，全国的な規模で積極果敢に出店するグループ，慎重に足場を固める企業，およびその中間に位置する企業の3グループに分かれる。

　2007年末の店舗数で，カルフール，ウォルマートの2社は100店舗台に乗せており，積極派の代表格である。カルフールの112店舗はハイパーマーケットのみであり，北京中心に展開している小型店舗のハード・ディスカウント・ストアの275店舗は除外してある。また，ウォルマートは07年2月，華南等で101店舗を持つ台湾系総合量販店の好又多（トラスト・マート）の株式35％を買収している。それを含めると，店舗数は200店舗を超えている。売上高でも，中国連鎖経営協会の07年百社ランキングの数字を単純計算すると，ウォルマート・好又多グループは353億元となり，カルフールの296億元を追い越す規模となる（表2-2，2-3，2-4参照）。

　対照的に，日本のイオン，イトーヨーカ堂の両社は慎重である。カルフール，ウォルマートと参入時期はそれほど変わらないにもかかわらず，店舗数はイオン14店舗，イトーヨーカ堂10店舗と，大きく引き離されている。イオンは青島，広州で収益店舗を複数有している半面，上海，青島の2ヵ所で不採算店舗の閉鎖を経験している。イトーヨーカ堂は収益重視の経営姿勢を貫いており，1店舗，1店舗の経営黒字化に手間取っている（矢作，2007）。

　中国で会員制ホールセール・クラブを展開する数少ない企業であるメトロは37店舗で，ちょうど欧米2強と日系2社の中間に位置し，第3のグループを形

成している。特異な存在はテスコとオーシャンである。テスコは2004年，台湾系楽購の買収による「かえる跳び」効果で，先行するカルフール，ウォルマート両社との差を一気に詰め，日系企業を追い越した。また，オーシャンは自社でハイパーマーケットの出店を進める一方，01年台湾で子会社化した潤泰グループの「大潤発」を展開しており，フランス，台湾でカルフールとの激しい競争をしのいでいる実力はあなどれない。

　時系列で出店速度をみると，カルフールは参入後の1995年から2003年までの間の年間出店数は１桁台で，ややばらつきがあったが，資本自由化が実施された04年以降，出店速度は急速に上昇し，毎年２桁台の大量出店が続いている。ウォルマートの場合は，参入後の96年から99年まで年間１〜２の慎重な出店が続いたが，00年以降出店速度が上昇し，とくに05年以降はカルフールと同様，年間２桁の大量出店体制に突入した。

　欧州系のメトロ，オーシャンの両社の出店数はこの数年間増加傾向に転じた

表2-3　有力外資の出店動向

参入時期と総店舗数の推移

店舗名	欧米企業					日本企業	
	家楽福 (カルフール)	沃爾瑪 (ウォルマート)	麥德龍 (メトロ)	TESCO楽購 (テスコ楽購)	欧尚 (オーシャン)	佳世客, 吉之島, 永旺 (イオン)	洋華堂 (IY)
１号店	1995年 (北京)	1996年 (深圳)	1996年 (上海)	1998年 (上海)*	1999年 (上海)	1996年 (広州)	1997年 (成都)
1995年	2	—	—	—	—	—	—
1996年	3	2	1	—	—	2	—
1997年	5	3	3	—	—	2	1
1998年	7	5	4	1	—	3	2
1999年	14	6	6	4	1	3	2
2000年	20	11	8	7	1	4	2
2001年	24	19	15	11	3	4	3
2002年	35	26	16	16	4	7	5
2003年	41	34	18	23	8	8	5
2004年	56	43	23	29	11	9	5
2005年	70	56	27	38	12	11	7
2006年	90	73	33	44	15	11	8
2007年	112	101	37	56	20	14	10

注：①カルフールの店舗数はハイパーマーケットのみ，②ウォルマートの店舗数には会員制ホールセール・クラブ，スーパーマーケットを含むが，好又多の店舗数は含まない，③テスコ楽購は楽購が1998年に参入，2004年テスコが買収した，④イオンは台湾，香港の店舗を含まない

出所：欧米企業は各社アニュアルポートを基に，「聯商網」(http://www.linkshop.com.cn/)の主要外資出店一覧表（2007年末）で補足，日本企業は矢作（2007）の156，188頁の表，および各社ホームページの店舗情報により補足し筆者作成。

ものの，先行するカルフール，ウォルマートには遠くおよばない。ただ，世界小売業ランキングの総合量販店分野でウォルマート，カルフールにつぐ第３位のテスコが2007年２桁の新規出店を行い，追い上げる構えをみせている。

　日本のイオンとイトーヨーカ堂の出店は，ほぼ年間若干の数に終始しており，赤字店舗の発生による経営悪化を回避する，慎重な姿勢を貫いている。ただし，イオンはようやく2008年４月，中期３ヵ年計画で国内事業の停滞からアジア・シフトを鮮明にし，11年２月期中国でスーパーマーケットを含め100店舗体制を目指す方針を打ち出した。イトーヨーカ堂も当面，ドミナント・エリア（集中出店地域）である北京で10店舗体制を確立するほか，コンビニエンスストアやスーパーマーケットの出店を開始し，多業態戦略の布石を打った。それと並行して，すでに出店している成都や他の主要都市への出店を漸次進める計画である。

3-2　出店地域の詳細

　外資系小売企業全体の地域別出店動向をみると，2007年末上海を含む華東地区，広州を含む華南地区，北京を含む華北地区の３地区に集中している。地区の店舗数は上記有力外資７社の合計で華東の104店舗がもっとも多く，ついで華南の74店舗，華北の53店舗の順となっている。その他の地域では，大連や瀋陽のある東北地区が同41店舗と比較的多く，あと成都，重慶のある西南地区の35店舗，湖南，湖北省を含む華中地区の29店舗と続き，西安等が所在する西北地区は７店舗と少ない（図２-５，表２-４参照）。

　全体的には沿岸地域の華東地区，華南地区，華北地区，東北地区の大都市から，徐々に内陸地域の西南地区，華中地区，西北地区へと拡大していく傾向がみてとれる。

　個別企業別では，カルフール，ウォルマート，メトロの３社が東北地区から華南地区，そして華東地区から西北地区まで，ほぼ全地域にわたって出店している。とりわけ，カルフールは参入の初期段階から北京，上海，深圳，重慶など各地区の拠点都市に出店し，そこから周辺部にすばやく店舗網を広げる，地域拡大型と地域集中型という２つの出店パターンを組み合わせ，店舗数を急拡大した。2007年末，最初に出店した上海では12店舗を有し，周囲の江蘇省等を

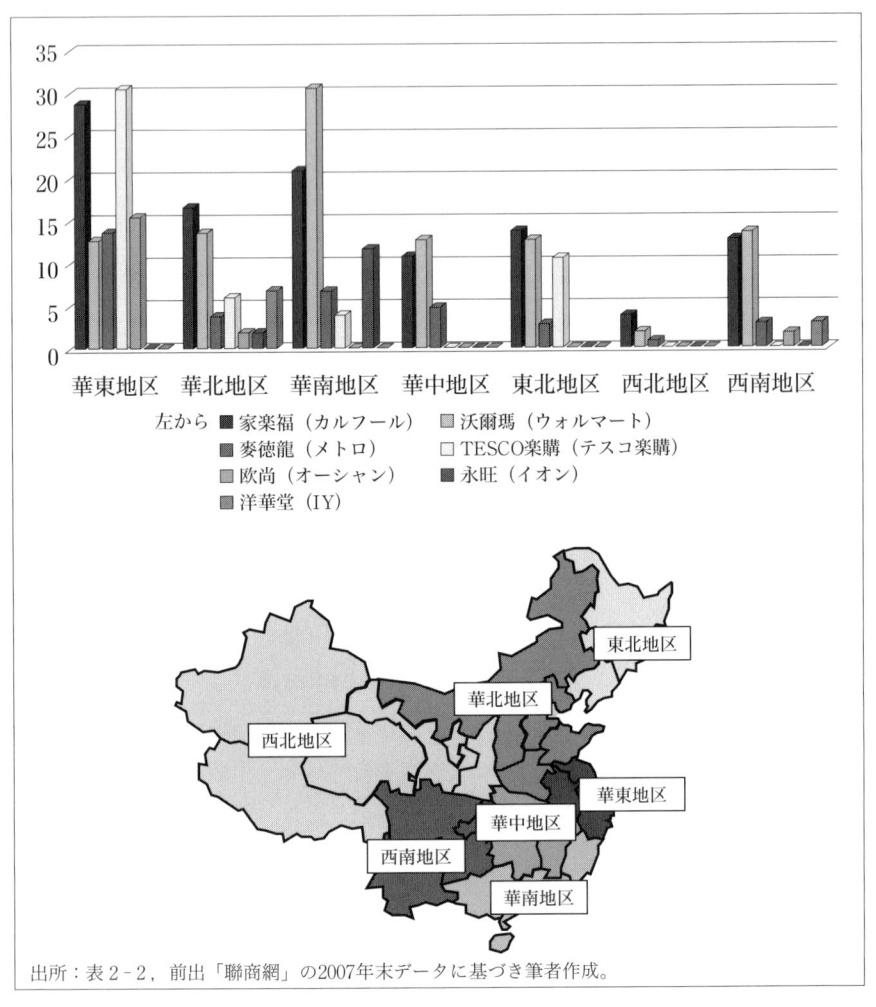

図2-5 ●有力外資の出店地域分布図

左から ■家楽福（カルフール）　■沃爾瑪（ウォルマート）
　　　■麥徳龍（メトロ）　□TESCO楽購（テスコ楽購）
　　　■欧尚（オーシャン）　■永旺（イオン）
　　　■洋華堂（IY）

出所：表2-2，前出「聯商網」の2007年末データに基づき筆者作成。

含めて華東地区で29店舗を展開している。北京でも9店舗とイトーヨーカ堂を上回る店舗網を構築し，天津，青島を合わせた華北地区の総店舗数は17店舗に達ししている。そして，ウォルマートとイオンがドミナント・エリア構築を目指す深圳でも8店舗を出し，広州を含む華南地区では21店舗とイオンを追い抜き，ウォルマートに迫る勢いである。

カルフールの店舗網の60％強は経済成長が著しく，所得水準の高い長江，渤

表 2-4 ● 有力外資の出店動向

参入時期と総店舗数		欧米企業					日本企業	
	店舗名	家楽福 (カルフール)	沃爾瑪 (ウォルマート)	麥徳龍 (メトロ)	TESCO楽購 (テスコ楽購)[注]	欧尚 (オーシャン)	佳世客, 吉之島,永旺 (イオン)	洋華堂 (IY)
	1号店	1995年 (北京)	1996年 (深圳)	1996年 (上海)	1998年 (上海)[注]	1999年 (上海)	1996年 (広州)	1997年 (成都)
	総店舗数	109	100	37	52	20	14	10
参入地域と地域別店舗数								
華東地区	上海市	12	3	4	18	4	—	—
	江蘇省	9	3	6	5	7	—	—
	浙江省	3	6	3	8	5	—	—
	安徽省	5	1	1	—	—	—	—
	華東地区	29	13	14	31	16	0	0
華北地区	北京市	9	5	2	2	2	—	7
	天津市	5	2	1	4	—	—	—
	山西省	3	2	—	—	—	—	—
	河北省	—	1	—	—	—	—	—
	山東省	—	4	1	—	—	3	—
	華北地区	17	14	4	6	2	3	7
華南地区	広西省	—	2	—	—	—	—	—
	広東省	17	20	4	4	—	11	—
	福建省	3	9	3	—	—	—	—
	海南省	1	—	—	—	—	—	—
	華南地区	21	31	7	4	0	11	0
華中地区	河南省	3	1	1	—	—	—	—
	江西省	—	3	1	—	—	—	—
	湖南省	3	6	1	—	—	—	—
	湖北省	5	3	2	—	—	—	—
	華中地区	11	13	5	0	0	0	0
東北地区	遼寧省	8	5	2	10	—	—	—
	吉林省	1	3	—	1	—	—	—
	黒竜江省	5	5	1	—	—	—	—
	東北地区	14	13	3	11	0	0	0
西北地区	新疆ウイグル自治区	3	—	—	—	—	—	—
	陝西省	1	2	1	—	—	—	—
	西北地区	4	2	1	0	0	0	0
西南地区	重慶市	4	4	1	—	—	—	—
	貴州省	—	3	—	—	—	—	—
	四川省	5	3	1	—	2	—	3
	雲南省	4	4	1	—	—	—	—
	西南地区	13	14	3	0	2	0	0

(2007年末時点)

注 :店舗数の　　　　　　　　は各地区における最初の出店地域を表わす。
出所:前出「聯商網」の店舗データに基づき作成。ただし,総店舗数は一部アニュアルレポートに基づく表2-3とは若干異なる。

海,珠海デルタの三大経済圏に戦略的に配置されている。残りの店舗は,所得水準は東部沿岸部と比べると,やや見劣りするが,潜在成長力に富んだ内陸部

や西部の主要都市にくさびを打ち込むように出店している。

　それに対して，ウォルマートは当初，経済特区として成長する深圳およびその周辺地域に集中出店した。2007年末，深圳には13店舗が配置され，佛山，東莞といった広東省や福州などの福建省を含む華南地区で全体の店舗網の30％強に当たる31店舗を有している。1999年には雲南省昆明，00年大連，03年天津へと，地域拡大型戦略を押し進め，外資がすでに数多く出店している上海には05年に初出店し，07年末3店舗まで増やした。

　ウォルマートは三大経済圏でのドミナント・エリア形成と地域拡大型戦略ではカルフールにやや後塵を拝しているものの，2007年広東，福建省を拠点に上海，北京，杭州等でも店舗網をもつ好又多を買収したことで，華南でのドミナント・エリア形成が強化されると同時に，他の地区での足がかりを確保できた利点は大きい。

　メトロは最初，上海に出店したあと，隣接する江蘇，浙江省へ拡大し，2001年前後には重慶，成都，青島，長沙，武漢と各地区の拠点都市に一斉に出た。ただし，広州，北京への出店は06年とやや遅かった。

　テスコが買収した楽購は華東地区で強みを発揮している。上海で1998年1号店を開業して以来，2006年末現在16店舗に拡大し，全体の店舗数の半数以上の28店舗が江蘇，浙江省を含めた華南地区に集中している。テスコが買収したあとは，注入された豊富な資金を基に全国展開を目指し，東北，華北，華南地区で出店攻勢をかけている。

　オーシャンは2006年末，上海，江蘇，浙江省で12店舗を出し，華東地区で基盤を築いた。03年から北京・天津での出店を開始し，3店舗まで増やしたほか，四川省成都にも出店した。

　欧米企業と比較すると，日系企業はすでに指摘した通り出店速度が遅く，特定地域に集中出店しているのが特徴である。イオンの場合，中期3ヵ年計画でも華南，華北の両地区での集中出店を計画している（矢作，近刊）。

3-3　小括

　出店動向を分析すると，欧米系と日系の国際化戦略の違いが際立っている。欧米系，とくに先行したカルフール，ウォルマートの2社の場合，参入後の数

年間出店速度は鈍く，店舗運営と店舗開発の現地化を模索する時期が続いたと考えられるが，その後，店舗数が2桁に乗せる時期になると，出店速度は上昇し，年間新規出店数を2桁の大量出店体制に突入している。両社とも大量出店を開始する時期は，資本自由化が実施された2004年からである。店舗開発は通常，店舗物件の確保から開店まで3〜4年の期間を要するから，01年のWTO加盟後3年後の資本自由化を見込んで店舗物件を手当てしたと推測できる。

それに対して，日系2社は終始，出店速度が上がらないまま，現在に至っている。それはすでに指摘したように不採算店の立て直しや閉鎖に時間を要したことが直接的な要因ではあるが，さらに欧米系との比較から，つぎの3点を指摘できる。

第1に，国際化戦略の相違である。カルフールは1980年代末いち早くアジア（台湾）に進出するなど，もともと積極的な海外戦略をとり，すでに国際部門が売上高の過半数を占める豊富な国際経験を有している。また，ウォルマートはカルフールと比べると，海外進出に着手した時期は90年代初めと遅いが，隣接するメキシコ，カナダからイギリスと短期間に進出先市場でマーケット・リーダーとなる成功体験をもち，国際部門の売上高比率は20％を超えた。

欧米系有力総合量販店の国際化戦略は自社の将来を海外市場に託すという意味での「能動的な国際化」であるに対して，日系企業の国際化は一般的な意味での事業多角化の可能性を探る，あるいは進出先の国や企業から進出を要請されて出て行く「受動的な国際化」の域を出ていない。

これはトップマネジメントの事業構想の違いが大きく影響している。その点を象徴しているのが参入初期段階の投下資本量と出店数の違いである。欧米系はすべての進出先でそうだとはいわないが，主要な進出先市場ではまず迅速に相当数の店舗を展開し，現地化の方向を探り，大量出店体制の早期確立を目指すが，日系企業は最初開業した店舗が不振だと，累積赤字の増加を心配し，つぎの出店を控える傾向が認められる。過去のイオン，イトーヨーカ堂，およびテスコ等の事例研究（矢作，2007）から，そのように指摘できる。

第2に，財務能力の違いもある。企業規模が圧倒的に大きいウォルマートは例外としても，カルフール，テスコの両社の営業キャッシュフローは年間5000〜6000億円規模であるに対して，セブン＆アイ，イオンは1000〜2000億円台に

とどまっている（各社の2005年度決算）。

　第3に，中核業態とその運営システムの相違が指摘できる。欧米系は，おもにハイパーマーケット（アメリカのスーパーセンターを含む）ないし会員制ホールセール・クラブであるに対して，日系企業は総合スーパー形式である。本国市場における業態発展の歴史を反映した結果だが，ハイパーマーケットの場合，総合スーパーと比べて一般に，①ワンレジ方式による顧客のワンウエイ・コントロール（入店・退店管理）が厳格である，②商品を絞り込み，大量陳列方式を採用している，③店舗のローコスト・オペレーションを志向し，競争的価格政策を追求する。価格志向がまだ強い中国市場では，手間暇かけて品質・バラエティを追求する日系総合スーパーより，ローコスト・オペレーションで衣食住の主要3商品部門にわたるワンストップ・ショッピング機能を，競争的価格で提供する業態特性は中国市場で市場適合度が高い可能性を指摘できる。

　また，配送センターの活用では欧米系企業間にも微妙な違いが認められるが，ウォルマート，テスコの場合，比較的出店の初期段階から大規模配送センターを設置し，調達した商品の一括フルライン供給を実施している。テスコのタイと韓国，およびウォルマートの日本のケースでは，配送センターが店舗網拡大のエンジン役となっている（矢作，2007）。

　ただし，日系2社の中国事業は収益的には堅実な実績を残している点で評価できる。2008年2月期，セブン＆アイのアジア事業はほとんど中国関係だが，アジア事業として売上高660億円，営業利益22億円，またイオンは香港を含む中国事業で売上高957億円，営業利益56億円を上げている。

4　コンビニエンスストアの出店戦略

4-1　日系企業の参入と現状

　コンビニエンスストア（以下本節ではコンビニと略す）は欧米系ではなく，日系企業の参入が活発な分野である。また，コンビニは商業の中心地である上海から成長し，各主要都市に伝播している。そこで，日系のローソン，ファミ

リーマート，セブン-イレブン・ジャパンの3社と上海を拠点にした中国系の可的便利，好徳便利，聯華快客，良友金伴便利の4社を取り上げ，比較分析する。

　中国初の本格的なコンビニは，1992年深圳で香港系デアリー・ファームが開業したセブン-イレブン深圳であるといわれる（黄，2003）。香港の二大小売業の一角を占めるデアリー・ファームは香港でセブン-イレブンのエリア・フランチャイズ権を得て店舗展開しており，その延長線上で隣接する深圳市に出店した。その後，96年には広東省でのエリア・フランチャイザーとして出店を開始した（第3章参照）。

　日系企業で最初に進出したのはローソンである。1996年2月，ローソンは上海市の要請を受けて，上海の国有食品小売企業の華聯超市集団と合弁会社方式で上海華聯羅森有限公司を設立し，同年7月1号店を開業した。当初は日本側が過半数を握り，十数名の駐在員を派遣し，経営ノウハウの移転を図った。しかし，華聯超市とのコミュニケーションがうまくいかず，その後中国側が合弁会社の株式51％を握り，経営を執行する体制に切り替えた（2005年8月現地聞き取り調査）。華聯超市は03年上海市の国有商業集団の大同団結により誕生した百聯集団の一員となり注目を浴びたが，店舗数の伸びは近年，鈍化傾向にある。直近1年間をみると，2007年6月の279店舗から08年6月の285店舗へと微増にとどまっている。

　ファミリーマートは2004年5月，台湾ファミリーマート，台湾・中国で即席麺「康師傅」などの食品事業を展開する頂新グループ，親会社の伊藤忠商事と共同出資で上海福満家便利有限公司（略称，上海ファミリーマート）を設立した。続いて，同様の方式により06年9月広州，07年7月蘇州で現地法人を立ち上げ，出店を開始した。

　ファミリーマートは親会社の伊藤忠商事が調整役となり，コンビニ経営のノウハウは日本側が，実際のオペレーションは台湾が，物流や惣菜工場の経営資源は中国の頂新グループがそれぞれ分担するかたちで異質な経営資源の結合効果を高める戦略的な参入方法を考え出した。たとえば，物流は伊藤忠商事が頂新グループの物流部門，頂通の株式50％を取得し，上海，北京，広州，瀋陽，重慶の5地区に分けて配送ネットワークを整備した。それを利用して，ファミ

表 2-5 ● 上海・主要コンビニエンスストアと日系 3 社の比較

チェーン名	設立年月・地域	出資企業	展開エリア	店舗数	2001年の店舗数
可的便利	1996年・上海	農工商超市集団，上海光明乳業	上海，嘉興，杭州，寧波，蘇州，揚州などの16都市	1245店舗(2007年末)	501
聯華快客	1997年11月・上海	百聯集団	北京，杭州，大連，広州，寧波などに子会社を設置	2000店舗(2007年11月時点)	724
良友金伴便利	1998年11月設立，2002年12月再編・上海	上海良友集団，上海信盟投資有限公司	蘇州，無錫，杭州，大連などに子会社を設置	573店舗(2007年末)	390
好徳便利	2001年4月・上海	農工商超市集団	上海	1100店舗(2007年末)	100
華聯ローソン	1996年2月・上海	百聯集団，日本ローソン	上海	283店舗(2006年1月時点)	78
セブン-イレブン(北京)	2004年1月・北京	IYグループ，北京首聯商業集団，中国糖業酒類集団	北京	64店舗(2008年5月時点)	－
ファミリーマート	2004年5月・上海	頂新グループ，伊藤忠・日本ファミリーマート，台湾全家便利商店，中信信託	上海，蘇州，広州	153店舗(2008年6月時点)	－

注　：2001年の店舗数は黄（2003），99頁による。
出所：上海連鎖経営協会のホームページ，中国連鎖経営協会ホームページの2004年統計資料，および各社のホームページにより作成。

リーマートは華東で迅速な出店を始めた（第 5 章参照）。

　上海ファミリーマートの店舗数は2006年100店舗に乗せたあと，07年 8 月110店舗，08年同月136店舗と比較的順調に伸びている。また，広州，蘇州は08年 8 月現在，それぞれ13店舗，10店舗となっている。

　セブン-イレブン・ジャパンの進出時期はファミリーマートとほぼ同時期に当たる。イトーヨーカ堂の拠点が北京にある関係から，2004年 1 月北京市の北京首聯集団とイトーヨーカ堂の現地パートナーである中国糖業酒類集団との合弁方式で，柒-拾壹（北京）有限公司（以下，セブン-イレブン北京と略す，日本側出資比率65％）を設立し，同年 4 月市内朝陽区で 1 号店を開店した。当初計画では08年350店舗を出店する予定だったが，実際には08年 8 月現在，68店舗にとどまっている。

　そのような状況を打破しようと，2008年4月中国事業を専門に管理する現地子会社，セブン-イレブン中国を設置し，コンビニ激戦地の上海でのエリア・フランチャイズ権を台湾の統一企業グループに与えた。統一企業グループは台

湾最大の食品メーカーであり，同時に台湾でセブン-イレブンを最大のチェーンに育て上げた実績がある。台湾ではセブン-イレブン・ジャパンや菱食から経営ノウハウを吸収し，成功した企業が文化・言語圏の類似な中国市場でどのような業態・出店戦略を取り入れるか注目されている。

　日系各社の業績動向はやや不透明である。ファミリーマートは，「中国は計画通り出店が進み，2年後には黒字化できるだろう」（上田淳二社長・談，『日本経済新聞』2008年10月24日付）との見通しを示しているが，フラチャイズ方式が導入できず直営店のみのセブン-イレブン北京，店舗数が伸び悩むローソンは収益力の改善が必要な状況にあると推測される。

4-2　国内チェーンの勃興

　上海の中国系コンビニは市場開放政策に刺激され，1996年から2001年にかけてつぎつぎに誕生した。まず，96年中国三大乳業メーカーの一角を占める上海光明乳業集団が「可的便利」というチェーン名で事業化に着手し，07年現在約1200店舗を展開している。翌97年には上海の有力国有小売企業，聯華超市が「聯華快客」を設立し，07年11月現在約2000店舗に拡大した。98年には上海市食糧局管下の良友グループが「良友」という店名で出店を開始した。02年末他チェーンとの合併により「良友金伴」に店名が変更された。07年末の店舗数は570店舗である。やや遅れて01年，国有食品小売業の農工商超市集団が「好徳便利」を設立し，進出3年目には1000店舗を超える急成長を遂げた。07年末店舗数は約1100店舗である（黄，2003）。

　その結果，中国連鎖経営協会が推計した調査（2003～2007年）によると，上海コンビニの店舗数は2000年には約1100店舗に達し，翌01年には約2000店舗に急増した。その後2年間は一段と店舗数の伸びが加速し，02年約3600店舗，03年約5000店舗を記録した。つまり，00年以降最低でも年間900店舗，多い年は1600店舗前後増加したことになる（第8章参照）。

　店舗数の急増をみるかぎり，セブン-イレブン・ジャパンとファミリーマートが中国進出する2004年以前，上海ではコンビニの急成長が始まっていたことになる。ちなみに，上海の中国系コンビニの1日当たり平均売上高は約3500元であるという（中国連鎖経営協会，2006）。同時に，各社は上海以外の有望地

域市場に駒を進めた。聯華快客はセブン-イレブン・ジャパンが進出する前年の2003年，北京に出店したほか，隣接する杭州や華南の中核都市・広州，東北地区の中核都市・大連などに進出した。可的便利も杭州，広州などに出店し，良友金伴は杭州などに進出した。

　急成長に異変の兆しがみえたのは2004年である。新規出店数が伸び悩み，不振店舗の閉鎖が増大する兆しをみせ始め，総店舗数は約5400店舗にとどまった。その後，05年約5500店舗，06年5600店舗と頭打ち状態となり，店舗の過剰感が広がっている。上海市経済委員会は『2006年上海商業発展報告』のなかで上海コンビニ市場の異変はもはや明らかであると指摘し，中国連鎖経営協会(2007)は上海のコンビニ企業はみな自分の会社はもうけていると叫んでいるが，多くの会社は赤字状態にあると分析している。

　経営悪化に伴い，業界再編成が起きている。中小チェーンの美亜21世紀が休業したほか，上海光明乳業は2007年11月，可的便利の81％の持ち株を農工商超市集団へ売却した。それにより農工商超市集団は好徳便利と可的便利の2つのブランドを持ち，総店舗数2200店舗を超える上海最大のコンビニ・チェーンになった（中国連鎖経営協会，2006，2007）。

　新たな地域からの撤退も起きた。良友金伴は杭州から，また聯華快客と可的便利は広州からすでに撤退している。その広州ではデアリー・ファームが展開するセブン-イレブンが聯華快客と可的便利の店舗を買収し，ドミナント・エリアを固めた。

　ただし，上位チェーンの収益力は維持されている。香港証券市場に株式を上場している聯華超市の2007年年次報告書をみると，コンビニ事業部門は1880店で，16億4291万元の売上高を上げている。事業別収益状況は公開されていないが，ホームページ上では前年度（2006年）営業利益率は1.92％と公開されている。また，好徳便利は最初の4年間赤字を経験した後，05年営業損益が黒字転換したと報じられている（中国連鎖経営協会，2006，2007）。

4-3　小括

　日系コンビニ3社は中国でまだ離陸していない。ローソンは経営の主導権を中国側に譲渡し，一歩後退の状況にあり，なおかつ当の中国側パートナーの華

聯超市は聯華超市や第一百貨商店等との合併により，百聯集団という同一企業グループ内に競争相手の聯華快客が現われるという複雑な事情を抱え込んでいる。

　セブン-イレブン北京の成長の壁は日本で採用しているフランチャイズ会計方式の導入が困難な点にある。1日の平均売上高は昼食需要が好調で，1万元を超えている（2006年聞き取り調査）。上海コンビニの3倍以上の額であるが，フランチャイズ会計方式導入の政府認可が下りないので，フランチャイズ方式による多店舗化ができない。

　フランチャイズ会計方式とは加盟店が毎日の売上金を本部の管理する銀行口座に振り込むと，あとは本部が商品代金の支払いを代行し，手元に残った粗利益を本部と加盟店があらかじめ決められた比率で分け合い，本部が加盟店に貸与したショーケース等の設備の経費や広告宣伝，光熱費等々を支払う方式で，チェーン運営の要となっている。中国にない契約関係に基づく仕組みのため，課税等の観点から，政府認可をえるのに手間取っている。直営方式だと，店舗経費・管理の負担が重いうえ，店舗物件開発にも手間ひまがかかる。フランチャイズ会計方式が導入できない現状では，急速拡大はむずかしい（矢作，2007，第3章）。

　ファミリーマートは，店舗物件開発と店舗オペレーションを台湾ファミリーマートに任せている。フランチャイズ契約も台湾方式で，本部が店舗を開発，所有し，それを加盟希望者に対して店舗運営・管理を業務委託する。訪問した2007年11月時点で，上海の店舗数は110店舗だったが，直営店でオペレーション・システムを確立する目的から，フランチャイズ方式による加盟店は全体の3分の1にとどまっており，しかも大多数は元従業員による独立・加盟店方式だった。しかし，07年時点で1日平均売上高は中食商品の好調から8000元に上昇しており，今後は店舗の急速拡大のため，一般加盟店を増やしていく方針である。

　それでは経営経験の乏しい中国系チェーンはなぜ，急速拡大できたのか。これは今後の研究課題であるが，1つの見方として有力コンビニがいずれも国有企業系であり，国有商業企業の改革のうねりのなかで国家が管理する店舗資産を活用し，急速な店舗拡大を実現したと推測される。たとえば，上海市食糧局

傘下の良友金伴は食糧局が管理する旧配給体制下の中小食料品店を近代的な小売店に衣替えする使命を託されて設立された。したがって,「当初,直営店は自前物件ですから,家賃を払わないですむケースも相当数あった」(良友金伴の邱文勝副総裁,2008年11月聞き取り調査)という。聯華便利を運営する聯華超市,好徳便利の農工商超市も国有企業である。

前章で概観した通り,1990年代,中国の市場経済化は本格化し,経営不振の国有企業の立て直しが大きな政策課題なった。商業分野では各地方政府傘下の中小小売商の経営再建が急務となり,国有企業に資産を継承する代わりに,従業員の雇用を確保する国有企業改革が各地で行われた。第4章で取り上げる北京物美は民営企業だが,近代的な小売経営技術を売り物にして北京市区政府等傘下の中小国有商業企業の経営再建を引き受けるかたちで店舗数を拡大した典型例である。農工商超市も同様の成長戦略をとったとの指摘がある(寺嶋他,2003)。

また,店舗形態にも直営方式中心という特徴がある。日本のコンビニ市場ではフランチャイズ方式による加盟店が圧倒的多数を占めているが,上海では直営方式7に対して,フランチャイズ方式3の割合である(中国連鎖経営協会,2007)。聯華快客は以前,直営店方式が多かったが,2007年12月現在では直営方式955店舗に対して,フランチャイズ方式925店舗とフランチャイズ方式が増加傾向にある。また,良友金伴の場合,07年11月現在650店舗のうち直営方式6に対して,フランチャイズ方式が4である。

背景には,フランチャイズ方式がまだ中国では十分に根づいていない状況がある。たとえば,良友金伴は適当な加盟希望者が不足しているため,従業員の独立・加盟方式で約50店舗を展開している。上海ファミリーマートと同様の問題に直面している。

5 現地市場のインパクト

5-1 現地の反応

中国政府は1992年以降,小売市場の漸進的な開放を進めながら,外資導入に

より小売経営知識の移転を図り，中国における流通近代化を推進するとの立場をとってきた。したがって，専門家の間では外資導入の経済的効果には好意的な見方が比較的多い。李（2005）は，中国が2004年，WTO加盟後3年で小売資本の自由化を実施したことについて，「外資系企業の参入はスーパー業界における激しい競争をもたらすと同時に，中国流通業の成長に役立つ」と述べている。

具体例として，多くの中国企業がカルフールの成功に刺激されて，都市部に売場面積1万平方メートル以上の大型総合量販店をつくっている点を指摘している。しかし，中国企業は表層的な店舗形態の模倣はできても，科学的なチェーンストア・オペレーションの実施は未熟であり，たとえば配送センターの整備では，外資系チェーンの場合，業務委託を含む，自社配送センター経由の納品率が80％以上であるのに対して，中国の有力量販店チェーンでは73％にとどまっていると，李は指摘している。

しかしながら，流通近代化は経営問題であると同時に，「国内資本」対「外国資本」という政治問題も含んでいる。その意味では，現地市場へのインパクトはネガティブな反応を引き起こす例もみられる。WTO加盟後，中国流通業界の政治的な反発は強まった。謝（2005）は，2002年以降外資の急速な成長により国内企業の危機感が強まり，過度の開放に対する批判が強まったと指摘する。

第4章で取り上げる北京物美商業集団を率いる張文中ら全国政治協商会議委員や全国工商連合会の幹部は流通の過度な開放の自粛と商業立地の規制による流通秩序の維持を訴えた。背景には，外資の出店動向で触れた地方政府による外資導入，および出資比率が店舗数等の制限の形骸化があった。現時点において上海における外資系小売企業によるたばこ販売の禁止等の一部の例外を除くと，外資を狙い撃ちした営業規制とはいえないが，主要都市では商業立地規制の動きは急速に広がっている（流通経済研究所，2008）。

さまざまな反応が広がるなかで，長期的に現地小売企業の競争力を左右する1つの要因は，政府が意図してきた外資導入による小売経営知識の移転ならびにスピルオーバー（漏出）の程度である。次項で，その点について論じよう。

5-2　経営知識の移転問題―百聯集団の事例を中心に

　小売経営知識の移転は，多様なかたちをとる。外資の立場からみると，合弁会社や業務提携先企業で意図的に経営知識を移転する場合，それを経営知識の「複製」と呼ぶことができる。それに対して，従業員の独立や製品を解体するリバース・エンジニアリングにより，非計画的に知識移転が起こる場合，それを「模倣」と呼ぶことができる（矢作，2007，第２章）。前者はフォーマルな移転であり，後者は歓迎されざるインフォーマルな移転，つまりスピルオーバーであるケースが多い。

　フォーマルな経営知識の複製問題は，外資参入方式の分析で議論したように，業務提携，合弁会社，100％子会社の独資という３方式による分析が行われてきた（矢作，2001）。経営知識の漏出の程度は現地企業の統制水準の観点から業務提携，合弁会社，独資の順に高いと考えられるが，暗黙性やシステム埋め込み性の高い知識を移転する場合の困難さを考慮すると，逆に知識の複製は経営主体の関与度の高さの観点から独資，合弁会社，業務提携の順に実現可能性が高まるともいえる。

　さきにみた一定規模以上の小売外資企業のうち，いまなお半数近くが合弁会社方式である現実は，中国政府による知識移転政策の意図を体現するものとも表現できる。より具体的に分析するため，上海の有力国有企業の４集団が大同団結した百聯集団の知識吸収プロセスを取り上げてみよう。

　中国随一の商業都市，上海市は国有企業改革による市場経済化の推進と国内企業の競争力向上を図るため，傘下の国有商業企業を一体化させた。その百聯集団には数多くの日本企業が合弁会社方式や業務提携でつながりをもっている（図２-６参照）。知識吸収プロセスはつぎの４つのルートで構成されている。

(1)　1995年12月，当時本社を香港に移転して話題を投げかけていたヤオハン・グループが第一百貨商店と合弁会社方式で上海の新都市センター，浦東地区で売場面積11万平方メートルの巨大な百貨店「第一八佰伴」を開業した。ヤオハンは静岡県に営業拠点を置くスーパーだが，海外では香港などで近代的な百貨店を運営する実績をもっていた。それに対して，上海の老舗百貨店の第一百貨商店は近代経営への切り替え時期にあった。その後，ヤオハン・グループの経営破綻から，経営権は中国側に移ったが，現在上海でナンバー１の売上高を上

図2-6 ●百聯集団の事業と提携外資

```
                                        ・2007年売上高871億元
              ・2003年4月設立      百聯集団    総店舗数6454店舗
   ┌─────────────┬──────────────┼──────────────┬─────────────┐
                                                           ・旧会社
  上海物資集団      上海一百集団        華聯集団       上海友誼集団

  上海    東方  第  第    華  華  華  華    快  世  聯      ・事業部門
  物資    百厦  一  一    聯  聯  聯  聯    客  紀  華
  貿易          八  百    吉  商  羅  超        聯  超
  センター        佰  貨    買  厦  森  市        華  市
                伴  商    盛
                    店
                ヤ  上  （三  上      ロ    カ  イ  三      ・提携先企業
                オ  海  菱  海      ー    ル  ズ  菱
                ハ  百  商  良      ソ    フ  ミ  商
                ン  紅  事  菱      ン    ー  ヤ  事
                        ・                    ル
                        菱
                        食
                        ）
                        （
                        丸
                        紅
                        ）

   注：①各種資料から筆者作成、②点線は過去形の提携先、③三菱商事は資本提携、イズミヤは
       業務提携のみ。
```

げている（和田，1991）。

(2) 1996年2月，すでに紹介したようにローソンが上海市の要請で華聯超市と合弁会社を設立した。2003年の4社合併で百聯集団は，純国産の聯華超市系「快客」と，華聯超市系「羅森」（ローソン）の2つのブランドをもつことになった。また，97年には三菱商事と菱食が上海市商業委員会傘下の旧・上海市糧食局と合弁で卸売事業を開始し，上海ローソンの一括配送センター業務を受託した。百聯集団はコンビニやスーパーマーケットの経営で重要な要素である配送センターの運営ノウハウは吸収する機会をえたことになる。さらに，上海市は国有企業の聯華超市の資金調達力を強化するため，97年三菱商事に対して資本参加を要請し，三菱は6.74％の株式を取得した（第5章参照）。

(3) 2001年8月，丸紅は上海一百集団と合弁会社方式で中央政府認可の初の卸売会社，百紅商業有限公司を設立し，輸入商品の国内卸，国内商品の輸出，倉

庫における保管・輸送等の幅広い卸売業務に取り組んでいる（同上）。
(4)　2003年11月，大阪の総合スーパー，イズミヤは聯華超市と「友好企業協力合意書」(2003年11月4日付ニュースリリース) を締結した。経営層の交流，中国における商品調達，経営技術交流，特定課題のプロジェクト結成を実施することで業務提携したもので，中国側はイズミヤの経営指導で上海市内に高級スーパーマーケットを開発し，他方で日本側は聯華から中国製商品を購入するといった試みに取り組んでいる。

　以上はすべてフォーマルな提携関係による知識吸収ルートであり，1992年から始まり，2004年に終わる漸進的な小売市場の開放策のなかで起きた。背景には中央，地方政府にとる外資導入による流通近代化の推進という明確な意図があり，中国市場の開拓を目指す日本企業はそれに呼応し，経営知識と資本の提供を行ってきた経緯が浮き彫りになっている。欧米小売業では，わずかにカルフールが上海進出に際して，聯華超市を合弁会社のパートナーとした例がみられる程度である。

　しかし，百聯集団が日本企業との関係で構築した4つのフォーマルなルートは全体の知識吸収プロセスの一端にすぎず，現実の知識吸収プロセスはもっと幅広く柔軟であるはずである。2005年8月の聯華超市訪問時，複数の幹部社員は百人単位で在籍する外資系小売企業からの転職者，外資系コンピュータ・メーカーや物流機器メーカーからの情報提供，提携先企業以外の企業の訪問・見学といったインフォーマルな知識吸収ルートの存在を認めていた。それは第4章で取り上げる北京有力2社の場合と，まったく同様の事情である[2]。

6　まとめ

　本章では外資系小売企業が漸進的な市場開放政策に応じて，巨大市場・中国にどのようなタイミングで参入し，その後どのような出店戦略で事業を拡大したかを検証した。その結果，全体を通して1992年から2004年まで足掛け13年を費やして漸進的な市場開放政策を徹底的に実施した中国政府の用意周到な姿勢が際立っていた。その間，地方政府による外資誘致競争や国内企業からの過度

の開放に対する反発は起きたものの，全般的には合弁会社方式を軸にした経営知識の吸収という政策目標は首尾一貫して追求され，それは国有商業企業の改革から国内流通企業の育成へという流れをつくり出している。

　一定規模以上の小売企業の分析では過去数年間の小売競争は外資優位に展開されている傾向は認められたが，けっして外資のワンサイド・ゲームではなく，国内企業も全体的な出店数では健闘している現実を確認することができた。さらには，上海・百聯集団のように，政府主導の国有企業改革と国内流通企業の育成は着実に成果を上げている点も強調された。

　個別分析では，香港や台湾などの華人資本の参入意欲の高さが際立っていた。漸進的開放が始まる1990年代前半にはスーパーマーケットやコンビニエンスストア，百貨店等の事業分野で参入を開始し，その後もマレーシアのパークソンやタイのロータス等並みいる外資勢のなかにあって健闘する企業が少なからず存在する。

　また，華人資本は他の外資による買収や連携の対象となっており，中国市場における競争のキャスティング・ボートを握っていた。その意味でも存在感を示している。ウォルマートのよる好又多，テスコによる楽購の2件の買収劇は外資系企業間競争に大きなインパクトを与えた。台湾で手を組んだオーシャンと大潤発は中国で順調に企業規模を拡大し，流通部門ではやや出遅れていた統一企業グループは上海でいよいよセブン-イレブンの展開に乗り出す。また，台湾ファミリーマートは華南でのファミリーマートのオペレーションを担っている。

　つぎに，総合量販店分野では素早く大量出店体制に移る欧米企業と，慎重な出店政策をとる日本企業との対比が鮮明となった。これは自社の将来を海外市場に託している能動的な国際化と，通常の経営多角化の域を出ない受動的な国際化という戦略上の違いとして認識された。ただし，日系企業のなかには能動的な国際化戦略に切り替える兆しが現われていた。

　上海を中心としたコンビニエンスストア分野では中国企業の積極的な出店政策が特徴的だった。現在，上海の大手コンビニエンスストアはファミリーマートを除くと，百聯集団傘下の快客とローソン，農工商超市系の可的と好徳，旧・上海市糧食局系の良友金伴とすべて国有企業系が占めている。背景には多

数の中小小売商を抱えていた国有商業企業の改革の手段としてコンビニエンスストア事業を活用するとの政策的判断が貫かれていると推測される。ただし，この厳密な実証は今後の研究課題として残された。

それに対して，日系企業のなかでは日本側が経営の主導権を握っているのはセブン-イレブン北京のみであり，ファミリーマートは親会社の伊藤忠商事を含む日本側，台湾ファミリーマート，頂新グループの連合体が，またローソンは中国側が，それぞれの経営の主導権をもっている。欧米資本が先行している総合量販店市場と比較すると，コンビニエンスストア市場は現地企業が相対的に強い存在感を示していると結論できる。

総合量販店，コンビニエンスストアの両分野を通じて，日本企業の国際化は欧米企業と比べると，少なくともこれまでは受動的であり，国際事業を持続的に発展させるための戦略性に乏しいと指摘できる。日系企業は小売業が「ドメスティック（国内的）」産業であると同時に，急速にグローバル産業化しつつある現状を認識する必要に迫られている。

最後に，研究課題を示しておく。本章での外資参入動向と現地市場へのインパクトは小売業態や出店戦略といった小売業務の局面に限定されている。小売競争の展開や個別企業の優位性を分析するためには，それでは不十分であり，今後小売業務をささえる商品調達や商品供給の局面を含め，現地化へのインパクトと現地企業の知識吸収プロセスを分析することが課題となっている。

注
(1) 本章に関連したおもな現地聞き取り調査は以下の通り（肩書きは当時）。
　　2005年8月：上海羅森有限公司山岸洋一・董事・副総経理，聯華超市股份有限公司道甫栄・人力資源総監，朱海京・企画部経理，上海福満家便利有限公司島村彰・董事長室経理。
　　2007年11月：良友金伴邱文勝・副総裁，上海福満家便利有限公司倉掛直・董事長室経理。そのほか，北京・イトーヨーカ堂，セブン-イレブン・ジャパン，深圳・イオン，上海・百紅，良菱，台湾・カルフール等の現地法人本社を訪問調査。
(2) 現地調査のなかで，インフォーマルな経営知識の吸収活動が活発な現状をしばしば肌で感じる。上海の現地企業は日本の複数のコンピュータ・メーカーの名前を挙げて，情報・物流システムに関する情報提供があるとのエピソードを話し，北京では第4章で一部を明らかにしたように，地方政府の肝いりによる日本のスーパーマーケットでの研

修，配送センターの設計・設備を受注した日本の機器メーカーの協力等，多様な知識吸収の機会が存在する。

参考文献
日本語：
黄江明（2003）「中国コンビニエンスストアの成長と消費者の評価」矢作敏行編『中国・アジアの小売業革新』日本経済新聞社。
胡欣欣（2001）「日米欧がしのぎを削る中国」ロス・デービス／矢作敏行編『アジア発グローバル小売競争』日本経済新聞社。
謝憲文（2005）「WTO加盟後の中国流通政策の展開」松江宏編『現代中国の流通』同文舘出版。
ロス・デービス／矢作敏行編（2001）『アジア発グローバル小売競争』日本経済新聞社。
寺嶋正尚・後藤亜希子・川上幸代・洪緑萍（2003）『〈最新〉よくわかる中国流通業界』日本実業出版社。
矢作敏行（2001）アジアにおけるグローバル小売競争の展開」ロス・デービス／矢作敏行編『アジア発グローバル小売競争』日本経済新聞社。
矢作敏行（2007）『小売国際化プロセス―理論とケースで考える』有斐閣。
矢作敏行（近刊）「イオンの中国シフトを検証する」『イノベーション・マネジメント』法政大学イノベーション・マネジメント研究センター。
李蕊（2005）「現地・外資超市企業の競争からみた中国流通業の展望」（日本語訳）『商貿経済』5月号。
流通経済研究所（2008）『小売業の海外展開に関する調査報告書：インド・中国編』（平成19年度経済産業者委託事業）。
和田一夫（1991）『ヤオハンの世界戦略』毎日新聞社。

中国語：
上海市経済委員会『上海商業発展報告』（各年版）。
中国国家統計局『中国統計年鑑』（各年版）中国統計出版社。
中国商業連合会『中国零售業発展報告書―中国零售業白皮書』（2007）中国経済出版社。
中国連鎖経営協会『中国連鎖経営年鑑』（各年版）中国商業出版社。
中国連鎖経営協会，上海連鎖店協会，聯商網，主要各社のホームページ。

■第3章
華人・華僑系流通資本の
中国市場戦略[1]

1 概　況

1-1　華人・華僑系資本の参入動向

　現時点において，中国小売市場に参入している代表的な華人・華僑系資本は，表3-1の通り香港，台湾，およびマレーシア，タイの東南アジア系の4系列9グループを挙げることができる。

　香港系資本としてはスーパーマーケット「百佳超市」を出店する和記黄埔，「セブン-イレブン」(深圳・広州)を展開するデアリー・ファーム（牛奶公司）の2グループがある[2]。

　台湾系資本では総合量販店「大潤発」やコンビニエンスストア「喜士多便利商店」を擁する潤泰，総合量販店「好又多」を出店する誠泰・宏仁，総合量販店の「楽購」および「上海ファミリーマート」のチェーン化を進める頂新・味全，カルフールの数店舗に出資し，自らスーパーマーケット「統杰」の展開を図る統一企業，近代的な百貨店「太平洋百貨」を各地に開いている遠東・太平洋SOGO百貨店の5グループが代表的である。

　東南アジア系では高級百貨店「パークソン（百盛）」を出店するマレーシアのライオン・パークソンと，「易初蓮花（ロータス）」を出店するタイのチャロン・ポカパン（CP）の2グループの動きが活発である。

　有力華人・華僑系資本9グループの中国小売市場参入実態を調査し，参入パターン，母国市場との事業の関係性，および小売事業の展開状況を分析するのが本章の目的である。

華人・華僑系企業の成長は著しい。中国連鎖経営協会が発表した「2007年中国連鎖百強企業」(第2章,表2‐2参照)によると,台湾系の大潤発の売上高が256億元で第8位にランクされ,ウォルマートと提携した好又多が同140億元で第17位に,テスコ傘下の楽購TESCOは同125億元で第21位に食い込んでいる。また,マレーシアの百盛商業集団は同140億元で好又多と同じく第17位に並んでいる。30位以下には香港の百佳超市が第47位にランクされた。同上位30社にはカルフール,ウォルマート,メトロの欧米系3社が名を連ねているが,

表3‐1 ●主要な華人・華僑系資本の中国参入動向

	企業グループ名	チェーン名	営業形態	参入時期	中国での店舗数(2007年末)
香港系	和記黄埔グループ	百佳超市(パークン・ショップ)	SM	1984年(深圳)	43
		屈臣氏	DS	1989年	200数店*
	デアリー・ファーム(牛奶公司)グループ	セブン‐イレブン(深圳・広州)	CVS	1992年(深圳)	440
台湾系	潤泰グループ	大潤発	総合量販店	1998年(上海)	85
		喜士多	CVS	2001年(上海)	200
	誠泰・宏仁グループ	好又多	総合量販店	1997年(広州)	101
	頂新・味全グループ	楽購	総合量販店	1998年(上海)	55
		ファミリーマート(上海,広州,蘇州)	CVS	2004年(上海)	147
	統一企業グループ	統杰法宝	SM	2000年(広州)	8
		家楽福(天津,重慶,広州)	総合量販店	1997年(天津)	3
		統一銀座	SM	2004年(山東)	77
		88優質連鎖	酒の専門店からCVSへ	2002年(福建)	18
		康是美	DS	2004年(深圳)	7
	遠東・太平洋SOGO百貨店グループ	太平洋	百貨店	1994年(上海)	8
		遠東	百貨店	2006年(天津)	1
東南アジア系	ライオン・パークソングループ	パークソン(百盛)	百貨店	1994年(北京)	41
	チャロン・ポカパン(CP)グループ(正大グループ)	易初蓮花(ロータス)	総合量販店	1997年(上海)	75

注1:SM=スーパーマーケット,CVS=コンビニエンスストア,DS=ドラッグストアの略。
 2:参入時期は基本的に1号店の開店時期。
 3:屈臣氏は2006年の数字。
出所:各種資料より筆者作成。

日本企業は1社も見当たらない。それだけに華人・華僑系資本の善戦健闘が目立つ。

1-2　市場開放政策の推進と華人・華僑系資本の参入背景

　中国小売市場の開放は1992年7月から始まった。その結果，98年末までに主要11都市で20社の合弁企業の設立が認可され，うち13社が事業を開始した。ただし，100％外資の独資事業は引き続き認められなかった。その間，地方政府は独自の市場開放を進めた。98年末，地方政府許可による中外合資小売企業数は実に，277社にのぼった（『能力雑誌』2003年10月号）。中央と地方の間に生じたこの政策的「隙間」を突いて，外資は積極的に合弁事業を設立した。

　表3-1で集計した華人・華僑系資本の中国市場参入動向をみると，1984年，和記黄埔グループの「百佳超市」が深圳市へ進出した例が最初である。ついで，市場開放政策の導入された92年から94年にかけて，香港系のデアリー・ファーム，台湾の遠東・太平洋百貨店，マレーシアのライオン・パークソンが相次いで最初の店舗を開いた。この時期に華人・華僑系資本の中国市場参入が本格化した。これは95年から96年にかけて中国本土1号店を開設したカルフール，ウォルマート等の欧米総合量販店より若干早く，96年から97年にかけて同1号店を開業した日本のイオン，イトーヨーカ堂より数年早い。

　台湾の統一企業，タイのCPグループによる中国市場への参入時期は1997年とやや遅い。両グループとも食品関連事業ではいち早く生産拠点を構築し，その後，消費ブームが東部沿岸部を中心に本格化する90年代後半，小売事業に進出した。

　1990年代，華人・華僑系資本が設立した合弁事業の多くは地方政府による認可事業で占められていた。上述した地方政府認可企業277社をみると，約69％に当たる191社は香港，マカオ，台湾の華人資本と中国資本との合弁事業で占められていた。加えて，中央政府が認可した試験的小売合弁事業のリストをみても，華人・華僑系資本の進出は活発である。98年までに中央政府が認可した小売合弁事業リストに挙がっている18件のうち，半数以上が香港系を中心とした華人・華僑系資本で占められており，そのなかにはロータスを展開する正大グループ，およびパークソンの名がみられる（胡，2001）。

華人・華僑系資本が日米欧系企業に先んじて中国本土に進出したのは，華人・華僑系資本の中国市場参入に対する強い関心を反映している。華人・華僑系資本の中国市場に対する積極的な参入態度は，第1に，地理的，文化的，歴史的に近接しており，中国市場の将来性を理解しやすく，投資リスクを抑制する術を知っていたからと推測される。また，華人社会に存在している華人ネットワークを利用して，国際的な活動を容易にしている。

　第2に，華人企業グループの国際性が発揮された。井上（1994）によると，「東南アジアの華人は，しばしば「外来民族」として差別や迫害を受け，自分の住む国家を必ずしも信頼できない立場に置かれてきた。その中で，危険分散のため国外に資産を移したり，国外の事業に投資することも多かった。香港の財閥の場合も，中国との関係で将来に不安を抱いてきたことが，海外での活動を促す要因になった。」[3]

　第3に，母国市場である台湾や香港の市場は狭く，競争圧力が増していた。それに対して，中国市場は未開発かつ膨大であった。第4に，日米欧企業と違って，華人・華僑系企業の多くは後に述べるように，母国市場で製造業から小売業まで多角的に事業展開をしている点に関連している。中国の市場開放は製造業から始まっており，統一企業や頂新，CPグループのように製造業で中国市場に進出し，その後小売業に進出する例も見受けられる。小売業のみを展開する日米欧系企業より，参入しやすい条件にあったといえよう。

　2001年11月，中国はWTOに加盟し，「2004年までに外資小売企業による参入地域と出資制限を全面的に開放する」と国際的な約束を行った。04年4月，WTO加盟時の公約を履行するため，新しい外資投資政策を公表し，04年6月時点で外資系中小企業の参入規制を撤廃し，ついで同年12月，出資比率と出店地域の制限を撤廃した。外資による中国小売市場への参入が大幅に開放されることになり，外資の参入攻勢は一段と活発化した。

　一連の市場開放策のなかで華人・華僑系資本は外資と同様の扱いを受けているが，中国政府は2004年4月の新規則の実施に当たって，香港，マカオ企業に対しては04年の初めから中小企業規制や出店地域・出資比率の制限の撤廃措置を数ヵ月早くとっている。

2　主要華人・華僑系資本の動向

　表3-2は，企業グループ別に9つの有力華人・華僑系企業の中国および母国市場での小売事業展開をまとめたものである。各企業グループは母国において小売事業を運営しているが，必ずしも母国と中国ではまったく同一の事業展開をしているわけではない。台湾系の頂新グループは台湾で傘下グループの味全グループを通じて，おもにスーパーマーケットを展開しているが，中国においてはハイパーマーケット事業を展開し，今後はコンビニエンスストア事業を重視する方針である。また，統一企業グループの場合は台湾での小売事業ではおもにコンビニエンスストアの「セブン-イレブン」を展開してきたが，中国ではカルフールの現地法人への資本参加に始まり，その後スーパーマーケット等の展開に乗り出した。誠泰・宏仁グループは中国で総合量販店を展開しているが，台湾では小売業から撤退している。以下，各グループの概況を順次，説明する。

2-1　和記黄埔グループ—百佳超級市場，屈臣氏—

　香港の和記黄埔有限公司（Hutchison Whampoa Limited, HWL）は42ヵ国で事業を展開する巨大国際企業である。事業領域は，①港湾関連，②テレコミュニケーション，③不動産・ホテル，④小売業・飲料水製造，⑤エネルギー・建設事業の5部門で構成されており，2007年度の売上高は400億USドルにのぼっている。

　子会社の屈臣氏グループ（A.S. Watson & Company）がアジアにおいてドラッグストアの「屈臣氏」，スーパーマーケットの「百佳超級市場」（「パークン・ショップ」），家電専門店の「豊澤」，免税店の「Nuance-Watson」，食品と調理器具を集めた専門店「Great」の5事業を展開している。

　2007年現在，「パークン・ショップ」は220店舗以上を展開し，香港最大のスーパーマーケット・チェーンであり，「豊澤」も45店舗以上を有し香港最大の家電専門店チェーンである。屈臣氏グループが和記黄埔グループの傘下に入ったのは1981年のことである。ドラッグストアの「屈臣氏」は台湾87年，88

年マカオとシンガポール，94年マレーシア，96年タイと，順次出店を拡大した。また家電専門店チェーンの「豊澤」は98年，台湾に進出し5店舗を展開していたが，現在は撤退した。

中国における和記黄埔グループの小売事業は，ドラッグストアの「屈臣氏」とスーパーマーケットの「百佳超級市場」の2つに，大きく分けることができる。「百佳超級市場」が中国南部の深圳市蛇口で中国1号店を開いたのは1984年である。すでに述べているように，これは外資系小売業として最も早い進出例であり，中国におけるスーパーマーケット時代の幕開けを告げる店舗となった。当初，深圳地域を中心に，売場面積800平方メートル前後の中小型スーパーマーケットを出店した。その後，2000年には広州で最初の大型店舗を開いたのを皮切りに，広東省中心に売場面積6000平方メートルから2万平方メートルの総合量販店を相次いで出店した。

2007年までに「百佳超級市場」は中国南部を中心に43店舗以上を出店している。1994年9月，百佳超級市場は上海に進出した最初の外資系小売企業であり，一時21店舗まで展開していたが，00年には政策による資本金規制などによって上海市場から撤退した。06年12月には上海で1万2000平方メートル以上の大型店を設置した。これは，中小型スーパーマーケットではなく，大型店舗による再進出であった（2007年11月，百佳超市華東地域マネージャへのインタビュー，および『信息時報』2006年12月27日付）。

われわれは2004年5月に，広州・富景店を見学した。広州・富景店は「メガストア」と呼ばれるハイパーマーケット型の大型総合量販店であり，通常のスーパー業態の「百佳超級市場」とは規模や品揃えがまったく異なっており，低価格訴求も徹底していた。取扱商品は食品のほか，生活用品，雑貨，衣料品，家電製品などを揃えており，高層ビルの1階から4階までを使用した売場面積は1万6000平方メートルと広州最大級である。価格政策では「至抵価（低価格）」，「破抵価（低価格をさらに破る劇的低価格）」，「長期至抵価（長期間な低価格）」，「時時最抵価（常時低価格）」と4種類の低価格プログラムを導入し，自店価格が他店より高い場合，他店との差額を5倍にして返却する最低価格保証制度を実施していた。

この制度を実行するため，フリーダイヤルのホットラインを提供し，自店よ

表3-2 ● 主要な華人・華僑系企業グループの中国小売業進出概況

(2007年12月時点)

企業グループ名		中国での展開	業態	本国・本地域での展開	業態
香港系	和記黄埔グループ	百佳超市	SM	百佳超市	SM
		屈臣氏	DS	屈臣氏	DS
		—	—	豊澤電器	電器量販店
	デアリー・ファーム(牛奶公司)グループ	セブン-イレブン(深圳・広州)	CVS	セブン-イレブン	CVS
		—	—	Welcome(恵康)	SM
		—	—	Mannings(萬寧)	DS
		—	—	IKEA	家具店
台湾系	潤泰グループ	大潤発	総合量販店	大潤発, 亜太, 大買家 (2001年2月仏オーシャンと提携)	総合量販店
		喜士多	CVS		
	誠泰・宏仁グループ	好又多	総合量販店	—	—
	頂新・味全グループ	楽購 (2004年7月英テスコと提携)	総合量販店	松青, 丸九	SM
		ファミリーマート (上海, 広州, 蘇州)	CVS	—	—
	統一企業グループ(注2)	統杰(2003年仏・法宝グループ (Aubergine)と提携), 山東統一銀座	SM		
		家楽福(天津, 重慶, 広州) (資本提携のみ), 四川優瑪特量販	総合量販店	家楽福(カルフール) (資本提携のみ)	総合量販店
		88優質連鎖(福建省)	酒中心のCVS	セブン-イレブン 統一超商	CVS
		康是美(深圳)	DS	康是美	DS
		—	—	大葉高島屋, 統一阪急, 台湾馬莎(〜2008)	百貨店
		—	—	夢時代(Dream Mall)	SC
	遠東・太平洋SOGO百貨店グループ	太平洋	百貨店	太平洋SOGO	百貨店
		遠東	百貨店	遠東	百貨店
		—	—	愛買吉安	総合量販店
		—	—	遠企購物中心	SC
東南アジア系	ライオン・パークソングループ	Parkson(百盛)	百貨店, SC, SM	Parkson Grand Parkson Ria	百貨店, 総合量販店
		—	—	South China Sea	専門店
	チャロン・ポカパン(CP)グループ(正大グループ)	易初蓮花(ロータス)	総合量販店	Tesco Lotus(テスコ・ロータス) (1998年英テスコと提携)	総合量販店, SMなど
		広州・正大万客隆(マクロ) (2004年ロータスに転換)	ホールセールクラブ	マクロ(オランダのSHVグループ との提携)	ホールセールクラブ
		—	—	セブン-イレブン	CVS

注1:SC=ショッピングセンター,その他の略称は表3-1に同じ。
 2:統一企業のその他の流通関連事業は表3-4に参照。
出所:各種資料から筆者作成。

り安い価格と提供している店舗の価格情報を知らせるよう,顧客に呼び掛けている。また「メガストア」では「百佳超級市場」が開発したPB(プライベート・ブランド)商品の「百佳牌」,「超値牌」を提供している。なおスーパーマーケットの「百佳超級市場」の場合,最低価格保障制度は採用されていない。低価格の表示も「破抵価」,「長期至抵価」の2つのみであった。

さて，もう1つの事業展開の柱であるドラッグストア「屈臣氏」の前身である広東薬局は1828年，中国・広州で設立された。その後，事業展開の中心は香港へ移され，1910年いったん中国市場から撤退したが，89年，「屈臣氏」という店名で，中国でのドラッグストア事業を再開した。現在，2010年までに中国で1000店舗という目標を挙げている。06年6月時点で中国の28の都市に合計200店舗を展開し，主要都市では上海40店舗，広州35店舗，北京30店舗と営業基盤を固めている。「屈臣氏」のアジアにおける店舗数は1400店舗に達しており，香港や台湾で著しい成果を挙げている低価格戦略を，最近，中国に導入した（『東方早報』2006年6月7日付，『中国営銷伝播網』2006年10月24日付）。

2-2　デアリー・ファーム―セブン-イレブン―

デアリー・ファーム（Dairy Farm International Holdings Ltd.）は1886年，香港で設立された。創立者は，スコットランド出身の外科医1名と香港出身のビジネスマン5名である。中国語の名称は牛奶公司（牛乳会社という意味）である。1886年，イギリスから80頭の乳牛を輸入して，香港で乳業を開始した。1904年に冷凍食肉の輸入を始め，同年香港の中央駅で最初の小売店舗を開き，28年食品小売店舗数は6店舗に増加した。その後64年，香港の食品小売店チェーン「ウエルカム」を買収し，76年までに香港島と九龍で19店舗のスーパーマーケット「ウエルカム」を展開した。その間，72年イギリスの怡和集団（Jardine Matheson Ltd.）グループ傘下の香港地産グループ（The Hongkong Land Company Ltd.）入りしたが，デアリー・ファームの公式ホームページによると，依然としてデアリー・ファームは経営上の独立性を保っていると主張している。

表3-3はデアリー・ファームの小売事業の国際展開をまとめたものである。スーパーマーケット，ドラッグストア，コンビニエンスストアを中心に東アジア全域で際立った存在感を示している。表には記載されていないが，香港と中国でレストランチェーン「Maxim's」（美心）などを出店している。日本では1995年，西友と合弁会社を設立し，価格訴求型スーパーマーケットを出店したが，採算がとれずに撤退した経験をもつ。2007年12月末現在，総売上高は68億USドルをあげ，総小売店舗数は4191店舗，従業員数は6万9000人の規模

に達している。

　デアリー・ファームは東アジア全域では積極的な出店が目立つが，中国市場に関してはやや慎重な姿勢がうかがえる。中国で展開している事業の中心はコンビニエンスストアである。同社は1989年，親会社のJardine Mathesonが香港で展開している「セブン-イレブン」228店舗の経営権を取得し，2003年には480店舗以上に増やした。最初に中国でセブン-イレブンを出店したのは92年，広東省深圳市においてであった。その後，96年7月にはアメリカのセブン-イレブン本社から広東省におけるセブン-イレブンの事業展開権を獲得し，広州市対外経済貿易委員会と合弁企業を設立し，96年だけで50店舗を開設した。

　しかし，1997年，国家経済貿易委員会はデアリー・ファームに対して同委員会の許可が改めて必要として，一時的に広東省におけるセブン-イレブンの出店を中止した。ただし，その2年後の99年に，国家経済貿易委員会はコンビニエンスストアを規制対象以外とし，外資出資比率は65％まで可能とするとの方針を示した。それを受けて，同社は新たに設立許可を申請し，2001年広東省におけるセブン-イレブンの出店を再開した。これは最初に中国の中央政府から設立許可を得た外資系コンビニエンスストアのチェーンである。07年に110店舗のコンビニエンスストアを展開している現地企業を買収し，07年時点で中国南部を中心に店舗数は440店舗を超えた。そのうち41店舗はフランチャイズ方式である（『中国経営報』2001年9月8日付，および同社ホームページ）。

　香港と広州でセブン-イレブンの店舗を実際に見学したが，品揃えの基本は日本のコンビニエンスストアと類似しており，食品から雑誌，日用雑貨，ファーストフード，弁当などを扱っていた。しかし，全体的に店舗面積は日本より小さめであり，店内で軽食ができるスペースを設けているなど，日本では見られないレイアウトの店舗が散見された。とくに，駅やホテルに付属している店舗は15〜30平方メートル前後のミニ店舗であった。

2-3　潤泰グループ—大潤発，喜士多—

　台湾の潤泰グループは中国と台湾で総合量販店チェーン「大潤発」を運営している。ただし，本業は建設と紡績であり，1996年9月台湾で大潤発流通事業股份会社（以下，大潤発）を設立して，流通産業に参入した。大潤発は97

年,総合量販店チェーンの大買家を合併し,続いて98年には同じく総合量販店チェーンの亜太量販を買収した。それにより,台湾総合量販店市場でフランスのカルフールについでナンバー2の座に就いた。

しかし,潤泰グループの本業である紡績と建設分野は不景気の影響を受けて,不振に陥った。2000年以降建設・紡績部門を縮小し,流通分野に比重を置く方針を打ち出したが,グループ全体の負債額が大きく,大潤発の店舗拡大のために必要な資金調達が困難となった。当時,大潤発はすでに中国に出店しており,店舗の運営方式は現地の人々に受け入れられており,業績は順調に推移していた。

そこで,2000年12月フランス第2位のハイパーマーケットのオーシャングループと資本・業務提携し,台湾・大潤発の株式67%をオーシャングループに売却した。中国事業も共同化することになった(『経済日報』2000年12月23日付)。

潤泰グループが中国に進出したのは,台湾で大潤発を設立した直後であった。1997年4月,上海で上海大潤発有限公司を設立し,98年7月1号店を開店した。売場面積は3万平方メートルであり,初日の売上高は450万元と記録的な好成績を挙げた(『経済日報』1998年11月16日付)。

表3-3 ●デアリー・ファームの小売事業の国際展開状況

業　態	各地における店舗名(地域・国,出資率)
スーパーマーケット	1．Welcome(恵康,頂好)－香港(100%),台湾(100%),ベトナム(100%)。 2．Three Sixty, Oliver's－香港(100%)。 3．Jasons Market Place－シンガポール,香港,台湾。 4．Cold Storage－シンガポール(100%),マレーシア(100%)。 5．Giant－マレーシア(100%),インドネシア。 6．Hero－インドネシア(69%)。 7．Foodworld－インド(49%)。
ハイパーマーケット	Giant－マレーシア,シンガポール,インドネシア,ブルネイ。
ドラッグストア	1．Mannings(萬寧)－香港(100%),マカオ(100%),中国(100%)。 2．Guardian－シンガポール(100%),マレーシア(100%),インドネシア,ブルネイ。 3．Health and Glow－インド(50%)。
コンビニエンスストア	1．Seven-Eleven－香港(100%),シンガポール(100%),中国南部(65%),マカオ(100%)。 2．Starmart－インドネシア。
家具専門店	IKEA－香港(100%),台湾(100%)。

出所:2007年末現在。同社ホームページをもとに作成。

1999年，上海から蘇州へと出店地域を拡大し，4店舗となった。その時点で，単年度決算で経営が黒字転換した。当時の中国事業の責任者によると，客単価は台湾の2分の1ぐらいだが，来店客数は台湾の2倍で，数量増で利益をあげていた（『聯合報』2000年7月3日付）。2001年2月，オーシャングループ入りすることになり，中国で共同出資会社の康成公司を設立した。潤泰グループが3分の2，オーシャンが3分の1をそれぞれ出資したが，その時点で，「大潤発」は中国で11店舗を展開していた。提携後には40億元近くを投入して，当面10店舗前後を新規出店する意欲的な計画を打ち出した（『経済日報』2001年2月8日付）。提携後も，従来通りオーシャンと大潤発という2通りの店名で店舗運営されているが，商品調達や経営管理は統一された。

　オーシャンは2003年12月，北京市四環路沿いの住宅地に，中国で7番目となる店舗を開いた。広報担当者によると，中国戦略は店舗の数を競うのではなく，出店した地域でナンバー1の店舗となることを目標としており，業績は順調に推移しているとコメントしている（『経済日報』2003年12月24日付）。

　大潤発は「2007年中国連鎖百強企業」で，売上高256億元は，店舗数85店舗の実績を上げ，第8位にランクされている。一方，オーシャンの店舗数は20店舗，売上高は人民幣57億元であり，両社の店舗数を合計すると，105店舗に達した（『経済日報』2008年3月8日付，『聯合報』2007年3月8日付，および中国連鎖経営協会のホームページ）。

　潤泰グループの中国戦略で忘れることができないのは，コンビニエンスストアの「喜士多（C-store）」事業である。2001年上海で1号店をオープンし，07年9月現在，上海，蘇州，杭州，昆山，広州などの地域で，約200店舗を展開している。商品仕入と物流業務は，現在，量販店部門の大潤発と共同化しているが，将来は喜士多（C-store）専用の総菜工場と物流センターを設置する予定である。なお，現時点でコンビニエンスストア事業はまだ赤字経営であるという（『経済日報』2007年9月13日付）。

2-4　誠達・宏仁グループ—好又多—

　広東省を中心に，総合量販店の出店攻勢をかける好又多（Trust-Mart）は1997年8月，広州で設立された台湾系小売チェーンである。台湾最大級の企業グ

ループである台湾プラスチックグループ系の王文洋が率いる宏仁グループと，台湾の誠達グループがそれぞれ30％，45％ずつ共同出資して設立した現地合弁会社が好又多の運営に当たっている。なお，中国において，宏仁グループは電子関連およびプラスチック関連事業を，また誠達グループは靴製造業を，それぞれ主力事業としている。

1990年代，宏仁グループは台湾で「亜太量販」という総合量販店を展開していたが，98年に「亜太量販」の持ち株70％を「大潤発」を持つ潤泰グループへ売却し，撤退した。代わりに，流通事業の展開可能性を中国に見出し，好又多の店舗展開に挑戦した（邱，2003）。好又多は当初，正式な営業許可を得ないまま出店し，2002年末広州政府の指導に応じて，広州・信和グループと提携して現地合弁企業である好又多商業広場有限公司を設立し，はじめて正式な営業許可を獲得した（『財経時報』2004年2月23日付，『聯合報』2003年12月3日付，『21世紀経済報道』2003年1月10日付）。04年，日本の野村證券とアメリカのシティバンクにそれぞれ5％の株式を売却した。

このように好又多の店舗展開は中国南部を拠点にしている。中国1号店は1997年，広州で開店した天河店であり，その後，広東省から福建省へ出店地域を拡大した。現在は上海，杭州，北京，天津など出店地域は全土に広がり，2007年末，店舗数は101店舗に達した。年間売上高は140億元である。なお，北京は営業許可の問題から，やむを得ず「旺市百利」という店名で出店している（『南方都市報』2003年12月20日付，『聯合報』2003年8月7日付）。

2007年2月，ウォルマートは好又多の持ち株35％を買収したと発表した。買収金額は公表されていないが，10億USドルと推測される。誠達・宏仁グループにとっては利益確保のための売却であった。初期段階には，別々の店名で店舗を運営・展開する予定である。なお，好又多とウォルマートの両チェーンは，利益構造や企業文化にかなり違いがあり，完全統合に至るには時間がかかるとの観測もある（『聯合報』2007年2月27日付，『経済日報』2008年4月24日付，『聯合晩報』2006年10月18日付）

2004年5月，広州市にある天利店を見学した。この店舗は広州の新興高級住宅地域である天河区に立地し，売場面積1万7000平方メートルのハイパーマーケット型大型店舗である。02年6月に設立された店舗で，入口近くにはきれい

に整理されたCD売場が配置され，試聴コーナーも設けられている。食品売場は現地の生鮮食品が豊富に取り揃えられ，中華食材も充実している。また，店外には店内で買った食品を食べられるスペースがあり，平日午後にもかかわらず，にぎわいをみせており空席はほとんど見当たらなかった。

2-5　頂新・味全グループ―楽購，上海ファミリーマート―

　頂新グループの本業は食品製造業であり，中国即席麺市場で「康師傅」というブランドで40％の市場占有率をもつトップメーカーである。また中国では大型総合量販店の楽購（ハイモール）を出店し，上海ではファミリーマートの運営に参加している。

　詳細は第11章で述べるが，頂新グループの前身は1958年，台湾で設立した鼎新製油工場であり，74年頂新製油に社名変更した。88年，頂新グループは中国の改革開放政策を受けて，食用油事業の生産を中国で始めたほか，クッキー工場を建設したが，業績はあまりかんばしくなかった。そこで，即席麺市場に着目し，92年7月天津で生産工場を設立し，「康師傅」という銘柄の即席麺を開発した（劉・封，1996）。

　1998年，頂新グループは中国事業分野を製造業から流通分野へ拡大した。上海で現地企業と資本提携し上海康仁楽購超市貿易有限公司を設立し，「楽購」という名称で総合量販店を展開し始めた。即席麺の販売経験から，中国では流通経路が未成熟で，自ら販売経路を構築することが重要であると判断したためである（『工商時報』2003年11月1日付）。

　楽購の1号店は開店1年目から利益を出し，その後も好調な業績を維持した（『遠見雑誌』2002年7月1日号）。しかし，経営形態は初期の総合量販店方式から，近年には大型ショッピングセンター方式へと転換した。直営売場面積は平均8300平方メートル見当である。2003年時点，楽購の出店地域は上海を中心に天津から瀋陽へと拡大し，店舗数は25店舗に達し，売上高6.13億USドルを記録した（『経済日報』2004年7月15日付，『信報』2004年6月2日付）。

　2003年末に発表した将来計画は極めて野心的である。04年，ショッピングセンター方式の大型店舗を13店舗新設し，05年には中国総合量販店業界で5指にはいることを目指している（『工商時報』2003年11月1日付）。04年7月，この

拡大路線を維持するため，イギリス最大のスーパーマーケット，テスコと資本業務提携すると発表した。テスコは「楽購」の現地法人企業（上海康交楽購超市貿易有限公司等）の株式50％を取得し（推定買収金額2.6億USドル），共同経営権を獲得する。テスコはサプライチェーンや商品開発，そして店舗運営に関する経営ノウハウを提供する代わりに，中国市場での出遅れを一気に取り戻すことができる（『経済日報』2004年7月15日付，『日経流通新聞』2004年7月20日付, *Financial Times,* July 15, 2004）。06年12月，テスコは出資比率を5割から9割へ引き上げ（推定買収金額3.5億USドル），楽購の経営主導権を握ることになった（『日経産業新聞』2006年12月18日付）。

　頂新グループが手掛ける，もう1つの小売事業はコンビニエンスストアである。2004年4月，上海で現地法人の福満家便利有限公司の設立が許可され，ファミリーマートの出店が始まる。出資比率は中国便利店公司が65％（うち頂新グループが50.5％，伊藤忠・日本ファミリーマートと台湾全家便利商店の3社が計49.5％），現地パートナーの中信信託が35％という構成である（『聯合報』2004年4月6日付）。頂新グループが経営管理全般と物流システムを担当し，伊藤忠商事は惣菜などの製造工場の技術提供を担当する。日本のファミリーマートは商標の使用権を提供し，製造工場や物流システムの構築にも協力する（第5章参照）。なお台湾ファミリーマートの全家便利商店は日本ファミリーマート，伊藤忠商事，台湾・泰山グループ，台湾・三洋薬品グループの合弁事業で，1988年から07年12月までに2200店舗以上を展開している。

　上海では合弁会社設立に先駆けて，全家便利商店という名称の実験店舗を17店舗を開いた。実験店舗ではファーストフード類の売れ行きが好調であった。平均客単価は6元（日本円で約95円）で，平均日販は8000元超と，台湾の5万元台湾ドル（日本円で約17万円）より少ないが，今後消費水準の向上を見込むと，コンビニエンスストアの発展は期待できると，頂新グループの関係者は述べている（『工商時報』2003年12月21日付）。

2-6　統一企業グループ―カルフール，統杰，統一銀座，統一優瑪特，88優質連鎖，康是美など―

　台湾の統一企業は台湾最大の民間食品メーカーであると同時に，台湾最大

の小売チェーン，セブン-イレブン統一超商の親会社でもある。経営多角化によって流通，物流，薬品，金融，保険，証券などの分野にも参入している。中国を中心に，海外にも多数の工場と子会社を有している（第11章参照）。

統一企業グループの中国における最初の流通分野への投資はカルフールの天津店である。1995年11月，統一企業グループはカルフールと提携して中国の天津でカルフールの店舗を出店すると発表した。当初の資本金は1500万ドルで，カルフールが50％を出資し，統一企業が40％出資し，残り10％は現地の天津野菜公司が出資し，さらに店舗の敷地を提供した（『工商時報』1996年11月22日付）。現地資本の出資比率が10％と極端に低いカルフール天津店は，地方政府の特例措置による出店であった。統一企業グループはそれまでに中国の12の都市で50億元以上を投資して17の工場を設立していた。その貢献が中国政府に評価されており，カルフール天津店の投資案件は特別に許可されたと報道されている（『経済日報』1996年8月2日付，12月19日付）[4]。

統一企業はその後も，1997年カルフール重慶店に45％，2001年同広州店に20％出資している（『経済日報』1998年12月24日付，2001年11月10日付）。ただし，03年現在，統一企業グループが出資しているカルフールの店舗は上記3店舗にとどまっている。また経営執行権はすべてカルフールが握っている。統一企業は台湾でカルフールと合弁会社を設立し，ハイパーマーケットの出店に協力しているが，中国における両社の関係は台湾と同様であり，統一企業の役割は資本出資と店舗開発面の協力が主である（鍾・矢作，2003）。

2004年以降，統一企業は新たな小売事業の展開を図っている。05年7月，山東省の山東銀座商城股份有限公司と共同出資で山東統一銀座商業有限公司を設立することが決まった（『連鎖超市報道』2004年9月24日付，統一銀座のホームページ）。山東省は華南と比べると，小売競争がそれほど激しくない。山東省で拠点を構築できれば，東北部から中部へと店舗網を拡大できる可能性が出てくる。山東統一銀座超市は06年に黒字転換を実現し，08年5月現在には77店舗を展開している（『聯合報』2003年10月30日，2007年2月28日付，統一銀座のホームページ）。

スーパーマーケット事業では2000年，統杰（中国）股份有限公司を設立し，統杰超市（統杰スーパーマーケット）の出店を開始した。最初の店舗は

南部の汕頭で開設したが，出店速度は鈍かった（『聯合報』2000年8月16日付）。03年1月，フランスでスーパーマーケットを運営している法宝グループ（Aubergine）と提携し，山東省青島で「統杰法宝超市」の1号店を開店し，業務のてこ入れを図った（『青島新聞網』2002年1月14日付，『中華資訊網』2003年8月23日付）。04年初め，統一企業は北京の糧食グループ，およびフランスの法宝グループと共同出資で合弁会社を設立し，北京で中型スーパーマーケットを5年以内に18店舗展開する計画を打ち出した（『中国新聞網』2004年2月19日付）。しかし，04年，中国南部の汕頭で設置していた2店舗の統杰超市は経営不振のため，店舗を閉鎖した。07年12月末，法宝グループと提携後の「統杰法宝超市」の店舗数は北京と青島の両地域で，合計7店舗にとどまっている（『21世紀経済報道』2004年11月30日付）。

統一企業グループは台湾で子会社のセブン-イレブン統一超商を通じて，4700店舗以上を展開しており，その経営技術を中国に移転させ，事業開発したいとの意向をもっている。過去，アメリカのセブン-イレブン・インク本社と交渉してきたが，アメリカ本社および日本の親会社であるセブン＆アイ・ホールディングスの中国市場におけるセブン-イレブンの事業戦略が明確でなく，長い間交渉は難航していた。

そのため，コンビニエンスストアに代わる事業としてドラッグストアの展開に取り組んでいる。台湾で110店舗展開しているドラッグストアの康是美事業で，2004年4月，広東省の麗珠医薬グループと提携し，深圳に統一康是美深圳公司（統一企業グループの出資比率65％）を設立した。07年2月までに深圳で7店舗を展開した（『経済日報』2004年4月6日付，および『中央社』2004年4月11日付）。

さらに，2004年9月福建省厦門市で，88優質連鎖という酒類を中心とした便利店（コンビニエンスストアと類似の小型店舗）を展開すると発表した。統一企業グループの傘下にある南聯国際貿易股份会社の子会社が台湾では有名な高粱酒ブランド「88坑道」の販売促進のため，福建省で酒類専門店チェーンを出店していた。88優質連鎖はその酒類専門店を業態転換したもので，04年9月出店した店舗は売場面積約100平方メートルと従来の酒類専門店より大きく，営業時間も24時間に延長した。商品構成の5割以上が酒類であり，統一企業が扱う

加工食品などの商品の取り扱いを増やしたほか，新聞雑誌やファーストフード類の販売，公共料金の支払い，写真の現像，宝くじなども扱っている。07年中に福建省厦門市中心に50店舗を出店する計画であったが，店舗賃貸料の高騰により，07年8月時点は18店舗に止まっている（『台海網』2007年8月17日付）。

統一企業は台湾でのセブン-イレブンの事業展開に際して，アメリカのセブン-イレブン・インクと，統一企業グループはもう1つ別のコンビニエンスストア事業を展開することができないという契約上の制限を課せられている。このため統一企業は88優質連鎖をあくまで酒類中心の便利店として，業態概念を曖昧にしているといわれる（『経済日報』2004年9月10日付，『厦門晩報』2004年9月24日付）。

また，2004年11月統一企業グループは中国諾衡グループ企業の諾瑪特（ノーマート）控股有限公司と資本・業務提携の契約を結んだ。諾衡グループ企業はアメリカ系会員制ホールセールクラブ，プライスマートから中国における事業展開権を得て，プライスマートという小売チェーンと諾瑪特超市を運営していた。その後，諾衡グループは経営困難に陥り，統一企業は四川省南充市の諾瑪特を買収し，統一優瑪特の1号店を開いた。08年統一企業は四川で4店舗の統一優瑪特量販店をもっている（『新京報』2004年9月30日付，『21世紀経済報道』2004年11月30日付，『流通快訊』2008年6月10日号）。

2007年セブン-イレブン統一超商は中国における本部を成都から，親会社である統一企業の中国本部と同じ上海に移転した（『経済日報』2007年4月10日付）。その後，08年5月，セブン-イレブン統一超商は中国におけるエリア・フランチャイズ権を巡った長年の交渉の結果，上海においてセブン-イレブンの店舗を展開できる権利を獲得した。早ければ08年中にも上海で第1号店を開業する予定である。なお，香港，深圳，広州では香港のデアリー・ファームが，また北京ではセブン-イレブン・ジャパンが出店を担当している（『聯合晩報』2008年5月29日付，『日経MJ』2008年5月30日付）。

近年，統一企業グループの流通分野をけん引しているセブン-イレブン統一超商は台湾と中国の両地域で同一事業を展開する戦略を打ち出している。たとえば，2006年11月アメリカの大手アイスクリーム専門店であるCold Stone社と契約し，台湾と中国の両地域で同時に事業を始めた。07年4月に上海で1号

店を開設し，翌08年までには上海と北京で計11店舗を開店した。台湾でも07年4月，台北で第1号店をオープンし，08年6月時点で11店舗を展開している（『経済日報』2006年11月17日と2007年8月31日，12月8日付，『聯合報』2008年2月22日付，および企業のホームページ）。

　2007年11月には日本のサザビーリーググループと契約し，上海と北京におけるアフタヌーンティーの経営権を獲得した。1号店は上海で設立し，同年12月には台湾で同社と合弁企業，統一午茶風光公司を設立した。出資比率は統一超商が51％，日本のサザビーリーググループが49％である。両社は台湾と中国で共同事業を展開することにした（『経済日報』2007年11月13日，12月26日と2008年2月28日付，『UPAPER』2008年2月15日付，『聯合報』2008年2月22日付）。

　統一企業グループの中国飲食・流通関連事業への累積投資金額は2007年末，4620万USドルに達し，2007年度の年間売上高も70億台湾ドル（1元台湾ドル＝約3.4日本円）を超えた（『経済日報』2008年5月28日付）（表3-4参照）。

表3-4 ● 中国における統一企業グループの流通関連事業

ブランド名	出店地域	設立時期	店舗数	資本金の出資比率
Starbucks 上海星巴克	華東	2000	140	統一超商30％ 統一企業20％ アメリカ・Starbucks社50％
深圳康是美（ドラッグストア）	深圳，広州	2004	14	統一超商65％ 麗珠集団35％
88優質連鎖	厦門	2004	18	―
聖娜多堡（焼きたてパンチェーン）	武漢	2005	24	統一聖娜多堡100％
山東統一銀座超市（スーパーマーケット）	山東	2005	77	統一超商55％ 山東銀座商城45％
四川統一優瑪特（量販店）	四川	2005	4	統一超商100％
統杰超市（北京，青島）	北京	2005	7	統一超商維京（BVI－ブリティッシュ・ヴァージン・アイランド）持ち株会社48.87％ Aubergine Investments 48.87％ Limited Tushita 2.26％
Cold Stone	上海，北京	2007	14	統一超商100％
Afternoon Tea TEAROOM	上海	2008	1	統一超商51％ サザビーリーグ49％

出所：『流通快訊』2008年6月10日号などの資料により筆者が作成。

2-7　遠東・太平洋SOGO百貨店グループ
―太平洋百貨店，遠東百貨―

　太平洋百貨有限会社の事業展開には，台湾の２つの流通グループが関わっている。１社は太平洋SOGO百貨店グループであり，もう１社は遠東グループである。

　太平洋SOGO百貨店グループは，台湾では「太平洋SOGO」という店名で百貨店を展開し，他方中国では「太平洋」という店名で出店してきた。太平洋SOGO百貨店グループは台湾の太平洋建設グループに属しており，もともと日本のそごう百貨店との業務提携に基づき運営されていた。しかし，2002年10月太平洋SOGO百貨店グループの親グループであった太平洋建設グループが経営不振に陥り，台湾の大手企業グループ遠東グループ傘下の企業となった。07年末，台湾で８店舗を運営している。

　遠東グループは1942年，紡績事業からスタートし，流通，金融，石油，観光，病院，運輸，建築，通信など多角的な事業に参入している。流通分野では，67年遠東百貨という百貨店チェーンを設立し，90年には総合量販店チェーンの愛買を設立した。さらに，94年には台北で台湾における最初のショッピングモール，遠企購物中心を開設し，その後2000年，傘下の愛買がフランスの有力小売企業カジノと資本提携し，店舗名を愛買吉安に改称した。02年，遠東グループは太平洋SOGO百貨店グループを買収した。これにより，遠東グループは台湾を代表する有力流通企業グループにのし上がった。『天下雑誌』の2007年売上高ランキング調査によると，台湾百貨店業界で太平洋SOGO百貨は新光三越につぎ第２位，遠東百貨は同３位を占めている。なお，愛買吉安はカルフール，大潤発に続いて，台湾総合量販店業界で第３位の座を占めている。

　太平洋SOGO百貨店グループは1994年，香港で太平洋中国持ち株会社を設立し，上海で太平洋百貨店の１号店を開業した。その後，上海，成都，重慶，北京，大連で合計９店舗を出店した。そのうち，95年に重慶で出店した店舗と2001年北京で出店した店舗は，香港で百佳超級市場やドラッグストアの屈臣氏を擁する和記黄埔グループとの共同出資による出店だった。上海・太平洋百貨店の１年目の売上高は１億8000万元だったが，８年後には13倍の25億元に急成長し，高収益店舗としてつとに知られている。しかし，北京の盈科店は01年11

月の開幕以来，赤字が続いており，同市での出店計画にはブレーキがかかっている（『遠見雑誌』2001年10月15日号，『中国時報』2002年7月11日付，『財経時報』2003年3月17日付）。

太平洋SOGO百貨店グループを買収した遠東グループは今後の中国戦略について，「中国と台湾の両地域に太平洋SOGO百貨店と遠東百貨という2つの系列の百貨店を同時に展開する」と公表している。遠東百貨は高級路線を目指し，太平洋百貨は中流階層をターゲットにファッション性を重視するポジショニングを取る。また，売場面積は太平洋百貨が1万6000〜2万平方メートル前後の設定であるのに対して，遠東百貨は3万3000平方メートル以上想定している。2006年5月，天津で中国・遠東百貨の1号店を開設した（『中央社』2004年4月7日，および『経済日報』2008年2月26日付）。

2008年5月，遠東グループは7950万USドルでオランダ銀行から太平洋中国持ち株会社の40％の株式を購入し，太平洋中国持ち株会社の所有率は67％に高まった。また，08年1月両地域にある太平洋百貨の運営を統合するためトップマネージャの人事異動を行い，日本人総経理の代わりに台湾人の前事業部運営長が総経理兼台湾事業部運営長になった。なお，両地域における太平洋百貨の07年売上高は550億台湾ドル（約1870億円）を超え，遠東グループの重要な収益源になっている（『経済日報』2008年1月11日と2008年5月21日付）。

2-8　ライオン・パークソングループ―百盛―

パークソングループの親会社はマレーシアのライオングループ（金獅集団）である。ライオングループは1930年代，香港で菓子の製造・販売を始めると同時に，ベトナムで砂糖関連商品の製造を手掛けた。その後，シンガポールやマレーシアを中心に経営多角化を進め，80〜90年代には日本のスズキ自動車と提携し，バイク・自動車産業にも進出した。ライオングループが小売関連事業のパークソンを設立したのは87年であった。現在，マレーシアで百貨店やスーパーセンター，ハイパーマーケット，専門店などの事業を展開し，マレーシア小売業界のリーダー的な存在となっている。

パークソングループの中国事業は欧米有力小売企業との直接的な競争を避け，百貨店事業に重点を置いている。ライオングループは1993年北京でチョコ

レートを製造・販売する会社と製薬会社を設立し，翌94年北京と成都にそれぞれパークソン百貨店を開いた。パークソンの長期目標は百貨店やショッピングセンターを合計100店舗以上出店することである。目標達成のため，各地の不動産関連企業などとの提携を積極的に進めている。

1999年9月広州の億安企業と業務提携し，初めて南部に進出した。パークソンは億安に対して，「百盛」という店名を提供し，百貨店は百盛億安として広州で開設された。しかし，提携後の両社は店舗管理や資金調達の面で意見が合わず，2年後の2001年末提携は解消された（『南方都市報』2003年9月30日付）。その後，広州の中泰企業と資本提携し，02年1月，広州駅東口に広州中泰百盛を開いた。百盛億安と道路1つ隔てた至近距離にあった。パークソンは店名の提供だけではなく資本も投入し，ファッション商品を中心に業務指導にも注力した。売場面積は4.8万平方メートルと大規模であったが，開業以来，広州中泰百盛の業績は伸び悩み，03年10月閉鎖に追い込まれた。損失額は1000万元以上と見込まれている（『南方日報』2003年10月9日付，『化粧品報』2003年12月26日付）。

広州進出の失敗はパークソンの中国戦略にとって痛手となった。2003年11月，出店戦略の重点を北部・東北地域へ移すため，大連の万達グループと業務提携した。万達グループは中国で不動産産業を手広く経営し，長春，長沙，青島，済南，南京，南昌，天津，瀋陽，北京，上海，南寧，武漢，大連などの大・中都市に，万達商業広場という名のショッピングセンターを設けている。建設計画中のショッピングセンターも十数ヵ所にのぼっている（大連万達グループのホームページ）。

万達グループは，ウォルマートやカルフールをはじめ，多くの外資大手小売業と共同出店している経験を有している。百貨店分野では他社と共同出資し，大洋百貨という百貨店を展開していたが，2003年末，大洋百貨から撤収し，不動産産業に専念すると発表した。代わりに，ショッピングセンター内の百貨店の出店はパークソンに任せるとの方針を明かにした。これにより万達グループのショッピングセンター内の大洋百貨は徐々に百盛に切り替わり，パークソンは長春，瀋陽，天津，武漢，北京，上海，西安など10都市で出店することができた（『新京報』2003年11月28日付）。

パークソンは内陸地方にも布石を打った。2003年8月，新疆の友好グループと共同出資で，新疆に友好百盛を設立し，新疆ウイグル自治区内で初の外資系店舗を売場面積7万平方メートルの規模で開設した（『中国産経新聞』2003年8月5日付）。各地における積極的な提携路線や買収により，パークソンの店舗数は07年末41店舗になった。06年5月，中国の合弁パートナー3社（中国工藝美術公司，中工美文化工藝展銷公司，中工美工世美術文化公司）が所有する44％の持ち株を買い取り，外資の独立資本会社になった（『上海証券報』2006年5月29日付）。

2004年8月，われわれは北京・復興橋にあるパークソンが1994年に中国で開いた1号店を見学した。この店舗の立地は地下鉄駅のすぐ横であり，売場は北と南の2つの建物に分けられている。店全体は高級ブランド品売場が中心であり，本館の7階には中国の高級工芸品を販売する専門フロアも配置されており，地下にはパークソン直営のスーパーマーケット百盛超市が入居していた。

2-9　チャロン・ポカパン（CP）グループ
―易初蓮花（ロータス）―

チャロン・ポカパングループ（Charoen Pokphand Group, ト蜂グループ）はタイを代表する華人資本グループであり，中国では正大グループ（Chia Tai Group）という名前を使っている。

チャロン・ポカパングループは，1921年に華僑の謝易初と謝少飛の兄弟がバンコクのチャイナタウンで種子と野菜などの対中貿易会社，Chia Thai Co. Seed Shopを設立したのが始まりであった。50年代に入り，若い後継者が事業に参画し，新たな事業展開に目を向け始めた。そして，54年にCharoen Pokphand Feedmill社を設立し，飼料事業に参入したのを契機に，チャロン・ポカパン（CP）という会社名がグループ名になった。60年代，CPグループはタイにおける最大の飼料生産企業に急成長し，経営多角化により農畜関連の事業から水産，食品，貿易，流通，通信，石油，不動産，自動車産業などの分野へと多角化した。2004年，CPグループは二十数ヵ国に400社以上を展開し，社員数は20万人近くにのぼっている。06年グループ全体の総売上高は14兆USドルであった。中核事業は，農業関連事業，小売業，通信事業の3つであり，現

在のCEO（経営最高責任者）はタニン・チャラワノン（謝国民）である。

　CPグループのタイにおける小売事業はセブン-イレブン，テスコ・ロータス，マクロの3つが代表的である。セブン-イレブン（タイ）は1989年に設立され，2004年9月2690店舗を展開している。テスコ・ロータスの前身であるロータス・スーパーセンターは95年，元ウォルマートの役員らの経営指導で設立され，1998年イギリスのテスコが買収し，店舗名もテスコ・ロータスに変更した。

　他方，キャッシュ・アンド・キャリー・ホールセラー（現金持ち帰り問屋）の「マクロ」はオランダの流通大手SHVグループとの合弁企業であるサイアム・マクロ（Siam Makro Public Company Limited）の下で運営されている。1号店は1989年に設立され[5]，2006年には29店舗を展開している（CPグループの関連ホームページ，マクロ・アジアのホームページ，『日経産業新聞』1988年4月13日付，『日本経済新聞』1989年8月15日付）。

　CPグループが中国市場に参入したのは1979年であり，飼料生産や養鶏事業などの農業関連事業を手掛け，中国においてタイと同様，多角的な事業を展開している。中国における投資金額はこれまでに40億ドルを超え，子会社は213社を数えている。青海省以外のすべての地域に生産や販売，物流等の何らかの拠点を構築している。

　中国における小売事業は1997年6月，上海・浦東地区で開設した易初蓮花（ロータス）が最初であった。易初蓮花は取扱品目数約3万品目で，売場面積は平均1万2000～2万平方メートルである。生鮮食品のほかに，生活用品，雑貨，家電製品，衣料品などを総合的に販売しており，商品の95％は現地仕入れである（中国・正大グループのホームページ）。

　上海で易初蓮花を開設した時期と相前後して，オランダのSHVグループと広州で合弁企業の広州正大万客隆有限公司を設立し，華南地域におけるマクロ（広東省での店舗名は正大万客隆）の出店に着手した。1996年9月，広東省広州市で1号店を開き，その後同省で計4店舗を出店した。しかし，2003年，SHVグループは広東省から撤退すると発表し，広州正大万客隆有限公司の持ち株をすべてCP・正大グループに売却した。04年の4月，広州正大万客隆有限公司は中国商務部の許可を得て，社名を広州易初蓮花超市有限公司に変更す

ると同時に，広東省の4店舗を正大万客隆から易初蓮花に変更した（『中国経済周刊』2003年12月23日号，『新快報』2003年3月14日付）。

　易初蓮花は上海で4店舗と1つの配送センターを設立した後，2001年10月杭州に進出したのを皮切りに，武漢，広州，西安，成都などに店舗網を広げ，03年には天津，北京で，それぞれ1号店を出店した（『天津日報』2003年9月15日付）。

　CPグループによると，2005年までには中国全土で100店舗を出店する構想をもっているが，07年末時点の店舗数は75店舗にとどまっていた。そのうち，上海の店舗数が20店舗を占めている（『第一財経日報』2007年10月17日付）。

　そのほか，CP・正大グループは2002年10月，上海・浦東で総床面積24万3200平方メートルの巨大なショッピングモール・正大広場（the Super Brand Mall）も開設した。地下には易初蓮花，1階から4階には正大百貨を出店し，その他大部分の売場はテナントを入居させている。

3　華人・華僑系資本の参入背景と特徴

　有力華人・華僑系資本の参入地域，参入時期，参入方法の特徴をまとめよう。また，華人・華僑系資本企業グループの小売技術の国際移転過程についても若干の議論を行いたい。

3-1　参入地域・時期

　本章で取り上げた香港系企業2グループは，いずれも深圳を中国での最初の参入地域に選んだ。深圳は香港に隣接している経済特区で最初に市場開放策が導入された地域である。地理的に近く，交通の利便性や商品調達，経営管理の面で比較的リスクの少ない地域であった。そこに香港企業はいち早く進出した。台湾系企業5グループでは，潤泰，誠泰・宏仁，頂新・味全，遠東の4グループが最初に進出先として上海ないし広州の沿岸部の拠点都市を選んでいる。両都市の所得水準は他の都市より高く，人口密度や社会資本の整備の面でも進出しやすいことが影響していると考えられる。タイのCPグループも上

海を選んだ。他方で，台湾の統一企業グループによる最初のカルフールへの投資，またマレーシアのパークソングループによる最初の出店地域は北京・天津地区である。

華人・華僑系資本の最初の進出先は以上のように，広州・深圳を中心とした珠江デルタ，上海を中心とした長江デルタ，北京・天津の環渤海という三大経済圏にわたっていることになる。

参入時期については，香港系企業の参入が早いのが特徴的であった。香港系企業は，かなり先発者優位の原則を意識した早期進出だったのに対して，台湾企業やタイのCPグループが参入する1990年代後半は，相当数の欧米日系企業が進出しており，先発者優位の原則は簡単には作用しにくい競争状況となっていた。

華人・華僑系資本の早期参入や単独進出は，外資規制政策の不徹底や地方政府の「特例措置」から実現した例が少なくない。1996年，上海・浦東に当時，アジア最大規模といわれた百貨店，上海第一八佰伴を開設した和田一夫・元ヤオハン代表は，ヤオハン側が過半数を超える出資比率等の例を挙げて，「規制があっても中国当局は柔軟な対応をしてくれた」と証言している（『週刊東洋経済』2004年4月10日号）。また，97年開店した好又多・広州1号店は当初，地方政府の正式な認可を得ていなかった。広東省におけるデアリー・ファームのコンビニエンスストア事業も当初，中央政府の正式な認可事業でなかったため，再審査を受けた。カルフール天津店は統一企業とカルフールの両社合計で外資出資比率90％にもかかわらず，地方政府から特例として認可された。また，カルフール重慶店の出資比率は統一45％，カルフール55％，同広州店は統一20％，カルフール80％であり，中央政府の定めた出資比率規制に反していたが，これもいったんは認可された。

中央政府は1997〜99年にかけてこうした各地における外資進出実態を再審査し，カルフールやデアリー・ファーム等の件に対して改善命令を出したのである（黄，2003）。

3-2 事業展開パターンの比較

本国市場との関連において，有力華人・華僑系資本の中国小売市場における

事業展開は，大きくつぎの3パターンがある。

パターンⅠ：本国（製造業，小売業） 　　　　→中国（製造業，小売業）	台湾系企業に多い
パターンⅡ：本国（製造業） 　　　　→中国（製造業，小売業）	一部台湾系企業
パターンⅢ：本国（小売業） 　　　　→中国（小売業）	香港系企業が多い

　本国で製造業・小売業を兼業し，中国でも同様に両事業を展開する企業グループが多い。台湾系のうち，誠泰・宏仁グループ以外は潤泰，頂新・味全，統一企業，遠東の各グループは台湾と中国で製造業と小売業を兼業するパターンⅠを選択している。タイのCPグループも同様である。台湾系のなかでは誠泰・宏仁グループのみが本国での小売事業から撤退し，中国で総合量販店「好又多」を展開している。これはパターンⅡに該当する。

　香港系企業2社はグループ構成に微妙な違いがみられるが，香港で展開している小売事業を中国にいち早く移転している点で共通している。和記黄埔・屈臣氏グループのスーパーマーケットやハイパーマーケット，ドラッグストア，デアリー・ファームのコンビニエンスストアの各事業は典型的なパターンⅢの形態である。マレーシアのパークソンの中国小売事業も，基本的には香港系企業と同様，本国市場での事業の新興市場への移転である。

　やや詳しく母国・中国市場間の事業展開関連性をみてみると，複雑な相互作用と関係性がみられる。香港系企業のスーパーマーケット事業は基本的には香港での経営技術を中国に移転するかたちで進んでいるが，市場条件の違いによる「部分的な適応化」（矢作，2007）が起こっている。百佳超市は地価が高く地権も入り組んでいる香港では大型店舗を展開しにくいため，食品主体の中小型スーパーマーケットをおもに展開していたが，小売市場が未成熟で出店用地の供給可能性のある中国では衣食住の3部門を扱う大型店舗の成長が急であったため，現地市場に合わせてハイパーマーケット指向の総合量販店の開発を重視した傾向がみてとれる。

　台湾系では台湾・中国市場間の，より一層ダイナミックな相互作用が確認できた。潤泰グループが運営する総合量販店の大潤発は台湾と中国の両市場でほ

ぼ同時に出店が開始され，現在でも両市場をほぼ同等に重視している。対照的に，誠達・宏仁グループは台湾での総合量販店事業から撤退したが，中国では現地資本と組んで「好又多」を積極的に出店し，チェーンストア業界で上位30社入りを果たしている。また，頂新グループは台湾では元来，小売事業を手掛けていなかったが，進出先の中国では事業機会の多角化と販路確保の観点から，総合量販店とコンビニエンスストアに取り組んでいる。頂新が買収した台湾・味全グループは，スーパーマーケットを運営しており，それにより頂新は本国台湾での小売事業にも進出した。将来的には中国での小売事業との関連性が強まる可能性がある

潤泰，誠達・宏仁，頂新の台湾系3グループは，ホームマーケット（本国・地域市場）で確立した事業を新興市場の中国に移転する単純な国際化戦略ではなく，台湾・中国を1つの市場とみなし，より有利な戦略を構想し実現しようとしている。タイのCPグループも，その点では同様である。母国市場で通貨危機に直面した時期に，総合量販店のロータスの株式をイギリスのテスコに売却し，小売事業については経営資源を中国に集中する方針を打ち出し，中国において野心的な出店計画を打ち出した。

しかし，すべてのグループが中国戦略を同じように重視し，また同じように順調に事業展開しているわけではない。デアリー・ファームはアジア全域でみると，最も国際化した小売企業の1社だが，現状では中国市場においてコンビニエンスストアや飲食業と，やや限定した事業展開にとどまっている。主力のスーパーマーケット事業は中国では展開していない。また，統一企業は台湾で大成功したコンビニエンスストア事業がエリア・フランチャイズ権の問題から，2007年まではスーパーマーケットやドラッグストア等の事業開拓にとどまらざるをえなかった。

3-3　提携，買収・合併の重要性

華人・華僑系資本の中国市場参入において特徴的なのは，資本提携およびM&A（企業買収・合併）の積極的な活用である。とりわけ内部成長を重視している日本の総合スーパー各社と比較すると，そういえる。

第1に，華人・華僑系資本においては，日米欧資本との連携による中国市場

の開拓と競争優位性の確保が意図されているようにみえる。この傾向は香港，マレーシア系華人・華僑資本と比べて，資本基盤の弱い台湾系企業に多くの例がみられた。潤泰グループは台湾と中国で並行して総合量販店，大潤発を起業し展開したが，フランスのオーシャン傘下に入ることにより，両市場における事業展開のてこ入れを図った。中国市場における総合量販店，大潤発の店舗展開の資本を確保し，出店範囲の拡大を果たしている。頂新・味全グループの総合量販店である楽購は野心的な事業計画を達成するため，中国市場への参入機会を模索していたイギリスのテスコと資本・業務提携した。誠達・宏仁グループは利益確保のため，好又多量販店の持ち株の一部をウォルマートへ売却した。

　中国における新規事業展開においても，台湾資本は外資の資本力や経営技術を活用している。統一企業グループは，台湾で事業経験のないスーパーマーケットのチェーン展開のため，フランスの法宝グループと資本・業務提携し，経営資源を補完した。頂新グループは日本のファミリーマートと提携し，中国でのコンビニエンスストアの展開を実現した。

　以上の事実は，日米欧の企業からみると，華人・華僑系資本は中国市場開拓の「よきパートナー」となる可能性を示唆している。しかしながら，逆に，本国市場や中国で有力外資と組み，経営技術を習得し，その後中国で当該小売事業に単独で取り組む例もいくつか確認できた。統一企業は台湾でセブン-イレブンとカルフールの事業に投資したが，中国ではライセンス契約上，コンビニエンスストア事業を展開できないため，酒類を中心とした便利店の開発に着手した。CPグループはタイで開発した総合量販店事業をテスコに売却し，一時期，合弁会社のパートナーとして共同運営していたが，タイの総合量販店事業から事実上，撤退した後，中国で同一業態の事業展開に単独で取り組んでいる。太平洋SOGO百貨店も日本のそごうと台湾で合弁会社を設立し，百貨店経営のノウハウを取得し，それを中国での事業展開にいかんなく活用している。

　第2に，中国および華人・華僑系資本間の提携や企業買収・合併を活用した中国戦略の推進も活発である。高級百貨店を出店するパークソンは，中国でのショッピングセンター開発で定評のある万達グループと業務提携し，同グループが運営していた大洋百貨の事業を継承すると同時に，今後万達グループが開

発するショッピングセンターに優先的に入居することで合意した。外資規制がある現状では，優れた中国側パートナーと手を結ぶのは事業成功のための必須の条件だが，パークソンの例は単なる合弁会社の共同出資者という以上に，戦略的観点からの提携関係の構築と評価できる。

　また，遠東グループは中国で積極的に出店してきた太平洋SOGO百貨店を買収したことにより，中国戦略が一気に加速した。遠東百貨は台湾百貨店業界の老舗だが，台湾での事業多角化に追われて，国際化は遅れていた。ところが，太平洋SOGO百貨店の買収でライバルのパークソンが展開する百盛を追い抜く売上高規模を確保した。

3–4　経営技術の国際移転

　華人・華僑系資本の中国市場参入による経営技術の移転効果を定量的に測定する手段は見当たらない。しかし，合弁会社設立をはじめとした公式ルートにおいても，人材の流動化等の非公式ルートにおいても，経営技術のスピルオーバー（漏出）は起こっているに違いない。今回の文献・資料レビュー，現地聞き取り調査で印象的であったのは，企業間の人材流動性の高さである。小売業のように労働集約的な産業では経験則に裏づけられた小売業務や商品調達，商品供給システムの構築が重要な競争力の源泉となる。その意味から，人材の流動化を示すいくつかのエピソードを紹介して，経営技術の移転状況を推し測ることにする。

　国際移転の面で活発なのは，言語，文化面で共通性のある台湾・中国間の人材交流である。台湾の報道によると，台湾での役職の上のポストが1.5倍から2倍の給与でオファーされるため，台湾小売業関係者がつぎつぎに中国で転職しているという。実際，台湾系企業の場合，台湾で育てた人材を中国本土の事業に振り向けることが一般的であるという。たとえば，2001年当時，中国に14店舗ある大潤発の店長はすべて台湾人であり，他の管理職を含めると台湾から60人前後が中国事業に派遣された。また，頂新グループは台湾の味全グループを買収した後，味全グループ傘下のスーパーマーケット，松青丸久の人材を，中国で展開する楽購に派遣し事業強化を図った。台湾で統一企業と資本提携しているカルフールの場合，01年時点で中国で設立した27店舗の店長は外国籍の

社員を含めて，すべて台湾カルフールから呼ばれたが台湾での研修を受けたという（『工商時報』2001年7月25日付，『経済日報』2001年8月16日付）。

引き抜きによる経営技術の移転も頻繁に起こっている。『工商時報』（1997年12月1日付）によると，当時，太平洋百貨店が現地で育てた5名の台湾籍社員が当地の新聯華百貨店に引き抜かれた。また，2002年頃，上海の太平洋百貨店の現地責任者が本社と報酬問題から部下20名前後を引き連れて，大連・万達グループに転じる事件も起きた。こうした引き抜き事件は百貨店業界のみならず総合量販店業界でも起こっている（『中国時報』2002年7月11日付，『財経時報』2003年3月17日付）。

人材流動化は直接的に経営技術に移転効果を発揮するが，取引先経由の場合は間接的な情報の流出が起こる。上海の大手コンビニエンスストア，可的便利商店によると，台湾の統一企業，頂新，龍鳳企業などの食品メーカーは緊密な取引関係のあるサプライヤーであり，台湾のコンビニエンスストアの品揃えなど必要な情報はかなり正確に入手可能であるという（『零售市場』2002年8月25日号）。

4 今後の研究課題

中国小売市場で活発に事業展開している華人・華僑系資本9社のプロファイルおよび参入状況，参入戦略を述べてきた。これまで，華人・華僑系資本の中国小売市場の参入実態に関する調査はほとんどなかった。今回の調査で，主要企業グループのみであるが，華人・華僑系資本の参入実態をある程度把握でき，中国小売市場における存在感の大きさを知ることができた。華人・華僑系資本の動向は今後の中国市場における小売競争分析に対して，多角的な視点を与えてくれるだろう。

実際，華人・華僑系資本の参入状況は日本企業以上に活発であり，欧米企業にも負けない意欲的な出店が行われている。参入時期の早さや事業規模の大きさから，そう指摘できる。しかし，なぜ華人・華僑系資本は中国市場において活発な事業展開をしているのかということに関して，十分な分析はできなかっ

た。すでに指摘したように，地理的・文化的近接性，華人企業グループの特徴である国際性，国内市場の狭さと競争圧力，事業の多角化といった4つの理由が考えられるが，その点の厳密な検証が課題として残された。

各企業グループにおける参入動向の相違は，それぞれの企業戦略や所有する経営資源の違いから説明できると考えられる。香港系華僑が比較的早く隣接する珠江デルタ経済圏に出ていったのは当然ではあり，資本力の弱い複数の台湾系企業が外資と手を結んで急成長路線を維持しようとするのも理解できる。しかしながら，事業展開パターンの違いで十分な説明が不可能な問題も少なくなかった。

たとえば，アジア各地で大きな存在感を示すデアリー・ファームが，中国で主力のスーパーマーケット関連事業ではなく，コンビニエンスストア等に限定して事業展開しているのは，中国小売市場の特性を周到に分析した結果なのかどうかという問題がある。また，日米欧の有力小売企業との競争において華人・華僑系資本は優位を築き，維持することができるのか否かという問題も残されている。かりに，小売経営技術や資本力の点で欧米有力企業の競争優位性があったとしても，中国市場の理解力，人的関係，現地語に基づく業務展開能力や管理能力では華人・華僑系資本の優位性は抜きん出ている。その点どう評価し，中国における小売競争を展望するかも興味深い研究テーマである。

このように，中国小売市場を分析するうえで重要な研究課題が数多く残されている。今後，個別企業グループの発展プロセスをさらに詳しく分析し，進出後の現地化と成果に関する調査，分析を進めていきたい。

注

(1) 本稿は鍾淑玲・矢作敏行（2005）「華僑系資本の中国小売市場への参入動向」『イノベーション・マネジメント』法政大学イノベーション・マネジメント研究センター，No.2 を修正，加筆したものである。また，本研究は科学研究費（17730264，19730283）の助成を受けた。

(2) 総合量販店とはフランスを中心に発展したハイパーマーケット，アメリカで開発されたスーパーセンター，日本の総合スーパー等の衣食住3商品を扱うセルフサービス販売方式主体の大型店舗の総称である。

(3) 「民族系の財閥は，各国の主流を占める民族を基盤とするだけに，華人系財閥や外国企業に比べて，それぞれの政府からの支援が得やすい立場にある。政府の立場からも，

その民族の経済的な地位を高めるため，民族系財閥の台頭を期待し，その形成や発展を支援してきたケースが多い」という。詳しくは，井上（1994），28-29頁。
(4) 2004年12月11日までに，外資系企業が中国で小売チェーンを展開するには原則として35％以上の中国資本が必要であった。03年この政策の実行が強化され，03年末に統一企業グループは中国の重慶でカルフールとの提携の店舗である重慶家楽福超市有限公司の35％の持ち株を一部処分し，持ち株率は10％に減少した。また，天津や広州でカルフールと提携しているほかの2つの店舗の持ち株の処分も考えているという（『経済日報』2003年12月06日付）。
(5) 1989年の12月に，台湾におけるマクロの1号店が設立され，オランダのSHVグループ55％，台湾の豊群グループ35％とタイのチャロン・ポカパン（CP）グループ（ト蜂グループ）9.87％の合弁企業であった。しかし，2003年2月に，マクロは突然，台湾での6店舗をすべて営業停止し，台湾市場から撤退した（『東森新聞』2003年2月12日付）。

参考文献

日本語：
井上隆一郎（1994）『アジアの財閥と企業』日本経済新聞社。
黄磷（2003）「流通業」（13章）丸山知雄編『中国産業ハンドブック2003・2004年版』蒼蒼社。
胡欣欣（2001）「日米欧がしのぎ削る中国」ロス・デービス／矢作敏行編『アジア発グローバル小売競争』日本経済新聞社。
胡欣欣（2003）「中国小売業の近代化と外資参入動向」「国際小売企業の中国戦略―カルフールとイトーヨーカ堂の事例比較」矢作敏行編『中国・アジアの小売業革新』日本経済新聞社。
鍾淑玲・矢作敏行（2003）「台湾カルフールの現地化プロセス」矢作敏行編『中国・アジアの小売業革新』日本経済新聞社。
矢作敏行（2007）『小売国際化プロセス―理論とケースで考える』有斐閣。
『コンビニ』『週刊東洋経済』『日経流通新聞』『日経産業新聞』『日本経済新聞』。
ファミリーマートのホームページ（http://www.family.co.jp/）。

中国語：
邱方正（2003）「量販店西進大優勢」台湾経済研究院『台湾経済研究月刊』。
中華人民共和国国家統計局『中国統計年鑑』（2002～2006）各号。
中国・商務部商業改革発展司（2004）「2003年全国上位30位のチェーンストアの経営状況統計表」。
中国商業聯合会（2007）『2007中国零售業発展報告―中国零售業白皮書―』中国経済出版社。
中国連鎖経営協会（2002）『中国連鎖業精英』中国商業出版社。
中国連鎖経営協会（2007）『2007中国連鎖経営年鑑』中国商業出版社。

劉仁傑・封小雲（1996）『亜洲巨龍』遠流出版社。
『工商時報』『聯合報』『聯合晩報』『経済日報』『中国時報』『能力雑誌』『遠見雑誌』『天下雑誌』『零售市場』『流通快訊』『東森新聞』『財経時報』『連鎖超市報道』『21世紀経済報道』『南方都市報』『中央社』『新華網』『中華資訊網』『中国新聞網』『超市周刊』『新快報』『新京報』『東方早報』『信息時報』『南方日報』『化粧品報』『中国産経新聞』『中国経営報』『連鎖超市報道』『粤港信息日報』『廈門晩報』『新疆経済報』『京華時報』『天津日報』『中国経済周刊』『第一財経日報』『上海証券報』『青島新聞網』『中国営銷伝播網』『台海網』。
中国連鎖経営協会のホームページ（http://www.ccfa.org.cn/）。
大潤発のホームページ（http://www.rt-mart.com.tw/）。
潤泰グループのホームページ（http://www.rtc.com.tw/）。
好又多のホームページ（http://www.trustmart.com.cn/index1.htm）。
樂購のホームページ（http://www.hy-mall.com）。
康師傅のホームページ（http://www.masterkong.com.cn/）。
遠東グループのホームページ（http://www.feg.com.tw/home.htm）。
太平洋SOGO百貨店のホームページ（http://www.sogo.com.tw/）。
太平洋百貨店のホームページ（http://www.pacific-shanghai.com.cn/）。
和記黄埔有限公司のホームページ（http://www.hutchison-whampoa.com/）。
屈臣氏グループのホームページ（http://www.aswatson.com/index.html）。
百佳のホームページ（http://www1.parknshop.com/WebShop/home.jsp）。
大連万達グループのホームページ（http://www.wanda.com.cn/index.asp）。
正大グループのホームページ（http://www.cpgroup.cn/）。
統一銀座のホームページ（http://www.uni-mart.com.cn/index1.asp）。

英語：
パークソン(百盛)グループ(マレーシア)のホームページ（http://www.parkson.com.my/index.htm）。
ライオングループのホームページ（http://www.lion.com.my/）。
Dairy Farmのホームページ（http://www.dairyfarmgroup.com）。
Jardine Matheson Ltd.のホームページ（http://www.jardines.com）。
Welcome（香港）のホームページ（http://www.wellcomehk.com）。
Maxm's（美心グループ）のホームページ（http://www.maxims.com.hk/html/front.asp）。
Charoen Pokphand Group（CPグループ)のホームページ（http://www.cpthailand.com/webguest/home.aspx）。
Makro（Asia）のホームページ（http://www.makro.com/company.htm）。

■第4章
中国小売企業の成長戦略と競争力
北京有力2社の比較事例研究

1 問題の所在

　中国は1978年の改革開放政策の導入以来,自給自足経済から商品経済へ,そして計画経済から市場経済へと二重の移行経済体制に突入した。その後,90年代には市場開放政策を推進し,一気に高度成長経済を実現した。その軸となったのが流通近代化の動きにほかならない。

　各国,各時代の流通には歴史的,社会的,文化的に規定された特有のかたちがある半面,経済の持続的な発展が始まると,程度の差こそあれ,各国でさまざまな営業形態(業態)や組織形態の小売企業が現われ,伝統的な中小・零細な商業者で構成されていた商業構造が変容し,消費者を起点にした新しい商品経済の流れがつくり出されるのもまた,歴史的事実である。それが「流通近代化」とか「流通革命」とか呼ばれる事象である。

　アジア新興国における流通近代化は,先進国に対するキャッチアップ型発展パターンとして現われる。先進国で普及した小売経営知識が現地市場に移転され,しばしば追加的なイノベーションを引き起こしながら,現地小売市場を変えてゆく。中国で,このような流通近代化が顕在化するのは1990年代以降のことである。そのころ中国は「世界の工場」から「世界の市場」へと大きく転換し,市場開放政策を漸進的に推し進めた。

　本章で取り上げる北京市有力小売企業2社が生鮮食品を中心としたスーパーマーケット(以下,超市)や食品・非食品を総合的に扱う総合量販店(以下,総合超市)の展開に本格的に着手するのは1990年代半ば以降であり,これは有

力外資の参入攻勢が開始する時期とちょうど重なっている。

　中国は2001年12月，WTO（世界貿易機関）に正式加盟し，中国市場は世界経済のなかにしっかりと組み込まれた。海外小売企業の参入はキャッチアップ型流通近代化を促進する役割を果たすと同時に，国内資本対国外資本（「内外競争」）という新たな競争を引き起こした。

　キャッチアップ型流通近代化の過程でだれがマーケットリーダーになるかは不確定である。小売外資の参入が活発なアジア主要国・地域を眺めると，外資に市場を席巻されてしまう国・地域と，そうではなく現地企業がマーケットリーダーとして確固たる地位を築いている国・地域が存在する。現地企業がマーケットリーダーとしての地位を確保している国の代表例として，日本や韓国の例が挙げられる。韓国の総合量販店市場を例にとると，内外競争の趨勢は「資本自由化のタイミング」と「現地小売企業の競争力」の2つの要因から大きな影響を受けると，示唆されている（矢作，2007）。

　現地企業が競争上，有利になる「資本自由化のタイミング」とは，資本自由化の実施時期が引き延ばされ，あるいは長期間にわたり計画的かつ漸進的に実施される結果，現地企業が競争力を蓄える時間的猶予を十分にもつことを意味している。

　「現地小売企業の競争力」とは先発者としての現地企業の競争優位性であり，具体的には希少資源としての好立地の店舗用地の占有やストア・ロイヤリティ（店舗愛顧度）の形成が地元企業を有利に導くことを意味している。

　中国は1990年代初めから漸進的市場開放政策を採用し，WTO加盟後3年目の2004年12月小売外資の出資比率，出店地域，フランチャイズチェーンに関する制限を撤廃した。その間十数年および市場開放と流通近代化の重なり合う過程で，北京有力2社がどのような成長戦略を実行したのかを明らかにすることが本章の主たる目的である。さらに，その分析から現地企業の競争力評価に関する含意も引き出してみたい。

2 調査の方法と対象

調査対象は，北京市周辺の食品小売市場で第1位の売上高規模を誇る北京物美商業集団股份有限公司（以下，物美）と同第2位の北京京客隆商業集団股份有限公司（以下，京客隆）の2社である。中国連鎖経営協会の調査（2005年）によると，北京を拠点とする地元食品小売業の上位5社の売上高は，①物美174億元，②京客隆55億元，③北京美廉美19億元，④北京超市発17億元，⑤北京順天府9億元の順となっている[1]。

食品小売市場とは総合量販店を総称する総合超市（とくに，大規模なハイパーマーケットを「大商場」，「大売場」と呼ぶことがある），生鮮食品を主体としたスーパーマーケットを意味する超市（超級市場の略），小型のスーパーマーケットである便利超市，コンビニエンスストアを指す便利店等の業態を含んでおり，両社は上記主要業態のほとんどを手掛けている。ただし，物美が起業家の手で創業された典型的な民営企業であるのに対して，京客隆は国有企業改革を通して株式会社として改組された国有企業系流通企業である。

表 4-1 ● 北京有力2社の概要（2007年12月期）

	北京物美商業集団股份有限公司	北京京客隆商業集団股份有限公司
創業	1994年	1994年（分離独立）
英語社名	Wumart Stores, Inc.	Beijing Jingkelong Co., Ltd.
本社	北京市朝陽区	北京市石景山区
事業内容	スーパーマーケット，コンビニ，ハイパーマーケットの各種小売業	各種小売業と食品卸売業の複合事業体
企業形態	民営企業	国有企業
大株主	張文中（創業者）	北京市朝陽区副食品総公司
董事長	呉　堅忠	衛　停戦
株式上場	香港GEMボード（03.11）	香港GEMボード（06.9） 香港メインボード（08.2）
売上高	71億1875万元（279億元）	56億4060万元（75億元）
純利益	3億2558万元	1億6887万元
店舗数	447店	214店
備考	北京最大の小売業グループで全国売上高　第7位（07年）	北京市第2位の食品小売業で全国売上高　第32位（07年）

注1：店舗には一部フランチャイズ方式や業務委託の店舗を含む。
　2：売上高のカッコ内は中国連鎖経営協会調べによる2007年度全国売上高ランキングの数字で，グループ内販売や提携先企業の売上高を含む。
出所：各社年次報告書等から筆者作成。

表4-2 ●店舗網の比較
北京物美商業集団の店舗網（07年12月末）

業態	直営	FC	経営受託	計	出店地域
総合超市・超市	77	1	12	90	北京，河北，天津，銀川
便利店・便利超市	140	175	42	357	北京，天津，銀川
合計	217	176	54	447	

北京京客隆企業集団の店舗網（07年12月末）

業態	直営	FC	経営受託	計	出店地域
百貨店	1		1	2	北京
総合超市	6	0	5	11	北京
超市	41	1	22	64	北京
便利店	48	89		137	北京
合計	96	90	28	214	

注：両社とも年次報告書ベース。

　物美については2006年6月，11月，07年3月の3回，また京客隆については06年11月，07年3月の2回，それぞれ現地調査を実施した。トップマネジメントから店長まで各層各職能部門にわたり，物美は合計9名（うち呉堅忠董事長3回），京客隆は合計12名（うち高京生副総経理2回）に対する聞き取り調査を行った。店舗運営の責任者の面談を含む店舗見学は両社各々3店舗，また京客隆の配送センター3ヵ所を訪問調査した[2]。

3　物美の成長戦略

3-1　企業概要

　物美は中国社会科学院でシステム工学の博士号を取得した張文中（敬称略）が創業した民営企業である。1993年，アメリカ留学から帰国した張はIT（情報技術）関連のソフトウエア会社を設立し，情報システムの販売に乗り出した。得意先の1つに流通業界があり，政府は流通近代化のためチェーンストアの育成策を掲げていた。張らは流通業の成長可能性を感じとり，チェーンストアを起業する大胆な方針転換を断行した（呉，2005）。

　1994年12月，北京市の西郊外翠微で国有企業が所有する印刷工場を借りて，倉庫型店舗「物美商城」を開業した。物美によると，これは北京で最初の本格的な総合超市形式の店舗であったという。

表4-3 ●北京の有力小売企業2社の歩み

年	北京物美商業集団 経営全般の動き	北京物美商業集団 M&A等の動き	北京京客隆商業集団 経営全般の動き	北京京客隆商業集団 M&A等の動き
以前	・張文中，工学博士号を取得		・50年代半ば国営卸として創業	
1993	・米国留学から帰国後，張がIT関連企業を創立			
1994	・倉庫型総合超市で小売業に進出 北京市海淀区で1号店開店		・国営卸の事業分割により誕生 ・最初の卸配送センターを北京市に開設	
1995	・朝陽区で2号店を開店	・李嵐清副総理，国内貿易部会議で物美の経営を評価	・超市1号店を開店	
1996			・自社店舗用加工食品配送センターを開設	
1997	・石景山区政府から経営委託を受けた古城店の成功で弾み			
1998	・北京市内でコンビニ展開に着手	・地元国営商業企業と提携し既存商業施設をコンビニに転換	・最初の総合超市を開店	
1999	・河北省保定市に進出		・伝統的食料品店の超市への業態転換を進める	
2000	・店舗数55店舗，売上高12.8億元			
2001	・北京，杭州両市でHM開業 ・コンビニの24時間営業を開始		・新しい自社店舗用配送センターを北京市郊外で開設	
2002	・店舗数300店舗，売上高50億元	・崇文門区の国営食糧関連企業と提携，小規模店舗の運営受託	・最初のコンビニを開店 ・総合超市4店舗に	
2003	・香港証券取引所に上場	・天津市商業企業（万家利等）の業務運営受託 ・温家宝首相，物美の店舗を視察	・卸配送センターを天津市に開設	
2004		・国家重点育成企業に指定 ・北京超市発の筆頭株主に ・北京市郊外大型商業施設，京北大世界を買収 ・天津ダイエーの超市を買収	・売上高36億元に	
2005	・店舗数650店舗，売上高190億元 小売売上高ランキング第7位に		・自社店舗用生鮮加工センターを北京市郊外で開設 ・店舗数163店，売上高41億元，小売売上高ランキング第29位に	
2006	・張文中，董事長を辞任	・北京第4位の食品小売業，美廉美を買収 ・寧夏回族自治区の国営企業，新華百貨店を傘下に	・香港GEMボードに上場	・北京の中小チェーン，福蘭徳を買収
2007		・新華百貨店を北京に開店 ・北京の伝統的小売業兼食品加工業，奥士凱と合弁会社設立	・京客隆購物広場を北京で開業	・北京首聯商業集団の株式約11％取得
2008			・香港証券取引所メインボードに昇格	

出所：筆者作成。

その後，総合超市のほか，超市，便利超市等の事業分野で急速に店舗を増やし，事業規模は1997年の３店舗，年間売上高３億元（１元＝15円換算，約45億円）から2007年の718店舗，同279億元（中国連鎖経営協会調査）へと驚異的な成長を遂げた。2007年「中国連鎖百強企業」売上高ランキングでは第７位にランクされ，総合小売企業として上海・百聯集団（同第２位）や大連大商集団（同第５位）と肩を並べている。その間，03年11月香港証券取引所GEM（グロース・エンタプライズ・マーケット）ボードに株式を上場した。
　全国市場において大手小売企業の一角を占めている物美の成長戦略の目標は，「地域市場リーダーとしての地位を強化しながら，急速な成長と持続的な収益力をともに損なうことなしに小売店舗網を拡大する機会を探求する」（張文中会長＝当時，2005年年次報告書）ことにある。
　成長戦略は３点にまとめることができる。１つは，急拡大する消費需要に幅広く対応する包括的業態戦略を導入している点である。総合超市や超市の中大型店（英文年次報告書では「スーパーストア」と表記），便利超市や便利店の小型店（同「ミニマート」と表記）と多様な業態を展開し，近年は百貨店およびショッピングセンター事業に参入している。2007年12月期総店舗数447店舗で，内訳は中大型店グループ90店舗，小型店グループ357店舗となっている。なお，これはグループ関連会社の北京超市発等を除いた上場企業としての決算上の数字で，連結決算対象外の関連会社を含む中国連鎖経営協会調査の数字とは異なる。
　２つは，積極的なM&A・提携である。当初，1997年の石景山店の成功から2003年の香港証券取引所上場までの期間は，おもに北京市区政府所属の国有商業企業との提携関係や経営委託方式で店舗網を拡大した。03年11月，株式上場を果たすと，今度は豊富な資金力を武器に北京，天津，寧夏回族自治区といった地域市場の有力小売企業をつぎつぎに買収した。06年時点で，中大型店舗の約20％，小型店舗の約70％が区政府等外部からの業務委託や買収によるという（2006年６月，呉堅忠副董事長＝当時の聞き取り調査）。
　３つ目は，巧みな地理的拡大である。出店の拠点は北京市西部に置きながら，区政府等との提携，店舗のM&Aにより，ほぼ北京市全域に店舗網を敷くことに成功した。2006年現在，店舗数の約70％は北京市に集中している。並行

して，99年以降河北省，天津市といった華北で足場を築く一方，01年以降には華南の杭州市や内陸部の寧夏回族自治区に自社出店とM&Aを通じて店舗網を広げた。つまり，北京周辺におけるリージョナル・チェーンとしてドミナントを形成する戦略を基本としながら，同時に他地域において全国チェーンとしての布石を打っている。

以上の戦略が有効に作用し，物美は中国連鎖百強企業の平均を上回る高い売上高成長を維持し続けた。次節以降では，その成長の軌跡を詳しく追ってみる。

3-2　国有企業との連携による経営基盤の構築：1994～2002年

物美は創業から2003年の株式上場前までの約10年間，総合超市・超市の中大型店舗の出店を軸とした内部成長路線と同時に，国有企業との提携関係等により便利超市・便利店といった中小型店舗の囲い込みを図った。それが成長の基盤を拡充した。

1997年10月，北京市西部郊外の石景山区で開業した3号店の古城店は，北京における総合超市の代表的な初期成功例である。地下鉄の駅は約700メートルとやや離れているが，店舗の周囲は鉄鋼加工業等の工業団地が密集しており，集合住宅が立ち並んでいる。現在，主要生活道路に面した店舗周辺には11本のバス路線が四方八方に走っており，1次商圏内（顧客の75～80％が居住する地理的範囲）には4万世帯，12万人が居住する好立地にある。

店舗は区政府系国有企業が所有する低層の商業ビル内にあり，1階の元青果物商の店舗を借り受けて開業した。当初，売場面積は1階のみで約2000平方メートルだったが，後に2階を増築し，現在は合計で約4000平方メートルの規模に拡大した。1階は食品，2階は衣料品，服飾雑貨，家庭用品等の構成で，1，2階はゆるやかなスロープでつながり，ワンレジ方式による顧客のワンウェイ・コントロールが採用されており，ハイパーマーケット的店舗設計が随所に導入されている。

2キロ圏内にはウォルマートの北京1号店が立地しているが，毎週7000～1万枚のチラシを配布し，顧客を吸引している。開店以来，大幅な改装を実施していないため店舗は老朽化しているものの，①生鮮食品の豊富な品揃えや鮮度

のよさ，②地域密着を志向した衣料品・雑貨の品揃え形成の徹底，③倉庫型店舗と同じ高い陳列棚を採用した加工食品や日用品の価格競争力，の3要素が強みであるという（2006年11月古城店での店長に対する聞き取り調査）。売上高構成比は食品と非食品がほぼ半々で，90％の顧客が近隣に住む固定客で占められている。

　業績は順調に推移している。2006年現在，店舗規模的にはコンパクトな総合超市だが，売上高規模では全店舗中上位5社に，また売場面積当たり収益では同3位以内に入っている。古城店の成功により物美の評価は高まり，1998年以降の出店に弾みがついた。もう1つの古城店の貢献は，国有企業系の施設を賃貸し，経営受託する方式の有効性を証明した点にある。

　低迷する国有商業企業の経営再建は中国経済のアキレス腱になっていた。そこで，物美は石景山・古城店の成功をてこにして，1998年以降，石景山，通州など北京市区政府傘下の国営系商業企業と相次いで合弁会社を設立し，低迷する小規模・零細食料品店の経営受託事業を始めた。これは小規模な国有企業を改組して，従業員の再雇用と営業権利金の区政府への上納を条件に，合弁会社が区政府所属の食料品の経営管理を受託するもので，物美の近代的な小売経営技術により国有企業の施設・人材を再生させるとの狙いが込められている。

　物美は小型店舗事業を強化するため，1998年北京物美便利超市有限公司を設立し，便利超市や便利店の業態開発と運営体制を整えた。2001年10月には天安門広場から西部郊外に延びる地下鉄1号線の苹果園駅前で，初の24時間営業の便利店を開業した。この店舗は経営受託方式で運営されており，単独立地という条件にも恵まれている。売上高は北京市内のコンビニエンスストアの平均日販を大幅に上回る水準にある。

　売場面積は約100平方メートルと日本のコンビニエンスストアとほぼ同一規模で，加工食品，菓子，飲料，タバコ，雑貨等を扱っている。視認性のよい低い棚や台湾製ソーセージやチマキなどを店内調理販売するレジカウンター周りなど店舗設計の面で，日本のコンビニエンスストアとの共通点が随所にみられる。

　他方，総合超市事業では2001年12月，北京市民の台所として親しまれた有力国有企業の崇文門菜市場との間で合弁会社を設立した。崇文門菜市場はもとも

と，市中心街の崇文門地区にある生鮮食品や惣菜を中心とした有力市場で，当時市内に9店舗を有し，年間売上高は3億元近くにのぼっていた。便利超市や便利店における区政府との提携事業は経営不振の国有企業を再建する救済型だが，崇文門菜市場との提携は流通業界の成長や外資の進出に対抗した「強強連合」（物美社内資料）の動きと位置づけられた。

区政府参加の便利超市は北京市周辺部に数多く立地していたのに対して，崇文門菜市場の店舗は市街地に集中しており，地理的な補完関係が働く，有効な提携であった。

さらに，地理的多角化は北京市を越えて，徐々に進められた。まず，北京周辺の華北市場への外延的拡大を目指した。1999年1月，北京と河北省の省都，石家荘との中間にある大都市，保定市に総合超市を出店した。2003年4月には天津市の地元企業と合弁会社を設立し，便利超市の経営受託方式で店舗網を拡大した。01年9月には浙江省の省都，杭州市で華南1号店となる総合超市を開店した。

この結果，2000年にはグループ全体の事業規模は55店舗，同12億8000元に，そして02年には300店，売上高50億元に急拡大し，02年「中国連鎖百強企業」ランキングで14位にランク入りした。

3-3　急成長のテコとしてのM&A：2003年以降

WTO加盟を契機に外資の出店攻勢が強まるなか，物美は2003年11月，民営小売企業として初の香港証券取引所GEMボード（新興企業向け市場）への株式公開を果たした。北京物美商業集団の株式37.16％を公開し，06年11月までの3年間で合計約11億元の資金を香港市場から調達することに成功した。

豊富な資金を手にした物美はM&A戦略を加速した。2004年には北京・天津で3件のM&Aを実現した。まず4月，北京市有力食品小売業の北京超市発の株式25％を取得し，グループ化を図った。超市発は市内の代表的な国有商業集団で，04年当時，超市を中心に43店舗を擁していた（中国連鎖経営協会調査）。業務の完全な統合には至っていないが，超市発の店舗はIT企業や大学が集中している中関村のある海淀区に集中しており，北京市西部に拠点をもつ物美との地理的補完関係は強く，商品供給量の拡大を図れる利点は大きい。

同年8月には経営が低迷していた北京市北部の懐柔区でトップの国営百貨店・北京市京北大世界の店舗を，続いて12月には日中合弁会社の天津ダイエーの超市12店舗を買収した。

　2006年にはいると，M&A戦略はさらに拍車がかかった。同年2月，超市発と並ぶ北京市の有力食品小売業，北京美廉美連鎖商業有限公司の株式75％を3億7350万元で取得することで合意した。美廉美は当時，北京市の南部，東部中心に総合超市，超市を20店舗もち，物美の店舗網との補完関係が強かった。年間売上高は18億8900万元で（中国連鎖経営協会調査），収益力も優れていた。

　超市発のグループ入りと美廉美の経営統合により，北京市の上位食品小売企業2社を傘下におさめることに成功し，物美の首都圏市場における地位は確固たるものになった。

　2006年4月，もう1つの重要なM&Aが成立した。北京から遠く離れた中国西北部の寧夏回族自治区の首都，銀川市を拠点とする国営商業集団，新華百貨店の株式27.7％を1億7670万元で買収し，その後29.27％まで出資比率を引き上げた。新華百貨店は複数の百貨店と20店舗以上の超市を有する寧夏地域の大手小売業であり，06年12月期22億9774万元の売上高で純利益も5479万元をあげる優良企業である。外資や他社に先駆けて地方市場にくさびを打ち込む動きであり，「主導的な市場地位をもつスーパーマーケット地域チェーンを買収する戦略の成功例」（2007年6月中間期決算報告書）と高い自己評価をしている。

　しかしながら，積極果敢なM&A攻勢が突然，足踏みする事態が起きた。2006年11月，創業者で董事長の張が会社創設時における資金調達で不正行為に関与したとの疑いから，検察の取調べを受けて急きょ辞任した。代わりに副董事長の呉が昇格したが，香港証券取引所での取引は06年11月から10ヵ月間停止された。そのあおりを受けて，約6億元の新規資金調達計画が流れた。

　資金調達計画に狂いが生じた物美は，その2ヵ月前に公表した江蘇省で40店舗以上の超市を展開する江蘇時代超市の株式50％を約11億元で購入するとの合意を，白紙に戻さなければいけない事態に追い込まれた。江蘇時代超市は2006年グループ売上高が62億元の華南有数の地方チェーンであり，長江経済圏攻略の足がかりを失った痛手は，けっして小さくない。

　物美にとって，積極的なM&Aは成長戦略の基軸ではあってもすべてではな

い。内部成長とフランチャイズ方式の組み合わせによる店舗網の拡大と多様化は一段と進んだ。2007年12月期，年次報告書ベースの店舗数447店舗のうち，フランチャイズ方式が中大型店で1店舗，小型店で175店舗あり，また経営受託方式が中大型店で12店舗，小型店で42店舗あり，直営店は217店舗と全体の50％弱にとどまっている。すなわち，中大型店グループは直営店主体で，他方小型店グループはフランチャイズ方式と経営受託方式を中心に事業展開している。

2006年11月には地下鉄環状線の積水潭駅近くで「物美大商場」（ハイパーマーケット型総合超市）と，ブランド商品を集めた「新華百貨店」の複合商業施設を開業した。半径3キロ圏内にカルフールと華糖ヨーカ堂の大型店舗のある激戦地であり，食品から非食品市場に事業を拡張している物美にとって将来を占う大型自社開発プロジェクトである。地下1，2階が総合超市で，売場面積は1万4000平方メートル，地上1階から5階までが百貨店で売場面積は3万5000平方メートルの規模である。駐車場も300台収容できる。総投資額は土地代を含めて約6億元にのぼり，売上高は総合超市2億元，百貨店5億元の目標である。

3-4　成長の駆動力
（1）本部体制の整備

物美は2006年現在，北京，天津，華東（杭州）の3地域事業部制を敷いているが，商品仕入れは北京にある本部で集中的に行っている。商品本部は生鮮食品・日配食品，加工食品・菓子，百貨（衣料品，家電製品，化粧品・日用品等）の3部門制で，91名のバイヤーが所属している。他方，店舗運営は総合超市・超市の中大型店舗と便利店・便利超市の小型店の2グループで行われている。

M&A・提携により店舗網を拡大してきただけに，「業態概念はあいまいで，販売部でも十分整理できていない。柔軟な運営を心掛けている」（大型店運営部の張健崇副総経理）のが現状である。

急速な店舗拡大に応じた物流システムの整備も課題である。北京の場合，2001年南部で開設した総床面積1万平方メートルを超す小型店向けドライセン

ター（加工食品，百貨），04年南東部で開設した同約1万平方メートルの大型店舗向けドライセンター，06年やはり南部で開設した同1500平方メートルの青果物センター，1999年，02年それぞれ開設した二ヵ所の冷凍センターの計5ヵ所で構成されている。

2002年，香港の有力流通・サービス企業集団のハチソン・ワンポアとイギリス系物流会社のエクセルが共同出資で設立した合弁会社，和黄天百 (Hutchison Tibbett & Britten) との間で，調達物流，配送センター運営，店舗への販売物流等の物流業務を委託する長期契約を結んだ。さらに，現在，岡村製作所の設計・施工により敷地面積10万平方メートルの土地に2期に分けて，大規模配送センター（第1期工事分約6万平方メートル超）を建設中である。

（2）創業者の政治力

物美の成長過程で特徴的なのは果敢なM&A・提携戦略である。これは同社の創業が市場経済への急激な移行期にあって，国有企業改革の流れに乗って，国有商業企業を巧みに囲い込んだ結果である。社内資料によると，創業以来，チェーンストア経営技術を駆使して，20社以上の国有企業が展開する400店舗以上を吸収し，1000人以上の従業員を再雇用した。呉董事長は，そのM&A戦略の成功をこう説明する。

「外国におけるM&Aのような抵抗感が買収される側にはない。国有商業企業は伝統的な経営に甘んじている限界的企業が多く，その経営を現代化することは従業員にも歓迎されている」（2006年11月の聞き取り調査）。

呉の説明は，とりわけ成長初期段階における北京市区政府所属の小規模食料品店の経営受託方式や京北大百貨店などの救済型M&Aに当てはまる。市場経済体制の移行に伴い，経営が不振な国有企業の制度改革が国家的な課題となっていた。とりわけ，区政府所属の国有商業企業は規模が小さく，店舗の老朽化と従業員の中高年齢化が進んでいた。しかし，立地条件に優れ，家賃負担の比較的少ない店舗が相当数存在した。物美はそこに着目し，古城店や崇文門菜市場で近代的小売経営技術の導入効果を証明し，国有商業企業の改組という国策と連動したM&A・連携戦略を繰り広げた。

背景には，創業者の張文中の政治力があったと推測される。張は，中国共産党を中心とした国家の最高権力機関，中国人民政治協商会議の全国委員会委員であり，同会議の構成組織で，民営企業の統括する党・政府部門の団体である全国工商連合会の副主席を務めた経歴の持ち主である。外資への過度な市場開放と優遇措置に反対する政治的運動の急先鋒のひとりである（謝，2005）。
　現実に，温家宝総理（2003年），呉儀国務委員（2001年），歴代北京市長（1998，2002，2004年）ら国家要人が物美の店舗視察に訪れている（呉，2005）。実際，訪問調査した石景山区にある本社，そしてホームページには要人たちの視察時の写真が掲げられている。同社と政治との深いつながりを内外に示し，流通業界に対する影響力を高める狙いとも受けとることができる。
　国有系を中心に国内商業企業の経営資源を取り込んで，自社の乏しい経営資源を補完する物美の成長戦略は，近年まで投資規制に縛られていた外資にはまったく真似のできない性格のものであった。

（3）経営知識の吸収能力
　物美は，どのように短期間で近代的な小売経営知識を吸収しえたのか。それなくして，請け負った国有商業企業の経営立て直しは図れない。呉董事長は，何より人材面の強みを強調する。国有企業従業員は年齢構成が高く，IT等の新しい経営知識が不足しているのに対して，物美の従業員は比較的若く，大学卒業者や外資系小売企業での業務経験のある者が多いので，人材面での補完関係が大きいという。呉自身も張文中同様，工学系博士号の持ち主である。
　人材面の強みは情報システムの構築において発揮されている。張は物美を創業する以前，IT関連企業を経営していたので，IT活用には熱心だった。1994年の1号店からPOSシステムの導入実験を始め，2003年までには全店規模で導入し，POSデータの活用をはかった。
　2007年10月には国際的なソフトウエア会社の支援により本社，配送センター，店舗を結んだERP（企業資源計画）システムを導入し，在庫補充，カテゴリーマネジメント，店舗運営の簡素化，財務状況の把握に活用する。
　本社商品部，店舗運営部，物流部，情報システム，管理等の主要部門には部長1人，課長3～6人の管理職が配置されているが，そのうち15％程度がカル

フール，オーシャン等の外資系小売企業での勤務経験者で占められている。

しかし，新しい経営知識の吸収はいつも円滑に進むとはかぎらない。たとえば，2006年11月，開店後数週間しか経過していない物美大商場，新華百貨店を訪問調査した際，両店の店長は出足の成績が計画をやや下回っていると，冷静に評価した。物美大商場は売場が細長く買い回りにくいこと，また400以上のブランドを集めた新華百貨店は競争相手との差異化を図ることが課題となっており，開店後3ヵ月後に修正する予定であるという。

以上，「成長の駆動力」として本部体制の整備，創業者の政治力，経営知識の吸収能力の3点を強調した。そのうち創業者の政治力を駆使したM&A・提携戦略の推進と，IT産業から転身した企業家たちの小売経営知識の吸収能力の2点は物美固有の成長戦略要素といえる。

4　京客隆の成長戦略

4-1　企業概要

北京京客隆は国有企業改革の要請に応じて，1994年5月国有卸売業の北京市朝陽副食品総公司の事業が分割されるかたちで独立，発足した。北京市朝陽副食品は中華人民共和国誕生後に整備された配給制度の下で，長年北京市朝陽区の国有卸売業として営業してきた。事業分割後，京客隆は事業の再構築を積極果敢に進めた。北京，天津両市を中心に卸売業としての営業活動を継承，発展させる一方，小売事業分野に乗り出した。95年，最初の本格的な超市を開設したのを皮切りに，大商場（英文年次報告書では「ハイパーマーケット」と表記），超市（同「スーパーマーケット」），便利店（同「コンビニエンスストア」）を3本柱とする事業体制を整え，2004年8月には株式会社化した。すなわち，京客隆は北京市朝陽副食品総公司が株式の44.24％（06年末現在）を所有する，典型的な国有株支配企業である。

2007年12月期の売上高は小売部門47.7％，卸売部門52.3％と拮抗している。卸売部門の粗利益率は10.2％と小売部門の同15.7％と比べると低いものの，卸の事業特性を考慮すると，安定的な収益を上げている。

小売部門の業態別売上高構成比は大商場26.5％，超市65.6％，便利店7.9％で，店舗数は各々13店舗（うち6店舗は首聯からの経営委託方式），64店舗（うち1店舗はフランチャイズ方式，22店舗は首聯からの経営委託方式），137店舗（うち89店舗はフランチャイズ方式）となっている。総店舗数214店舗のうち36％を占める超市・大商場の中大型店舗が全体売上高の92％強を占めている。

　京客隆が北京市内で富裕層の多い朝陽区をドミナント地域として小売・卸の複合事業を展開している経営基盤は北京市朝陽区の国有卸売企業であった出自と密接に関連している。

　物美と京客隆はともに北京を拠点としている点では共通しているが，物美は急成長路線により，すでに全国有数の事業規模を実現したのに対して，京客隆は堅実に地方チェーンとして足場を固めている。「中国連鎖百強企業」2007年売上高ランキングでは売上高75億元で，第32位にランクされている。ただし，京客隆は06年の香港証券取引所GEMへの株式上場を機に，北京でのM&Aを活発化させ，成長志向を強めている。

　以下，小売・卸の複合事業のドミナント展開，小売サプライチェーンの構築，M&A戦略の展開の3点から，京客隆の成長戦略とその強みを描き出してみる。

4-2　複合事業のドミナント展開

　近年は徐々に北京市全域で出店を拡大しているが，それでも店舗数の78％，店舗面積の65％は創業の地である朝陽区に集中している（2006年6月現在）。

　卸売事業は北京，天津に大規模な配送センターを配置し，隣接する山東省，河北省に営業所を設置し，渤海経済圏で幅広く加工食品，菓子，飲料，酒類，日用品雑貨等を販売している。有力ブランド商品の地域代理店権をもっているのが営業上の強みとなっており，その数は2006年の45ブランドから07年には61ブランドに増加した（各年度年次報告書）。それをてこに，北京市内の場合，有力店舗の約90％に当たる約3000店と継続的な取引関係をもっている。

　卸売部門の配送センターは2004年，数ヵ所に分散していた施設を集約し，5環路沿いの朝陽区老君堂村に開設した。20年の長期リース契約で用地を賃借

し，約1860万元を投じてワンフロアー総床面積3万平方メートルの規模で立ちあげた。取引先メーカー数は約400社で，取扱品目は常時7000品目を在庫し，商品の改廃を含めた年間登録品目数は約2万品目に達している。庫内における商品の入出荷は自動化されていないが，整理整頓が行き届いており，商品のロケーション管理も行われている。天井はパレットを4段重ねできる空間が確保され，運搬車両が100台以上配置されている。

毎日，約1000店舗の大商場，超市，便利店に納品しており，リードタイムは原則，24時間以内としている。2005年11月から2000品目を対象にコンビニエンスストア向けデジタルピッキング方式を導入し，1個単位の納入が可能となった。配送センターの総括責任者の話によると，デジタルピッキング方式の採用により作業時間が3分の1に短縮化し，また個数の過不足などの作業ミスの発生が13分の1に減少した。

それに対して，小売部門の改革は事業分割後，直ちに始まった。まず1994年6月，東3環路内の市街地，東大橋路で青果物や冷凍肉・魚も扱う小型店を開業した。ついで，95年7月にはやはり東3環路内の朝陽区勁松でセルフサービス販売方式を導入した超市1号店を開設した。この店舗は初年度1億元を超す繁盛店となった。さらに，98年8月東4環路沿いの朝陽公園近くで最初の総合超市「京客隆購物中心」（店名）を開店した。

近代的な小売業態への転換は予想以上に順調に進んだ。超市1号店の勁松店は初年度1億元を超える売上高実績を残した。刺激されて，1999年から2000年にかけて国有企業から継承した伝統的な各種食料品店31店舗を，セルフサービス販売方式の近代的な超市に転換した。超市は06年末現在，39店舗あり，小売事業の柱となっている。

「京客隆購物中心」は大商場のお手本となった。地下1階，地上4階建てで，売場面積1万800平方メートルの規模である。細長い地形は決して店舗用地向きではなく，駐車場は40台程度が路上駐車できる程度である。それでも周囲にマンション街が形成され，店舗近くのバス停留所には7本のバス路線が走っている立地条件を活かして，タイのロータス，日本の華糖ヨーカ堂，地元の天客隆など周辺競合店に負けない販売実績を残している。当初，2億元前後だった年間売上高は2006年2億9000元まで伸び，粗利益率も13.8％と安定して

いる。量り売りの青果物や地元客志向の惣菜など売上高の約60％を占める食品部門（地上１，２階）の強さが好成績をささえている。

2007年11月，朝陽区九仙橋路で百貨店を核店舗としたショッピングセンター「京客隆購物広場」を開業し，百貨店事業に進出した。総売場面積は４万1000平方メートルで，うち約２万平方メートルが「京客隆百貨店」と，7600平方メートルの大商場，その他はレストラン，専門店等で構成されている。駐車場も1050台収容と市内では大きい。物美同様，幅広い業態を揃えて，北京市での小売市場シェアを高める狙いが込められている。高京生副総経理は今後の見通しについて，こう語る。

「当面，店舗投資を増やし，小売部門の売上高構成比を55％程度に高め，持続的な成長を実現したい」（2006年11月の聞き取り調査）。

4-3　小売サプライチェーンの強み

国営卸売企業として長い営業経験を有する強みは，小売部門に商品を供給する専用配送センターの構築によく現われている。2001年，小売事業の拡大に備えて，５環路脇に位置する朝陽区双橋中路の建物（一部２層），約２万2500平方メートル（床面積）を借り受け，総投資5700万元をかけて加工食品や菓子，紙製品等約6000品目を扱うドライ商品の専用センターとして開設した。総合超市から便利店まで全店舗に対して商品を供給しており，加工食品・消耗雑貨分野におけるセンター経由一括納品比率は70％と，中国企業として高い水準にある。縦128メートル，横92メートルの主倉庫には３段から５段の棚が整然と配置され，各店から通信回線で発注を受け，原則24時間以内に納品する体制が整えられている。店舗への配送時間は30分以内で，朝陽区を中心としたドミナント出店が効果を発揮している。

もう１つの専用センターは生鮮食品の加工センターである。2005年初め，ドライ商品センターよりやや中心街寄りの５環路内の朝陽区姚家園路に，総工費5300万元を投じ，１階建て総床面積１万2000平方メートルの規模で立ち上げた。施設は青果物加工，豚肉処理加工センターのほか，冷凍食品の倉庫や商品検査センターも併設されており，中国では珍しい生鮮食品の総合的な加工・配送センターである。

約7400平方メートルの青果物加工センターは入出荷口，保管，清浄・加工，仕分けの各施設があり，建物内は常時，0～10℃までの低温状態で維持されている。果物と量の多い野菜は店舗への直送だが，残りの野菜はすべてセンター経由で納品される。夕方7時までに各店からの注文を受け，深夜にかけて加工，仕分けをして翌朝納品する。施設内には作業手順を示す表示があり，「仕分けミス1回5元」，「検品時間超過10元」等の罰則規定が盛り込まれている。

　専用プラスチック製通い箱が採用され，店舗から回収された通い箱は建物の外で必ず洗浄するなど衛生面の管理も行き届いている。また，建物のすぐ脇には青果物全般の衛生管理センターが併設され，常時12人の専門スタッフが納品される青果物の残留農薬等の品質検査を実施している。

　豚肉の加工処理場は約3500平方メートルの広さで，1日600匹の豚が処理されている。作業場の温度管理から加工処理した豚肉の急速冷凍方法まで作業場にはやはり作業手順を示す表示が張り出され，管理が徹底されている。

　店舗では，こうした野菜や豚肉の衛生・安全性管理への取り組みが紹介されている。3環路内にある朝陽区新源街の本社前に立地する京客隆の超市「京源商場」（売場面積3700平方メートル）では1階の食肉売場に小型ビデオを置き，豚肉加工センターの作業の様子をみせて，顧客に安心・安全を訴えていた。

4-4　M&A戦略の展開

　事業分割後の1994年以降，組織体制を整備しながら，内部成長を軸に堅実経営に徹してきた京客隆は，2006年9月の香港証券取引所GEMへの株式上場を機に戦略転換した。株式の39.47％を公開し6億香港ドルの資金を調達したのを機に，物美に対抗するかのように北京市周辺でのM&A戦略に乗り出した。

　上場時，今後3～5年後，店舗数を300店舗に，グループ売上高を年間100億元とほぼ倍増させる野心的な事業計画を明らかにした。この目標を実現するためにはM&Aによる小売事業の成長加速が不可避となったのである（*China Daily*, January 26, 2007）。

　まず，2006年12月北京市郊外で8店舗を運営する中小チェーンの福蘭徳を買収し，完全子会社化したのに続き，07年2月には国有企業系の北京首聯商業集団有限公司の株式11.04％を5000万元で取得した。首聯集団は北京市内で大商

場 3 店舗，超市21店舗，便利店16店舗，ディスカウントストア 1 店舗の合計41店舗を出店し，一時日本のセブン-イレブン北京の現地パートナーでもあった中堅企業だが，05年経営が悪化したため，救援先を探していた。当面，首聯集団とはフランチャイズ契約を締結し，経営指導と商品供給を行うと同時に，3 年以内に株式の過半数を購入することで合意した。

さらに，2008年 2 月には資金調達力を強化する目的から，新興市場のGEMから東京証券取引所の 1 部市場に該当する香港証券取引所メインボードへの昇格を果たした。

北京市内には有力外資がひしめいている。物美は北京市西部郊外の石景山区から出店を開始し，M&Aと業務提携により外資の勢力拡大に先駆けて，北の海淀区から東の通州区，中心市街地の崇文区などに着々と出店地域を拡大したのに対して，京客隆は市街地北東部に位置する，豊かな朝陽区を地盤とした堅実経営に徹してきた。しかし，朝陽区はカルフール，イトーヨーカ堂をはじめとした外資の参入が活発な地域であり，市場環境の激変に対処して，京客隆もM&Aを含めた積極経営に舵を切らざるをえない状況に置かれている。

4-5　成長の駆動力

京客隆の強みは，国有企業として蓄積してきた経営資源と，卸売業として培ってきた商品供給能力の 2 点に集約できる。

(1) 国有企業の強み

トップマネジメントは物美の創業者，張文中のようなカリスマ性はみられないが，董事長の衛停戦，総経理の李健文らは親会社出身で，国有事業の事業分割と株式会社化に取り組んできた。それだけに，「大半の役員は中国小売・卸売産業で20年以上の実務経験がある」(株式上場時作成された営業報告書) として，経営管理面には自信をのぞかせている。現実に，本社の部課長は全員1994年の事業分割以前から国有卸に務めていた人々で，人材の厚みと結束力の強さを物語っている。

北京・天津地区おける有力ブランド品の地域販売店権もまた，業績の安定化に貢献している。そのなかには酒類の「金六福」や「紅星」，牛乳・乳製品の

「蒙牛」，外資系の「ネスレ」商品が含まれている。

　中国におけるマーケティング活動の難問は代金回収のむずかしさにあると，しばしば指摘されているが（谷地，1999），国有企業として取引先と長期的な取引関係を維持しており，卸売事業の代金回収期間は60日以内と適正範囲におさまっている。

　店舗のうち大型店舗2件が自社所有物件であるほか，賃貸物件の多くが長期リース契約による。長期契約の場合，5年ごとに5％程度の家賃上昇が見込まれているが，北京に近年における不動産インフレを考慮すれば，家賃の高騰が収益を圧迫する度合いは相対的に小さい。売上高に対する家賃比率は2003年の0.65％から06年1.1％台に上昇しているが，それでも主要都市で出店する日系小売企業が対売上高家賃比率を上限5％に設定して店舗開発している現状と比べると，相対的に低い家賃水準は一般販売管理費を引き下げる効果を発揮している。

（2）サプライチェーンの強み

　何より大規模な配送センターを北京周辺に配置しており，サプライチェーンが成長のエンジン役を果たしている。物流システムの運営業務を外部委託している物美とは対照的に，小売部門において生鮮食品と加工食品・雑貨の2つの自社専用センターをもち，今後店舗拡大とともにセンター稼働率の上昇による経営効率化が期待できる。

　2007年年次報告書によると，品質や安心・安全の観点から青果物の調達・供給体制を見直し，14省72都市に調達拠点を設け，一定水準以上に達している農家を選別し，自社青果物加工センターに商品を納入するサプライチェーンを整備した。この産地直結型供給は野菜・果物の93％（物量ベース）に達した。また，豚肉の処理加工能力は06年の訪問時には1日600頭だったが，それが1日1000頭規模まで増加している。北京オリンピック開催を控えて，安全で品質の高い生鮮食品を集中的に供給するセンター機能が評価され，給食業者等からの業務用需要が増大していると，同報告書は説明している。

　情報システムでは，2002年北京億高索爾科技有限公司と業務提携し，商品仕入先との間で電子商取引を実施するため企業間情報システムを導入したのに続

き，03年には1999年導入したPOSシステムを最新のものに切り替えた。

　店舗数の多い超市を例にとると，POSデータは店舗レベルでは毎日単品ベースの売上高，売れ筋商品，客数，客単価，粗利益等の基本データを活用し，全社的なカテゴリー分析や季節商品・重点商品の導入・展開・分析は月ベースで実施し，各店での売場構築と販売促進に活かしている。また，専用センターから一括納品される商品群は基本的に自動在庫補充システムで管理されており，店舗人員配置の効率化に貢献している。たとえば，最近は売場面積35平方メートル当たり従業員1人を配置すれば店舗運営できるようになった。

　情報システムの導入による配送センターと店舗の効率化は在庫回転の改善に端的に現われている。全社レベルの平均在庫回転日数は，2003年の46日から06年6月中間期には34日まで改善した。

5　特異な収益モデル

　香港証券取引所に提出する2007年12月期決算書でみると，両社の売上高規模は物美の71億1875万元（1元＝約15円換算，1076億円）に対して，京客隆の56億4060万元（同，846億円）とかなりの差がある。また，直近の2003～2007年でみると，物美の売上高は同期間，4.5倍と急増し，連鎖百強企業平均の2.8倍を大きく上回っているのに対して，京客隆の売上高伸び率は1.9倍とかなり低い。しかし，京客隆は2007年12月期，首聯商業集団の買収効果により前年度比24.5％とかつてない高い増収率を記録し，物美を追う構えをみせている。

　両社とも売上高純利益率は4％と高く，自己資本純利益率15％以上，自己資本比率30％以上と国際的にみても，バランスのとれた健全で良好な財務状況にある。しかしながら，収益力が商品売買以外の「その他収益」に大きく依存している点がやや特異である。「その他収益」の対売上高比率は物美12.2％，京客隆4.3％である。とくに，物美の依存度が極端に高い（数値はいずれも2007年12月期）。

　「その他収益」はテナントに対する売場賃貸料，メーカー等からのリベートや協賛金，投資収益等の3つが収益源となる。物美の「その他収益」8億6895

表4-4 ●北京物美の損益動向

		2003年度		2004年度		2005年度		2006年度		2007年度	
		金額（千元）	%	金額（千元）	%	金額（千元）	%	金額（千元）	%	金額（千元）	%
I.	売上高	1,574,862	100.0	2,597,283	100.0	3,918,598	100.0	5,159,666	100.0	7,118,755	100.0
	（売上原価）	(1,312,774)	(83.4)	(2,212,956)	(85.2)	(3,289,216)	(83.9)	(4,812,302)	(93.3)	(6,580,967)	(92.4)
II.	粗利益	262,088	16.6	384,327	14.8	629,382	16.1	347,364	6.7	537,788	7.6
	その他収益	21,873	1.3	58,842	2.3	67,281	1.7	640,796	12.4	868,951	12.2
III.	営業総利益	283,961	18.0	443,169	17.1	696,663	17.8	988,160	19.2	1,406,739	19.8
	（一般販売管理費）	(186,985)	(11.6)	(278,191)	(10.7)	(469,809)	(12.0)	(658,954)	(12.8)	(973,485)	(13.7)
IV.	営業利益	101,976	6.5	164,978	6.4	226,854	5.8	329,206	6.4	433,254	6.1
	（金融費用）	(1,384)	(0.1)	(692)	(0.0)	(5,895)	(0.2)	(5,654)	(0.1)	(16,589)	(0.2)
	その他損益	7,931	0.5	5,633	0.2	11883	0.3	7148	0.1	40,906	0.6
V.	税引前利益	108,449	6.9	169,919	6.5	232,842	5.9	330,700	6.4	457,571	6.4
VI.	純利益	73,352	4.7	112,390	4.3	169,663	4.3	225,952	4.4	325,579	4.6

出所：年次報告書。

表4-5 ●北京京客隆の損益動向

		2003年度		2004年度		2005年度		2006年度		2007年度	
		金額（千元）	%	金額（千元）	%	金額（千元）	%	金額（千元）	%	金額（千元）	%
I.	売上高	2,894,108	100.0	3,568,865	100.0	4,121,748	100.0	4,530,975	100.0	5,640,599	100.0
	（売上原価）	(2,544,695)	(87.9)	(3,164,852)	(88.7)	(3,621,667)	(87.9)	(3,966,385)	(87.5)	(4,918,762)	(87.2)
II.	粗利益	349,413	12.1	404,013	11.3	500,081	12.1	564,590	12.5	721,837	12.8
	その他収益	111,191	3.8	154,700	4.3	143,668	3.5	224,308	5.0	242,961	4.3
III.	営業総利益	460,604	15.9	558,713	15.7	643,749	15.6	788,898	17.4	964,798	17.1
	（一般販売管理費）	(378,378)	(13.1)	(411,984)	(11.5)	(479,140)	(11.6)	(556,972)	(12.3)	(682,099)	(12.1)
IV.	営業利益	82,226	2.8	146,729	4.1	164,609	4.0	231,926	5.1	282,699	5.0
	（金融費用）	(20,183)	(0.7)	(20,988)	(0.6)	(19,073)	(0.5)	(26,296)	(0.6)	(27,397)	(0.5)
	その他損益	3,725	0.1	2,177	0.1	(32)	(0.0)	(139)	(0.0)	4	0.0
V.	税引前利益	65,768	2.3	127,918	3.6	145,504	3.5	205,491	4.5	255,306	4.5
VI.	純利益	45,249	1.6	83,791	2.3	98,346	2.4	131,419	2.9	168,872	3.0

出所：年次報告書。

表4-6 ●主要経営指標（2007年12月期）

	北京物美	北京京客隆
総資産純利益率（％）	6.9	4.6
自己資本純利益率（％）	16.3	15.2
総資産回転率（回）	1.5	1.5
自己資本比率（％）	44.9	33.8
インタレスト・カバレッジ・レシオ（倍）	28.6	10.3
商品在庫回転率（回）	19.4	11.3
その他収益（％）	12.2	4.3
売場賃貸料	2.8	—
リベート等	7.7	—
投資収益等	1.7	—

出所：年次報告書から筆者作成。

万元（1元＝約15円換算，約130億円）の内訳は，売場賃貸料1億9924万元，リベート等5億4780万元，投資収益等1億2190万元となっている。

　売場賃貸料は大型店舗の売場の一部をテナントに賃貸する際，あるいは業務を委託する際に徴収する。また，リベート等は各店舗で商品を扱う際の入場料や販売促進の協力金等で，中国では一般的な取引慣行ではある。投資収益等には金利収入等が含まれるが，物美の場合，約6000万元と投資収益等の収益の半分はいわゆる財テクで，株式，デリバティブの値上がり益である。こうした8億元を超える「その他収益」は商品売買からえられる差益（粗利益）の5億3778万元を大幅に上回る額であり，メーカーからの多額のリベートや財テクでの儲けがないと，収益を計上できない財務体質を示しているともいえる。

　それに比して，京客隆は成長力で物美に劣るものの，「その他収益」2億元超は7億元超の粗利益の3分の1程度と営業外収益に依存する度合いは少なく，相対的に健全な収益体質を築いている。また，物美より一足早く香港証券市場メインボードに鞍替えして資金調達力の強化に踏み出した点も評価できる。

6 ｜ 競争力の予備的検討

　最後に，両社の成長戦略を把握する過程で入手したデータから，両社の競争力に関する予備的検討を加える。具体的には，経営環境という外部要因，経営資源・組織能力という内部要因の双方から考えてみる。「1．問題の所在」で指摘した「内外競争」に影響を与える「資本自由化のタイミング」は前者の外部要因に，また「現地小売企業の競争力」は後者の内部要因に，それぞれ関連している。

6-1　外部要因

　中国政府の市場開放は極めて慎重に進められた。最初の小売業の資本自由化は1992年7月に実施された「試点」（「実験的」という意味）中外合弁事業の認可措置であり，主要6都市と経済特区5地区で若干件数の合弁事業が厳しい条件の下で認められた。設立申請は地方政府経由で中央の国務院に提出され，相

当期間をかけて審査された。その後，地方政府が認可する「試点」中外合弁事業が急増するが，中央政府は97年その実態を調査し，過度な市場開放を「整理・整頓」した（胡，2003）。

資本自由化の方向が明示されたのは1996年6月公布された「外資系商業企業試行規則」においてであり，出店地域や出資比率の段階的規制緩和が示された。「試行規則」は2001年のWTO加盟後もしばらく有効性を保ち，3年後の04年12月になり，ようやく小売業における出資，出店地域，会社数・店舗数の制限が全面的に撤廃された。

すなわち1992年から，実に12年の歳月をかけて漸進的な市場開放策がとられたのである。これは台湾型の一気呵成の小売資本自由化ではなく，日本型の漸進的市場開放政策であり，その間，政府は国有企業改革を中心に，国内流通体制を整備する時間を与えられたことになる。92年は鄧小平が南方視察を行い，改革開放の加速を呼び掛けた「南巡講話」を発表した年である。その3年後の95年11月には国有企業改革の切り札として「現代企業制度」の導入が決定され，「公司」（会社）制度が採用されている（南・牧野編，2005）。つまり，90年代漸進的な市場開放と国有企業改革が並行して進展し，流通近代化に弾みがついた（詳細は第2章）。

たとえば，1995年国内貿易部（現・商務部）は「全国連鎖店経営発展計画」をまとめ，主要35都市でチェーンストア経営の実験を開始した。同時に，地方政府も種々の流通近代化政策に取り組んだ。北京市商業委員会の場合，90年代後半日本の食品スーパー，カスミストアへ地元企業の社員を派遣する研修プログラムを実施した。5年間で合計26回，延べ431人の研修生が送り込まれ，1回数週間の座学と実習が行われた。研修生のなかには物美，京客隆の社員が数多く含まれており，チェーンストア経営や超市の店舗運営に関する基本的な知識と経験が不足するなかで貴重な学習機会となった。

資本自由化時代になると，流通分野における国有企業改革と国内有力企業の育成が一段と強化された。2004年6月公表した商務部「流通業改革発展綱要」は，経営が低迷する国有商業企業の整理・再建の必要性を強調し，あらゆる資本の国有企業改革への参加を奨励した。ほぼ同時期，国家育成重点企業が20社選定され，総額500億元の融資計画を公表し，「2010年にはそのなかから2〜4

社が世界水準の企業となることを目標とする」との商務省幹部のコメントが報道された（山口他，2005）。

2003年4月，上海の国有系有力4社が大同団結して誕生した百聯集団はその象徴的存在である。物美，京客隆の両社もまた，中国政府が推進する国営企業改革と国内流通企業の育成策に沿った成長戦略を採用し，それが外資との競争を有利に導く要素となっている。改めて，要約すると，物美は重点育成流通企業の1社であり，創業者の政治的な影響力を背景に，北京市区政府から内陸部の寧夏自治区の国営百貨店まで迅速なM&A戦略を展開した。他方，京客隆は国有企業改革に乗り，食品小売・卸売事業を分離・独立し，株式会社化し，上場までこぎつけた。

市場開放と国内企業育成のバランスを意識する中国政府の政策には，なお不透明な部分が残されている。2006年以降，外資による中国企業の買収例が増大する兆しがみられるが，ウォルマートによる好又多，テスコによる楽購の買収劇はいずれも台湾系資本である。商務部内部には外資による中国流通企業のM&Aに対する慎重論があると報じられている（2007年3月26日商務部商業改革発展司の王暁川副司長の発言，出所：山口他，2007）。

背景には，国内流通業界から外資に対する「超国民的待遇」の削減・撤廃を求める声が高まっているという政治状況がある（謝，2005；王他，2005）。その動きに呼応するように，大型店規制の動きが表面化し，とりわけ，適切な商業配置の観点から大型店舗の出店調整に着手している地方政府の動きが活発である。2007年9月時点で，すでに主要665都市の93%の都市が何らかの「都市商業発展計画」を作成され，何らかの大型店の出店調整が行われている（流通経済研究所，2008）。

出店規制強化は各地で先行する国内企業には有利に作用するが，後発の外資系企業等には成長の足かせとなる。

6-2　内部要因

一般的に，中国小売企業は外資系企業と比較して，①企業・店舗規模の両面で小さい，②業態が不明確で，合理的に運営されていない，③企業所有権があいまいで，国有企業の場合，国有株式の比重が圧倒的に多い，④経営・管理方

式で優位性を確立している企業が少ないことから，競争力に欠けるとの指摘がある（瞿，2005）。

　北京有力2社は急速に事業規模を拡大し，本部集中仕入れや業態戦略といったチェーンストア経営を志向し，POSシステムの導入や大規模配送センターの設置という業務システムの整備に積極的に取り組んでいる。上記の弱みを克服する過程にあると評価できるものの，小売業の本格的な事業経験は十数年であり，先進国で勝ち抜いた優良企業がそろう外資勢と比較すると，上述した経営上の弱みが完全に払拭されたわけではないだろう。

　物美の場合，M&Aによる急成長路線をとるトップマネジメントのリーダーシップに魅力があるものの，本来の営業活動以外の収益分が過大であり，グループ企業や経営受託している店舗の財務状況が把握できないという問題点が存在した。それに対して，京客隆はサプライチェーンに強みをもつが，親会社の国有企業の株式持分が過半数を占めており，トップマネジメントの人事をはじめ企業統治面で不透明な部分が払拭されていない[3]。

　一連の現地調査では成長戦略の把握に手間取り，外資との比較において両社の競争力を評価するに足る包括的かつ客観的なデータを収集するところまでには至らなかったが，現地調査の過程で，両社幹部がそろって指摘した重要な経営課題が「店舗の標準化」であった。最後に，その点を説明しておこう。

　台湾でフランス系ハイパーマーケットに勤務した経験をもつ物美大店営運部の張健崇副総経理は，外資と現地企業の違いをこう説明する。

　「資金力が豊富な外資は長期的な視点から中国市場の開拓に取り組んでいるが，現地企業はそうはいっていられない。短期的に店数を増やし，利益を上げないといけない。その結果，いろいろな規模や立地の店舗を運営するようになった。実務的には建て替え，立地転換，資金調達等むずしい問題があるが，何とか業態概念を明確にして，オペレーションの標準化をしないと，経営効率は高まらないだろう」（2007年3月聞き取り調査）。

　京客隆で超市の店舗管理を担当する営運2部係健副経理は外資系店舗をベンチマークして，こう対策を立てている。

　「担当する店舗の売場面積は600平方メートルから4700平方メートルまで，さまざまである。理想的には3000〜4000平方メートル程度の規模が確保できる

と，競合に強い店舗がつくれるが，探しやすい店舗物件は2000平方メートル程度である。今後は店舗規模を基準に4グループに分けて，品揃え，店舗レイアウト，人員配置等の標準化を進めたい」(同年同月聞き取り調査)。

業態概念や店舗運営に関する基礎的な知識は吸収しているが，それを中国の北京という特定市場で展開する際，何の制約条件なしに理想的な店舗規模や立地条件の店舗を開発してきたわけではない。民営企業の物美であれば，経営受託できる他社の店舗，買収可能な国有企業系店舗あるいは開発可能な店舗物件を，短期間にしゃにむに積み上げてきた。また，国有企業で卸売業を兼業する京客隆は事業継承できる国有資産の既存店舗やフランチャイズ方式で組織化した便利店等々，やはりさまざまな方式で店舗網を広げてきた。そのような歴史的経緯から，特定業態グループ内には大小さまざまな店舗があり，商品構成や人員配置等の店舗運営面で標準化が進みにくい現状がある。それが外資との経営効率の差となって現われているとの指摘がある（王他，2005）。

要約すると両社は外資に先駆けて店舗数を拡大し，地域市場で営業基盤を築くことに成功した。そのなかには地元顧客の支持を獲得している好立地の店舗が相当数含まれており，それが先発者としての優位性となっている。しかし，競争状況はいまだ流動的であり，店舗配置等の経営資源は磐石とはいえず，さらに組織を動かす小売経営知識の面では，なお課題が残されているように見受けられた[4]。

7 結びにかえて

中国政府の流通政策は漸進的な市場開放政策をとりながら，適度な外資参入を促す一方，国内小売市場を発展させることを基本目標としている。そのため資本自由化のタイミングとその後の政策運営には慎重であり，とりわけ国有企業改革や国内流通企業の育成といった政策と調和的な市場開放策が意識された。

北京有力2社の場合，国有企業改革という市場経済化の最大の政策課題に適合的な成長戦略を採用した点が特徴的であり，外資の成長戦略と比較して大き

な違いがある点が確認できた。その意味では，公的政策の目標と個別企業の経営戦略の調和が，国内先発企業としての両社の競争優位性の構築に貢献していると結論できる。しかし，外資に対する競争力構築の面では引き続き未熟な点がうかがえる。今後，競争力の評価方法を含めた中国企業の競争力研究が課題として残されている[5]。

注
(1) 中国連鎖経営協会の売上高調査には，グループ企業内の取引や関連会社の売上高が含まれており，上場している物美，京客隆の正式な決算数字とは大きく異なる。
(2) 聞き取り調査対象は以下の通り（肩書きは当時）。
　　物美：呉堅忠・董事長，種暁兵・総監，裴彦鵬・高級購買総監，張健崇・大店営運部副総経理，李燕・物流管理部副総監，陶瑫・広報宣伝部主管，董崗・北京物美便利超市有限公司副総経理他。
　　京客隆：高京生・副総経理，王淑英・営運部経理，商永田・営運2部経理，満運茂・営運3部経理，孫健・営運2部副経理，裴連環・物流部主任，張霞・辨公室副主任他。
(3) この点について，南・牧野編（2005）は，「国民経済に大きな影響を及ぼす大型国有企業が株式化されても，政府は依然として大株主としての地位を保ち，企業の経営権，とりわけ経営者の任命権を確保しているのが現状である」（67頁）と記述している。
(4) 本章の初出原稿の共著者である黄江明は2008年6月1日開催された日本商業学会全国大会（法政大学）での研究報告の席上，小売経営知識が「かたち」として中国小売企業に導入されているが，それが現場で「ものになっていない」例として，POSデータの処理を挙げ，「有力チェーンはすでにPOSシステムを導入しているが，そのデータ分析は迅速に店舗にフィードバックされず，単品管理やその他の店舗運営の改善に十分いかされているとはいいがたい」と述べた。
(5) 本章の初出原稿は，矢作敏行・黄江明の同一タイトル論文（『流通研究』日本商業学会，第11巻第2号所収）であり，黄氏の了解をえて，本書に収録した。記して感謝したい。

参考文献
日本語：
瞿暁華（2005）「中国流通業の対外開放」（第4章）松江宏編『現代中国の流通』同文舘出版。
胡欣々（2003）「中国小売業の近代化と外資参入動向」（第1章）矢作敏行編『中国・アジアの小売業革新』日本経済新聞社。
呉暁林（2005）「中国の流通革命—移行経済と流通機構の変化—」『小金井論集』法政大学，第2号。
謝憲文（2005）「WTO加盟後の中国流通政策の展開」（第3章）松江宏編『現代中国の流

通』同文舘出版。
南亮進・牧野文夫編（2005）『中国経済入門〔第2版〕 世界の工場から世界の市場へ』日本評論社。
谷地弘安（1999）『中国市場参入―新興市場における生販並行展開―』千倉書房。
矢作敏行編（2003）『中国・アジアの小売業革新』日本経済新聞社。
矢作敏行（2007）『小売国際化プロセス―理論とケースで考える』有斐閣。
山口正章・邵微・郭穎（2005）「中国の流通革命（その2）」『チャイナウィークリー』野村證券金融経済研究所，No.05-357。
山口正章・邵微・郭穎（2007）「中国小売チェーンの再編」『チャイナウィークリー』野村證券金融経済研究所，No.07-095。
流通経済研究所（2008）『小売業の海外展開に関する調査報告書：インド・中国編』（平成19年度経済産業省委託調査）。

中国語：
王徳章・張斌・畢経丹（2005）「中国小売市場における競争状況と政策選択」『商貿経済』1月号。
中国連鎖経営協会編『中国連鎖経営年鑑』（各年版）中国商業出版社。

■第5章
中国における日本型卸売業の発展可能性

総合商社の取り組みから

1 はじめに

　日本の流通は卸売業の存在により特徴づけられている。歴史的に古いルーツをもつ卸売業は長い間，地盤沈下が懸念されてきた。事実，今世紀にはいり，卸売業界はさらなる業績低迷に直面し，大型合併が相次いでいる。しかし，それでも「問屋無用論」が喧伝された1960年代から今日に至るまで，卸は生産と消費を架橋する流通機能の遂行において，一定の役割を果たしてきたのもまた，まぎれもない事実である。

　激動する環境変化のなかにあって，卸売業界では近年，総合商社が資本力と人材力にものをいわせて，食料品分野を中心に積極的なグループ化を推し進めている。しかも，総合商社は国内市場の縮小傾向を見越して，卸売事業の国際展開にも意欲を燃やしている。国内で蓄積した卸売経営の専門知識や経験をアジア新興国市場に移転し，グローバルな規模での経済成長を取り込もうする意図である。焦点は巨大市場・中国である。

　その中国の卸売業は第二次世界大戦後，2度にわたり劇的な体制変更を経験した。まず，1950年代社会主義経済体制の確立に伴い，1級卸（中央の部局・専業公司），2級卸（省レベルの専業公司），3級卸（市・県レベルの専業公司）の3段階卸売システムが形成され，地域別商品別に国家が管理する配給システムが整備された。ところが，1978年以降改革開放政策が導入されると，今度は国家の手になる配給システムが根本から転換され，3段階の国有卸売企業の統廃合と民営企業の新規参入が進んだ。それが今日に至る市場経済体制への

移行である。

　中国の卸売市場はいま，市場経済体制への移行期のまっただなかにある。地域別商品別に分断されていた計画経済体制の後遺症から，全国規模の卸売業者は存在しないが，成長著しい東部沿岸部の主要都市には加工食品，菓子，酒類，日用品雑貨のブランド品の代理店事業を営む国有，民営卸売企業が現われ，そのなかから商流，物流，資金流を束ねる本格的な卸が登場している。上海市南浦食品有限公司，北京京客隆商業集団股份有限公司，広州華新（集団）貿易有限公司等が代表格である，

　小売・卸売市場の開放政策は1990年代前半から漸進的に進められた。卸売業への外資参入は99年6月，「外商投資商業試点弁法」が公布され，中央政府レベルで正式に条件付きで認可されるようになった。100％外資は禁止されたが，合弁会社を設立する都市や外資の出資比率（49％以下），資本金等を制限するかたちで，中外合弁事業が認められた。その後，制限が撤廃されて，卸売業への外資参入が原則自由となるのは5年後の2004年12月のことである。

　その過程で，外資誘致に積極的な地方政府は中央政府の漸進的な市場開放を先取りし，独自の判断基準から卸売関連事業の中外合弁事業を部分的に認可する措置をとっていた。

　日本の総合商社は市場開放政策の進展と消費ブームの到来を背景に，1990年代半ば以降中国市場で日本的な卸売事業を展開し，「中国国内販売事業」を拡大する方向へ大きく舵を切った。本章は，伊藤忠商事，三菱商事，丸紅，住友商事の総合商社4社による消費財卸売業の中国事業展開を取り上げる。総合商社が中国卸売事業に着手したのは比較的最近の時期であり，経営実態はほとんど明らかにされていない。そこで，おもに現地調査により参入段階から現地化段階にある卸売事業の展開に関する事実の発掘を行うことが主眼となった。事実の把握を通して事業化の現状と課題を分析し，中国における卸売事業の発展可能性を考えることにする[1]。

2 参入概況

　総合商社の中国における卸売事業展開は1990年代後半に本格化した。三菱商事は96年3月，大連市で中外合弁会社，大連佳菱物流有限公司を設立したのに続き，翌97年には上海市で同様の合弁方式により上海良菱配銷有限公司を立ち上げた。同年，伊藤忠商事は日系小売企業に一括物流機能を提供するため，北京伊藤忠華糖総合加工有限公司（略称BIC）を発足させた。

　三菱商事，伊藤忠商事の両社は，中国のWTO（世界貿易機関）加盟が実現した2001年から外資による小売・卸売事業が原則自由化される04年にかけて参入戦略を一層加速させた。三菱商事は03年5月，天津市で中外合弁方式により津菱物流有限公司を設立した。他方，伊藤忠商事は04年3月，上海を拠点とする台湾系食品メーカーの頂新グループ傘下の物流会社，頂通股份有限公司の株式50％を取得し，中国主要都市での物流網の構築に取り組んだ。

　2000年代にはいると，他の総合商社が追随した。01年8月，丸紅は上海の有力国有企業，上海一百集団有限公司との間で，上海百紅商業有限公司を設立し，一百集団の卸売事業を一部継承する形で創業した。これは1999年6月の卸売市場の条件付き開放後，中央政府が正式認可した初めての中外合弁事業である。07年3月には住友商事が広州地区最大の民営卸売企業，広州華新（集団）貿易有限公司と資本・業務提携を結び，住友商事と緊密な取引・資本関係をもつ食品卸の加藤産業も一枚かんだ。

　つまり，総合商社の中国卸売事業は1990年代後半に始まり，2000年代には参入企業が出揃い，商流，物流を含む本格的な卸売事業展開へと発展しつつある。

3 伊藤忠商事の戦略

3-1 「中国最強商社」を目指す

　伊藤忠商事は当初から中国市場重視の姿勢を明確にしており，「中国最強商

社」（社内資料）を目指している。1972年3月，日中国交正常化を受けて，日本の商社として初めて日中貿易再開の批准を取得し，同年9月には北京駐在員事務所を開設した。その後，80年代半ばまでに上海，広州，大連，天津，南京，深圳と主要都市に駐在員事務所ネットワークをいち早く張り巡らした。2007年現在，伊藤忠（中国）集団公司の傘下には7現地法人，4現地法人事務所をもち，160名の駐在員と約400名の現地従業員という陣容の下，200以上の事業プロジェクトに取り組んでいる。

　国内流通事業では1976年10月，関東の有力食品問屋，西野商事と資本・業務提携し，2007年4月には西野商事は日本アクセス（旧・雪印アクセス）と合併した。並行して，82年10月，大手食品問屋の松下鈴木と資本・業務提携を結び，96年10月には松下鈴木とメイカンとの合併により伊藤忠食品を発足させた。日本アクセスと伊藤忠食品の両社が国内の食品卸売事業の2本柱である。また，小売事業部門では98年2月，当時西友の傘下にあったファミリーマートの株式29.74％を取得し，筆頭株主となった。

3-2　イトーヨーカ堂との連携

　伊藤忠商事は市場開放政策の実施に合わせて，タイミングよく事業戦略をつぎつぎに打ち出している。最初の動きは，1992年7月中国政府が5つの経済特区と6つの主要都市で，それぞれ若干件数の合弁小売事業を試験的に認めるとの市場開放策を決定した時期に現われた。セブン-イレブンを展開するサウスランド社とイトーヨーカ堂との業務提携を仲介した実績のある伊藤忠商事は，イトーヨーカ堂と緊密な取引関係にあり，北京市での中外合弁事業をヨーカ堂側に持ち込み，数少ない全国展開可能なチェーンストアとして97年9月，華糖ヨーカ堂（出資比率は中国糖業酒類集団公司51％，イトーヨーカ堂36.75％，伊藤忠商事・伊藤忠中国現地法人12.25％，2005年4月イトーヨーカ堂の出資比率51％に）が設立された。

　1997年7月，伊藤忠商事は華糖ヨーカ堂に対する一括商品供給のため，中国側パートナーの国有企業，中国糖業酒類集団公司と合弁方式で北京伊藤忠華糖綜合有限公司（出資比率は伊藤忠商事67.5％，伊藤忠中国現地法人22.5％，中国糖業酒類集団公司10.0％，略称BIC）を設立した。華糖ヨーカ堂は当初，早

期に3店舗を出店する方針を決めており，卸売業の発達していない中国市場において同社向け商品の集荷・中継ぎ・納品業務を担う一括配送センターの設置は願ってもないことであり，他方，伊藤忠商事にしても，成長の見込める中国市場で物流・卸売業を展開する手掛かりをえられる利点があった。

2005年9月最初に訪問した当時，伊藤忠商事系物流関連会社，太平洋物流が北京市郊外に所有する倉庫約5000平方メートルを借り，常温商品の加工食品・住居用品雑貨（約4000平方メートル），牛乳などのチルド温度帯商品（800平方メートル），冷凍食品（約300平方メートル）の一括配送センターをそれぞれ運営していた。

しかしながら，イトーヨーカ堂の出店は現地市場への適応や店舗開発の困難さから，予想を下回る動きに終始したため，物流業務が主体のBICの経営は苦しい状態に追い込まれた。3号店の豊台北路店が開業したのは2003年12月と，1号店の十里堡店が開店した1998年4月から5年以上を経過していた。05年9

図5-1 ● 伊藤忠商事の中国流通事業

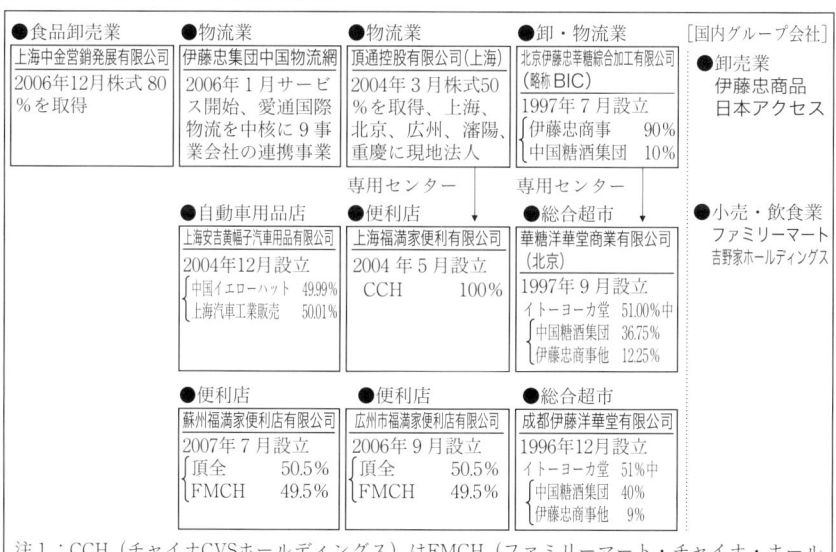

●食品卸売業	●物流業	●物流業	●卸・物流業	[国内グループ会社]
上海中金営銷発展有限公司 2006年12月株式80%を取得	伊藤忠集団中国物流網 2006年1月サービス開始、愛通国際物流を中核に9事業会社の連携事業	頂通控股有限公司(上海) 2004年3月株式50%を取得、上海、北京、広州、瀋陽、重慶に現地法人	北京伊藤忠華糖綜合加工有限公司（略称BIC） 1997年7月設立 伊藤忠商事 90% 中国糖酒集団 10%	●卸売業 伊藤忠商事 日本アクセス
		専用センター	専用センター	
	●自動車用品店	●便利店	●総合超市	●小売・飲食業 ファミリーマート 吉野家ホールディングス
	上海安吉黄福子汽車用品有限公司 2004年12月設立 中国イエローハット 49.99% 上海汽車工業販売 50.01%	上海福満家便利有限公司 2004年5月設立 CCH 100%	華糖洋華堂商業有限公司（北京） 1997年9月設立 イトーヨーカ堂 51.00%中 中国糖酒集団 36.75% 伊藤忠商事他 12.25%	
	●便利店	●便利店	●総合超市	
	蘇州福満家便利店有限公司 2007年7月設立 頂全 50.5% FMCH 49.5%	広州福満家便利店有限公司 2006年9月設立 頂全 50.5% FMCH 49.5%	成都伊藤洋華堂有限公司 1996年12月設立 イトーヨーカ堂 51%中 中国糖酒集団 40% 伊藤忠商事他 9%	

注1：CCH（チャイナCVSホールディングス）はFMCH（ファミリーマート・チャイナ・ホールディングス）49.5％，頂新グループの頂全（開曼島）控股有限公司50.5％の資本構成。
 2：FMCHはファミリーマート38％，台湾ファミリーマート37％，伊藤忠商事25％の資本構成。
 3：中国イエローハットホールディングスはイエローハット，伊藤忠商事の折半出資会社。
出所：各種資料から筆者作成。

月時点では，さらに2店舗の新規出店が加わり，イトーヨーカ堂の店舗数は5店舗に増加していたが，一括配送センターの取扱量は採算点を下回っていた。店舗数は増えたが，店舗間による販売力にばらつきがあった。加えて，一括配送センターといっても地元国有卸売企業らはセンター使用料の支払いを嫌がり，店舗直納体制を維持したため，センター経由の納品比率は当時，常温商品，チルド温度帯商品で60～70％見当（物量ベース）にとどまっていた。

そこで，BICはヨーカ堂と話し合い，2000年以降経営立て直しのため，ヨーカ堂からの商品供給業務の受託専業という方針を転換し，同社以外の小売企業への商品供給を始めた。具体的には，日用品雑貨や加工食品の代理店権を取得するかたちで一般的な卸売業として事業の再構築に取り組んだほか，北京以外の地域への営業拡大，衣料品の輸出等，「考えられるありとあらゆる手を打った」（2007年3月，北京伊藤忠華糖綜合加工有限公司・亀岡正彦総経理への聞き取り調査）。

再訪した2007年，業績は好転していた。同年度の売上高（取扱高）は食品，住居用品，繊維製品の内販部門のみで6.5億元（1元＝約15円換算，約97億円）まで拡大していた。一般の卸売業務が伸び，ヨーカ堂への取引依存度は大幅に下落していた。そのほか衣料品の外販（輸出斡旋業務）部門が8.5億元を売り上げており，全体の売上高は15億元規模に達していた。収益状況は改善し，期間損益で利益を計上した。

卸としては異質な食品，住居用品，繊維という3商品部門の事業構成をなんとか軌道に乗せ，繊維商品の輸出や一部中間素材の取扱いなど，あらゆる事業機会を掘り起こした結果である。それに10年を要したということになる。

経営立て直しの要点を補足しておこう。第1に，資生堂，花王，ニベア等日系日用品雑貨メーカー中心に販売代理店権を取得し，商取引を拡大したこと，第2に，北京のほか，天津，上海，青島，広州等6支店体制を確立し，営業活動を広域化したこと，第3に，北京だけでもレストランや現地量販店など販売先が約500社に拡大したことが貢献している。裏返すと，特定小売企業向け専用センターの物流業務の受託事業は，事業拡大面で制約が大きかったことになる。

いま，イトーヨーカ堂グループの中国進出は10年以上が経過した。その間，

国内での取引関係が変化した。1998年2月，伊藤忠商事はセブン-イレブン・ジャパンの競争相手，ファミリーマートの筆頭株主となり，他方，イトーヨーカ堂は2001年2月，伊藤忠商事のライバルである三井物産と事業展開に関する包括提携を結んだ。セブン-イレブン北京の配送センター運営は伊藤忠商事ではなく，別の日系物流企業が受託している。BICの「ひとり立ち」の背景には，このような本国市場における資本・取引関係の変化が微妙に影響していた。

3-3 頂新グループとの戦略提携

伊藤忠商事は国内同様，中国においても食料品の「戦略的統合システム」（2006年12月27日同社ニュースリリース）を展開している。それによると，国内外の食料資源開発から加工製造，卸・物流，小売まで有機的に結びつけるバリューチェーン構築を食料品事業の基本に据えている。

中国食料事業の戦略的統合システムの柱は，傘下に中国最大の食品メーカー，康師傅控股有限公司を擁する台湾系企業グループ，頂新国際集団との包括戦略提携である（頂新については第11章参照）。包括戦略提携は2003年に締結され，翌04年には両社は外食，物流分野で合弁事業を発足させた。さらに，同年5月には日本のファミリーマート，台湾ファミリーマート，頂新グループの3社との間で，上海地域でコンビニエンスストアを展開するため，上海福満家便利有限公司（上海ファミリーマート）を設立し，06年広州，07年蘇州で，上海と同様のスキームで出店地域を広げた。

そのかたわら，日系メーカーとの戦略提携路線を積極的に推し進めた。伊藤忠商事，頂新グループは2004年アサヒビールと清涼飲料品分野で，05年カゴメと野菜飲料分野で，08年日本製粉と業務用プレミックス類（調整粉）分野で，また同年敷島製パンと製パン分野で，それぞれ3社合弁事業を相次いで立ち上げた。

一連の頂新プロジェクトは相互に関連し合い，きわめて戦略性に富んでいる。川下の方から，その点をみてみよう。

上海ファミリーマートは2008年6月末現在，130店舗を出店し，オフィス街に立地する店舗を中心におでん，肉マン，弁当，パン等の中食商品が伸びており，1日当たりの平均販売額が8000元を超える水準に達した（2007年実績）。

上海のコンビニエンスストア市場は2000年代半ば以降，現地企業による店舗の乱立状況が表面化し，厳しい経営環境が続いているが，上海ファミリーマートは「近い将来，期間損益で黒字転換できる見通しがついてきた」(2007年11月，

図5-2 ●伊藤忠商事・頂新グループとの戦略提携関係

[事業分野]	伊藤忠商事 ←包括業務提携→ 頂新国際集団
●外食	頂創（開曼島）控股有限公司 2004年1月設立、大中華地域（中国、台湾、香港）における外食FC経営。 　頂巧（開曼島）控股有限公司　65% 　伊藤忠商事　35%
●物流	頂通（開曼島）控股有限公司 2004年3月合意、上海、北京、広州、瀋陽、重慶の現地法人5社で川中、川下物流業。 　康師傅控股有限公司　50% 　伊藤忠商事　50%
●コンビニ	上海福満家便利有限公司 2004年5月設立、コンビニエンス・ストア事業。 　CCH　100% 広州市福満家便利店有限公司 2006年9月設立、同上 　頂全（開曼島）控股有限公司　50.5% 　FMCH　49.5% 蘇州福満家便利店有限公司 2007年7月設立、同上。 　同上
●清涼飲料	康師傅飲品控股有限公司 2003年12月合意、清涼飲料の製造・販売。 　康師傅控股有限公司　50% 　アサヒビール・伊藤忠商事　50%
●野菜飲料	可果美杭州食品有限公司 2005年7月合意、野菜飲料の開発・生産・販売。 　康師傅飲品控股有限公司　29% 　カゴメ　69% 　伊藤忠商事　10%
●その他	敷島製パン等と同様のスキームで合弁会社設立。

出所：図5-1に同じ。

上海福満家便利有限公司・董事長室，倉掛直経理への聞き取り調査）という。

　上海ファミリーマートの組織構成は複雑である。店舗の開発・運営と商品の開発・調達はコンビニエンスストアの事業経験と中国語のできる人材を有する台湾ファミリーマートが，財務・労務管理は中国市場で根を張っている頂新グループが，また中食の調理加工等最新の経営ノウハウの提供は日本のファミリーマートがそれぞれ担当している。伊藤忠商事は各グループの役割分担を調整し，異なる経営資源を連結する使命を担っている。

　小さな店舗で商品を短サイクルで回すコンビニエンスストア事業では，後方で小売業務を支援する物流機能の役割が大きい。2004年3月，康師傅と折半出資で設立した頂通（開曼島）控股有限公司は，その点で注目に値する存在である。頂通はもともと，即席麺や飲料で有力ブランドをもつ康師傅の自社物流機能を担う会社だったが，伊藤忠商事との資本提携を契機に全国を東北（拠点都市：瀋陽），華北（同：北京），華東（同：上海），西部（同：重慶），華南（同：広州）の5地域に分け，配送センター網を整備し，小売業向け共同配送等の3PL（サード・パーティ・ロジスティクス，物流業務受託）事業を拡充した。

　上海頂通は床面積約5400平方メートルの配送センターを確保し，上海ファミリーマートから加工食品や日用品雑貨の常温管理温度帯の商品の納品業務を一括受託しているほか，チルド，冷凍温度帯については約1200平方メートルの規模で専用センターを設置した。頂通は全国5地域に広域配送センターを配置し，それをハブにして全国60ヵ所以上の物流拠点を結んでいる。伊藤忠商事本社の物流業務専門家が主要拠点に派遣され，日本で蓄積した共同配送や小分け等の流通加工，商品の日付管理等のキメの細かなサービスを提供している。

　ファミリーマートが上海から広州，蘇州と出店地域を迅速に拡大できたのは，この頂通の物流網の存在による。川下からみた頂新との包括提携の効果は物流にとどまらない。頂新は2005年10月，上海ファミリーマートにパンや惣菜を供給する専用メーカーの子会社，上海頂鴻を設立した。この会社でつくられるあんパンやメロンパンの製造・品質管理ノウハウは日本のファミリーマートの取引先であるパンメーカーが提供している。

　アサヒビールの清涼飲料，カゴメの野菜飲料，敷島パンの食パン等の商品も

コンビニエンスストアで取り扱い可能な商品であり，伊藤忠商事は「戦略的統合システム」構築に向けて着々と布石を打っている。

3-4　戦略の補強

　伊藤忠商事が重要分野とみなす食料品を例にとり，製販統合型事業モデルの構築をみてきた（製販統合型事業モデルについては第11章参照）。最後に，頂新との戦略提携を補強する追加的な企業間連携を，ごく簡単に触れておく。

　1つは卸売事業展開への布石が打たれた。卸売事業では頂通による物流事業が先行しているが，2006年12月上海地域で加工食品，酒類，日用品雑貨等を5200店の小売業，レストランに対して提供している上海中金営銷発展有限公司の株式80％を取得し，華東地域における中間流通業を担う中核の「総合卸売会社」（2006年伊藤忠商事ニュースリリース）を発足させた。

　すべての商品分野でメーカーと小売企業が直結する製販統合型事業モデルを確立することは不可能であり，有力なブランドを擁する消費財メーカーと小売企業の取引関係を仲介する卸売事業の存立可能性は残されている。上海ファミリーマートの場合でも中食商品の比重が比較的高いといっても，1500〜1800品目にのぼる多様な商品を適切に取り揃え，なおかつ頻繁に商品入れ替えを行うには卸の在庫保管・管理能力が必要となる。逆に，日系消費財メーカーの立場からすると，日本的な卸が存在すれば，販路の確保や取引条件の交渉，債権回収といった中国での営業活動で発生するリスクを分散できる。その意味では，卸売事業と製販統合型事業モデルは相互補完的な側面を有していることになる。

　もう1つの戦略的な布石が新たに打たれた。2008年8月，中国最大の国営食料企業グループ，中糧集団有限公司と包括戦略提携を結んだと公表したのがそれである。中糧集団は中国の食料資源の確保に深く関わっている大規模国営企業で，米，小麦，とうもろこし，油脂等の貿易業務に携わっているほか，米，小麦粉，缶詰，調味料等の製造・販売に従事している。

　伊藤忠商事の中国流通事業は戦略性に富み，卸売・物流業を1つの軸にしながら，それを超える大きな広がりをもって展開されている。

4 三菱商事の戦略

4-1 地方政府との連携戦略

　三菱商事は国内で中核会社として大手総合食品卸の菱食を育て，2000年代には菓子卸のサンエス，老舗食品卸の明治屋商事を傘下におさめており，食品卸売流通では伊藤忠商事に勝るとも劣らぬ強力な陣容を整えている。他方，小売・サービス事業として日本ケンタッキー・フライド・チキン，ローソン，ライフコーポレーションと粒の揃った子会社・関連会社を擁している。

　1990年代半ば，中国で小売・卸売事業の漸進的な市場開放が進むなかで内販事業拡大という課題が急浮上した。そこで，三菱商事は流通基盤整備を迫られていた地方政府に対して，「流通近代化」を推進するための共同事業を提案し，3つの日中合弁事業が発足した[2]。

　そのうち年間取扱高が比較的大きいのは1997年7月，上海市商業委員会傘下の上海市糧食儲運公司（旧・上海市糧食局）との間で設立した上海良菱配銷有限公司（三菱商事41％，菱食10％，上海市糧食儲運公司49％）である。上海地域における食料品・日用品雑貨の卸売事業の展開を目的に，04年には中国商務部の認定を受けて，輸出入業務と上海市以外での卸売事業の展開が可能となった。

　1000品目以上のブランド品を販売し，外部保管スペースを含めると，全体で約4万平方メートルの床面積を有しており，配送車両は70台以上を所有している。市内にある本部配送センターは床面積2万平方メートルの常温管理温度帯，同380平方メートルのチルド管理温度帯，同100平方メートルの冷凍管理温度帯の3センターで構成されている（上海良菱ホームページ；www.liangling.com.cn，2008年9月）。

　事業は大きく3つの柱で構成されている。1つは，営業から代金回収，納品まで含めた総合卸売業務である。2008年現在，キリンビール，カゴメ，キューピー，大正製薬，日清食品等の日系メーカー中心に90社以上，約1500品目の市販商品を扱い，地元の聯華超市などスーパーマーケット9社1620店舗，可的や好徳などコンビニエンスストア8社4136店舗，カルフール，ロータスなどハ

イパーマーケット15社131店舗，百盛など百貨店8社12店舗，その他飲食店など，合計6000店舗以上に販売し，営業，代金回収，納品等の卸売業務を遂行している。

2つ目は，王子製紙，キリンビール，明治乳業等日系メーカーからのメーカー物流の受託業務である。上海500キロ圏内の小売企業等約300社，7000店舗向けに約600品目の保管，配送機能を引き受けている。

3つ目は，日系のローソンと国営商業企業の良友金伴という有力コンビニエンスストア2社の一括配送センターの運営受託である。ローソンは上海の大手国営商業集団，華聯（集団）有限公司と日中合弁会社の上海華聯羅森有限公司（出資比率は当初ローソン70％，華聯30％，2008年現在ローソン49％，華聯51％，以下上海ローソン）を設立し，1996年7月1号店を開店したのを皮切りに，08年8月現在285店舗を出店している。また，良友金伴は98年，上海市糧食局が創設した地元チェーンで，傘下の小規模な食料品店や油店を転換し，07年末現在650店舗まで拡大している。

図5-3 ●三菱商事の中国流通事業

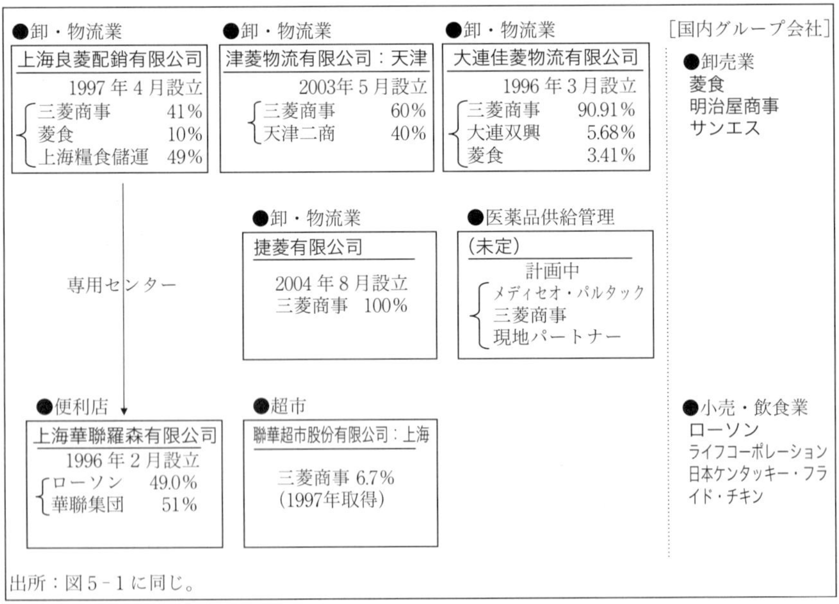

●卸・物流業	●卸・物流業	●卸・物流業	[国内グループ会社]
上海良菱配銷有限公司 1997年4月設立 三菱商事 41％ 菱食 10％ 上海糧食儲運 49％	津菱物流有限公司：天津 2003年5月設立 三菱商事 60％ 天津二商 40％	大連佳菱物流有限公司 1996年3月設立 三菱商事 90.91％ 大連双興 5.68％ 菱食 3.41％	●卸売業 菱食 明治屋商事 サンエス
専用センター↓	●卸・物流業 捷菱有限公司 2004年8月設立 三菱商事 100％	●医薬品供給管理 （未定） 計画中 メディセオ・パルタック 三菱商事 現地パートナー	
●便利店 上海華聯羅森有限公司 1996年2月設立 ローソン 49.0％ 華聯集団 51％	●超市 聯華超市股份有限公司：上海 三菱商事 6.7％ （1997年取得）		●小売・飲食業 ローソン ライフコーポレーション 日本ケンタッキー・フライド・チキン

出所：図5-1に同じ。

三菱商事は2001年2月，ローソンの筆頭株主（2008年2月現在，30.7％の株式所有）となったが，それ以前から緊密な取引関係を保持しており，上海良菱は常温商品1800品目，チルド商品100品目，冷凍商品150品目の3管理温度帯商品合計2050品目を一括納品している。EDI（電子データ交換）に基づく入出荷データ，在庫・欠品データの処理，折りたたみ式通い箱による1個からの受注・納品等々，日本と同水準の物流サービスが提供されている。上記同社ホームページによると，納品時間帯は99.0％で遵守され，個数や銘柄等の誤配率は0.01％と正確な納品サービスが実現されているという。

取扱高（物量ベース）がもっとも多いのはコンビニエンスストア向け専用センター業務で，そのあとメーカー物流，一般卸売業務の順となっている。

大連佳菱物流有限公司（当初出資比率は三菱商事50％，菱食15％，大連宝佳商業連鎖25％，商菱投資（中国）10％，後に三菱商事90.91％に変更）は上海良菱より一足先に動き出した。大連佳菱は三菱商事と中国東北地方の代表的な経済開発都市，大連市の商業委員会が締結した流通近代化に関する包括的な協力協定に基づき，1996年3月国営企業の大連大商集団との間で設立された。

設立後，直ちに菱食のコンピュータ・システムを導入した加工食品・日用品雑貨の配送センター（約6800平方メートル）を稼働させた。当時は，日本のマイカルやダイエーを含む外資系小売企業の進出計画が目白押しで，現地では卸の商品集荷・配送機能に対する期待感が高まっていたが（菱食，1999），現実には日系小売企業の出店は計画通りには進まず，日系企業関連の物流受託業務や卸売業務はほとんど実現しなかった。そのため，加工食品や日用品雑貨の分野で大商集団をはじめとした地元小売業との取引拡大に取り組んだ。

やや遅れて2003年5月，天津市商務委員会傘下の国有商業集団，天津二商集団有限公司との合弁により津菱（天津）物流有限公司（出資比率は三菱商事60％，天津二商集団有限公司40％）が設立された。ネスレの飲料関連商品や中国系飲料メーカーの農夫山水，日系の大正製薬の健康飲料など27社，1276品目を扱い，地元小売企業の家世界や外資系のカルフールなど有力小売企業約173社と取引している。事業基盤となっているのが約9000平方メートルの規模をもつ配送センターで，一般卸売業務に加えてメーカー物流の受託業務も一部行っている（津菱のホームページ；www.jinlingtj.com，2008年9月現在）。

一連の地方政府との連携を強化する過程で，上海市で投資案件が持ちあがった。1997年，大手量販店チェーンの聯華超市股份有限公司は資金調達の一環として三菱商事に対して投資を打診し，三菱商事はこれを受け入れ，聯華超市の株式6.7%を取得した。

聯華超市は国有企業系上海友誼集団に属しており，2003年5月には市政府の方針にしたがい，華聯超市や上海ローソンを抱える上海華聯集団，老舗百貨店の第一百貨を擁する上海一百集団，燃料や木材などの生産資材の貿易・卸売事業を手掛ける上海物資集団の3社が大同団結し，中国最大級の国有商業集団，百聯集団を誕生させた。また，聯華超市は同年6月，香港証券市場に株式を上場し，積極的に店舗・配送センター網に投資している百聯集団の中核的存在である。ただし，三菱商事と聯華超市の関係はいまのところ投資目的に限定されており，事業面の協力関係には発展していない。

4-2　菱食の存在感

三菱商事の中国戦略に絡んでいるのは菱食である。大連佳菱，上海良菱の両社に出資し，両社の配送センターに設計・運営・管理について全面的に協力している。背景には，菱食自らの国際化の歩みがある。

菱食は1979年8月，三菱商事系卸4社が合併するかたちで誕生した。大手食品卸はメーカーから販売代理店権を取得し，取扱商品を直接，小売業に販売するというよりはむしろ，地方の2次卸に再販売し業容を拡大した。しかし，大規模小売企業が出現した1960年代以降はしだいに小売業との取引が拡大し，それが業績伸張に寄与した。

菱食は大手食品卸のなかでも食品のフルライン供給とその基礎となる物流システムの強化で先行し，総合スーパー，食品スーパー，コンビニエンスストア等との取引を拡大した。その菱食の国際化は1990年代，アジアにおける流通近代化の機運の高まりのなかで，親会社の三菱商事との二人三脚で，ゆるやかに展開した。

1990年8月，台湾でセブン-イレブンを展開する台湾最大の食品メーカー，統一企業股份有限公司から物流業務の委託要請を受けて，統一企業グループ，三菱商事，菱食の3社は合弁方式（出資比率は各々65%，25%，10%）で捷盟

行銷股份有限公司（英文社名，Retail Support International Corp.）を設立し，物流センター・設備機器の設計および小分け，在庫・品質管理等の庫内作業に関する物流システムの移転に取り組んだ。台湾セブン-イレブンは物流システムの整備により急成長し，98年時点で5つの物流センターが1702店のセブン-イレブンやその他統一企業グループの小売店に納品業務を行っている（菱食，1999）。

1995年11月にはジャスコのタイ出店拡大に伴い，菱食49％，三菱商事20％，ジャスコ31％の出資比率で，バンコクにリテイル・サポート・タイ（Retail Support Thailand Co. Ltd.）を設立し，翌年加工食品と日用品雑貨のジャスコ向け一括配送センターを稼動させた。

菱食はアジアでの国際化を進めるかたわら，親会社の中国事業展開に協力した。先行した台湾での経験は中国・大連での物流センター運営にも生かされた。鍾（2005）によると，大連佳菱の初代副社長（日本人）は，台湾の捷盟行銷股份有限公司幹部だった経験の持ち主で，両社間での人材交流や相互訪問を通じて経営知識移転の円滑化が図られたという。

菱食は2008年4月，次世代事業推進本部を設置した。そこではネット事業等と並んで海外事業の推進が重点事業として挙げられている。

4-3　経営の再構築

調査の過程で，上海，大連，天津の各合弁事業の正確な経営数値は入手できなかった。上海良菱は2004年前後から期間営業損益で利益を計上していると推定されるが，大連佳菱，津菱（天津）の両社の経営状況は確認できなかった。ただし，限られた聞き取り調査と収集した2次データから推測できるのは，流通近代化政策を推進する地方政府と連携し，中国で卸売・物流業務を展開するとの構想は一定の成果を生んでいるが，事業の戦略性と発展性の点で課題が残されているという現状である。

5　丸紅の戦略

5-1　上海百紅の誕生

　丸紅は国内流通事業において伊藤忠商事や三菱商事のようにトップクラスの総合食品卸をグループ内に有していないが，特定分野では菓子の山星屋，冷凍食品のナックスナカムラと有力卸売企業を子会社化している。また，流通業界再編の流れに乗り，ダイエー，マルエツ，東武ストアといった有力小売企業をグループ関連会社として囲い込み，末端流通において一定の影響力をおよぼしている。

　丸紅の中国流通事業は上海市の国有企業，上海一百（集団）有限公司との合弁事業に絞り込まれている。丸紅が一百集団と接触を始めたのは1990年代半ばのことである。上海の老舗百貨店である第一百貨商店を中心とした一百集団は上海市商業委員会傘下の中国有数の国有企業で，2003年5月には上海市商業委員会が管理する上海友誼集団，華聯集団，物資集団と大同団結し，百聯集団を

図5-4 ● 丸紅の中国流通事業

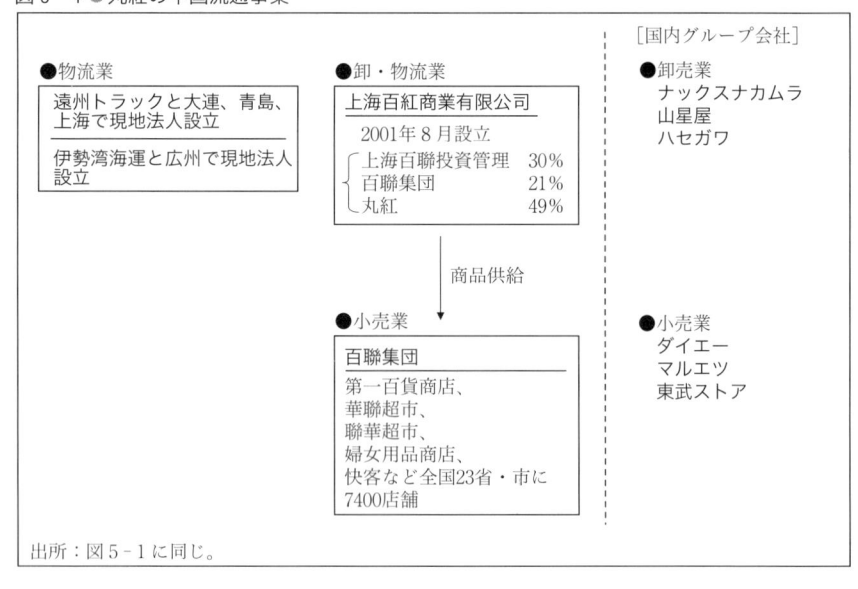

●物流業	●卸・物流業	［国内グループ会社］ ●卸売業 ナックスナカムラ 山星屋 ハセガワ
遠州トラックと大連，青島，上海で現地法人設立	上海百紅商業有限公司 　2001年8月設立 　上海百聯投資管理　30％ 　百聯集団　　　　　21％ 　丸紅　　　　　　　49％	
伊勢湾海運と広州で現地法人設立	↓商品供給	
	●小売業 百聯集団 第一百貨商店， 華聯超市， 聯華超市， 婦女用品商店， 快客など全国23省・市に7400店舗	●小売業 ダイエー マルエツ 東武ストア

出所：図5-1に同じ。

結成した。

　一百集団は1995年，日本のヤオハンと組んで上海発展の新しいセンター，浦東地区に第一八佰伴を開業し，中国随一の百貨店とするなど百貨店のチェーン展開に熱心な企業であり，他方，丸紅は内販事業拡大のため有力な中国企業と連携することを模索していた。両社は97年5月，物流業務改善を含む包括的な協力関係を構築するため協定書を締結し，丸紅はそれを受けて，卸売業分野の外資参入規制の緩和をにらみながら，事業化調査を進めた。既述したように，99年6月公布された「外商投資商業試点弁法」により外資参入が正式に認められ，上海百紅商業貿易有限公司（出資比率は一百集団51％，丸紅49％）は2001年8月，中央政府認可による初の卸売合弁会社として発足した。

　上海市商業委員会のお墨付きのみならず，中央政府の対外貿易経済合作部から承認された日中合弁プロジェクトとあって，設立当初から認可された営業範囲は国内商品と自社輸入商品の国内卸，国内商品の輸出，倉庫保管・輸送，一部自社取扱商品の小売販売と幅広い。しかも，一百集団の保有していた化粧品や日用品雑貨のブランド品の販売代理店権やその他営業権を継承している点が業績の安定化に貢献した。経営は発足時から軌道に乗り，売上高成長率は平均20〜30％と順調に推移しており，上海地区最大の日用品雑貨卸として営業基盤を固めている。

　消費ブームのなかで日用品雑貨のブランド品に対する需要が拡大する一方，チェーンストアの急速な発展により販売経路が整備されてきた。それが国有企業系卸として社会的評価の高い百紅の業容を，さらに押し上げた。ロレアル，ジョンソン＆ジョンソン，コルゲート等の欧米系，ニベア，ユニチャーム，メンソレータム等の日系日用品雑貨メーカーを中心に約100社，300品目を扱い，主要取引先には百聯集団の第一百貨商店や世紀聯華，華聯超市のほか，パークソン（百盛），太平洋百貨店，カルフール，ロータス，楽購（テスコ）等有力外資，さらに近年成長著しいコンビニエンスストアやドラックストアの有力企業を多数抱えている。

　2007年度売上高は10億元前後と推定されており，前年度の8億2000元から大幅な伸びをみせている。売上高の内訳は内販80％強，輸入中心に貿易業務20％弱であり，取引先の拡大に伴い，一百集団および百聯集団が全体の取引に占め

る割合はしだいに低下傾向をたどっている。

　板谷近男副総理は，百紅の役割をこう説明する。

　「中国では卸が小売の発展に追いついていない。欧米系トイレタリー・メーカーの一部は直販体制をとっているが，すべてのメーカーが代金回収や物流機能を含めて中間流通機能を自前で行うのはむずかしい。われわれはそのギャップを埋めている」(2005年8月聞き取り調査)。

5-2　営業の強化

　2003年8月，百紅は上海郊外にワンフロアー形式で床面積約1万平方メートルの規模の配送センターを建設した。庫内は自動倉庫形式ではなく，フォークリフトなどの運搬機器と人手を組み合わせて，入荷―棚入れ―保管―ピッキング―流通加工―積み込み―出荷という一連の作業をこなしている。05年の見学時，庫内は4つのエリアから成り立っていた。自社在庫を常温で管理，保管する第1エリアは高層ラック（棚）方式で，約4000平方メートルの規模を有しているほか，第2，第3エリアはそれぞれ3000平方メートル前後の規模で，特定メーカー専用の在庫保管スペースであり，顧客からの注文に応じて再販売する方式になっている。ただし，ラックは設置されていない。また，事務所の一部を割いて，化粧品などを定温で在庫管理するスペースが約300平方メートル確保している。物量の拡大とともに，配送センターの稼働率は上昇している。

　板谷のあと，副総経理職に就いた松園大は現状に甘んじることなく，「持続的な成長のためには，営業地域と取扱商品の幅の拡大が必要である」(2007年11月聞き取り調査) と指摘する。

　2005年当時内販の大部分は上海市が占めていたが，07年時点では南京，無錫，蘇州に支社を設け，隣接する江蘇省，浙江省における営業拡大を目指している。また，取引先小売企業が必要としている菓子・食品の販売にも注力し，明治製菓等の日系企業を含む30～40社の商品を扱っている。07年当時，約250人の従業員のうち約150人を営業に回し，有力メーカーには担当課を設け，部門別管理を強化し，広域営業を推進している。

6　住友商事の戦略

6-1　広州華新と合弁事業

　住友商事は2007年7月，日本の大手食品卸売業者の加藤産業とともに，広東省広州市の食品卸売業，広州華新（集団）貿易有限公司の株式10％を取得した。両社の合意事項によると，09年9月までに日本側の出資比率を40％まで引き上げることを目標にしている。広州華新の07年度売上高は21億元と推定されているが，住友商事は日本的な卸売業経営のノウハウを移転し，4年以内にそれを30億元にまで拡大するとの提案を行った。なお，日本側の出資比率内訳は，住友商事6％，加藤産業4％である。

　広州住友商事有限公司の食料事業部副部長で，広州華新の顧問に就いた柳原藤男は，こう説明する。

　「中国であれば，卸売事業の展開はまだ間に合うと考えた」（2008年3月聞き取り調査）。

　住友商事は国内では食品スーパーの雄，サミットを育て，ウォルマートによる西友の買収劇をお膳立てした実績を残しているものの，卸売事業については目立った足跡を残していない。中国においても，先行する伊藤忠商事や三菱商事と比較すると，小売・卸売業の市場開放が進展するなかで音なしの構えが続いた。日系コンビニエンスストアや総合スーパーの中国進出に絡んで事業計画が持ちあがったが，いずれも日の目をみることはなかった。そこで，資本・業務面で密接な関係にある加藤産業をかつぎ出して，広州地区最大手の食品卸，

図5-5 ●住友商事の中国流通事業

```
●卸売業                                  ［国内グループ会社］
広州華新（集団）貿易有限公司              ●小売業
2007年3月出資                              サミット
  住友商事    4.0％                       マミーマート
  中国住商    2.0％                       バーニーズ・ジャパン
  加藤産業    4.0％                       住商ドラックストアーズ
                                          住商オットー 等
```

出所：図5-1に同じ。

広州華新との合弁事業を仕掛けたのである。

広州華新は中国で上海の上海南浦食品有限公司，北京の北京京客隆商業集団股份公司につぐ規模の有力食品卸である。1990年頃，創業者の馮耀良が飲料関連の2次卸や電子部品の販売代理店を始め，94年8月には広州華新を設立した。広州地区の大手ビール・飲料メーカーの1次販売代理店として経営基盤を固め，その後栄養ドリンクや菓子等に取扱商品を拡大し，広州のほか，東莞，佛山，深圳など華南主要都市23ヵ所に営業・物流拠点を広げた。2008年現在，商品別売上高構成比はビール，飲料関係が約70％，菓子・加工食品約20％，日用品雑貨他約10％と推定される。得意先別では売上高の約30％が食品スーパーや総合量販店といった小売業で，残り70％は各地の2次卸や飲食業等の業務用顧客で占められている。

住友商事は物流システムや小売経営支援の経営知識の移転と日系消費財メーカーとの取引拡大により，広州華新は「華南エリアで不動の事業基盤をもった食品卸会社に成長していく」（2007年3月8日付けニュースリリース）と期待している。2008年3月までに中国側から数回にわたり10人単位の研修チームを日本に派遣し，1週間程度の座学とセンター見学等のプログラムで，日本的な卸売業の経営を学んだ。日本側からは加藤産業の物流システムの専門家チームが毎月出張し，1回につき2週間程度指導している。

広州市中心街にある華新本社から車で30分足らずの距離にある配送センターを訪問した。センターは6棟の倉庫からなり，総床面積は約8万平方メートルの広さを有している。倉庫は高層ラック方式のものと，ラックなしで木製パレットか直積み方式のものとの2通りがあり，高層ラック方式が採用されている庫内では商品のロケーションや先入れ先出し方式による在庫管理が実施されていた。また，隣接する地元大手ビール・メーカーの工場で生産された商品を引き取り，メーカー物流機能をこなす棟も含まれている。

6-2　事業拡大構想

日本側は2年後の2009年までに合弁事業の有効性を実証し，出資比率を40％に引き上げることを目標にしている。それがこのプロジェクトの成否を握っている。一応，08年3月の調査時点における事業拡大の現状を紹介しておこう。

提携後，プロジェクトの窓口となっている柳原は広州華新の営業・物流網を活用して，華南地域で日系食品，日用品雑貨メーカーの商品を拡販する営業企画の実現に取り組んでいる。日系メーカーの商品取扱高は伸びているが，これまで販売している欧米系メーカーと競合関係にある商品や，すでに他の中国・香港系卸と取引関係のある日系メーカーの商品は取り扱いにくいという問題があり，営業上の工夫と努力が求められている。

　地域的には営業基盤の弱い深圳地区の強化を目指し，組織体制の拡充を計画している。また，得意先開拓では広州，深圳中心に200～300店ある日本料理店向けに米，日本酒，その他飲料を一括供給する業務用市場の開拓にも取り組んでいる。

　物流システムの技術移転では，これまでの常温管理温度帯の商品に加えて，冷凍，チルド商品の配送センターの設置・運営が検討課題となっているが，センター運営の自動化は費用構造の関係から，「時期尚早」（柳原・談）と判断している。

　棚割り提案や自動在庫補充等小売支援プログラムの導入も課題である。小売業の発展段階の相違から，現状では小売企業側からの小売支援プログラムに対する要望は少なく，むしろリベート等の「その他営業収入」に対する要求が多い。しかし，小売競争の進展とともに，小売と卸が協力して効率的に店舗を運営する仕組みの構築が必要とされる時期がやってくるとも考えられる。

　広州華新の王萌総経辦は，「中国でもメーカーへの奉仕から小売業への奉仕に変わる時期にある」と現状をみている。現状では小売業に直接販売している売上高比率は30％程度だが，大規模小売企業の成長に伴い，直接取引が増大するのは目にみえている。

　その意味では，日本で蓄積した小売支援プログラムや一括納品の配送センター運営等の経験を，小売業の発展段階に応じてタイミングよく導入することが合弁事業の維持・拡大の鍵を握っている。

7 まとめ

（1）物流から商流へ―中国卸売事業モデルの構築

　総合商社4社の事例を通して，中国における卸売事業の展開の現状と発展可能性を探ってきた。その結果，まず参入時期により卸売事業の展開内容が微妙に異なる点が確認できた。1990年代後半，設立された合弁企業は大連佳菱，上海良菱，北京伊藤忠華糖の3社で，いずれも事業内容は現地パートナーとの関連でかなり限定されていた。北京伊藤忠華糖の場合，国有企業がイトーヨーカ堂と設立した現地小売企業向け物流事業が主眼とされた。三菱商事系2社の場合は地方政府との合意に基づく国有企業との合弁事業であり，現地パートナーとの協力関係の構築や事業の拡大に相当な時間を要した。

　2000年代にはいると，設立当初から本格的な卸売事業を展開する上海百紅が現われ，さらには中国の有力卸売企業と合弁事業の展開を目指す住友商事のような例が続いた。上海良菱，北京伊藤忠華糖の両社も商流を含む一般卸売業務から小売企業向け専用センター運営まで事業の幅を広げた。

　1990年代と2000年代で総合商社の参入時の事業目的が微妙に異なるのは，いうまでもなく90年代末，中央政府が外資の参入を条件付きで認めた市場開放政策を反映している。90年代は地方政府との連携による「日本的な卸売業の実験」（総合商社幹部・談）を試みる段階にとどまっていた。この経験は卸売事業の発展可能性に貴重な示唆を与えた。すなわち，とくに北京伊藤忠華糖や大連佳菱の場合がそうであるが，小売企業向け専用センター運営は取引依存度が高くリスクがあり，また商流を伴わない物流業務の受託事業は収益性の点では必ずしも恵まれていないという点である。

　それでは，商流をいかに確保して安定的な収益モデルを構築できるのか。4社の事例は2通りの可能性を示唆している。1つはすでに有名ブランド品の販売代理店権を一定程度もち，社会的評価の高い地元卸と合弁事業を組み，そこに資金と経営ノウハウを投入して事業拡大する「プラットフォーム活用型」戦略である。もう1つは新規参入してくる日系，欧米メーカーを含め売場展開，

物流，資金回収等のマーケティング機能を代替するため，自前で経営資源を蓄積して事業基盤をつくり出す「プラットフォーム創出型」戦略である。

前者の例は上海百紅であり，住友商事もそれに追随している。後者は，経営立て直しに取り組んだ時期の北京伊藤忠華糖が該当し，上海良菱も事業の柱である一般卸売業務においてプラットフォーム機能の創出を実現している。いずれの場合も，程度の差こそあれ日本国内での取引関係を活かした日系メーカーのブランド品の販売が業績拡大の決め手となっており，日系メーカーの参入動向により総合商社の卸売事業展開は左右されることになる。

その点では，食品流通の製販統合事業を構築するという戦略目標を掲げ，日系企業との連携を超えて，台湾，中国のメーカー，卸の経営資源をも連結し，それぞれの得意分野を組み合わせて1つの事業として全国展開するという伊藤忠商事のスケールの大きな戦略性が注目される。

(2) 卸売事業の発展可能性

現実に，商流を含む卸売事業の発展可能性はどの程度あるのか。日系卸のうち比較的大きな取扱高をもち，業績の安定している上海良菱，上海百紅両社の内販事業は年間8～15億元の規模である。それに対して，上海市南浦食品，北京京客隆（卸部門のみ），広州華新等，各地を代表する有力卸の年間販売額は20億～40億元（2007年度）と推定されている。日系卸の売上高規模は中国系大手卸よりかなり小さいが，卸売事業自体が移行経済体制のなかで勃興期にある現状を考えれば，一部日系卸は「中堅」クラスの卸売企業として事業基盤を構築していると評価できる。

問題は，一方で全国的な営業展開するブランド力の強い大手消費財メーカーが台頭し，他方でチェーン化を急速に進める地域的な有力小売企業が勢力を拡大するなかで，卸売業の発展可能性がどうなるのかという点である。

ウォルマート，テスコといった欧米外資は中国市場においても自社配送センター経由の商品供給システムを構築し，卸やメーカーが担っていた物流機能を内部化し，そこに追加的な収益源を見出している。それに対して，世界の有力消費財メーカーはグローバルな規模での顧客（小売企業）管理を繰り広げ，P&Gなど一部メーカーは卸を迂回する小売企業との直接取引を志向して

いる。

　このような欧米型直接取引モデルが中国にもち込まれ，有力地元チェーンがそれに追随している。各地で出店攻勢をかけている総合量販店（総合超市，大商場）や食品スーパー（超市）の有力チェーンは欧米外資にならい，メーカーとの直接取引を基本として，収益源としてリベートや協賛金等の「その他収益」を引き出す収益モデルを採用している（第4章，「5　特異な収益モデル」参照）。それに対して，小分け作業等の流通加工や多頻度小口配送を必要するコンビニエンスストア業態では，上海良菱やローソン，良友金伴の事例からわかるように，卸の品揃え・物流機能に依存する日本型間接取引モデルが浸透している。

　つまり，業態分野により卸の役割と評価は異なる。総合量販店や超市といった業態分野における卸の役割は先行き不透明である。さらには，メーカー・マーケティングやチェーンストアの発達した東部沿岸部大都市と，そうでない西部，内陸部の都市部では卸の役割が異なる現実も十分に想定できる。

　中国系地元卸の見方には，微妙なニュアンスの違いがにじみ出ている。「経営環境の現状は厳しく，卸の将来は楽観視できない」（上海市南浦食品の王珏瑋総経理助理，2007年11月聞き取り調査）との慎重な見方がある半面，「各地域の小売業態に応じた品揃え形成や物流機能を提供できれば，卸は成長できる」（広州華新の王萌総経辦，2008年3月聞き取り調査）との強気な意見もある。

　両者の現状認識は流動的な経営環境を映し出していると理解できる。チェーンストアの発達とともに，卸の役割が限定される厳しい現状があるのは明らかであるが，業態や地域により卸が担う流通機能の提供が必要とされている現実もたしかに存在する。総合商社による中国卸売事業の発展は急激に変化する経営環境に応じて，タイミングよく地域，業態，企業に対応した流通機能を提供できるか否かにかかっている。

注

(1)　この章に関連した現地聞き取り調査はつぎの通りである（敬称略）。
　　伊藤忠商事系：2005年9月，2007年3月，北京伊藤忠華糖綜合加工有限公司総経理・

亀岡正彦；2007月11月，上海福満家便利有限公司董事長室経理・倉掛直。
　三菱商事系：2005年8月，上海良菱配銷有限公司董事総経理・木村武志，総経理助理荒井正名；同年同月，上海華聯羅森有限公司董事副総経理・山岸洋一。
　丸紅系：2005年8月，上海百紅商業貿易有限公司董事副総経理・板谷近男；2007年11月，同董事副総経理・松園大。
　住友商事系：2008年3月，広州住友商事有限公司食料事業部副部長兼広州華新商貿有限公司顧問・柳原藤男，広州華新商貿有限公司総経辦・王萌。
　そのほか2007年11月，上海にて上海市南浦食品有限公司総経理助理・王珏瑋，2005年から2008年にかけて東京にて伊藤忠商事，ファミリーマート，三菱商事，菱食の各本社関連部署等を，訪問調査した。
(2) 三菱商事の上海，大連，天津の現地法人3社については，おもに各社ホームページ等2次資料により事例をまとめた。

参考文献
黄磷編著（2002）『WTO加盟後の中国市場〔流通と物流がこう変わる〕』蒼蒼社。
鍾淑玲（2005）『製販統合型企業の誕生―台湾・統一企業グループの経営史―』白桃書房。
中谷巌編著（1998）『商社の未来像』東洋経済新報社。
南亮進・牧野文男編（2005）『中国経済入門〔第2刷〕 世界の工場から世界の市場へ』日本評論社。
廣田正（2006）『流通新時代とリョーショクグループの経営』日本食糧新聞社。
矢作敏行（2001）「歴史は繰り返す？―商社と流通」『生活起点』セゾン総合研究所，5月号。
矢作敏行（2001）「商社：流通囲い込みの余波」『生活起点』セゾン総合研究所，6月号。
山口正章・邵微・郭穎（2005）「中国の流通革命（その2）」『チャイナウイークリー』野村證券金融経済研究所，No.05-357。
菱食（1999）『新流通の創造―株式会社菱食社史―』菱食。

第II部

地域流通の近代化

をみる

■第6章
中国地方都市の近代化プロセス
河北省唐山市の現地調査から

1 はじめに

　中国で「社会主義市場経済化に関する決定」が採択されたのは，1993年の中国共産党第14期3中全会においてであった。そこでは社会主義計画経済から社会主義市場経済へ移行して，経営不振が続く各事業分野の国有企業を大胆に改革を行うことが決定された。しかし，中国の市場経済化が東欧と異なるのは，社会主義すなわち共産党一党独裁の政治体制を堅持したまま，漸進的に改革を行ってきたことである。東欧では，中国のようにゆっくりと計画経済体制を変えていくのではなく，市場経済の基礎が何もないところに一気呵成に市場経済体制をつくり出そうとしたことから「ビッグ・バン方式」と呼ばれる（丸川，1999，2頁）。これに対して漸進的改革の特徴は「実験から普及へ」，「一部の改革から全体の改革へ」，「やさしいものからむずかしいものへ」，「旧体制の改革より新体制の育成に力を入れる」，「目標は常に調整しつつしだいに明確化する」ことにある（関，2005b，47頁）。

　周知の通り，計画経済下では需要と供給に関する情報が担当政府機関にすべて集約されており，生産されたものは計画に基づいて使用者に配分されていくのが建前であり，配送・保管・仕分けなどの物流活動はメーカーの手によって遂行されるが，人的懸隔を架橋してビジネスを行う卸・小売業といった流通業はなくてはならない存在であった。しかし，こうした計画的配分システムは，売り手市場では有効であったが，経済成長により1980年代の後半になると，いくつかの商品群で供給が需要を上回る買い手市場が出現するようになり，しだ

いに機能しなくなってきた。そして，社会主義市場経済化に関する決定がなされたことにより，経済の民営化が進み，流通近代化も一気に加速するようになった。

　一般に，流通近代化は百貨店や食品スーパーや総合スーパー，専門店などの多様な小売業態が発達し，同一業態の店舗を多数展開するチェーンストアが効率的な流通の仕組みをつくり出す過程として認識されている。しかし，流通近代化には，チェーン化による流通効率化ばかりでなく，中小小売商の競争力強化，卸売商の機能高度化，不合理な商慣行の是正などが含まれる。また，小売業は都市文化を発信したり，生活文化を継承したりして，文化とも密接な関係をもつ。さらに，小売業はすぐれて地域に密着した産業であり，街づくりにも大きな役割を果たす。小売業などによる街の景観や街づくりを「商業街づくり」とすれば，商業街づくりは「住みやすい」街づくりに貢献し，中心市街地の階層を守り，地域住民全体に対する買物便宜性を提供しなければならない。

　冒頭で説明した「狭義の」流通近代化および文化の承継と発展，商業街づくりを合わせて「広義の」流通近代化と呼ぶとすれば，「広義」の流通近代化においては3者は一部が重層的な関係にあり，流通生産性を高め，文化的意味をもち，住みやすい街づくりに結びつく，調和のとれた流通近代化が望ましいことになる（関根，2008）。

　中国における狭義の流通近代化のプロセスでは，市場経済化に伴う卸・小売業における零細な個人商店の爆発的な増加と商業集積の展開，民営企業の成長にともなう新たなマーケティング・チャネルの形成，それとグローバル化の進展を背景に，百貨店の進化や新たな営業形態（業態）や近代的なチェーン経営形態の導入による小売イノベーションの展開など様々な現象がみられている。そこでは生産者と消費者を結ぶ卸と小売の各段階で市場が形成されるようになり，ビジネスを行う流通業が生成・発展し，新たな流通機能を担うようになった。流通近代化のプロセスは，小売市場からみると，業態間競争の活発化，商品流通主導権のメーカーから流通業者への移行による独立性の向上，そして立地の多様化を伴う。本章ではこうした多様な要因を分析視点として据えることにする。

　社会主義計画経済下では，流通を担当する卸・小売も国有企業であり，改革

開放されてからも1990年代半ば頃までは国有卸を中心とする計画的配分システムが機能していた。しかし，その後は消費財流通で担当機関の民営化が進み，国有卸・小売が後退するとともに民営卸・小売が台頭することになった。本章では，国有商業機関を要とする計画的配分システムが徐々に崩壊し，漸次新たな流通システムの形成や商業集積の展開過程を全国レベルで概観するとともに，実際に地方都市ではどのように進捗したかということを，河北省唐山市を通して紹介する。それは中国は大国であり，地域・業種により流通近代化プロセスがかなり異なり，全体を俯瞰しただけでは実際の姿を明らかにすることができないからである。

2 ケースとしての唐山市

　唐山市は中国の河北省東部にあり，北京市と天津市に隣接している。南部は渤海湾に面し190kmの海岸線を有し，エビやカニなどの海産物が豊富。麦，タマネギ，ブドウ，リンゴ，モモなどが豊かにとれ，日本でも有名な「天津甘栗」はここで生産されている。山間部では鉄・金・銀などの鉱産物も多く産出する。また古くから陶磁器生産を行い，中国の近代工業発祥の地のひとつで，100年以上の歴史をもつ鉱工業都市でもある。2006年，唐山市のGDPは2362億元（およそ3兆5000億円）で，前年比15％増である（河北省・唐山市，2007，8頁）。天津市の都心からは100km，北京からは150kmの距離にある北京首都圏の一角で，環渤海経済圏を形成する重要な産業都市である。市全体の面積1万3472平方キロメートル，人口710万，市部の面積は3874平方メートル，人口300万であり，首都圏と東北3省を結ぶ交通の要衝である。1976年の「唐山地震」では壊滅的な被害を出したことでも有名である。

　唐山市（都市部）の経済の発展ぶりを，都市住民の家計支出推移でみると，中国全体と同じような傾向をみせている。1人当たり可処分所得は1980年以降は常にプラス成長で，87年には1000元を超え，2005年にはついに1万元を突破している。エンゲル係数も90年代半ばに，0.5を切っている。2005年現在の主要耐久消費財の普及率でみると，自家用車はまだ5％と低いが，カラーテレ

ビ・洗濯機・冷蔵庫の3種の神器はほぼ行き渡っており、唐山市の都市部では文化的生活が営まれていると思われる。

　中国のような巨大国家で、とくに漸進的な経済・流通改革を行っている場合、その進捗に地域的・時間的ズレが生じるのが普通である。大都市と地方都市、そして都市と農村で大きく異なる場合、流通近代化の平均像を描き出すことはむずかしいし、描き出すことに成功したとしてもあまり意味がもたないかもしれない。そこにケーススタディの意義があるし、必要になる。問題は取り上げるケースが一般性・普遍性があるかどうかだが、唐山市は、立地、歴史、経済、産業、人口などからみて、北京首都圏の典型的な近郊都市と位置づけることができる。したがって、この地域の調査研究は、中国における流通近代化のモデルの1つになると考えられる。なお現在「唐山曹妃甸(ソウヒデン)」プロジェクトが進行中であり、渤海湾に面する曹妃甸港区には40万トン級の埠頭、大製鉄所、石油コンビナート、火力発電所などを建設中である。

　唐山市は、1979年に指定された経済特区（深圳、珠海、汕頭、厦門の4都市）、84年の経済技術開発区（大連、秦皇島、天津、煙台、青島、連雲港、南通、上海、寧波、温州、福州、広州、湛江、北海の14都市）などには含まれていない。これらの都市では、外資を誘致するために税制などで優遇措置を講じたり、市場経済化が積極的に図られた。ちなみに、ウォルマートは深圳だけで、96年の湖景店を皮切りに、2007年末現在14店をもち、カルフールは上海で95年の曲陽店を初めとして現在12店舗営業している。これに対して唐山市では、グローバル・リテイラーの進出はこれからであり、その意味で先進性はないが、卸・小売は後にみるように直接に間接にグローバル・リテイラーの影響を受けている。

　深圳や上海のような先進的部分に真実があるのか、それともそれらは特殊であり、唐山市のような後続の大多数の都市に普遍があるのか、あるいはどちらも「中範囲の理論」化に貢献するのか。第8章「中国大都市の流通近代化の現状—上海市の場合」とあわせて評価検討が必要になる。

2-1　1984年の唐山市卸売業

　唐山市商業局には、1984年時点では、商品別の専業公司がおかれ、その直属

企業として6つの2級卸があった。業種別に設けられた「繊維品卸公司」,「大百貨卸公司」,「小百貨卸公司」,「交電卸公司」,「五金卸公司」,「糖業煙酒卸公司」の6つの2級卸は,それぞれ10万平方メートルを超える倉庫をもち,国有の1級卸から仕入れた商品や唐山地域の企業から買い付けた商品を,3級卸や都市部の百貨店「百貨大楼」に供給した。これら2級卸とは別に,食品流通の分野で同等の役割を果たす「食品卸公司」と「副食品卸公司」が複数あり,主に都市部の国有商店（供給站）に販売した。県部ではこれらの商品は基本的に自給自足であり,機能する必要がなかった。この当時,ハクサイなどの野菜もすべて政府出資の供給站で,「逆ざや」で販売していたので大きな財政負担となっていた。

　3級卸は,唐山市の区部や各県・県級市の商品別専業公司の直属企業として業種別に6つずつ設けられ,2級卸から仕入れた商品や地場のメーカーから買い付けた商品をおもに小売店に供給した。県部の百貨店「百貨大楼」も3級卸から仕入れていた。

　「繊維品卸公司」についてみてみると,県,県級市,区の3級卸から生地とかソファーのカバーなどの注文を受け,年初にまとめて上海や石家荘（河北省の省都）の1級卸に発注していた。購買,調達,保管,販売の4つの基本的機能は果たしていたが,有望な商品や新たに市場を開拓することはなかった。1980年代前半までは,唐山市の紡績品を一手に扱っていたので経営が安定していたが,86～87年頃からメーカーが販売先を自由に選べるようになり,商品調達が思うにまかせずしだいに経営不振に陥り,95年に唐山百貨大楼に吸収された。また,「大百貨卸公司」と「小百貨卸公司」はこうした規制緩和により,類似した品揃えが一層競合するようになり,一方で民営卸が登場したため,競争が激化し,経営が悪化していった。

　1978年以降個人商店が登場し,80年代後半から90年代にかけて急増したが,国有卸はこうした状況に対応できず経営困難に陥った。その背景として,政府が国有の卸・小売業のリーダーシップを,国から省,市,県に委譲する政策をとったが,地方政府はあまり指導や支援を行わなかったことがある。それは古い経営体質の国有卸を市場に任せて淘汰させようとする意図が働いていたからである。政府は,民営企業に対する評価を社会の「組成部分」から「重要

部分」へと徐々に高めていった。そして，99年の憲法改正で第15回共産党大会（1997年）の決定に基づいて，それまで民営企業は社会主義市場経済の「補充的存在」であったが，「重要な構成部分」に位置づけられた。

　国有卸の衰退を決定づけたのは，1990年代半ば過ぎから，各商品分野で供給過剰になり，それまでの流通チャネルが機能不全に陥ったことである。すなわち，多くの在庫を抱え，不良債務が増加したことからメーカーとの間の信頼関係が損なわれ，品揃えが困難になったことが命取りになった。「国有卸は資本に対する責任が全くなく，売上がいくら減少しようと，身分が保証されているので責任をほとんど感じない。もともと商売をして儲けようとする意欲がなく，考えることは自分の地位や親戚の就職の斡旋ことばかりだった」（李国傑・匯旺行工貿総経理）という指摘もある。

　国有卸を含めて国有企業が経営不振に陥った要因として，一般に，つぎのような点が指摘されている。第1に，国有企業は計画経済期に確立された生産・分業体制に基づき，特定製品の生産・流通に特化してきたので，市場の変化に対応するのがむずかしかった。第2に，1987年頃から始まった請負制による「放権譲利」型改革により，利潤の内部留保が拡大したが，それらは労働者に分配されるばかりで，イノベーションのための投資に向けられなかった。第3に，国有企業は従業員に対して社会サービスや社会保障を提供する義務を負い，余剰労働力が常態化し重荷になった（大橋，2005，130-33頁）。

2-2　国有卸の崩壊

　唐山市における国有卸の最初の破綻は，1995年，「繊維品卸公司」が百貨大楼（唐山市百貨大楼集団有限責任公司）に買収されたことに始まる。百貨大楼は84年に国有の独資企業として設立された百貨店で，2002年には経営者・従業員による自社株式の買収により民営化されている。国有卸が小売商に買収されるのは全国でも珍しいことであるが，買収する際，国有地の払い下げとともに卸の従業員を引き受けている。百貨大楼の王維柯董事副総裁は，「国有の繊維品卸などからの仕入にはあまりいい想い出はない。国有卸は小売商全体を相手にしているので，売れ筋商品が必要な量を仕入れられないことが多かった。86年から仕入先を自由に選べるようになったことは，国有卸の経営を圧迫した

が，われわれにとっては大いにプラスになった」と語っている。なお，買収した繊維品卸はグループ企業のひとつとして，現在でも細々と経営を続けている。

1996年，「食品卸公司」は個人企業の頂旺として再出発する。「大百貨卸公司」と「小百貨卸公司」は徐々に衰退し，これらが使っていた倉庫は，97年，百貨大楼グループのショッピングセンター・八方購物市場に衣替えしている。2001年，「交電卸公司」と「五金卸公司」は卸として機能しなくなり不動産業に転身，「副食品卸公司」も不動産を賃貸する管理会社になっている。

国有卸では「糖業煙酒卸公司」の一部が唯一残っている。1986年，「糖業煙酒卸公司」は煙（たばこ）と酒類が切り離され，煙草専売局と糖酒卸公司が設立されるとともに，煙草以外の酒類と砂糖は民営卸の参入が認められた。現在，煙草専売局は国有で存続しているが，2004年，糖酒卸公司は百貨大楼に買収され，糖と酒の卸販売はすべて個人企業に任されるようになっている。

3 唐山市の流通近代化

中国では，消費活動の活発さを測定するマクロ指標として「社会消費財小売総額」の概念が用いられている。これは小売総額といいながら，「卸，小売，出版，郵政，その他サービスなどの業界が，個人または企業，学校などに対する販売総額」であり，卸の販売額や飲食・宿泊サービスなどの売上も含まれるが，本来の意味の小売業の動向を知り得るひとつの指標といえる。唐山市の小

表6-1 ●唐山市の社会消費品小売総額の推移

単位：万元，％

	社会消費財小売総額	対前年比	都市部	前年対比	県部	対前年比
1960	38,758	98.1%	24,718	99.0%	14,040	96.5%
1970	43,584	106.9	27,202	108.6	16,382	104.3
1980	116,305	118.7	69,721	115.7	46,584	123.6
1990	480,257	97.1	303,571	95.6	176,686	99.8
2000	2,585,226	110.5	1,349,589	108.8	1,235,646	112.4
2005	4,685,949	115.5	2,163,679	112.2	2,522,270	118.4

出所：唐山市（2006）による。

売総額は政治的動乱の影響で，1990年はマイナス成長であったが，91年から転じ，それ以降は2001年を除いて，05年まですべて2ケタ成長である。とくに，95-96年はそれぞれ30％，25％も伸びている。

　こうした社会消費財小売総額の順調な拡大を背景に，唐山市における流通近代化も進捗している。そのプロセスを，チェーン経営形態の進展，自由市場の復活，専業市場の展開の順に紹介しよう。

3-1　チェーン経営形態の発展

　唐山市では，第9回全国人民代表会議で策定された「第10期5ヵ年計画」(2001年) 以後，ショッピングセンター，超市，総合超市，ホームセンター，専売店（特定ブランドしか扱わない専門店），専業店（複数ブランドを扱う専門店）などの新営業業態，そしてチェーンストア経営形態が急速に普及するようになった。04年における新業態を採用した店舗数は3300店に達し，そのうちチェーン経営の店舗は1620店であり，チェーンストアの年間売上高は約90億元を上回り，消費財の小売総額の25％を占めた。なお，05年における一定規模以上の小売企業（従業員数が60人以上，年間販売額が500万元以上）は84社でうち民営企業は30社であった。

　チェーン経営形態は，効率性すなわち最小の費用で最大の成果を得ようという「資本の論理」が求められるので，流通生産性の向上に貢献する。流通近代化は，まず，チェーンストア経営形態の導入による規模の利益の達成によって行われるのが普通である。中国の流通近代化は同時多発的展開といわれるが，唐山市におけるチェーンストアの進展を業態でみると，コンビニエンスストアなどはまだ揺籃期にあり，比較的成長が著しい業態は超市と総合超市である。ここでは唐山市で最大手の超市と2番手の総合超市チェーンを紹介し，チェーン経営形態の発展ぶりをみてみよう。なお，総合超市の1番手である百貨大楼グループの八方超市は，八方購物広場の項で紹介する。

3-2　華盛超市と保龍倉（ファション）

　唐山市華盛超市有限公司（以下「華盛」）は市内ナンバー1の超市（食品スーパー）である。1984年，国有の2級卸と同等の役割を果たす「食品卸公司」

として出発，ハクサイなどの野菜，豆類，加工食品の卸・小売を行うことを主な業務としていた。華盛は市内に70ヵ所の小売配給所をもっていたが，大型商品配給所（商城）が新華道と増盛路の交差点にあったことから，華盛と名づけられた。華盛以外にも同じような卸公司の配給所があったが，これらは食品だけでなく日用雑貨品も取り扱い，セルフサービス販売方式を導入したので自選商場と呼ばれた。しかし商品供給が十分でなく，セルフサービス販売方式のメリットがあまり消費者に理解されず，まもなく伝統的な対面式販売に変わった。

　1993年，国営企業のまま自主経営方式が導入され，98年，従来の超市よりも大型の総合超市の出店を始めた。この頃，唐山市でも経済成長により市場構造が変化し，競争経済化が進捗するとともに華盛の成長も始まり，まもなく唐山市における超市業界でナンバーワンの地位に着いた。2000年，「産権制改革」（国有資産の財産権の改革）が行われ，経営者・従業員による自社株式の買収により民営化が図られ，01年，完全民営の株式会社になるとともに，対面販売からセルフサービス販売方式へ再び転換している。

　劉・総経理は1953年生まれ，大学で中国文学を学び，82年，野菜公司「超庄商城」の経理に就任した経歴をもつ。日本・西欧・台湾などを海外視察したりして，超市のチェーン経営のノウハウを習得し，「生活感のある店」を店舗コンセプトに事業を展開，今日を築いている。売上推移をみると，1990年0.8億元，95年1.2億元，98年に店舗が増加し3億元になり，2000年5.0億元，05年8.4億元（126億円）に上昇している。06年の社員数は2200人，総資産額は1.2億元である。

　2006年，華盛の店舗数は40店あり，うち大型店（1000平方メートル以上）6店，中型店（800〜1000平方メートル）34店という内訳である。これらに加えて，コンビニエンスストア（500平方メートル以下）の実験店を出店している。取扱商品は生鮮，加工食品，アパレル，日用雑貨，小家電など1万5000SKU（最小在庫管理単位）で，品目別シェアは生鮮・加工食品75％，アパレル・日用雑貨25％である。とくに，高級野菜に強く，反面総菜・半加工品・冷凍・冷蔵食品には弱みをもっているという。配送センターを1ヵ所もっているが，セントラル・キッチンはなく店内加工のみで対応している。

経営組織は仕入，配送，販売の３つの部門に分けられる。仕入は加工食品，アパレル，日用雑貨などのほとんどがメーカー系列の代理店からであり，仕入先は500以上ある。唐山市の代理店制は１メーカー１代理店が基本であり，ブランドの数だけ代理店が必要になるので小規模な仕入先が多くなる実態がある。生鮮青果は県部の農村地域に生産基地をもっているので直接調達し，鮮魚は山東省の水産公司を利用し，精肉は政府の指定業者から仕入れている。需要量が大きく市民生活に影響の大きい精肉は，価格は固定ではないが仕入先は政府規制のもとにある。

　配送センターは，1998年，不動産会社の一運公司が設立したものを，借り受けて自社運営している。冷凍・冷蔵・鮮魚も取り扱い，共同配送できるコンポジット（複合）型センターで，賞味期限の短いものはスルー（通過）方式をとっている。上海などの大都市と異なり配送専門業者がいないので，2.5〜４トントラックを20台所有し，各店舗に自己配送している。華盛はセンター納品で一括配送方式を推進しているが，強いブランドをもつメーカーは配送センターを使いたがらないし，使ったとしてもセンター使用料は取れない悩みがある。パンは，前日夕方６時までに注文を受けると，翌日午前中に各店舗に１日１回，メーカーから直接配送している。

　政府は入店料などの合理的根拠に基づかない商慣行に関しては禁止措置を執っている。したがって，関係者はこの問題に関して神経質になっており，華盛も含めて小売商側は，公式見解としてリベートの徴収は行っていないとすることが多い。しかし，加工食品卸の経営者や関係者の話を総合すると，どの超市でもかなりの入店料や種々のリベートを徴収しているのが現実である。

　華盛の今後について魏魯辰董事は，「カルフールやウォルマートなどの外資の進出は，脅威というより経営ノウハウを学べるチャンスとして前向きにとらえている。われわれは今後，総合超市やショッピングセンターの開発よりも，超市の業態に経営資源を集中するとともに，マーチャンダイジング，特にPB商品を充実させたいと考えている」と語っている。

　河北保龍倉商業連鎖経営有限公司（以下，保龍倉）は，1998年，河北省の省都・石家荘で開業，河北省では総合超市のパイオニアである。創業者はもともと不動産業を営んでいたが，深圳でウォルマートを見て感動したのが総合超市

事業参入のきっかけである。ノウハウ習得のため全国各地の総合超市を見て回り，とりわけ北京のカルフールの店舗経営から多くを学んだ。そして仲間7人（不動産業者，農家，編集者，役人など）を募って開業，その際カルフールから総経理や生鮮主任など7～8人をスカウトしている。現在の店舗数は10（石家荘5，唐山1，その他河北省3，山東省1）プラス加盟店が1店舗あるが，石家荘ではコンビニエンスストアも展開している。2006年の売上高は14億元（210億円）で前年比5億元増で，従業員数は10店舗合計で4000人である。

　保龍倉唐山店は，売場面積は1万1000平方メートル，従業員は社員300人プラス派遣店員200人，2006年の売上高は1.3億元，前年比30％増である。商品別の売上割合は，加工食品50％，生鮮食品25％，百貨（日用雑貨）25％であり，生鮮食品で顧客を吸引し，加工食品は売上を稼ぎ，百貨で儲けるという仕組みになっている。仕入担当者は「グロスマージン10％，販管費8％，利益率2％である」と説明したが，算定の根拠は曖昧で真偽は不明である。

　マーチャンダイジングは，十分な市場調査に基づくことを基本方針にしている。品揃え数は1万5000品目で，約300の代理店から仕入れている。メーカーが代理店チャネルを構築している現状から，ネスレとP&Gを除いてほとんどが代理店経由の仕入れは現状ではやむを得ないが，将来的にはメーカーとの直接取引にしたいと考えている。生鮮青果は，農業生産者が共同で組織した「生産基地」から大口仕入（ただし，そばに卸市場がありに小口はそこで仕入れる），鮮魚は指定代理店1社にまかせている。政府規制のもとにある精肉は，政府指定の業者から仕入れている。

　「総合超市のトップは百貨大楼グループの八方超市であるが，われわれはナンバーツーとして頑張っている。近々進出が予想されるカルフールやウォルマートは資本力があり，圧力を感じる。しかしわれわれには，現地企業として10年の経験が強みであり，豊かで新鮮な品揃えと安い価格で対抗したい。カルフールに関しては，生鮮食品はいいが，アパレルはよくなく，価格も相対的に高いと評価している。……現在，唐山には配送センターがなく，配送は代理店任せであるが，店舗を増やし配送センターの設立を考えている。ただし，M&Aなどによりチェーン店を増やすよりも，既存店の強化の方が優先順位が高い。もう1つの課題は，PB商品の充実であり，現状ではアパレル，トイレッ

トペーパー，紙コップ，洗剤，蜂蜜などのPB商品を提供しているが，まだ売上の5％以下である。2007年中にPB商品開発部を組織し開発体制を整えたい」（于文建・店長・談）。

　超市や総合超市などのチェーンストアの経営形態は，多店舗展開することにより規模の利益をあげることが第1の狙いである。すなわち，チェーンストアでは，仕入れと販売を分離され，仕入れは本部に集中して行われるので有利に行うことができる。メーカーや卸などの仕入先も，相応の規模と効率性が要求されるので，全体として流通近代化が促進される。また，チェーン店全体の販売量が生産の経済単位を超えれば，PB商品の開発が可能になり，生産者に対する拮抗力を形成することができる。

　唐山市のチェーンストアは，店舗数を増やし売上高を拡大するという「量的発展」の段階にあり，PB商品の開発という「質的発展」は緒に就いたばかりといえる。

3-3　唐山市最大の自由市場「渤海総合市場」

　チェーンストアを中心とする流通近代化が起こると，新型店と在来店との間に異業態間競争がみられるのが一般的な傾向であるが，中国は社会主義計画経済という特殊事情もあり，統制の頸木が解き放たれると，いわば在来店ともいうべき中小（卸）小売商の集積である自由市場が復活し，急速な発展がみられた。

　計画経済下の唐山市でも，自由市場は1984～85年頃から都市の集合住宅や住宅地の公園や歩道周辺に自発的に現われた。当初，個人的商売が自然発生的に発達した自由市場は，政府としては管理しにくいので好ましくないという姿勢をとっていたが，現実には，自由市場は市民の日常生活にとって必要な衣・食・住用品を提供する商業施設として欠くことができない存在になっている。一般に，自由市場は値段は確かに安いが，品質保証や衛生面などで問題があるので，政府は露店が店舗を設置したり，冷蔵設備を導入したり，清掃業務を実施したりするのを支援・指導している。失業者が多い中国では自由市場への参入者が絶えず，消費者の支持も厚いので，政府が支援しなくても繁盛しているのが実情である。年間売上高が1億元を超える自由市場は市内に27ヵ所ある。

唐山市の中心部は新華道を挟んだ路北区と路南区の2区であり，ここに位置するいくつかの自由市場と，また県部にある卸の商業集積をみてみよう。

　路南区にある渤海総合市場は，とにかく巨大な商業集積であり，政府の支援がほとんど行われていないという意味で，正真正銘の自由市場である。広場を取り囲むように3方向にアパレルのビルが建ち並び，向かって右の奥まったところに，少し古くさい箱形の建物には，さまざまな精肉業者が入居した市場があり，枝肉加工するものや陳列して威勢よく商う人，そして多くの客でごった返し，市場特有の活気が感じられる。総合市場の左手後方には集合住宅が建ち並び，その前の道路沿いにテイクアウト方式の食べ物屋や物販店が店を広げている。道路を少し進んだ左側には，青空の青果市場が常設で開かれ，主に近郊の産地で収穫された農産物をかなりの数の商人（女性が多い）が座売りしている。古ぼけた建造物や剥がれかけたカラー舗装などはもちろんなく，素朴な市場らしい生活の香りが感じられる。中高年層だけでなく若いファミリーも集うのは，ここには開放的な雰囲気のなか，人と人とのコミュニケーション，そして人情味あふれたショッピングの楽しさがあるからである。ここの市場を見学すると，生鮮食品は超市や総合超市ではなく，自由市場を主に利用するという市民の言葉に頷くことができる。

　渤海総合市場の側にある大里路市場は，繊維品（服地やカーテン生地）の集積で，路南区の大里路の道路沿いにあり1980年代には露店の集積として非常に繁盛していた。92年に政府が近くの広場に移転させ，2002年からテントを張った市場に衣替えし，それまであった仕切りを取り払った。家賃は月50元で，権利金はなく，希望する者はほぼ入居できる状況にある。路南区政府は，現在，年1500万元の予算を市場に投入して，市場の維持・管理を行っている。市場の商人数は340人，うち繊維品を扱うのが260人で，北京や広州の卸の集積から仕入れて商っている。グロスマージンは約50％もとっているにもかかわらず，近くの大型店より価格は非常に安いので消費者に人気があり，平日の午前中でも非常に繁盛していた。市場の一角には，少数であるが生鮮品や野菜の業者も入居しており，小売とともに卸も一部行っている。1日の平均来場者は7000〜8000人とのことである。

　唐山市の商務局がある路北区煤医道の両側に直線上に集積しているのが「煤

医道市場」である。通りの名前は，近くに煤医大学があることに由来する。1970年代末頃から自然に発生したもので，現在約150メートルの道路西側に170店，東側に97店あり，衣料品以外はすべて扱っている。衣料品は，大通り文化路を挟んで煤医道の延長線上に集積し，午後になると次々と店開きするので，両方あわせると総合市場ということになる。現在では政府による営業時間の制限はなく，夏は夜12時まで営業しているが，午前10時頃と午後4時頃が多くの客で賑わうショッピング・タイムである。商人組合などの市場組織はないが，「春節」（旧正月）や5月の労働節などの共同イベント・売り出しは行われている。かつて店舗はすべて露店だったが，政府では衛生面などを考慮し，96年，露店後方に簡単な店舗を設置し，管理費を月40元徴収し利用させている。現在，衣料品の集積は露店だけだが，一部資金（1区画約2万元）を集め簡単な店舗の設置を予定している。政府が指導・支援しているのは「衛生面」（商店街の清掃，エプロン着用，ハエの除去）と水道・電気の整備などであり，商売は基本的に自由とのことである。なお，「文化路」との交差点に食品スーパーの華盛があるが，価格優位な状況にあり，売上高は年々増えている（王偉・煤医道市場駐屯事務所副主任に対する聞き取り調査）。

　煤医道市場の北に位置するのが和平里市場である。1982年頃から青果，精肉，米穀などを商う業者が自然と集まり，自由市場が形成されるようになった。唐山市政府はこれらを母体に，2003年，倉庫型店舗を作り公設市場を開設，テナント料は1ヵ月25〜30元と格安で，105店を入居させている。和平里市場は，1棟の倉庫型店舗で全体的に整備されてきれいな市場であるが，かなり政府の関与がみられる自由市場ということになる。路南区にこうした政府主導型市場4ヵ所，唐山市全体では約25ヵ所開設されている。営業時間はAM8：00〜PM8：00であるが，お客で賑わうのはAM10：00〜12：00とPM4：00〜6：00である。青果業者は産地から直接，精肉業者は国の指定業者から仕入れて，主に消費者に販売している。

　そして新華道に面し，市内のまさしく中心部にある新華道集貿市場は，路南区政府が1980年代中頃に開設した海産物市場で，倉庫型の建物に鮮魚，エビ，乾物，酒類などの業者が多数テナントとして入居している。小売が中心であるが，渤海総合市場の商人も海産物の一部をここから仕入れている。こうした水

産物の自由市場は市内に何ヵ所かあり，卸中心の市場もある。そのひとつ「荷華桂」は個人経営の水産物卸市場であるが，年間取引額が30億元の巨大市場とのことである。

　市場経済化が進み，超市や総合超市のチェーンストアが進展するなかで，地方都市唐山市では中小小売商の集積である自由市場も存在感が増していることが確認された。一般に，伝統的業態のアンティテーゼとして登場するチェーン業態が，経済成長も改革も急速な中国では新旧織り交ざった格好で同居している。自由市場は，とくに生鮮食品やアパレル・生地などでは市民生活の多くの部分を支えており，開放的な雰囲気で地域のコミュニケーションの場になっている。

4 ｜ 小売業の近代化―百貨店とショッピングセンターの発展

　百貨店は唐山市でも計画経済の時代に国有の主要な配給機関として重要な役割を担ってきたが，規制緩和が進んで経済が成長し，チェーンストアが急成長するなかでどのような変貌を遂げているであろうか。

　中国の百貨店業界は，経済成長を背景に国内資本を中心に1980年代中頃から成長期に入ったと推定できる。百貨店は，利益率はあまり高くないが，経営が安定しているので魅力的な事業ととらえられ，不動産業者など他産業から委託経営方式での参入が相次いだからだ。90年代になるとWTO交渉が始まり，台湾・香港・マレーシアなどの華僑外資が参入するようになった。そこで北京の王府井百貨店など大手百貨店は店舗拡大する一方で，限界的な百貨店は立地上の問題，資金・人材難などの理由で縮小と撤退に追い込まれた。

　唐山市は大都市と比べると，百貨店の発展は遅れているが，近年，店舗数が増加するとともに大規模化の傾向にある。数年前まで，市内に百貨店は百貨大楼と華聯の2社しかなく，両社はターゲットとポジショニングを調整，百貨大楼は伝統的路線を維持する一方で，華聯は家電品や食品の取り扱いをやめ，ファッション性の高いアパレルに集中し，品揃えなどを高級化して棲み分けをしていた。しかし，2004年に遠洋城ショッピングセンターが開業し，そのキー

テナントとして若者向けでファッション重視の五聯国際百貨が出店，05年，高級品中心の三利国際百貨が，百貨大楼が立地する交差点の斜め向かいにオープンし，唐山市でも百貨店競争時代に突入した。

4-1　伝統の百貨大楼

　百貨大楼は，唐山市における最大手の流通グループ，唐山百貨大楼集団有限責任公司に属する老舗百貨店である。1984年，唐山市路北区の中心地，新華道と建設路の交差点にあった国有卸の建物で，100％国有企業として創業，93年以降に赤字に陥っていた国有卸など11社を吸収合併した。中国では一般に，卸売業は小売業より上位にみられていたので，百貨大楼による国有卸の買収は，全国でも初めての珍しいケースとして注目された。2000年，ショッピングセンターの八方購物広場を開設するとともに，キーテナントとして総合超市の八方超市を出店する。八方購物広場は現在，市内における最も人気のあるショッピング・スポットになっている。

　2002年，「産権制改革」を実行し，百貨大楼も経営者・従業員による株式買収が実施され，株式会社化された。その際，国有資産の払い下げをかなり低い相場で譲り受ける見返りに，国有企業の従業員の雇用を引き受けている。現在，国家による投資資金はすべて返済し，形式的には完全に民営化され，銀行からの借り入れもなく，株式は非公開であるが，約2700名の従業者と退職者が株主で，国有企業の時代と比較すると仕事に対するインセンティブは高い。

　2004年になると，まず豊潤区の唐山百貨店を3000万元で買収し，売場面積を2倍の2万平方メートルに拡張，豊潤区最大のショッピングセンターとなっている。また，路北区龍澤路に賃貸方式で1.4万平方メートルの総合超市を開店，さらに，糖酒卸公司傘下の裕豊超市を買収合併した。このようなM&Aにより積極的に企業拡大に努めた結果グループ企業が増え，大型商業施設の開設が可能になった。05年には，家電店販売を別会社にしてチェーン展開を開始し，糖酒卸公司本体も買収している。

　現在，グループには子会社が5社（百貨店・超市，家電量販店チェーン，八方購物広場，卸会社，広告公司），専門支社が9社（婦人服，紳士服，宝石など）ある。店舗数でみると，百貨店が7店舗，（総合）超市が5店舗，家電

店が6店舗，うち売場面積が1万平方メートル以上のものが7店舗，総床面積は22万平方メートルである。従業員数は1万1000人，うち現役従業者が8400人，退職者が2658人いる。商品は22万品目を取り扱い，2005年の販売額は18億元（前年比25％増）で，利益も大幅に増えた。ここ数年河北省では，連続して販売額，利益，納税額など主要な経済指標において上位にあり，中国連鎖経営100強で81位にランクされた。本店の売上高は8億元で，店舗別ランキングで全国27位である。卸事業は国営卸の余剰人員に対する受け皿的存在であり，いずれ撤退の方針である。

百貨大楼は伝統的タイプの百貨店であり，サラリーマン家庭と近郊の農村所帯，とくに働く婦人層をターゲットにしている。高額所得者は高級品を北京に買いに行くので，品揃えは大衆的要素をもつ定番商品を中心にして，差別化を図っている。百貨大楼の競争優位は，①最も伝統がある百貨店で市民から親しまれていること，②本店は第1の中心地に，八方購物中心（4万4000平方メートル）は第2の中心地にあり，立地に恵まれていることにある。農村所帯も含めて大衆消費者を対象に，中級品から高級品と幅広い品揃えで，家電，アパレル・貴金属・時計などの販売で強みを発揮している。2005年の品目別売上シェアは，アパレル40％，時計・家電20％，残りは貴金属などで，食品は隣に超市を開設しているのでほとんど取り扱っていない。

かつて国有卸から仕入れていた当時は，必要な商品を必要な時間に必要な量を確保することがむずかしく，効果的なマーチャンダイジングができなかった。1986年から「3固定制」が崩壊し，自由な仕入れが可能になり，89年からは利益の内部留保が認められ（それまでは利益の3割が国に徴収された），百貨店経営の自由度は増した。現在は，メーカーからの直接仕入を基本方針にしているが，有名ブランド品や輸入品などは代理店チャネルが主流になっている。仕入先はおよそ3600社にのぼる。毛皮などリスクが大きい一部高額商品を除いて，アパレルの売場はほとんどが直営であるが，ブランドごとに仕切りがあり，それぞれ社員を1名責任者として配置し，後は派遣店員を利用している。仕入方法は，基本的に返品が認められる委託仕入である。

百貨店の粗利益率（リベートを含めて）は，全国的にみて最大値は15％，通常は12～13％といわれる。百貨大楼もこの範囲にある。ただし，超市の粗利益

率は約10％と低いとのことである。販売管理費では，人件費（年額8900万元）と電気代の負担が大きく，とくに余剰人員を含め人件費が大きいのが課題で，定年退職した2000人の養老年金の支払いが負担になっている。リベートは家電製品では大きいが，それ以外の品目では小さい。今後の方向として，「まず，唐山市一の流通グループとして地位を確立することが優先で，市外・省外より市内で新たに開発される郊外住宅地への出店を重視している。つぎに，流行性の高いファッション商品など高額品の拡充に挑戦し，化粧品でも資生堂やマックスファクターなどの有名ブランドをもっと取り入れたい。さらに，公益事業，身障者・高齢者向け事業，文化事業などを充実させたい」（王力生・八方購物市場副総経理・談）としている。

4-2　若さとファッションの三利百貨店

　創業者は北京賽特グループの董事長をしていた時に，唐山の客が北京の百貨店まで買物に来るのに着目し，2005年に進出を決意した。集団公司・北京俊思企業管理有限公司グループの経営コンサルタント会社を母体に，三利百貨店を立ち上げた。朱民偉・執行総経理は，その経営コンサルタントとして百貨店を5店舗開店させた経験を持つが，開業に際しては，一部人材を太平洋SOGOなどからスカウトしている。同じグループには小売管理のほかに，素材メーカー，アパレルメーカー，不動産，宝石などの会社があり，小売管理公司傘下の三利百貨店は，唐山，西安，石家荘に3店舗ある。今後は，台湾・香港などの華僑資本などが出店する可能性の低い沿海部や山東省で，毎年1店舗ずつ開店，北京オリンピックの2008年には6店舗にする予定している。グループ内に不動産会社があり，百貨店にとって一番重要な立地のノウハウは持っているのが強みである。

　三利百貨店は，百貨大楼と同じ交差点に位置する世博大厦（22階の複合ビル）の1～4階（売場面積は2万8000平方メートル）にある。「百貨大楼はいまだに国営的で古くさい感じがするのに対し，われわれは若い層にターゲットを絞り，流行に敏感な優れたブランドを揃えている。現代的感覚に敏感で高所得者の多い北京と比べると，唐山市は中低所得者が多いので，ブランドは国内メーカーを中心にしている。ターゲットは18～45歳を中心に広い客層を想定し

ている」(朱民偉・執行総経理・談)。

　一般に，地方百貨店は，人気の高級ブランドを取り揃えることがむずかしいというのが課題であるが，三利百貨店は，著名でなくても良質なブランドを発掘したり，無名ブランドを養成したりして，「自店ブランド」確立の努力をしている。たとえば，毎月，１Ｆのイベント広場でファッションショーを開催，無名ブランドを発掘しており，すでにいくつかのブランドが独り立ちしテナントとして入店している。売場づくりは，平場(自主運営売場)を構成するだけのパワーを持ち合わせないので，ブランド別になっている。現在，アパレルの人気ブランドは，「宝姿」，「エスプリ」，「FAGE」などである。テナント・ミックスは年２回(５月の小変更と10月の大変更)調整し，20～25％が入れ替わっている。現在，テナント総数は240で，従業者は正社員は160名，派遣店員は300名の460名体制である。

　およその商品別売上高構成比は，アパレル35％，化粧品25％，スポーツ用品22％，靴・カバン18％である。スポーツ用品のシェアが高いのは，ブランド好きな唐山市の消費者にとって，スポーツ用品であれば手頃な価格で有名ブランドが買えるからである。特売は年間８回(労働節，国慶節，クリスマス，バレンタインデー，春節など)実施し，その売上高は全体の約６割を占める。価格競争はできれば回避したいところだが，同・異業態間競争が激しく特売は避けることができないようである。

　商慣行として「入店料」，「保証金」(閉店時に返却)，「労働節などの協賛金」，「品質保証金」などを徴収している。ただし，有名ブランドのテナントには「入店料」を減免したり，反対に入店してもらうために一定金額を支払うこともあるとのことである。仕入れはおもに代理店から委託仕入だが，支払いは１ヵ月後決済が慣行となっている。テナントから徴収する料金は，売上高の24％で，北京の慣行である30～34％と比べるとかなり低いが，人気ブランドを揃えるためにはやむを得ない事情がある。

　伝統の百貨大楼に対して，若さとファッションを売りにする三利百貨店，そしてこれに老舗の華聯が加わり地方都市唐山市における中心市街地の都市文化を彩っているといえる。

4-3　八方超市・八方購物広場

　八方購物広場は百貨大楼集団が，2000年，路北区新西道沿いの市内第2の中心地に開業し，当初は国有卸の倉庫の1階を利用した総合超市の八方超市だった。現在は2・3階もアパレル（服飾・ファッション）売場に衣替えし，売場面積4万4000平方メートルのショッピングセンターになっている。家電品を除く06年の売上高は5億元（前年比40％増），内訳はアパレルが55％，総合超市が45％の割合で，純利益1500元である。さらに，隣接する土地3700平方メートルを買収し，07年秋，2億元を投資額して市内随一の高級ブランド品のショッピングモール，鳳凰購物広場を増設し，総売場面積は合計で8万平方メートルに拡大し，市内随一の人気商業施設としての地位をさらに固めている。総合超市に百貨店が加わり，さらにショッピングモールが開設され，本格的な大型ショッピングセンターが完成している。

　八方購物広場の売場は1階から3階まで基本的にすべて自社で運営しているが，直営と「連営」のパターンがある。連営方式はテナントと共同運営するもので，派遣店員を受け入れ，利益を両者で配分する方式である。アパレルは直営と「連営」が半々であるが，食品はすべて直営である。設立当初は経験不足や人員不足のために連営を導入したが，直営の方が主導権がとれて利益が大きいので，直営を増やす傾向にある。ちなみに，直営売場の生鮮食品の粗利益率は40％あり，加工食品はもっと大きい。現在の従業員は300人のパートを含み1200人である。

　アパレルのノウハウは百貨大楼が有しており，そこから派遣されたスタッフを中心にマーチャンダイジングを行っている。アパレルの仕入ルートは唐山市で独占的販売権を持つ代理店から仕入れ，2・3級卸は利用しない方針を採っている。ブランド・ミックスについては，八方購物広場は売場面積が制限されているので品揃え数は少なく，中高年向けが多いが，ショッピング環境がいいことから，ターゲットを広げ，現代的な若者向けの商品を増やしている。

　総合超市・超市のチェーンストア経営ノウハウは，おもに外資系のウォルマートやカルフールからから学んできた。八方超市はウォルマートの「会員店」として仕入・業務関係を結んでおり，月1回開催されるウォルマートでの勉強会で，生鮮食品の管理方法や食品の加工方法，新製品情報，仕入ルートな

どノウハウの提供を受けている。百貨（日用品）の60％はメーカーとの直接仕入，生鮮食品は100％産地との直接仕入である。王華道に専用の物流センターがあり，メーカー直接仕入商品と生鮮食品100％をセンター経由で共同配送を実現しているが，大量発注するとメーカーから各店舗への直接配送になる。アパレルや百貨は委託仕入で返品できるが，有名ブランド品，酒，たばこ，生鮮食品などは返品できない。ただし，売れ残った場合は別の商品と交換することが可能である。

八方購物広場が市内で1番人気の呼び声が高いが，その理由はいくつか考えられる。①百貨大楼集団が培ってきた信頼，②市内第2の中心地という好立地，③地元企業として消費文化や習慣を知悉，④仕入力に基づく魅力的な品揃えと妥当な価格水準，⑤百貨大楼の人材や経営ノウハウを共有，などが指摘されている。近々予想される外資の参入を迎え撃ち，今後さらに発展するためには，人材，特にバイヤーの養成，ショッピングモールの増設による総合化，直営売場の拡大，地元の強みを生かした生鮮食品の充実，経営管理の標準化などを行わなければならない（王力生・八方購物市場副総経理・談）。

4-4　都市文化と百貨店・購物広場

百貨店の発展は，仕入先としての国有卸を後退させ，民営の代理店チャネルの成長を促したといえる。ここでのもうひとつの興味ある論点は，なぜ計画経済下で商品流通の中核を担っていた国有卸がひとつも生き残れなかったのに対し，百貨大楼は生き残ったばかりか，流通近代化に参画し，したたかに唐山市最大手の流通グループに成長しえたのであろうかということである。

第1に，卸と小売の役割りの違いが考えられる。卸売商は流通近代化のプロセスですべからく効率性が重視されるのに対して，小売商は消費者の生活文化欲求に答えることが第1の使命である。もちろん小売商にも効率性は要求されるが，効率性一辺倒では個性化・高級化する消費欲求を満足させることはできない。とくに，流行性の高い「個性的商品」に関してはそうである。秋谷は，「小売業が演じる舞台の様式は，時代の推移に応じて変化する。その先端部分は，時代の精神や技術を反映して変化するが，そうした変化をはらむ舞台の全体を，小売業（商業資本）の文化表現と名付ける」（1980，207頁）と述べてい

る。変化する経済・政策環境のなかで，国有企業全体の改革が緩慢に行われ，国有卸は要求される効率性に答えることがむずかしかったのに対し，時代の精神や技術を反映する小売業は「文化表現」として共同社会に根付いた存在であり，たとえ改革が緩慢であったとしても社会に受け入れられやすかったと考えられる。

　特に百貨店の場合，19世紀にパリに登場して以来，イギリスでもアメリカでも日本でも都市文化の象徴であり，いちばん繁華な中心地に立地して街に「華やかさ」を提供している。中国の計画経済時代においても，経済の発展や都市形成の程度に応じて「華やかさ」のコンテンツは異なるにしても，百貨店は当時の社会の消費文化の中心であった。こうした認識が社会で共有されていたことが，百貨店が成長しえた理由である。

　第2は，1980年代になると徐々に国営商業は中央・地方政府の規制と管理が緩められることである。とくに3固定制が崩壊したことは，国有卸には向かい風，国有小売には追い風になった。唐山市でも，86年から百貨店は，仕入先が拘束されない自由仕入制により効果的なマーチャンダイジングが可能になり，89年からは利益の内部留保が認められ，経営の自由度は大幅に増している。これは卸の立場からみると，安定した得意先の喪失そして得意先獲得競争の激化を意味する。

　第3に，業種別に縦割りに制度化されてきた卸売業に比べて，小売業は多事業を展開し，範囲の利益を獲得しやすい。百貨大楼グループは，百貨店を中核に，総合超市，超市，専門店チェーンなど，そしてショッピングセンターの開発などさまざまな事業を展開し，シナジー効果を発揮している。

　第4に，社会主義競争経済の中国では経済と政治は密接不可分の関係にあり，企業経営を成功させるためには政治的力量が問われる。これは「経済改革の先行，政治改革の遅れ」と指摘されている側面であり，中国では経済的利害状況と政治闘争が結びつくことが多い（樊，2003，135頁）。たとえば，小売業にとって最も重要な財産は好立地といわれるが，社会主義国の中国では土地そのものの所有と管理は政府が行っているので，好立地の使用権を獲得するには政治力が必要になる。唐山市商務局は2005年，「商業発展マスタープラン」を策定，そのなかでゾーニングを行い，大型店の出店は「繁商区」と「次繁商

区」に限定したが，企画局は遊休国有資産の売却などの都合から，これらの地区以外の用地使用権を外資系大型店へ売却することが噂されている。その外資系大型店は，不動産会社と協力して政治力を発揮しようとしているわけで，近々出店に漕ぎ着けようとしている。百貨大楼，三利百貨店，八方購物広場の土地使用権獲得プロセスの詳細は明らかではないが，現在好立地の国有企業の跡（地）で営業していることから判断すると，かなり政治との関連性が推測される。国有から民営への経営形態の変更にしても，いかにして柔軟に政府と良好な関係を維持するのかということが重要になる。

5　民営卸の成長

　1990年代になると，超市や総合超市のチェーンや百貨店が発展し，総合的品揃えの大型店が登場するようになった。そうした大型店の商品調達には，国有卸でも，そして国有卸に代わって成長してきた自由市場や専業市場でも対応することができず，民営卸が台頭するようになる。民営卸とは，自由市場に集積する卸ではなく，有名ブランドをもつメーカーの代理店機能をもつ相対的に大規模な中間商人である。

　唐山市の卸売の発展段階はおよそつぎのように概括できる。1995年頃までは，自由市場の発達がみられたとはいえ，国有卸の時代であった。しかし，90年代の半ば以降，危険負担を伴わないことによる無責任な経営，売り手市場から買い手市場に変化したこと，政府による民営化促進政策が採られたことなどにより，国有卸は崩壊期に入って急速に衰退，今世紀にはいるとほとんどが民営化され，民営卸の時代が到来している。

　唐山市には2006年現在，卸売事業所数はおよそ２万8200あり，そのうち年商1000万元以上の卸売商は170〜200社を数えている。そのうち食品卸が最も多く，全体の70％を占めている。年商1000万元以上の卸売商は，ほとんどが唐山市における独占的販売権をもつ代理店であるが，全体でみると，代理店はそれほど多くはなく，ほとんどは自由市場に集積する中小規模の卸売商である。

　中国で多くのブランド・メーカーは，迅速にマーケティング・チャネルを整

備するために，家電品等一部の商品を除いては代理店制を採用することが多く，代理店を通さないと大手チェーンストアでもブランド品を仕入れることができない。代理店でない卸売商は，メーカーから直接仕入はできないので2次卸や3次卸になる。しかし唐山市では近年，ブランド品の普及やチェーンストアの成長などを背景に，代理店は大規模化の傾向にあり，小規模卸は淘汰され企業数は減少傾向にある。中国の卸売企業は，資本金が500万元，年商約1億元以上ないと1人前ではないと，複数の現地経営幹部は語っていた。なぜなら，それは資本金が500万元以上（実際の運用ではもう少し減額されているという関係者の証言あり）でないと「増値税表」の伝票が使えず，使えない卸は17％の付加価値税を余計に徴収されるからである。

　唐山市ではこの10年間で流通構造は大変革を遂げたが，ここでは唐山市を代表する加工食品卸の2社を詳細にみることで，大手卸の立場から唐山市の流通近代化プロセスを分析する。

5-1　ナンバー1の加工食品卸「匯旺行工貿」(フイワンハン)

　唐山市匯旺行工貿有限公司（以下，匯旺行）は，現総経理の李国傑が，1996年，資本金100万元で設立した，現在唐山市でナンバー1の加工食品卸である。李は，76年，河北省を襲った大地震のあと，国有の糖酒卸公司に就職，幅広く加工食品を扱う国有卸で経験を積みながら，94年から96年まで大学に通った。この当時の国有卸では，自己の地位保全と親戚の就職斡旋などばかり考える無責任な経営慣行がはびこり，しだいに経営が悪化していた。しかし，李は卸にビジネス・チャンスがあると判断して創業に踏み切った。民営企業は従業者のやる気があり，効率的経営に徹し，得意先へのサービス提供の点でも国有企業と比べると優れており，成長の軌道に乗せることができた。唐山市全人代代表も務める李は，2006年設立された市内初の業界団体，唐山市供応商協会の副会長に就任している。

　創業時の資本金は100万元だったが，2006年末には1500万元，07年には2100元に増資した。売上高は毎年18〜22％のペースで増加し，05年は5000万元，06年には8000万元に達した。07年は，有力得意先の1つである総合超市の家世界の経営不振の影響を受けたが，全体的には順調に伸びている。売上が伸びたの

は，主力ブランドが増えたことや，県部の生活水準が上昇し需要が拡大していることが大きい。従業員は50名で，地域別担当の営業マンが12名いる。得意先に対する派遣店員に関しては，専門会社にアウトソーシングしている。

当初からの戦略は，大手食品メーカーの唐山市（6区，2県級市，6県）における独占的販売権をもつ代理店になることであった。1990年代末から唐山市でも超市や総合超市が増え始め，それらを重点的にターゲットにしたことが功を奏した。創業から4年間で，17メーカーと代理店契約を結び，2006年末，22社2000アイテムに拡大している。主力ブランドは「娃哈哈」（ワハハ）（飲料や乳製品），「徐福記」（お菓子），「徳芙」（チョコレート），「卡夫」（ビスケット），「高楽高」（ココア）など内外の五大有名ブランドで，05年の年間売上高は4000万元，全体のおよそ8割のシェアを占めている。なお，日本の森永乳業の粉ミルクとも契約している。ちなみに「徐福記」の地域販売権は，96年に国有卸から「匯旺行」に移っている。07年3月になると，主力ブランドに，DOVE（チョコ），薬事（フリトレーのポテトチップス），好利友（キャンディ）の3つが増え，25社2050〜60アイテムの地域販売権をもつようになった。代理店契約はメーカーからの申し入れが多数あるが，およそ3割は自らメーカーに対して申し入れ契約を獲得している。しかし，事業規模の急拡大に経営ノウハウや人材育成が間に合わないのが現状であり，拡大よりも機能充実や基盤確立に力を注いでいる。大規模化に伴う経営ノウハウの習得，人材養成，そして現在はほとんど人手だけに頼っている物流業務を，正確かつ効率化するための新たな配送センターの設立が急務となっている。

得意先はチェーン経営形態の小売店が中心で，小売商が80％，卸売商が20％，小売商の内訳は大型店（八方購物広場や保龍倉など）が40％，中型店（華盛や鎮氏など）が20％，小型店（華盛や鎮氏など）が30％である。唐山市ではいずれの県にも民営大型店は必ず1つはあり，これらにも2級卸を通さず直接販売している。

1次物流はメーカーが行い，事務所に隣接する倉庫・配送センターに持ち込まれる。荷下ろし，運搬，保管，発送などの作業は，すべて人力で行われている。配送要員を17名擁し，注文をうけてからの市内なら4時間以内，また県部の100km圏でも12時間以内に納品するという短リードタイムを実現している。

匯旺行の平均在庫量はおよそ3週間分である。2007年，路北区の村部に建設会社の土地1万2000平方メートルを15年間賃貸で借り受け，800万元を投資して新たな配送センター（建物面積7000平方メートル）を建設，一部は他の卸に賃貸して共同配送を行っている。路北区の格好な物件の賃借権取得に関しては，唐山市全人代代表としての李・総経理の政治的手腕が発揮されたことが想像される。

　一般に中国では，小売商は取引開始時に「入店料」（入場料）を徴収する商慣行があり，多くの場合メーカーが負担している。ただし，中小規模の卸は自己負担している。しかし大手小売業でも，コカコーラやペプシコーラのような海外大手メーカーからは入店料がとれないケースもある。このほか，「店慶」（オープン1周年記念など），「司慶」（本社の記念行事），特売，年末などの時期に請求されるリベートがあるが，これらは卸自らが負担しなければならない。支払い条件は，原則として小型店は現金払いであるが，大型店の場合は15〜30日のサイトの決済である。「価格はメーカーが建値制で決めていて卸による裁量の余地が少ない。公平と公正さの観点から，卸の粗利の適正水準は15〜20％と考えているが，現在はまだその水準には達していない」と李国傑・総経理は述べている。

　加工食品卸の匯旺行における今後の課題は，ブランド・品揃え数を拡大して，得意先におけるインストアシェアを高めること，同一商品の複数ブランドを取り扱うことであるという。たとえば，伝統的な人気菓子「サーチーマ」（薩奇馬，中国風おこし）にはいくつか有名ブランドがあり，得意先はそれらをすべて取り揃えるのに，ブランド数と同じ数の代理店と取引をしなければならず，非効率を招いている。また，すでに一部の超市に対して実施しているリーテイル・サポートも，メニューを充実させ，卸売機能の高度化を図る必要

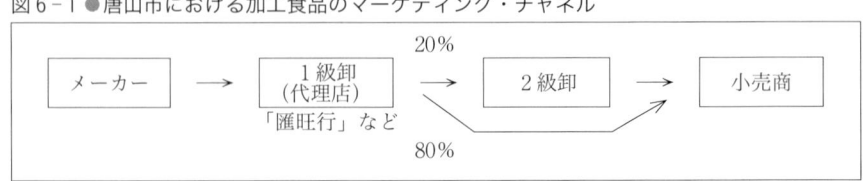

図6-1 ●唐山市における加工食品のマーケティング・チャネル

```
メーカー → 1級卸      20%→ 2級卸 → 小売商
            (代理店)                    ↗
            「匯旺行」など  80%
```

がある。さらに，食品だけでなく日用雑貨品に取扱商品を拡大し，総合卸を志向することである。これらを実現するためには人材の確保がさし迫った課題であり，鋭意人材育成に力を注いでいる。幹部の養成は総経理自らが当たり，一部外部講師を招いて毎月，研修会を実施している。

5-2　PB化を進める「常禄商貿」

　1998年までの唐山市における副食品（おもに瓶詰や缶詰の加工食品）流通は，国有の副食品卸公司2社によって行われていた。しかしながら，90年代の半ば以降，市場経済の漸進的進捗とともに「3固定制」が崩れ，国有卸の経営は悪化した。国有卸は資金回収すら満足にできず，金を払わなくても商品が流通するというずさんなビジネス慣行がまかり通り，すでに2社とも倒産している。副食品交易市場は国有卸が所在していた路南区の物件を，個人が土地使用権と建物を購入し，開設したもので，常禄商貿有限公司もテナントとして店舗を構えている。常禄は，国有卸主導の商品流通が機能しなくなった98年，現在の総経理である馮長禄によって設立された完全な民営企業である。馮は，唐山市第一製紙工場で技術者として勤務していたが，テレビで醤油のコマーシャルを目にしたのがヒントになり，共同出資者と醤油製造設備を2万元で購入し会社を設立，製造装置を用いて醤油を生産，自由市場で販売したところ評判を呼んだ。すると，醤油を購入してくれた何人かの客から，醤油以外の副食品も扱ってくれないかと要望が出され，これをきっかけに瓶詰や缶詰などの加工食品の代理店を始めた。設立当時は従業者は夫婦だけであり，夫が営業と配送を，妻が店舗運営を担当した。

　年間売上高は毎年前年比で50％アップを目標としているが，2005年は好調で70％も上昇，06年は2000万元（約3億円）を達成した。05年における仕入先は41社，アイテム数は540である。販売先は総合超市・超市の約500店舗と2級卸約170社である。唐山市内に副食品卸は300～400社存在するが，そのなかでも常禄は断然トップの座を占めている。06年の調査では仕入先は38社に減り，得意先スーパーの約500店舗は横ばいであったが，2級卸の販売先は約200社に増加している。05年の従業員数は39人，月給総額は4万元，従業員の平均月給はおよそ1万5000円である。従業員数も48人と1年強で10人近く増えている。な

お，馮・総経理も「唐山市供応商協会」の副会長に就任している。

常禄は取引先との信頼関係を重視した経営を行っているので，取り扱いを希望するブランド・メーカーは年々増えているが，取引先の拡大には慎重な姿勢をとっている。安心して仕入れることのできるメーカーの，それも実力のあるブランドに絞る戦略を採っているが，ひとたび帳合ができたメーカーとは関係性を構築し，経営相談などにものっている。たとえば中国では，缶詰と瓶詰の生産は6月から9月の期間に集中するので，季節的に運転資金等に窮するメーカーもあり，資金融通を含めて種々の支援を講じている。総経理の商業倫理，商いに対する情熱，誠実な取引といった商売に対する姿勢が常禄の成長を支えているといえる。

副食品交易市場の集積内にあるテナント部分は200平方メートルあり，その一部を店舗化し取扱商品を展示している。店舗は1998年の創業間もなく開設し，取扱商品の陳列により会社のイメージづくりの役割を果たす。店舗から少し離れたところに，事務所兼倉庫（敷地面積は1300平方メートル）があり，そのうち1000平方メートルは倉庫・配送センターになっている。倉庫・配送センターにおける荷下ろし，運搬，保管，発送などの作業は，匯旺行と同様に，すべて人力で行われている。人海戦術で商品がうず高く積まれた倉庫内の様子をみると，ベルトコンベアどころかフォークリフトなどの物流機器を一切用いないで，安全かつ正確に入庫と出荷を行っていることは驚嘆に値する。配送用車両としては，4トン車と1トン車計5台を所有し，「少量多回」すなわち多頻度小口配送方式をとっている。リードタイムの基本方針は72時間以内，唐山市のどの地域の得意先にもこの範囲で配荷を実現している。平均粗利益率は10～12％だが，うち配送コストがおよそ6.5％を占める。商品により在庫回転率は異なるが20日前後を目安としている。通常は販売する1ヵ月分在庫を抱えて

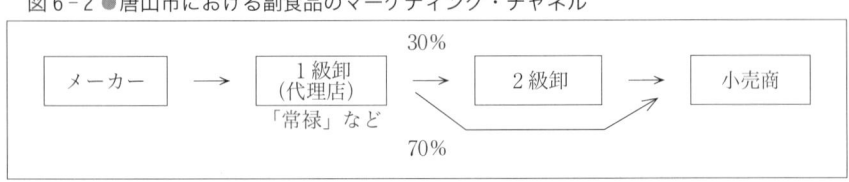

図6-2 ●唐山市における副食品のマーケティング・チャネル

メーカー → 1級卸（代理店）「常禄」など → 2級卸 → 小売商

30%
70%

おり，2005年の平均在庫量は160万元であったが，06年は180万元に増加している。発注は主にFAXで，受注は営業マンの訪問，FAX，電子メールによって行われている。

　支払い条件は取引先によって異なる。メーカーに対しては，次回の商品入荷時に商品を確認後，送金によって支払う。小売に対しては，売場面積が2000～1万平方メートルの総合超市は発注後60日サイトで，500～2000平方メートルの超市業態は発注後15～30日サイトで決済することになっている。販促費についてはいくつかのタイプがあり，「入店料」と称する品目ごとに小売商に支払われるものは，1品目当たり約500元であり，これはメーカー負担となる。小売商がメーカーから直接仕入れる場合は，同1000元を請求されることが多いので，小売商としては卸経由の方が有利である。卸売商が小売商に口座開設時に支払う「口座開設料」は約1万元であり，卸の負担となる。これらのほかに，小売商が開催する特売経費，派遣店員の給料，記念行事でのパーティ費用なども卸が払わなければならない。返品は小売から無条件ですべて引き受けるが，あらかじめ営業部員が慎重に選んだ商品のみを販売し，賞味期限の短くなった商品に他店に回して特売を行って消化するので，返品率は約1％と低い。低回転率商品の返品を防ぐために，配送後1ヵ月経ってもほとんど売れない商品は，その時点で得意先から引き取る。返品処理はできる限り自社で処理し，破損品の費用以外はメーカーに請求しないので，メーカーの信頼をえている。商売には信頼関係が必要であるが，近年，成長著しい大型店のなかには法外な販促費の要求など身勝手な条件をつけることがあり，得意先の選択を行うようになっている。同業者の中には，大型店の横暴で倒産の危機に立たされている企業も多い。

　馮の経営理念は，「人本主義」とアフターサービスの徹底である。経営の基本はヒトであり，成長スピードが堅実なのは，事業拡大より運営システムの構築と人材の養成を優先しているからである。毎月外部から講師を呼び研修を実施し，定期的に試験を行って従業員を評価し，成績によっては解雇することもある。総合食品卸への拡張を視野に入れているが，現段階では取扱商品拡大よりも販売地域の拡張を重視している。新しい配送センターを構築すべく鋭意検討したが，土地使用料が高く断念した経緯がある。

現在，最も情熱を傾けているのはPB商品の開発である。高品質の副食品は海外製で高価格のモノが多く庶民の手に届きづらい。そこで高品質の副食品をできるだけ安価で消費者に提供するために，PB商品の開発に着手した。2007年の6月から9月にかけて，自ら製品企画を立て，信頼できるメーカー・工場で缶詰・瓶詰と調味料を常禄ブランドで生産し，商品化することを決定，すでに50数種類の商標登録を済ませ，バーコードの使用許可を政府から得ている。当初は委託生産であるが，将来は自社工場で，地の果物を原料にした瓶詰，大連の業者と協力して魚介類の缶詰を手がけることを計画中である。PB商品は成功すれば粗利益は多くとれるし，NB商品と異なり販売領域も制限されない。すなわち，メーカーとの代理店契約に基づかない営業を行えるわけで，唐山市以外の地域に自由に進出できることになる。

5-3　機能高度化する民営卸

　1990年代後半，国有卸に代わって登場したのが，有力メーカーの代理店としての民営卸である。現在，唐山市ではほとんどの国有卸は消滅し，卸売機能は商業集積や民営卸によって遂行されるようになっている。民営卸の発展は，チェーンストア経営形態の超市や総合超市の成長とほぼ軌を一にする。百貨店も代理店機能をもつ民営卸の成長を促したが，チェーンストアは発展が急速なことや効率性に対する要求度が高いことからより大きな影響を及ぼしている。民営卸はメーカーのマーケティング・チャネルの一端を担うとともに，より近代化された新たな中間流通システムを構築している。代理店制度はここで紹介した加工食品だけでなく，日用品やアパレルも含めて，ブランド・メーカーの多くが利用している。それは自力でマーケティング・チャネルを構築すれば，ヒト・モノ・カネも時間もかかるので，地元の事情に知悉した業者に任せるのは得策であったからである。中国の民営卸は，メーカー代理店制度と一体になって発展してきたことが，大きな特徴のひとつといえる。有力ブランドの排他的販売権をもっていれば，たとえグローバル・リテイラーが出店したとしても，売上拡大のチャンスにつながる可能性がある。

　そもそも消費財卸の役割は，メーカーと小売商を結びつけることであり，2万～3万品目を扱う総合超市などは自己仕入の限界を超えるので，取引費用小

や在庫費用の観点からみて卸を利用した方が効率的といえる。かつて中国の卸売商は国の配給機関に過ぎなかったが，新たに登場した民営卸は自らの需要予測による仕入れ，各メーカーの多様なブランドの品揃え，信用の供与，さらには物流効率化，小売支援サービス，PB商品の開発などを行い機能を高度化させてきている。特にPB商品の開発は重要な意味をもっている。PB商品は成功すれば，卸は商品流通の主導権を掌握できるからである。

6　結びにかえて

　河北省唐山市の実態調査から，中国における流通近代化ついていくつか洞察をえることができた。第1に，流通近代化は流通生産性の向上，すなわち「流通効率を高めること」を目標としている。効率性の概念は市場経済と関連したものであり，計画経済下では有効に働かなかったと推測される。1978年の改革開放以来，商業はかつての日本と同じように失業者の吸収装置として機能し，中小規模の商業者が爆発的に増え，全国各地に自由市場や専業市場が形成されていった。自然発生的な商業集積は，郷鎮企業や民営企業，農民たちが露店を出して商品を販売するもので，非計画的商品流通が80年代後半に急速に拡大した。そこでは競争原理に基づく取引が行われ，しだいに規模を拡大，市場経済の形成に貢献した。

　唐山市では，経済成長し社会消費財小売総額が急伸するのは1990年代半ば以降，有力な加工食品卸2社が設立されたのは98年，大手総合超市・超市や百貨店が民営化されたのが2001～02年ということを考えると，流通近代化が進捗し市場経済化が加速化したのは世紀の変わり目あたりであったと判断することができる。

　第2に，唐山市の流通近代化は，つぎの4段階に分けることができる。
　①「国有卸の時代」（1970年代）：社会主義計画経済のもと生活物資は慢性的に不足し，国有卸・配給所を中心に切符制により商品流通が行われていた。
　②「自由市場の時代」（1980年代）：改革開放により登場した自由市場・専業市場が，郷鎮企業や民営企業の成長，余剰農産物の増大などにより発展した。

③「国有卸崩壊の時代」(1990年代)：生産の高度化や生活水準の向上による商品流通方式の変化，すなわちマーケティングの重要性を認識できなかった国有卸がつぎつぎに崩壊した。

④「民営化の時代」(2000年代)：1990年代末に設立された民営卸が，成長著しい百貨店やチェーンストアの要求に応える形で成長するとともに，有力な国有の流通グループが民営化された。また新たに民営のチェーンストアも登場するようになっている。唐山市では専門店も含めて，今後10年間は「チェーンストアの時代」を迎えるであろう。チェーン経営形態の進捗は，小売商主導型の垂直的マーケティングシステムの形成を促進するので，一般に想定されるメーカー主導型垂直的マーケティングシステムとの競争が活発化し，大規模メーカーによる寡占の弊害を防止することになる。

第3に，自由市場は生鮮三品を中心に唐山市民の生活文化をささえている。加工食品や日用雑貨はおもに総合超市・超市，生鮮三品はおもに自由市場と使い分けが行われているが，今後は日本の商店街や韓国の在来市場と同じように徐々に衰退のサイクルに突入するのだろうか。それとも「市場は現代資本制社会においてすら，人と人が関係構築と情報収集にいそしみ，激しい喧嘩のなかでやりとりが繰り広げられるバザール」(安冨，2006，207頁)として，進化を遂げるのであろうか。これは中国だけではなく，東アジアに共通した大きな検討すべき課題である。一方で，超市や総合超市などの近代的業態の発展は異業態間競争を活発化させ，消費者に対して買物施設の選択肢を拡大させ生活の豊かさの向上に貢献することになる。

また，百貨店や購物広場は時代の精神や技術を反映する小売業は「文化表現」として共同社会に根付いた存在であり，自由市場と同様，チェーンストアの合理性とは次元を異にする側面をもつ。唐山市の百貨店は果たして，消費欲求の高級化・個性化に応じて「華やかさ」を演出することができるだろうか。最近，第2の中心地に鳳凰購物広場がオープンしたが，中心地の階層性を高めるので，商業街づくりという観点からは好ましいことである。

第4に，唐山市商務局は中央政府の方針に基づいて，2005年，「商業発展マスタープラン」を策定し，大型店の出店は「繁商区」と「次繁商区」に限定する措置をとった。この点について詳しく触れることができなかったが，各地に

同様の動きが広がっており，今後，運用実態を把握したい。

第5は，社会主義体制の下で，競争経済は資本主義のものと同じなのか，それとも異なるのかいうことである。かつて鄧小平は「計画が多いか，それとも市場が多いかでは，資本主義と社会主義は区別できない。計画経済イコール社会主義でなく，資本主義にも計画はある。市場経済イコール資本主義ではなく，社会主義にも市場はある」と述べているが，われわれが知りえた限りでは，中国においては経済と政治はより密接不可分の関係にあり，企業経営を成功させるためには政治的力量が問われ，このことが市場経済を歪曲する可能性がうかがえた。「経済改革の先行，政治改革の遅れ」（関，2005b，81～82頁）がいわれているが，政治改革はいつ追いつくのであろうか。

聞き取り調査の協力者

【2006年8月】
唐山市日本事務所副所長	江　興民
唐山市商務局局長	王　希如
同副局長	勾　国慶
同副局長	張　知宝
同市場運行調節処所長	劉　紹先
唐山百貨大楼集団董事副総裁	王　維柯
同副部長	鞏　君
鴉鴻橋鎮政府長	張　建奎
同市場管理所主任	張　国慶
唐山蘇寧電器総経理	白　秀栄
唐山国美電器総経理	雷　鳴

【2006年12月】
唐山市商務局市場運行調節処所長	劉　紹先
同改革発展処所長	賈　俊龍
唐山華盛超市董事	魏　魯辰
同総経理助理	岳　金昶

家世界唐山路北店店長	張　涛
唐山市常禄商貿総経理	馮　長禄
唐山ハイアール工貿営業部長	段　永坤
唐山TCL市区業務部	孟　剛
三利国際執行総経理	朱　民偉
唐山市匯旺行工貿総経理	李　国傑

【2007年3月】
唐山市商務局市場運行調節処所長	劉　紹先
八方購物市場副総経理	王　力生
唐山市路北区局長	高　建国
同副局長	柳　水
機場路街道事務所書記	馮　俊利
煤医道市場駐屯事務副主任	王　偉
唐山市供応商協会主任	趙　宏春
唐山市匯旺行工貿総経理	李　国傑
保龍倉唐山店長	于　文建
同非食品処所長（生鮮食品担当）	王　凱輝

参考文献

秋谷重雄（1980）「流通産業化の限界と商業資本の機能－流通革命と文化表現」流通産業研究所編『大規模小売業と地域社会』リブロポート。

荒川祐吉（1974）「流通生産性と流通合理化」久保村隆祐・荒川祐吉編『商業学』有斐閣。

大橋英夫（2005）『現代中国経済論』岩波書店。
河北省・唐山市人民政府（2007）「外資導入政策の新動向及び河北省唐山市投資環境セミナー資料」。
川端基夫（2006）『アジア市場のコンテキスト【東アジア編】―受容の仕組みと地域暗黙知』新評論。
関志雄（2005a）『中国経済最終章―資本主義への試練』日本経済新聞社。
関志雄（2005b）『中国経済のジレンマ―資本主義への道』ちくま新書。
黄磷（1993）「中国経済の市場化と流通システム」『商學討究』小樽商科大学，第43巻3/4号。
黄磷編（2002）『WTO加盟後の中国市場―流通と物流がこう変わる』蒼蒼社。
興梠一郎（2005）『中国激流―13億のゆくえ』岩波新書。
定村禮士（1995）「中国における商的流通の一考察」流通経済大学流通問題研究所編『中国現代物流研究』流通経済大学出版会。
謝憲文（2000）『流通構造と流通政策』同文舘出版。
関満博（1995）「温州市の郷鎮企業と卸売市場―温州市視察レポート」『日中経協ジャーナル』㈶日中経済協会，No.20，5月号。
関根孝（2005）「中国家電品流通の端緒的研究」『専修大学商学研究所報』第37巻第1号。
関根孝（2008）「『流通近代化論』再考」『専修商学論集』専修大学，第86号。
田村正紀（2001）『流通原理』千倉書房。
陳建軍（1997a）「中国の専業市場と日本の卸売市場に関する比較研究（Ⅰ）」『現代社会文化研究』新潟大学，No.7。
陳建軍（1997b）「中国の専業市場と日本の卸売市場に関する比較研究（Ⅱ）」『現代社会文化研究』新潟大学，No.8。
八田達夫（2006）「都心回帰の経済学」八田達夫編『都心回帰の経済学―集積の利益の実証分析』日本経済新聞社。
畢滔滔（2006）「中国北部地方級都心卸売流通システム―河北省唐山市の事例研究」中国流通研究会（於法政大学）資料。
樊綱（2003）『中国―未完の経済改革』（関志雄訳）岩波書店。
丸尾豊二郎・丸川知雄・大原盛樹（2005）『メイド・イン・シャンハイ』岩波書店。
丸川知雄（1999）『市場発生のメカニズム―移行期の中国経済』アジア経済研究所。
安冨歩（2006）『複雑さを生きる―やわらかな制御』岩波書店。
矢作敏行編（2003）『中国・アジアの小売業革新―全球化のインパクト』日本経済新聞社。
矢作敏行（2006）「流通―「経済の暗黒大陸」の夜明け」山下裕子編『ブランディング・イン・チャイナ』東洋経済新報社。
李海峰（2004）『中国の大衆消費社会』ミネルヴァ書房。

中国語：
張敦群・張永強（2003）「中国家電製品の流通モデルの実例研究」李東進・金鏞准『21世紀的市場理解と探索』経済科学出版社。

唐山市（2007）『唐山市統計年鑑 2006年版』。

■第7章
中国地方都市の卸売流通システム
河北省唐山市の現地調査から

1 はじめに

　1980年代から始まった商業改革の進展に伴って90年代，中国の沿海部大都市の流通状況が大きく変化した。さらに，21世紀に入ると国内大手流通企業が重要な地方都市に進出し始め，これらの地域が新しい消費市場として注目された。こうした現状とは対照的に，中国の流通に関する研究のほとんどは沿海部大都市に関するものであり，地方都市に関する研究は依然として少ない。そこで本研究は既存研究が十分に検討していない地方都市における流通現象に着目する。具体的には，中国北部河北省の重要な地方都市である唐山市を事例として取り上げ，統計データの分析と現地調査を通じて，市の流通現状とりわけ卸売流通の現状を明らかにする。

　事例研究の対象として唐山市を取り上げた理由は2つある。第1は，河北省の重要な地方都市である唐山市は，1978年の改革開放後，鉄鋼業などの重工業や農業の発展によって住民の可処分所得が増加し続けており，新しい消費市場として注目されているという点で典型的な地方都市だからである。図1は改革後唐山市と全国の1人あたり年間可処分所得の比較を示している。唐山市の都市部住民の可処分所得は，2003と04年を除き，全国水準を上回った。また同市の農村部住民の可処分所得は，一貫して全国水準より高く，とくに90年代後半以降は全国水準よりはるかに上回っている。

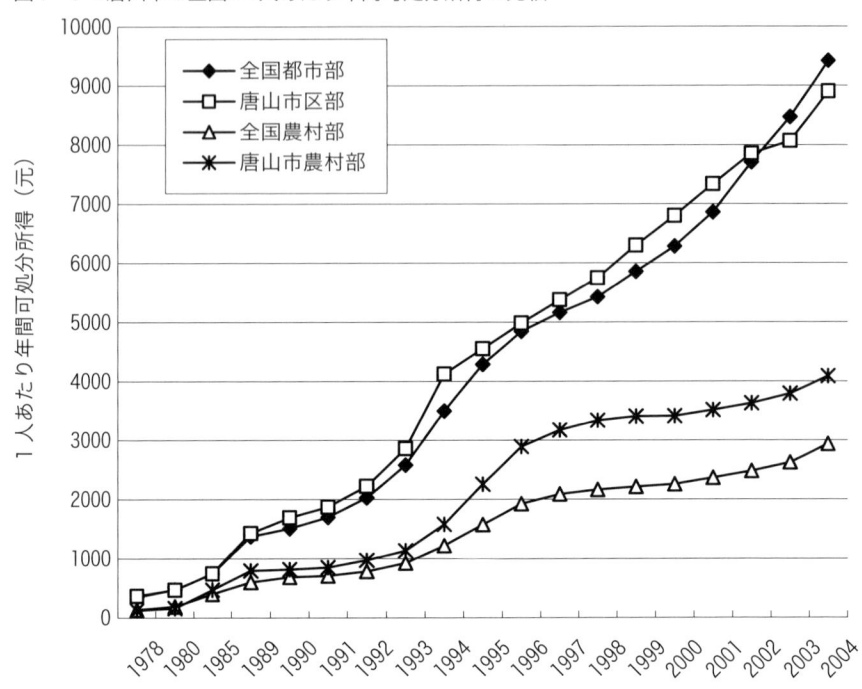

図7-1 ●唐山市と全国の1人あたり年間可処分所得の比較

凡例：
- ◆ 全国都市部
- □ 唐山市区部
- △ 全国農村部
- ※ 唐山市農村部

出所：『中国統計年鑑』2006年版，『唐山統計年鑑』2005年版。

　第2の理由は，消費市場の発達を背景に中国流通近代化の推進役でる家電量販店チェーンがすでに市に進出しているからである。2004年から中国の家電量販店チェーン最大手の国美電器と第2位の蘇寧電器が相次いで唐山市に進出し，店舗を増加させている。以上のように，唐山市は重要な消費市場として注目されつつある代表的な地方都市である。

　本研究は唐山市の卸売流通の改革プロセス，改革後の卸売構造の特徴を明らかにしたうえで，これらの特徴の形成要因を分析し，それが市の商業の今後の発展に与える影響を検討する。

2 ｜ 唐山市の商業改革

　1950年代前半から80年代半ばまで，中国の工業消費財の卸売流通業務は基本的に国有卸売企業に独占され，消費財は1級卸，2級卸，3級卸と小売企業を経て消費者に販売していた（図7-2）。

　河北省の重要な地方都市である唐山市において国有卸売企業として2級卸と3級卸が設置され[1]，2級卸は大手国有卸売企業であった。1980年代唐山市の2級卸は8社あり，そのうちの6社は工業消費財を取り扱う卸であり，他の2社は農産物を取り扱う野菜公司と，レストランに食材を調達して管理する飲食公司であった。6社の工業消費財2級卸は，紡績品卸売公司，大百卸売公司，小百卸売公司，百貨公司，糖酒公司と交電公司であった。計画経済時期に唐山市の卸売流通は中国の他地域と同じように，①卸売業務が基本的に国有と集団所有の卸売企業に独占され，②卸売段階が多く，③卸売企業の取引商品，供給地域，取引相手，マージン率が固定された，といった特徴があった。

　中国における商業改革が1978年から開始し，卸売体制に対する改革が本格的に始まったのは80年代半ばからである。80年代国務院は卸売流通の改革について3つの重要な方針を示した。すなわち，①3段階の卸売体制を打破し，②国有商業企業について経営権を企業に与え，大中規模の国有商業企業で請負責任制を普及させ，また株式会社への改組を試行し，③卸売市場を建設する，という内容である[2]。90年代に入ると，こうした卸売体制と国内商業企業に関する改革が一段と徹底された[3]。99年には「外商投資商業企業試点弁法」が公布され，多くの制限を設けながらも，沿海部の大都市と内陸部の省都・自治区首府で外資と中国企業による合弁卸売企業を設立することができるということが法

図7-2 ● 計画経済時期における中国都市部の工業消費財の流通経路

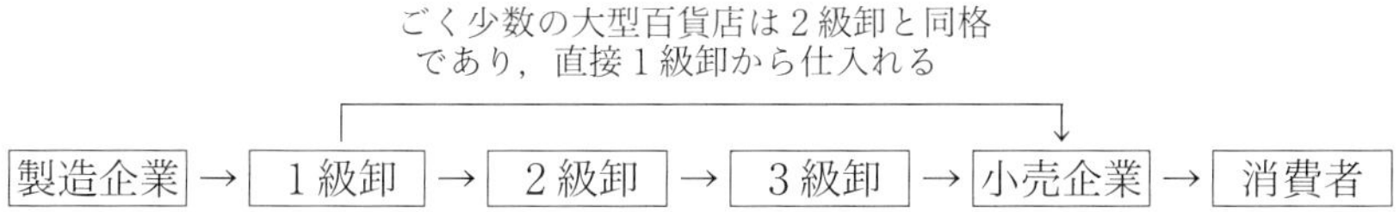

ごく少数の大型百貨店は2級卸と同格であり，直接1級卸から仕入れる

製造企業 → 1級卸 → 2級卸 → 3級卸 → 小売企業 → 消費者

出所：『当代中国』叢書編輯部（1987a），33〜39頁により筆者が作成。

文化された[4]。さらに，2004年になると，商務部は「外商投資商業領域管理弁法」を公布し，外資卸売企業の設立について99年の法令で設けられた制限を大きく緩和ないしは撤廃した。

中央政府の商業改革の方針にしたがい，唐山市も1980年代前半から商業改革を始めた。市は80年代前半から個人商業者の営業を許可するようになり，80年代後半から自由に商品を調達する権利を国有商業企業に与え，市の工商管理局は卸売市場の建設を始めた。90年代に入ってから市は国有商業企業の経営権を完全に企業に与えた。2003年以降，市は大手国有商業企業の株式会社への改組と国有株の企業への売却を同時に行い，06年から外資商業企業の進出を奨励する方針を打ち出した。

3 唐山市の卸売構造の現状：統計データに関する分析

上述した商業改革を通じて唐山市の卸売構造が大きく変化した。この節では市の卸売構造の現状を統計データに関する分析を通じて明らかにする。

分析の結果を説明する前に，まず本研究で利用した統計データの限界を指摘する。分析において本研究が利用した統計データは『中国商業年鑑』[5]，『中国統計年鑑』，『唐山統計年鑑』である。これらの年鑑を利用した理由は，『中国商業年鑑』と『中国統計年鑑』が中国国内商業と中国経済に関する最も包括的で権威ある年鑑であり，『唐山統計年鑑』は唐山市に関する唯一の総合年鑑であるからである（第1章補論参照）。

しかしながら，中国の統計システムの未整備ゆえの深刻な問題が2つある。1つは，これらの年鑑が1997年以降中国国内の卸売業の企業数，事業所数，従業者数，年間販売額などの基本データを公表しておらず，一定規模以上の卸売企業，すなわち従業者数20人以上かつ年間販売額2000万元以上の卸売企業のデータだけを公表しているという問題である。これは膨大な数にのぼる中小卸売業者の状況を把握することが困難であるためと考えられる。データの制限によって，本研究は卸売年間販売額を関連するデータを用いて推測した一方，詳細な分析はおもに一定規模以上の卸売企業に限らざるをえなかった。

もう１つの問題は，企業の所有制について2000年から国家統計局は「国家支配企業」(state holding majority shares enterprises)，すなわち政府過半出資の混合経済所有制企業という新しい概念を導入し，国有企業の概念を拡大したことにより，2001年以降の統計データは所有制別の分類が変えられ，それ以前のデータと比較することができなくなったことである。この問題によって，本研究は商業企業の所有制構成の変化について，01年から03年までのデータだけを分析せざるをえなかった。

　改革開放以降の中国の卸売構造は全体として，多様な所有形態の卸売企業が発展すると同時に，卸売集積が発展したという特徴がみられる。唐山市の卸売構造はこうした平均像に近いものの，同市固有の特徴もみられた。すなわち，全国レベルと比べて卸売業の集中度が低い一方，中小卸売業者の多くが入居する小売・卸売集積である商品交易市場の発達は全国レベルをはるかに凌駕している，ということである。以下ではこれらの２つについて統計データを用いて説明する。

3-1　卸売業の低い集中度

　唐山市は全国平均レベルと比べて，卸売業の集中度が低い。2004年に唐山市の卸売企業は２万8373社があり，一定規模以上の卸売企業は0.2％しか占めていない[6]。また，商業企業の卸売年間販売額に占める一定規模以上の卸売企業の構成比をみると，データが入手できた05年の全国平均値は67.0％であったのに対して，04年の唐山市の数値は25.1％にすぎなかった[7]。

　こうした唐山市の卸売構造は，国有系大中規模卸売企業が減少した一方で，残存している企業の多くが経営不振に陥ったことにより生じたと考えられる。表7-1は2001年から03年まで所有制別一定規模以上の卸売企業の企業数の増減率について，唐山市と全国の比較を示している。表7-1によると，全国も唐山市も一定規模以上の卸売企業が減少傾向にあるが，唐山市の減少率は全国より高い。こうした高い減少率は，企業数が多い国家支配企業の減少率が全国より高く，また，民営企業の増加率は全国水準よりはるかに低く，さらに外資企業がまだ進出していないことによるのである。

表7-1 ●唐山市と全国の一定規模以上の卸売企業の企業数増減率の比較（2001〜2003年）

所有制	2001年 企業数（社） 全国	2001年 企業数（社） 唐山市	2002年 企業数（社） 全国	2002年 企業数（社） 唐山市	2002年 対前年増減率（％） 全国	2002年 対前年増減率（％） 唐山市	2003年 企業数（社） 全国	2003年 企業数（社） 唐山市	2003年 対前年増減率（％） 全国	2003年 対前年増減率（％） 唐山市
国家支配	9,797	52	9,076	48	-7.4	-7.7	7,944	38	-12.5	-20.8
集団所有	1,871	22	1,538	21	-17.8	-4.5	1,249	22	-18.8	4.8
私営	1,262	9	1,743	11	38.1	22.2	2,343	11	34.4	0.0
外資と華僑資本	200	0	440	0	120.0		531	0	20.7	
その他	2,128	5	2,465	5	15.8	0.0	2,870	8	16.4	60.0
計	15,258	88	15,262	85	0.0	-3.4	14,937	79	-2.1	-7.1

注： 集団所有の卸売企業の企業数には，国と集団が共同所有する卸売企業が含まれていない。
出所：『中国国内貿易年鑑』2002年版，『中国商業年鑑』2003-04年版，『唐山統計年鑑』2002-04年版。

表7-2 ●唐山市の所有制別一定規模以上の卸売企業における赤字企業の比率（2001〜2003年）

所有制	2001年 企業数（社）	2001年 赤字企業の比率（％）	2002年 企業数（社）	2002年 赤字企業の比率（％）	2003年 企業数（社）	2003年 赤字企業の比率（％）
国家支配	52	50.0	48	50.0	38	39.5
集団所有	22	18.2	21	19.0	22	18.2
私営	9	33.3	11	36.4	11	18.2
その他	5	20.0	5	20.0	8	37.5
計	88	38.6	85	38.8	79	30.4

出所：『唐山統計年鑑』2002-04年版。

　表7-2は2001年から03年まで唐山市の一定規模以上の卸売企業における赤字企業の比率を示している。表7-2に示されるように，近年，唐山市の一定規模以上の卸売企業のうち赤字企業が非常に多く，とくに国家支配企業は赤字企業の比率が高い。また，国有卸売企業の所有制改正によって，一部の赤字大中規模国有卸売企業はその他の卸売企業になり，その他の一定規模以上の卸売企業における赤字企業の比率が増加した。
　すなわち，唐山市において国家支配の大・中規模卸売企業が急速に減少し，また，残っている企業でも赤字企業が多い。さらに，民営の大・中規模卸売企業の発展が遅れ，外資卸売企業がまだ進出していない。唐山市において大・中規模卸売企業が卸売流通で中心的な役割を果たしているとはいえず，卸売流通の主要な担い手は中小卸売業者であるといえる。

3-2　商品交易市場の発達

　唐山市の卸売構造のもう1つの大きな特徴は，中小卸売業者の多くが入居す

る商品交易市場が非常に発達しており，卸売流通で重要な役割を果たしているという点である。卸売市場の建設を奨励するという中央政府の政策と個人・民営小売業者の増加の下で，1980年代後半から唐山市工商管理局は商品交易市場の建設を始め，90年代に入ってから農村部において鎮・村役場や個人が投資して自然に形成された商品交易市場のインフラを整備し，新しい商品交易市場を建設してきた。

2004年に唐山市に商品交易市場は545市場があり，年間取引額が367億元に達した[8]。取引額に占める卸売の売上高の比率がより高いこと[9]を考慮に入れると，04年唐山市の商品交易市場の卸売年間販売額が市の卸売年間販売額の約半分を占め，卸売流通で重要な役割を果たしているといえる。とくに，唐山市においては大型商品交易市場が発達している。表7-3は04年，唐山市の年間取引額が1億元以上の商品交易市場を対象にしている。それによると，同商品交易市場は24市場あり，年間取引額は187億元に達している。04年，中国に年間取引額が1億元以上の商品交易市場は3365市場あり，年間取引額が2兆6103億元[10]であることを考えると，265の地方都市の1つに過ぎない唐山市は，大型の商品交易市場が非常に発達しているといえる。04年，唐山市の最大の商品交易市場である鴉鴻橋小商品批発市場の取引額は全国の小商品専業市場で第4位にランキングされ，路南区小山工業品批発市場の取引額は全国の紡績製品・服装・靴・帽子専業市場で第20位にランキングされた。

以上の統計データに基づいた分析からわかるように，唐山市において大・中規模国有卸売企業の衰退が深刻であり，大規模に発展してきた民営卸売企業が少なく，また，外資卸売企業がまだ出現していない。唐山市において大・中規模卸売企業が卸売流通で中心的な役割を果たしているとはいえず，卸売流通の主要な担い手は中小卸売業者であり，これらの卸売業者の多くが入居する商品交易市場が非常に発達している。

統計データを通じて唐山市の卸売業の規模構造を明らかにしたが，主要な消費財の流通フローの実態と，卸売流通で重要な役割を果たしている商品交易市場の運営仕組みは統計データだけでは把握することがむずかしい。つぎの第4節ではこの問題を現地調査に基づいて分析する。

表7-3 唐山市における年間取引額1億元以上の商品交易市場（2004年）

区分	番号	名称	開業年	主要な取扱商品	取引額（億元）	ブース数
消費財市場	1	鴉鴻橋小商品批発市場	1991	雑貨，農産物，紡績製品	32.7	5,660
	2	路南区荷花坑市場	1951	農産物，水産物，鮮肉	32.0	3,500
	3	路南区小山工業品批発市場	1989	アパレル，布地，靴	28.4	1,392
	4	楽亭県冀東果菜批発市場	1998	農産物	17.5	300
	5	唐山市新華道集貿市場	1985	農産物，食用油，水産物，工業消費財	7.2	619
	6	路南区大里路市場	1983	農産物，鮮肉，水産物	5.8	608
	7	玉田県二郎廟集貿市場	1987	農産物，日用雑貨	5.2	1,095
	8	遷安市遷安購物中心	1994	農産物，日用雑貨	5.0	375
	9	玉田県鴉鴻橋河西市場	1991	紡績製品，アパレル，靴，帽子	3.7	1,500
	10	豊南区通達商貿城	1997	飲食料品，たばこ，アパレル，靴，紡績製品	3.3	2,600
	11	玉田県鴉鴻橋総合市場	1995	農産物，飲食料品，日用雑貨	3.2	1,393
	12	路南区北方陶磁城	1982	陶磁製品	2.7	234
	13	豊潤区車站路市場	1981	農産物，アパレル，日用雑貨	1.8	831
	14	路南区建国路市場	1987	アパレル，布地，靴，日用雑貨	1.8	560
	15	遵化市貿易城総合市場	1996	アパレル，紡績製品，建築材料	1.8	500
	16	灤南県奔城総合集貿市場	1984	農産物，日用雑貨	1.5	283
	17	灤南県京東第一集	1990	金物，電器製品，家具，畜産品，日用雑貨	1.3	1,400
	18	遵化市燕山一集総合市場	1987	農産物，日用雑貨，家具	1.3	380
	19	楽亭中堡果菜批発市場	1997	馬鈴薯	1.2	160
	20	楽亭県北新路市場	1992	日用雑貨，農産物，水産物	1.1	1,027
	21	西郊蔬菜果品批発市場	1986	農産物	1.1	700
生産財市場	22	豊潤区冀東膠合板専業市場	1992	装飾材料，板材，照明器具，家具，部品	18.3	750
	23	唐山市冀東生産資料市場	1994	鉄鋼材料，セメント，自動車	6.8	30
	24	唐山市旧機動車市場	1995	中古自動車	2.6	2,150
		合計			187.3	28,047

出所：『唐山統計年鑑』2005年版。

4 唐山市の卸売流通の現状：現地調査の結果

4-1 唐山市における流通構造の現状

図7-3 ●唐山市の流通構造

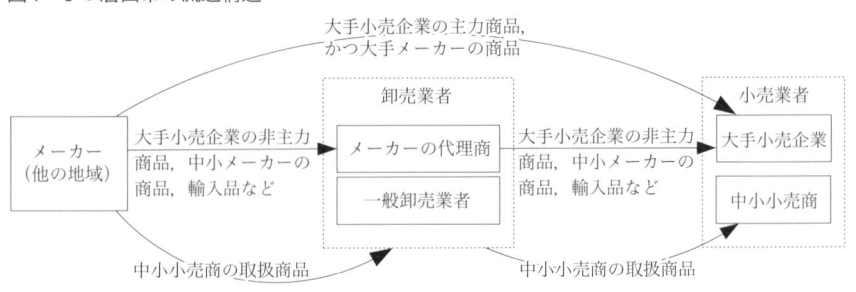

出所：筆者のインタビュー調査（2006年8月）による。

現地調査の結果に基づいて唐山市の流通構造の現状を図示すると，図7-3になる。まず，流通機能の担い手について，重工業都市である唐山市は大手消費財メーカーがほとんどなく，工業消費財は基本的に他地域から仕入れている。一部の大手メーカー，たとえば山東省青島市にある大手家電メーカーハイアール（海爾）は，唐山市に現地事務所を設置している。唐山市の卸売業者はメーカーの代理商と一般卸売業者があり，中小卸売業者の多くは商品交易市場に入居している。小売業者は数少ない大・中規模小売企業と膨大な数の中小小売商で構成され，大・中規模小売企業の業態は百貨店，食品スーパー，家電量販店，ショッピングセンター（SC）等がある。2004年唐山市において一定規模以上の小売企業，すなわち従業者数60人以上かつ年間販売額500万元以上の小売企業は79社しかなかった一方，平均従業者数が2人である個人経営の小売業者は10万8513社も達した[11]。

　食料品，衣料品と家電製品など主要な工業消費財の流通経路は，末端にある小売業が大手小売企業か中小小売業者かによって異なる。大手小売企業の仕入ルートは商品によって2つに分けられる。すなわち，主要な取扱商品かつ大手メーカーの商品はおもにメーカーから直接仕入れる一方，中小メーカーの商品や輸入品はおもに卸売業者，とくにメーカーの代理商から仕入れている。たとえば，唐山市の小売企業最大手の唐山百貨大楼集団有限責任公司（以下，唐山百貨大楼と表記する）は仕入高の約60％はメーカーから直接仕入れている。また，家電量販店チェーンの国美電器と蘇寧電器はドライヤーや電話器など売上高に占める比率が低く，おもに中小メーカーによって生産されている商品は代理商から仕入れている。大手小売企業と商品供給業者間の決済方式は商品によって異なる。家電製品はおもに前払いまたは現金払いであり，時計や貴金属類もおもに現金払いである。一方，加工食品や日用雑貨は納品後1ヵ月または半月以内支払う後払いが一般的な決済方式である。

　大手小売企業と異なり，中小小売業者は基本的に卸売業者から商品を仕入れている。彼らは商品交易市場の主要なユーザーである。中小小売業者と卸売業者間の決済方式はおもに前払いと現金払いである。中小小売業者への商品の配送は，卸売業者，小売業者，または個人輸送者が担当し，輸送費用の負担は交渉によって決められる。

メーカー，卸売業者と小売業者の間に情報伝達が少なく，とくに大手小売企業は商品供給業者から情報を獲得する必要がないと考えている[12]。

4-2　商品交易市場の構造

上述のように唐山市の卸売流通において商品交易市場が重要な役割を果たしている。つぎは商品交易市場の運営仕組みを説明する。

（1）商品交易市場の構造

唐山市の商品交易市場では卸と小売りの両方が行われているが，大規模な市場では卸売業が主体となっている。図7-4は唐山市の商品交易市場の構造を示している。市場内の主要なプレーヤーは，①市場の所有者・管理者，②入居者である，卸売と小売を兼営する中小商業者，地元中小メーカーと農家，③個人輸送者である。入居者の中小商業者の仕入先は主に他地域の中小メーカーであり，家電製品とごく少ないアパレル製品はナショナル・ブランド・メーカーから仕入れている。商品交易市場のユーザーはおもに中小小売業者と最終消費者であり，とりわけ中小小売業者は大型商品交易市場の主要なユーザーである。

商品交易市場のうち，市が所有しているものもあれば，鎮・村役場や個人が整備・建設して所有しているものもある。所有形態が異なるものの，市場の運営仕組みは基本的に同じである。市場の所有者は管理者でもあり，果たしている役割が不動産管理だけであり，市場全体のイメージを高めたり，情報システムを構築したりする活動を行っていない。商品交易市場の集客力はおもによい立地に依存し，近年都市間交通網の整備と他地域の商品交易市場の発達によって，唐山市の商品交易市場の商圏が縮小している。

図7-4 ●唐山市の商品交易市場の構造

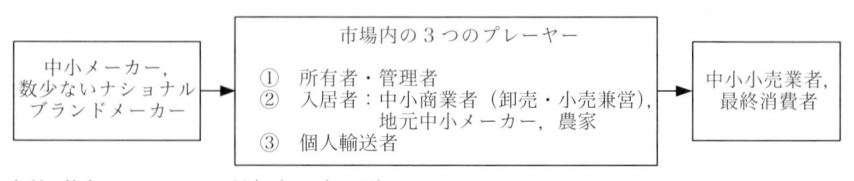

```
┌─────────────┐   ┌─────────────────────────────────┐   ┌─────────────┐
│ 中小メーカー， │   │     市場内の3つのプレーヤー      │   │ 中小小売業者， │
│ 数少ないナショナル │→ │ ① 所有者・管理者               │ → │  最終消費者   │
│ ブランドメーカー │   │ ② 入居者：中小商業者（卸売・小売兼営）， │   │             │
│             │   │    地元中小メーカー，農家        │   │             │
│             │   │ ③ 個人輸送者                   │   │             │
└─────────────┘   └─────────────────────────────────┘   └─────────────┘
```

出所：筆者のインタビュー調査（2006年8月）による。

つぎは，唐山市最大の商品交易市場である鴉鴻橋小商品批発市場の事例を通じて，商品交易市場における取引の実態を明らかにする。

(2) 鴉鴻橋小商品批発市場の事例

鴉鴻橋小商品批発市場は唐山市玉田県鴉鴻橋鎮に立地し，唐山市区部から35キロメートル，北京から110キロメートル，天津から120キロメートル離れている。北京と瀋陽間の高速道路は鴉鴻橋鎮を通り，またインターチェンジがあるため，市場の立地条件は非常によい。鴉鴻橋鎮には古くから市があり，1980年代以降周辺の村に合成革のバッグ・ベルト・財布，繊維製品，ソファー用のスプリングなどを生産する個人工場が増加したことにつれて，市が発展した。91年に玉田県工商局は240万元を投資し，敷地面積約2万平方メートルの鴉鴻橋小商品批発市場を建設した。その後市場が拡大し，現在広義の鴉鴻橋小商品批発市場は，①玉田県工商局が建設した小商品市場 (2005年の年間取引高が約15億元)，②河西村と個人が共同で建設した靴と日用雑貨市場 (同約20億元)，③個人が建設した五洲商貿城と興旺商城 (同約10億元)，④鎮と個人が共同で建設した苗李金鑫中古物資市場 (取引額が少ない)，⑤市場に隣接する道路の両側にできた路面店，から構成されている[13]。2006年，市場全体のブース数は約1万にのぼり，店舗は約3000であった。主要な取引商品は日用雑貨，紡績製品，靴，電器製品・材料，農業機具，食料品，建築材料，廃棄・中古鉄器具である。

市場での取引について，重要な取引商品は取引日が決められている。たとえば，毎月3日，8日，13日，18日，23日と28日は地元で製造される合成革製品の卸売と，原材料の地元での調達を行う日である。毎月4日，9日，14日，19日，24日，29日は小商品と呼ばれる日用雑貨，靴，帽子の卸売日である。また，毎月5日，10日，15日，20日，25日，30日は「伝統の市」であり，卸と小売りの両方が行われる。伝統の市の時だけ臨時の露天商が許可され，工業製品だけではなく，農産物も取り引きされる[14]。

市場所有者が行っている管理業務は，テナント登録，リース料の徴収，防火，窃盗防止，清掃業務などの不動産管理業務だけである。市場に輸送センターがあり，そこには個人の運送業者が数百人いる。この輸送センターは市場

の取引量の増加した1990年代前半に自然に形成されたものである。

　市場内のブースの広さは9平方メートルであり，年間リース料は3000元から5000元である。テナントのほとんどは個人商業者である。テナントの商人たちの仕入れ先は商品によって異なる。日用雑貨の場合製造技術が単純で廉価の商品は地元の個人工場から，製造技術が高くて高価の金属道具は中国南部のメーカーから仕入れている。靴と帽子はおもに浙江省温州市と山東省のメーカーから仕入れている。伝統の市を除き，テナントの商人たちは仕入れた商品を取引日の1日で売り切り，取引日以外の日にまた仕入れに行く。

　一方，市場の主要なユーザーは個人小売業者である。日用雑貨，靴と帽子のような取引商品は，仕入れに来場する個人小売業者が唐山だけではなく，河北省の他地域，さらに北京，天津，内モンゴル，東北三省までに及ぶ。来場する個人小売業者のうち自らトラックを運転してくる人が多く，市場で仕入れた商品をトラックに積んで帰る。

　伝統の市を除き，市場での取引は卸が主体である。卸と小売りの価格の差が小さく，市場のテナントは卸売業として大量販売することから利益を稼いでいる。市場での決済は前払いが多く，1万元程度の小規模取引は現金決済である。欠陥商品は返品できるが，売れ残りという理由では返品できない。

　テナントの商人たちは仲間同士で情報交換しているが，市場に公式の交流会はない。市場の管理者は月1回商品情報をまとめ，会議または店舗訪問の形で商人に伝えているが，日用雑貨，靴，帽子などの商品の市場状況が頻繁に変化しているため，テナントにとってあまり役に立っていないという。取引する小商品の種類が多く，また価格が安いため，現在でも鴉鴻橋小商品批発市場の集客力は大きいが，近年都市間高速道路の整備と他地域の商品交易市場の建設によって商圏が小さくなっている[15]。

　テナントの商人のうち卸売業を通じて資本蓄積ができた商人が少なくないが，彼らは卸売業務をさらに拡大するよりむしろ新しい市場の建設や，既存市場の建て替えといった不動産建設に資金を投入している。たとえば，河西村と個人が共同で建設した靴と日用雑貨市場は，もともと村が建設した露店市場が2005年に建て替えられたものであり，建て替え資金はすべて市場で資本を蓄積した個人商人が出資した。また，五洲商貿城と興旺商城も個人商人が出資して

建設した市場である。さらに，06年に個人商人が商品交易市場と宿泊施設を含む大型複合施設を建設している。

4-3　まとめ

　この節では唐山市の主要な消費財，とりわけ工業消費財の流通フローの実態と，卸売流通で重要な役割を果たしている商品交易市場の運営の仕組みについて，現地調査の結果を説明した。現地調査の結果と統計データに関する分析の結果に基づいて，唐山市の卸売構造の特徴は3点にまとめることができる。第1に，大・中規模卸売企業は卸売流通で中心的な役割を果たしておらず，中小卸売業者は卸売流通の主要な担い手である。第2に，中小卸売業者はおもに他地域の中小メーカーから商品を仕入れており，主要な販売先は中小小売商である。一方，地元百貨店に代表される大手小売企業は他地域の大手メーカーからの直接仕入れが多い。第3に，大規模な卸売集積があるものの，集積が果たしている機能は商品の集散だけであり，近代的な卸売企業が果たしている危険負担やリテールサポートなどの機能を果たしてない。

5　分析：唐山市の卸売構造の形成要因とその影響

　上述した唐山市の卸売構造の形成をもたらした要因は何か。また，こうした卸売構造が今後市の商業の発展にどのような影響を及ぼすか。この節ではこれらの問題を検討する。

5-1　卸売構造の形成要因

　唐山市の卸売構造の最も大きな特徴は大・中規模卸売企業が卸売流通で中心的な役割を果たしていないという特徴である。その主たる理由は，大手国有卸売企業の衰退が激しく，また，大手私営卸売企業があまり発展してこなかったからである。このような現象がなぜ生じたのか。

　計画経済の時期に2級卸が設置された唐山市では国有卸売企業が少なくなく，またその経営状況も悪くはなかった。しかし，その後経営不振に陥ったの

は，これらの企業が改革後急速に増加した個人・私営小売業者という新しい販売先を開拓せず，また，80年代の売り手市場の時期に既存の取引相手を選別して関係を強化しなかった，といった2つの理由が考えられる。

1980年代の個人小売商の許可と多くの失業者の存在によって，唐山市では個人小売商が急速に増加した。商業改革前期の92年に個人小売商の年間販売額がすでに市の小売年間販売総額の15.0%を占めていた[16]。しかし，計画経済時期に大手国有小売企業よりも上位に位置づけられた大手国有卸売企業は，新たに発展してきた個人小売商をまったく相手にしなかったのである。

一方，既存の販売先に関して，大手国有卸売企業は重要な販売先と関係を強化しなかった。結果として，1980年代半ば以降重要な販売先であった大手国有小売企業が十分な商品を確保することができなくなったため，他地域のメーカーから直接仕入れるようになった。この点について，唐山百貨大楼集団有限責任公司取締役・副総裁王維柯氏はつぎのように説明している[17]。

「唐山百貨大楼が設立したのは1984年であり，震災後唐山市の最初で最大の百貨店だった。その時はまだ計画経済の末期でもあり，わが社は基本的に2級卸から商品を仕入れていた。わが社がこのような仕入れルートを変えたのは86年以降だ。政策上で自由に仕入先を選ぶことができたこともあるけど，もっと重要なのは，86年になると2級卸からの仕入れがわが社の需要を満たすことができなくなったことだ。というのも，2級卸はわが社だけではなく，唐山市と周辺10の県（の国有・集団所有の商業企業）に商品を卸していた。2級卸が仕入れた商品の量はそれほど多くなく，それを取引先の商業企業に分配すればすぐなくなった。一方，わが社は2級卸から仕入れた商品を店舗に陳列するやいなや売り切った。こうした事情から，わが社は唐山地域から出て，直接メーカーから商品を補充するようになった」（唐山百貨大楼集団有限責任公司取締役・副総裁王維柯氏，括弧内は筆者による）。

このように，1990年代初めまでの売り手市場の下で大手国有卸売企業は栄えたが，買い手市場へと転換した90年代半ば以降相次いで倒産した。経営不振に陥った大手国有卸売企業の集約化を図るため，唐山市政府は唐山百貨大楼による卸売企業の買収を推進した。結果として，唐山百貨大楼は94年から2005年まで市の6つの工業消費財2級卸のうちの5つの企業を買収した。買収交渉にお

いて市政府が最も重視したのは卸売企業の再生ではなく，従業員の雇用維持であった[18]。また，買収側の唐山百貨大楼の目的も卸売企業が果たす卸売機能を活用することではなく，卸売企業がもつ立地条件のよい土地と建物を利用して大型SCを建設することであった。結果として，買収された大手国有卸売企業は再生されたことがなく，むしろその衰退が加速化された。この点は唐山百貨大楼集団有限責任公司取締役・副総裁王維柯氏のつぎの発言に裏付けられていると考えられる[19]。

「（大手国有卸売企業の）買収によってたしかに赤字企業の人員を引き継いだが，土地と建物を獲得できた。買収した店舗を活用して，大型SCをオープンした。（中略）わが社の傘下に入った卸売企業はグループ企業に商品を卸すという業務を行っておらず，（唐山市の）県（農村部）にある，過去長く取引していた小売企業に商品を卸している。しかし，その量が非常に少ない。実は卸売企業の役割は40数人の余剰人員を養うという役割だ。これらの人員は買収した卸売企業の古参の課長などの幹部であり，リストラすることも，他の職場に再配属することもむずかしい。だから，彼らに1つの場所を与え，ほんの少しだけ利潤をグループに上納させるという形で卸売企業を運営させている」（唐山百貨大楼集団有限責任公司取締役・副総裁王維柯氏，括弧内は筆者による）。

このように大手国有卸売企業が衰退しただけではなく，大手私営卸売企業もあまり発展することはなかった。唐山市では資本蓄積ができた個人・私営卸売業者が少なくなく，とくに大型商品交易市場のテナントのうち資本蓄積ができた卸売業者が多い。しかし，彼らは卸売業務をさらに拡大するより，むしろ商品交易市場の建設に投資し，卸売企業からディベロッパーに転身した業者が多い。こうした状況をもたらした要因は3つあると考えられる。

第1に，少品種の商品を大量に仕入れ，大量に販売することを通じて資本を蓄積してきた個人・私営卸売業者の多くは，近代的企業組織を構築しておらず，企業経営がオーナー個人に依存している。そのため，新しい卸売機能を果たしたり，取扱商品の種類を拡大したり，取引地域を拡大したりすることがむずかしい。第2に，個人・私営卸売業者は大手メーカーと差別化できるサービスを小売業者に提供していないため，既存の大手メーカー・大手小売企業間の

直接取引に食い込み，事業をさらに拡大することができなかった。第3に，近年唐山市で発展し始めた食品スーパーはサプライヤーに対して，アカウント開設費などさまざまな費用を要求しているため，卸売業者の利益が圧迫されている。このような状況の下では，卸売業者は本来のビジネスより，むしろ利益を得やすい不動産などの産業に資金を投入することを選択した。

5-2　卸売構造が今後市の商業の発展に及ぼす影響

それでは，唐山市の卸売構造は今後市の商業の発展にどのような影響をおよぼすのか。これについて，市の商業管理機関である商務局も大手小売企業の経営者も，大手卸売企業が減少し，メーカーと小売企業の直接取引が増加したことは流通コストを削減したと評価し，市の商品交易市場は今後も高い集客力を維持することができると考えている[20]。本当にそうであるのか。つぎに，この問題を検討する。

（1）大手卸売企業が衰退したことの影響

唐山市の場合，大手卸売企業が衰退し，メーカーと小売企業の直接取引が増加したことは必ずしも流通コストを削減せず，また，今後市の商業の発展にむしろマイナスの影響をおよぼすと考えられる。これは唐山市の小売企業最大手の唐山百貨大楼の状況をみればわかる。唐山百貨大楼は2005年の売上高が22億元であり，国内の大手小売企業と比べて規模がまだ小さいが，仕入れ先のメーカーと代理商の数が3600社にも達しており，それぞれの仕入先からの仕入れ量の少なさがうかがえる。このように数多くの他地域のメーカーや地元の代理商から少量ずつ仕入れることは仕入コストがむしろ高くなると推測できる。

大手卸売企業の衰退は今後，市の小売企業の発展にも悪影響をおよぼすと考えられる。これは市の主要な小売業態である百貨店の現状をみれば明らかである。2003年まで唐山市の大型百貨店が唐山百貨大楼と華聯の2社だけであり，百貨店業界の競争が非常に緩やかであったが，04年以降五聯国際百貨，三利百貨といった他地域の百貨店2社が唐山市に進出し，百貨店業界の競争が激しくなった。同時に，国内家電量販店チェーン最大手の国美電器と第2位の蘇寧電器が唐山市での出店を開始し，地元百貨店の主要な取扱商品の1つである家電

製品の競争が激化した。しかし，地元小売企業最大手の唐山百貨大楼は問題の重大さをあまり認識せず，対応策も講じていない。この点は唐山百貨大楼集団有限責任公司取締役・副総裁王維柯氏のつぎの発言から明らかである[21]。

「(他地域の百貨店が進出してきたが，)それぞれの百貨店のポジショニングが違い，棲み分けができている。五聯国際百貨は若者や流行に敏感な消費者をターゲットし，流行商品を揃えている。三利百貨は高収入の消費者をターゲットし，高級商品を揃えている。わが社は大衆消費者をターゲットしており，品揃えは基本的に伝統の百貨店の品揃え（これまでの品揃えのまま）であり，中級と中高級商品を取り扱っている。わが社の品揃えに流行商品もあれば，日用品もある。（中略）国美電器・蘇寧電器との競争において，彼らは出店のスピードが速いが，わが社は売上高でも利益でも彼らと勝負は互角である」（唐山百貨大楼集団有限責任公司取締役・副総裁王維柯氏，括弧内は筆者による）。

こうした発言から推測できるように，唐山市の百貨店最大手の唐山百貨大楼でも商品情報が乏しく，経営ノウハウを必ずしももっていないと考えられる。他地域の百貨店や家電量販店チェーンがすでに唐山市に進出し始め，また，今後国内大手総合スーパーや外資系ディスカウントストアの進出も予想される。これらの企業は中間所得層をターゲットし，アパレルや住関連用品を取り扱う地元の大手百貨店と直接競争するであろう。そのような状況の下では商品情報を豊富に有し，危険分担能力のある大手卸売企業からの支援がなければ，地元百貨店は差別化を図ったり，運営コストを削減したりすることがむずかしくなる。また，こうした問題は百貨店だけではなく，発展が始まったばかりであり，規模がまだ小さい地元食品スーパーにも当てはまる。

（2）商品交易市場に存在する問題

唐山市の商品交易市場について，たしかに現在は大型市場の集客力が高いが，現状の運営方式のままでは今後これらの市場が集客力を維持できるとは考えられない。現地調査において，唐山市の商品交易市場に存在している問題について市場の所有者は，市場周辺に製造業者の集積が十分に形成されず，魅力的な仕入れ先が少ないため，他の地域に有力な市場ができたらテナントがす

ぐ移る,といった可能性を指摘している[22]。つまり,唐山市の商品交易市場はメーカーにとって商品情報や技術の発信地とはなっておらず,中小小売業者にとっても単なる安く仕入れる場所にすぎない。規模は大きいが,市場として機能しているのは商品の集散機能だけであり,集客力は立地条件だけに依存している。そのため,都市間の高速道路網の整備と他地域における商品交易市場の建設によって,たとえ鴉鴻橋小商品批発市場のような大型市場でも商圏が縮小し,値下げの圧力が強くなってテナントの利潤率が低下している。その意味では,唐山市の商品交易市場は単純な商品集散地から脱皮しなければ,競争の激化に伴い淘汰されかねないといえる。

6 おわりに

　本研究は中国北部の地方都市である唐山市を事例として取り上げ,卸売流通の現状を分析した。本研究の結論はつぎの3点にまとめることができる。第1に,地方都市である唐山市は1980年代以降中央政府の政策にしたがって商業改革を行ってきた。卸売流通の改革は一貫して,多様な所有形態・経営形態の卸売企業の発展を奨励し,卸売集積である商品交易市場を建設するといった方針であった。第2に,改革の結果,大手国有卸売企業が姿を消したものの,私営大手卸売企業が発達せず,中小卸売業者が卸売流通の主要な担い手とする卸売構造が形成された。第3に,卸売構造に関して,市も大手小売企業の経営者も,流通コストが削減され,期待された改革効果を上げたと評価しているが,これは必ずしも適切とはいえない。実際には,大手卸売企業の支援がないため,規模が小さく,経営ノウハウが乏しい唐山市の大手小売企業の仕入コストは高く,今後の発展が阻害される可能性がある。さらに,卸売流通で重要な役割を果たしている商品交易市場は商品の集散機能しか果たしていないため,集客力が立地条件に依存しているという問題を抱えている。

　本研究は中国北部の地方都市唐山市の卸売流通の特徴を分析した。しかし,代表的な沿海部大都市との比較を通じて,地方都市の特徴をさらに明瞭に描き出す作業を行うという課題がまだ残っている。今後こうした比較分析を行い,

また，他地域の重要な地方都市の卸売流通の現状をさらに調査することを通じて，地方都市の流通現状をより包括的に把握したい。

謝　辞

　この調査を進めるにあたって，唐山市商務局王希如氏，勾国慶氏，趙全成氏，賈俊龍氏，劉紹先氏，柴宏生氏，唐山百貨大楼集団有限責任公司王維柯氏，ゴン君氏，唐山市路南区商務局王貴満氏，唐山市路南区市場建設服務中心楊惺路氏，小山市場経営弁公室孫宝峰氏，小山小百批発市場経営管理弁公室鄭振中氏，唐山市玉田県商務局常志剛氏，李振雲氏，鴉鴻橋鎮政府張建奎氏，趙国慶氏にインタビューを実施した。本調査にご協力いただいたことに心より御礼申し上げる。また，本研究は文部科学省科学研究費補助金（基盤研究（B）：研究課題番号15402031），21世紀COEプログラム『知識・企業・イノベーションのダイナミクス』，敬愛大学経済文化研究所個人研究助成（平成18年度）から経済的な支援を受けている。ここに記して御礼申し上げる。

注

(1) 計画経済時期に河北省において2級卸が設置された都市は6つあった。省都である石家庄市，邯鄲市，唐山市，保定市，承徳市と張家口市である（『当代中国』叢書編輯委員会1990b）。
(2) 1980年代卸売体制の改革について国務院が批准した重要な通達は2つあった。一つは「当面都市商業体制改革の若干問題に関する商業部の報告」（1984年）であり，もう一つは「国家体制委員会，財政部，商業部の『国有商業改革に関する意見』」（1987年）である。
(3) 1990年代卸売体制の改革について重要な通達は2つあった。一つは93年に中国共産党14期3中全会で発表された「社会主義市場経済体制の建設についての若干問題の決定」であり，もう一つは95年に国内貿易部が公布した「流通体制改革の深化と流通産業発展の促進に関する若干の意見」である。
(4) 主な制限は最低登録資本金，出資比率，投資者の申請資格，経営範囲，許可地域，経営期間に関する制限であった。
(5) 『中国商業年鑑』は1988年に創刊し，1994年版から2002年版まで年鑑の名称が『中国国内貿易年鑑』に変更されたが，2003年版から名称は『中国商業年鑑』に回復した。
(6) 『唐山統計年鑑』2005年版による。
(7) 『中国商業年鑑』2006年版，および『唐山統計年鑑』2005年版により筆者が計算した数字である。
(8) 唐山市の商品交易市場のうち，92.8％にあたる506市場は消費財市場であり，2004年の年間取引額は300億元であった。
(9) 筆者のインタビュー調査（2006年8月）による。

⑽　『中国商品交易市場統計年鑑』2005年版による。
⑾　『唐山統計年鑑』2005年版による。
⑿　筆者のインタビュー調査（2006年8月）による。
⒀　『唐山統計年鑑』では，(1)と(2)だけが鴉鴻橋小商品批発市場として扱われた。ここで示している年間取引額は筆者のインタビュー調査（2006年8月）による。
⒁　最近毎日販売する入居者が出てきたが，まだ少ない。
⒂　筆者のインタビュー調査（2006年8月）による。
⒃　『唐山統計年鑑』1993年版による。
⒄〜㉑　筆者のインタビュー調査（2006年8月）による。
㉒　筆者のインタビュー調査（2006年8月）による。

参考文献・資料
中国語：
河北巻編審委員会（1991）『中国資本主義工商業的社会主義改造　河北巻（下）』中国党史出版社。
『当代中国』叢書編輯部（1987a）『当代中国商業　上』中国社会科学出版社。
『当代中国』叢書編輯部（1987b）『当代中国商業　下』中国社会科学出版社。
『当代中国』叢書編輯委員会（1990a）『当代中国的河北　上』中国社会科学出版社。
『当代中国』叢書編輯委員会（1990b）『当代中国的河北　下』中国社会科学出版社。
『唐山統計年鑑』1993年版，1997年版，2002—05年版。
『中国国内貿易年鑑』1994—2002年版。
『中国商業年鑑』1988—93年版，2003—04年版。
『中国商品交易市場統計年鑑』2001—05年版。
『中国統計年鑑』1981—2006年版。

■第8章
中国大都市の流通近代化の現状
上海の流通近代化

1 はじめに

　中国は大国であり，時代によって地域によって流通近代化の進捗度に大きな差があると思われる。

　第6章と第7章で，渤海湾に面する唐山市の流通近代化を明らかにしている。本章はその姉妹編ともいうべきもので，唐山市は典型的な地方都市，上海市は中国第1の大都市であり，両者を調査分析することで併せて中国の流通近代化の全体像に近づくことを意図している。

2 先進都市「上海」

　上海は歴史的にみても中国最大の国際商業都市で，情報と流行の発信基地であり，中国経済復興の牽引車としての役割を担ってきた。中心街である南京路と淮海路には高級百貨店が軒を並べ，プレミアム・ブランド店が入居する大型ショッピングセンターが続々オープンし，地元の人々ともに世界からの観光客がウインドショッピングを楽しんでいる。また南京路の人民公園駅や衡山路の徐家匯駅には，若者向けのショップが多数入居する近代的な地下ショッピングセンターがあり，オシャレな買物客で賑わっている。その一方では，裏通りには伝統的な商店が軒を並べているし，自由市場は，現在でも上海市民の食生活のかなりの部分をささえている。

華東の中核都市である上海は，戸籍人口およそ1500万人の中国最大の都市である（このほかに農民工が400万人いるといわれている）。上海を中心とする華東地域（上海，江蘇省，浙江省）は，改革開放が本格化した1990年代以降目覚ましい経済成長を遂げて生産が高度化し，中国経済の発展を牽引してきた。上海市の1人当たりGDPは，1990年に5910元（1237ドル）にすぎなかったのが，2003年4万6718元（5649ドル），06年には5万7310元（7189ドル）に達した。16年間で5.8倍，上海経済は驚異的なスピードで成長しているといってよい。上海市の1人当たりGDPは中国31省・市・自治区の中で最も高いだけでなく，東アジアの主要都市と比較しても香港，シンガポール，台北，ソウルにはおよばないものの，アセアンのジャカルタ，マニラを大きく上回り，バンコク，クアラルンプールにほぼ匹敵する（丸尾豊二郎他，2005，125頁）。

　日本貿易振興機構の『ジェトロ貿易投資白書　2003年版』では，東アジアの中間層を「外資系企業がターゲットになりうる所得階層」と定義し，自動車を購入可能かどうかをひとつの目安としている。そして中国では，1世帯当たりの月収（可処分所得）が3300元（約5万円）以上，就業者1人当たりの月収が2100元以上が中間層にあたるとしている。上海市の人口に占める中間層は1995年には5％に満たなかったのが，2000年には20％台，そして03年には50％に近い人々が中間層を形成するようになった（丸尾豊二郎他，2005，133-135頁）。

　経済が成長し生産が高度化すると，少品種多量生産が一般化し，マーケティングよる計画的販売が重要になる。さらに生活水準が向上し，効率的な多品種少量生産が要請されるようになると，マーケティングは高度化する。それは生活水準が向上すると，可処分所得から基本的生活費を差し引いた「裁量所得」が増大し，消費欲求が高級化・個性化するし，潜在化の傾向も強まるからである。企業としては，高級化・個性化する消費欲求にはきめ細かく対応し，潜在化しようとする欲求には，顕在化させるような働きかけが必要になる。このように生産の高度化と生活水準の向上は，商品の流通方式に影響をおよぼし，流通システムを変容させると考えられる（久保村，2005，24-30頁）。

　上海市は中国において最も生産が高度化し生活水準が高い地域であり，したがって上海市の流通近代化は，中国における先進的ケースとしての意義をもつと考えられる。

3 小売業の動向

　上海の小売業の動向を，流通近代化の内容にしたがって，まずチェーンストアの発展からみてみよう。中国のチェーンストアは，レギュラーチェーンだけでなく，国内企業の間では1990年代の半ば頃から「特別許可加盟店」と呼ばれるフランチャイズチェーンも普及している。たとえば，華聯超市は95年から上海だけでなく，浙江省と江蘇省でも加盟店の募集を開始し，2000年までに470店の加盟店をもつようになった（藤田武弘他，2005，169頁）。ただし，フランチャイズ・チェーンの実態はただ単に販売委託をしたにすぎないものから，本部機能が充実し中央統制が徹底したものまで多様である。

3-1　チェーンストア

　流通近代化は，まず，チェーンストア経営形態の導入による規模の利益の達成によって推進される。上海市でも総合超市，超市，専門店，コンビニエンスストア，ドラッグストアなどの業態でチェーンストアの展開が急速にみられるようになっている。

（1）上海におけるチェーンの発展

　1990年代半ば過ぎから中国では総合的な流通革命が起こった。35年間にわたって，中国の近代的小売業は百貨店単独ともいうべき時代であったが，超市や総合超市などのチェーン店が登場し，複数業態が並存する局面へ移行した。日本と同じように中国でも，チェーン経営方式は，業態コンセプトが不明確なまま，試行錯誤を重ねながら徐々に浸透していった。1980年代には，全国各地に多数存在した国有の野菜の卸・小売の菜市場・食糧配給所が，日用品や雑貨類などを品揃えに加え，自選（セルフサービス）商場を設けてスーパーマーケット化を図ったが，成功せず伝統的対面方式に戻っている[1]。その理由は，消費者がセルフサービス販売方式に不慣れだったこともあるが，それよりも主要商品は売り手市場の計画経済のもとで配給制が敷かれ自由な仕入れがむずかしかったこと，労働力が豊富にあり人件費節減のインセンティブが乏しかった

こと，経営ノウハウがなく業態コンセプトを確立することができなかったことにある。

中国初の近代的超市は，1991年，上海でオープンした聯華超市といわれている。流通革命を促進したのは，90年代初めから小売市場の対外開放が段階的に行われたことに伴い，マーケティング力をもつ外資流通企業が参入し，進んだ経営ノウハウの技術移転したことが大きな要因となった。比較的早く中国に参入したのは，香港系の超市チェーンである。90年代半ば以降になると，フランスのカルフール（1995年）やオーシャン（1999年），ドイツのメトロ（1995年），阿霍徳（アホールド，1996年，99年撤退），オランダの万客隆（1996年，マクロ，2007年，韓国のロッテショッピングに売却），タイのロータス（1997年），台湾の大潤発（1998年）など総合超市（大売場等ともいう）チェーンが多くなった。90年代中後期には，国内資本の総合超市・超市も続々とオープンした（李・王他，2005）。

聯華超市は，中国における流通近代化の象徴的存在である。聯華超市は外資導入に先立ち，1991年に内外貿易連合公司の新規事業部門として創設され，食品スーパーを開業し，国内最大手の超市に成長した。創業当初の5年間は赤字経営に悩んだが，業務システムの改善や市場環境の好転により96年以降経営が軌道に乗り，出店地域も周辺の江蘇省，浙江省へ拡大された。95年，カルフールと合弁会社を設立して欧州型ハイパーマーケットのノウハウを学び，97年，コンビニエンスストア事業に参入して快客（QUICK）を開店，グループの総

表8-1 ●中国小売企業売上ベストテン

(1) 2000年

	企業名	販売額（億元）
1	上海聯華超市	111
2	上海華聯超市	65
3	遼寧大連商城	62
4	上海第一百貨店	58
5	上海農工商超市	54
6	三聯商社	53
7	上海豫園	41
8	江蘇蘇果超市	40
9	メトロ	37
10	重慶商社集団	37

(2) 2007年

	企業名	販売額（億元）	店舗数
1	国美電器集団	1,020	1,020
2	百聯集団	871	6,454
3	蘇寧電器集団	855	632
4	華潤万家有限公司	503	2,539
5	大連大商集団	502	145
6	カルフール	296	112
7	物美控股集団	279	718
8	大潤発集団	257	87
9	重慶商社	222	263
10	農工商超市	221	3,236

注：『中国連鎖経営年鑑』などによる。

店舗数で中国最大になった（矢作，2006，218-219頁）。2000年には，年間売上高が100億元台に乗り，小売業売上高ランキング（中国連鎖経営協会）の首位の座に着いた。

　上海市では，1990年代になると，政府主導のもと「大市場，大流通，大商業」を発展の目標にして商業の近代化が図られた。90代半ばに百貨店の仕入部門が国から地方の商務局に移管されたことがきっかけとなり，上海市第一商務局は，所管の流通諸機関を百貨店を軸として3グループ化を推進した。これらは第一百貨店を中心とする「一百集団」，華聯商厦を中心とする「華聯集団」，聯華超市を中心とする「友誼集団」である。2003年，外資参入により競争激化が予想されるなか，3グループに加えて「物資集団」（燃料・金属・木材など生産財流通の最大手）を加えて大同団結し，百聯集団を国有資産管理委員会の管理下に設立した。

　中国連鎖経営協会の小売業売上高ランキングによれば，百聯集団は5年間首位の座にあった。2006年には，1位の座は永楽電器を買収した家電量販店の国美電器に譲ったが，年間売上高は771億元で2位，総店舗数は6280店に達する。百聯集団は上海市では，百貨店の店舗別売上高トップテンの半数近くを占め，総合超市，超市，コンビニエンスストア，ホームセンターなどを展開，断然他の集団などを引き離しており，グループ全体では最大の売上高と店舗数を誇る巨大な「コングロマーチャント」といえる。

　現在の百聯集団のプロフィールは以下の通りである。百聯集団は国有資産管理委員会の監督・管理の下にあり，4集団を完全所有している。それぞれの集団の傘下に多数の上場企業や外資との合弁企業がある。「一百集団」には，第一百貨店，第一八佰伴，東方商厦（以上百貨店），上海百紅商業貿易（2001年，丸紅と合弁で設立）など，また「華聯集団」には，永安百貨店（旧華聯商厦），華聯超市，吉買盛（総合超市，超市），外資と合弁のローソン（1996年）やマクドナルド（1990年）などがある。「友誼集団」では，聯華超市（総合超市，超市），快客（コンビニエンスストア），好美家（Home Mart，ホームセンター，1998年）をもち，1995年，カルフールと合弁事業を始め，97年には三菱商事が聯華超市に資本参加している。「物資集団」は，燃料・金属・木材など生産財流通の最大手で，2002年，テンゲルマン（ドイツ，OBI）と合弁で欧

倍徳（ホームセンター）を始めたが，OBIは05年，キングフィッシャー（イギリス，B&Q，百安居）に売却している。

第二商務局は，糖業煙酒集団公司，食品集団公司，蔬菜総公司，水産局は水産公司にそれぞれ改組したが，物資が豊かに出回り買い手市場になったことなどから商務局の役割も変容し，1996年に商業委員会に再編成され，すべての商業を統括するようになった。

（2）総合超市チェーンの現状

政府資料をもとに，2003年から06年までの上海における総合超市（総合量販店）の動向をみてみよう。

2003年，上海の総合超市の店舗数は195に達し，02年度に比べると55店舗増え，年間売上高も217億元で前年より21％増加した。上海の総合超市は近隣型ショッピングセンターとして，食品と日用品の分野で重要な役割を果たすようになった（上海市経済委員会，2004）。04年も上海で総合超市は順調に成長し，市内外で44店をオープンした。上海で総合超市を展開する企業が19社になり，合計店舗数は249店舗，営業面積は233万平方メートルに達した。総合超市が成長した理由として，ワンストップショッピングの優位性，低価格訴求，ポイントカードやDM広告，無料バスなどの顧客サービスなどが指摘された。上海市民の社会消費財小売売上高に占める総合超市のシェアは10％を超え，聯華，農工商，Eマート，オーシャンなどの主要チェーンは，前年比で20％超上昇した。総合超市は市内に比較的早期に集中出店した結果，市内では展開余地が少なくなり，各企業は市外に事業を拡大するようになった。04年，市外に開設した総合超市の店舗数は上海地区全体の6割を占め，総合超市は上海を離れ，地理的に拡大するようになった。

2005年，上海地区における総合超市の新規出店は16店，総計262店になり，そのうち市内は112店，市外は150店で，それぞれ前年より8％と4％増加した。立地別にみると，中心部の大型総合超市の店舗の密度は高いが，郊外地区の密度は相対的に低いのでまだ出店余地はあると考えられた。中心部の閔行区，宝山区，浦東新区などでは大型総合超市が多数出店，激しい同業態間競争が起り，家美好，楽客多，山姆士などが続々と閉鎖した。一方，優れた経営ノ

ウハウを持つ外資系企業は，豊富な資金で開店速度を上げており，新規出店の半分以上が外資系で，市内の外資系総合超市の総店舗数は67店，全体の60％に達し，販売額シェアも76％を占めるに至った。メトロ，大潤発，ロータスなどの外資系企業は，総合超市を上海を含めて全国的に展開する方針であるのに対して，国内系企業は上海の外縁部にあたる「長三角地区」や「華東地区」の開拓に重点をおいた（上海市経済委員会，2006）。

　2006年になると，上海市における総合超市の発展は緩慢になり，市内店舗数は前年比13店舗増の136店舗にとどまった。市内総合超市の売上総額は245億元で，前年比7％増だが，上海市消費品市場全体の成長率を下回った。06年9月の上海連鎖店経営協会の調査によると，市民は食品と日用雑貨に関しては，低価格で品質がすぐれている店舗として総合超市を選択し，その比率は43％であった。総合超市は上海の中心部（中環路内）に集中，3kmごとの商圏すべてに3店舗以上の総合超市があり，すでに飽和状態に達しており，最も過密している地域では3kmの商圏内に10店舗以上という状態であった。各店舗の売上も低下傾向にあり，06年の店舗当たり平均販売額が1.84億元で，前年比4％減となった。総合超市は外資系が中国市場に参入する場合の主要業態で，上海市内の総合超市13社のうち外資系が9社占め，販売額シェアは8割に達した。06年，カルフールは中心商業地域の中山公園店などに4店舗（市内合計11店舗），ウォルマートは北東エリアの「五角場」に上海における2号店舗を開き，また韓国のEマートは市内3店舗目として既存店舗を買収している。

　同時に，外資系小売企業の卸ビジネスも拡大し，台湾系の大潤発は売上高96億元のうち87億元は卸の売上高であった（2005年は10億元）。卸がメインのメトロも，売上高を前年比28％増加させている（『2007上海サービス業発展報告』）。

（3）超市の現状

　つぎに，超市（食品スーパー）の最近の動向をみてみよう。2003年上海の食品スーパー店舗数は3244店で，前年比672店増，うち市外が464店と増加数がかなり大きい。年間販売額は499億元で前年比25％増，1店当たりの平均販売額1500万元であった。市内と郊外が結節し，大型居住施設が多い地域に出店する

傾向が続いた。これらの地域は，市内と比べると超市がまだ飽和状態になっていなかったため，新規オープンした超市のほとんどが好業績を収めることができた（上海経済委員会，2004）。上海市内の超市は，04年も引き続いて発展し，市内だけで275店舗が開業し，その販売額は120億元に達した。しかしながら，超市は総合超市やコンビニエンスストアなど異業態から競争圧力を受けて業績が低迷した。総合超市と比較すると，ワン・ストップ・ショッピング性で劣り，立地，経営時間，サービスなどの利便性でコンビニエンスストアに太刀打ちできなかった。地方政府統計によると，市内超市の各店舗の1平方メートル当たりの売上高は総合超市の5分の1で，かなり厳しい状況にあると推計された。これに対して，超市はPB商品の開発，生鮮品の充実，サービスの強化をしたり，店舗ごとにポジショニングを見直し，商圏特性に応じて「安売店」，「生鮮店」，「コミュニティ店」などに超市フォーマットの修正を行ったりした。また，上海の超市チェーンの市外進出は増し，04年市外に391店が新設され，市外店舗数比率は54％に上昇した。上海における超市の成長は，市外への積極的進出がささえた（上海市経済委員会，2005）。

2005年，市・区政府の推進のもと聯華，農工商，家得利など国内系は生鮮食品部門を強化し，生鮮食品超市にモデルチェンジした。1年間で23店舗がモデルチェンジを行い，その結果，売上高が30〜50％増加した。また聯華超市は，6000万元を投じて近代的な配送センターを建設，総面積は2万9000平方メートル，貯蔵量は30万箱で，自動搬送システム，自動搬送エレベータなどを備えている。新しい配送センターの導入により，平均在庫量は16日から7日に短縮，取扱量は1日最高16万箱に達し，600店の超市に配送されるようになった（上海市経済委員会，2006）。

2006年，上海の超市店舗数は5028店舗で，前年より13％増えた[2]。うち市内店舗数は2430店舗，市外店舗数は2598店舗で，内外比率は48対52だった。しかし，全体的には超市の成長も総合超市と同様に緩慢になっている。それは上海の消費者は，高品質・低価格や高サービスを追及する傾向が強まり，超市は総合超市とコンビニエンスストアなどとの間の異業態間競争が激化したからである。そこで，超市を展開する企業はつぎのような差別化戦略を採用し，業態コンセプトを明確にすることに努めた（上海市経済委員会，2007）。

① 生鮮食品の品揃えの充実を図り，魅力的な売場づくり，冷凍冷蔵施設の整備による鮮度管理を行う。
② 業務改革と店舗・品揃え格上げに力を入れる。改革は人づくりが基本であり，人材養成に力を注ぐ必要がある。聯華超市は，中高級の生鮮食品が40％占める生活館を開設した。
③ 女性顧客や青少年をターゲットにした市場細分化政策を推進する。
④ サプライヤーと連帯を進める。農工商など一部超市は，近郊の農村地域に生産者と協力して新たなサプライチェーンを構築した。また品質，鮮度，安全性を強調しイメージの高揚を図っている。
⑤ 農村市場，とくに長江三角農村市場，なかでも郷鎮級以下の市場開拓を目指す。

(4) コンビニエンスストアの動向

上海のコンビニエンスストア（便利店）の草分け的存在は日本から進出したローソンである。1996年に1号店を出店したが，2004年まで外資にはフランチャイズチェーン方式による加盟店の募集は認められず直営方式だけだったこと，店舗物件の確保がむずかしかったこと，中国式商慣行になじまなかったことなどの理由で伸び悩み，200店に達したのは05年のことであった（川端，2006，214-215頁）。これに対して国内系のコンビニエンスストアは21世紀に入り，急速に店舗数を増加させている。

上海でコンビニエンスストアの店舗数が急増したのは2000年以降であり，03年までの3年間でおよそ5倍に増加した。それも特定地域に集中出店する傾向が強く，その結果オーバーストアの状態に陥り，魅力的な商品開発ができないまま，飲料などで価格競争が起こり競争が激化し，05年に店舗数は減少に転じている。

2003年の店舗数は合計5014店舗で，前年より41％，販売額も59億元で30％増加したが，各チェーンは業態コンセプトを確立できず，同じような立地と品揃えで売上高シェアは伸び悩み2％前後しかなかった（『2004上海商業発展報告』）。翌年になると，店舗数増加率は前年比26％も下降したが，販売額は37％増加した。それまで特定地域に集中出店の傾向が強かったが，各チェーンは立

地を慎重に選定し，市場細分化によりターゲットを絞り店舗差別化を図り始めたことが，販売効率と利潤を増加させた。コンビニエンスストアがチェーン販売額に占める比重は5.87％から6.63％に上昇した。コンビニエンスストアのトップ3は聯華快客，光明可的，農工商好徳と，国内企業が独占した（上海市経済委員会，2005）。

　2005年，上海におけるコンビニエンスストアの店舗数は5528店，うち市内3894店，市外1634店で，市内は前年より6.4％減少，市外は前年より31.1％増加した。市内と市外では異なる傾向を示したのは，美亜21世紀の休業・閉鎖による影響である。実際，1年間で新しく開店したコンビニエンスストアは255店で，前年を上回っている。しかし数年間の激しい競争と「跑馬圏地」（特定地域に店舗が集中したこと）を経験したことで，単純な拡大から質重視への転換を図った。市内コンビニエンスストアの販売額は80億元（1200億円）で，前年より17％増加した。各チェーンがスクラップアンドビルドを行ったことで，中心地域のコンビニエンスストアの過密度は若干軽減された。また，好徳はフランチャイズチェーンの積極的活用により利益に転じ，可的は1万平方メートルの近代的な自社配送センターを開設し，1000店舗に配送できるようになった。

　2006年，上海のコンビニエンスストアの店舗数は5625店舗で，この数はチェーン業態のトップである。市内の店舗数は4127店で横ばい状況で，一方で市外店舗数は1498店と87店舗が少なくなった。主要8チェーンのコンビニエンスストアの年間売上高は114億元（1710億円）で，うち市内売上高は85億元で約12％増であった。各チェーンは若年層をターゲットにした市場細分化戦略を立て，店舗差別化と店舗の統廃合を行った。聯華快客は「二高」（高級市場参入，高級商品開発）戦略，「華聯ローソン」は「一直為君開着」（あらゆるサービス提供，年中無休）戦略をとった。今後，各社は，フランチャイズ方式重視で市場開拓を進める方針を打ち出した（上海市経済委員会，2007）。

　ちなみに，2006年6月現在，聯華快客の店舗数は直営店が1185店，FC店が794店，合計1979店である。また，農工商好徳は2007年末，光明乳業傘下の可的を買収し，統合後の店舗数2314に達し，上海で40％のシェア，全国でも業界トップに躍り出た。

（5）国有便利店「良友金伴」のケース

　上海ではコンビニエンスストアに限らず，国営の流通業が多い。良友金伴も1998年，上海市食糧局が「良友グループ」を創設して，開店させた国営のコンビニエンスストアである。切符制のもとの計画経済時代，食糧局は食糧店と油店などの配給所を所管していたが，これらが住民に近くに立地してたことから，近代化を図りコンビニエンスストアに変身させたのが設立の経緯である。経営ノウハウは，日本や台湾の同種企業・店舗をベンチマークしたりして，人材の交流はないが直接・間接的にさまざまな方法で獲得している。98年末で9店舗，その後徐々に店舗数を増やし，2003年から無錫など他都市に進出，07年末で650店舗になっている。

　2004年に進出した杭州から06年に撤退し，また，近年は店舗の閉鎖・改装を速めている。現在は直営店の方が多いが，今後は自営業者を募り，加盟店を増やす方針である。なお，加盟店に対するロイヤリティは売上高比例法を採用している。「来店者数は，1日1店舗当たり1000人，客単価は上海市のコンビニの平均である10〜15元の範囲にある」（邱・良友金伴副総裁・談）。

　店舗の売場面積80〜120平方メートルで，取扱品目は約2000品目で，たばこ，酒，米・油，調味料，インスタント食品（弁当，おでん，パン）などのほか，交通機関のパスやテレフォンカードも販売している。売上ではたばこが30％と一番多いが，グループ内に上海楽恵米業公社と上海油獅公社があり，それぞれ取扱商品である米の「楽恵」ブランドと食用油の「油獅」ブランドは消費者に浸透，これらを品揃えに加えて強みを発揮している。弁当・総菜に関して，日本的な「冷たい」弁当は中国文化になじまないこと，1日1回の配送しかできないことなどの理由で，レンジで温めるレトルト弁当を扱っている程度だが，温かい「おでん」はレジの前にかなりのスペースを割り当て，暖かな雰囲気を醸成している。

　POS（販売時点情報管理）システムも日本や台湾からノウハウを得て，開店当初から導入して単品管理している。仕入先は280社を超えるが，発注は各店舗のPOSで行い，ハンディターミナルも一部店舗で導入済みである。仕入先は額が大きいとメーカーと直接取引だが，小さいと卸経由になる。食品の物流に関しては常温と定温に分けて取り扱っているが，関連企業である上海良菱配銷

(出資比率は上海市糧食儲運公司49％，三菱商事41％，三菱商事・中国と菱食10％）に一括してアウトソーシングをしている。

(6) チェーン経営の進展と異業態間競争

　チェーンストアは，仕入れは中央本部で一括して行い販売拠点は各地に分散することによって，小売商としての大規模化を達成し種々の規模の利益を享受することが可能になったが，一方でボランタリーチェーンやフランチャイズチェーンは，中小小売商の競争力の強化策として効果的な方法と考えられている。中国ではボランタリーチェーンはまだみられないので，ここではレギュラーチェーンとフランチャイズチェーンの経済的，社会的意義を検討したい。

　まず第1に，流通生産性の向上があげられる。チェーンの場合本部で集中仕入が行われるので，生産者から直接仕入れたり卸売段階が短縮化されたりして，一般の流通経路より効率化され，マージンも圧縮されるのが普通である。したがって，チェーン店は消費者に対して相対的に安い価格で商品を提供することができる。しかし，中国では3段階の国有卸の時代が長く，市場経済が15年経っても中間流通業者がなかなか育たず，全国に30万あった国有商店の多くは，品切れになると自分で商品を工場まで取りに行っていた（『日経ビジネス』1995年6月5日号）。卸売機能の効率的遂行に関する意識が低かったわけで，そこで百聯集団傘下の一百集団は，丸紅と合弁で上海百紅商業貿易（2001年）を設立したり，聯華超市は三菱商事の資本参加（1991年）を求めたりして，日本などからノウハウの習得に努めている。また，総合超市，超市，コンビニエンスストアなどのいずれのチェーンでも近代的配送センターの設立が行われ，一括配送など効率的なサプライチェーンが形成されつつある。

　第2に，チェーン経営形態の浸透は超市，総合超市，コンビニエンスストアなど規模の利益を前提とする新業態の発展を大いに促進してきた。ここでは触れられなかったホームセンター[3]やドラッグストア（たとえば香港系のワトソンズ）なども中国でもチェーン展開が始まっており，また家電品でも国美電器や蘇寧電器などの専門店チェーンの発展が顕著であり，消費者に多様な選択肢を提供するようになっている。同業態間ばかりではなく異業態間競争を活発化させ，小売市場の独立性を高めている。

第3に，PB商品を開発することが生産者に対する対抗力になり，生産段階における寡占化の弊害を防止することが可能になる。PB商品開発の必要条件は，チェーン全体の販売力が生産の経済単位を超えることであるが，低価格が特徴の「棲み分けPB」だけでなく，高品質の「価値PB」商品の開発体制を整えないと，日本の大手チェーンのように低迷することになる（関根，2000，104頁）。一般に，欧米系のチェーンストアのPB商品の開発には定評があり，かなりの売上シェアを占めているのは，PB商品開発に対する経営姿勢とともに，充実したスタッフを要していることにある（矢作，2000）。マーチャンダイジングにPB商品を戦略的に組み込むことによって，店舗差別化を図ることができ，同質的な価格競争の陥穽から逃れることができる。中国のチェーンストアもPB商品の開発を始めており，今後の展開を見守る必要がある。

　第4のチェーン化による経済的・社会的意義は，おもにフランチャイズチェーンに関してであるが，中小小売商の競争力を強化し，流通近代化に参加する途を与えることである。中小小売商はチェーンストアなど大企業との競争から遮断され，保護されることは流通生産性の低い状態を固定化させるという点から好ましいことではない。中小小売商は，超市やコンビニエンスストアのフランチャイズ・チェーンに加盟することによって営業方法を革新し，チェーンストアと同じような規模の利益をあげることができる。

　フランチャイズチェーン（特別許可加盟店方式）は中国で，コンビニエンスストア，農村地域の超市，飲食業などの分野で急速に発展している。2006年，連鎖店売上トップ100社のうち，フランチャイズ展開している企業は46社（2005年は41社），加盟店舗数は4.1万店と総店舗数のおよそ6割弱に達している（中国連鎖経営協会，2006）。しかし，チェーン方式の狙いである中央統制の徹底による規模の利益の達成という点からみると，その実態はさまざまである。

3-2　百貨店とショッピングセンター

　百貨店は，19世紀中葉にフランスのパリでボンマルシェが登場以来，ニューヨークではメーシーやブルーミングデール，ロンドンでハロッズ，ベルリンではカーデーベー，そして東京では三越などが最先端のファッション情報を提供

するとともに都市文化を演出してきた。上海の百貨店はどうであろうか。ここでは，百貨店だけでなく，都市文化や街づくりと大きな関わりをもつショッピングセンター（購買中心）も取り上げよう。

(1) 上海の百貨店

中国において百貨店は，計画経済時代は都市文化の華やかさを提供するというより，物資欠乏下で，日用品や衣料品・靴など生活物資の配給機関としての役割を担っていたにすぎなかった。もっとも上海には，戦前すでに南京路には先施公司（1917年開店），永安公司（1918年開店，現在の華聯商厦），新新公司（1926年開店），大新公司（1936年開店，現在の第一百貨商店）など大型百貨店が続々オープンし，消費文化が花開いていたが，戦後の社会主義経済に移行後は撤退したり，存続したものも経営形態が変わり，種々の制約が課せられることになった。

1950年，政府・商業部のもと卸・小売を行う「百貨公司」が組織され，全国の百貨店は統一的に指導と経営が行われた。国営の配給機関として百貨店は，各種商品配給施設とともに，計画的流通において大きな役割を果たした。しかしながら，経済は発展途上で恒常的に生活物資は不足し，また奢侈品や流行性の高い個性的製品は抑制されていたので，その時代における当該都市地域の文化水準を表現していたとはいえ，百貨店の役割は抑制されたものであった。

1978年の改革開放により，経済活動は活発になり生活水準が向上するようになったことが，百貨店を徐々に変貌させることになる。80年代になると家電製品などが普及し始め，生活用品などが中心だったが品揃えも徐々に拡大され，店舗の増改築やサービス水準のアップなど格上げが行われた。

1980年代後半以降，全国的に百貨店が急激に増えた背景として，生活水準の向上とともに質量とも不足していた配給施設の充実が求められ，各地方政府が独占的配給機関として百貨店の事業展開に力を注いだことがあげられる。しかしながら，全体的に需給は売り手市場の状況にあったし，経営ノウハウも不十分なままであった。90年代になると，社会主義のもとでの市場経済が政府の基本方針になり，市場開放が徐々に進められ，外資系百貨店が次々に参入し，合弁事業などを通じて経営ノウハウの移入も活発化した。この当時上海に合弁で

進出した外資系百貨店には，93年の八佰伴（97年に経営破綻したが，百聯傘下の一百集団が引き継いでいる），伊勢丹，東方商廈（香港，上海実業），94年のパークソン（マレーシア，金獅集団），太平洋百貨店（台湾，遼東・太平洋SOGO百貨店集団），95年のプランタン（フランス）などがある。

百貨店はテナントから賃料を高くとれることや委託販売で仕入資金が後払いですむことなど資金負担が軽いことから，政府指導のもとさらに百貨店は増加し続け，1990年代後半になると，百貨店はオーバーストアの状態に陥り，一部は閉店や転業に追い込まれた。上海でも高度成長を当て込んで商業施設の建設ラッシュが起こり，百貨店は一時500店を超え，店舗の過剰が指摘されるようになった。そうしたなかアジア経済・通貨危機による消費の冷え込み，国有企業の改革による失業問題の深刻化，総合超市，超市，コンビニエンスストアの成長などで経営が悪化，各地で営業停止や閉鎖に追い込まれる百貨店が相次いだ。98年，上海でも中堅の心族百貨，万邦百貨，瑞興百貨などが営業停止している。こうしたことを惹起した要因は，業態コンセプトの未確立，マーチャンダイジングや仕入体制の未整備，サービス業としての自覚のなさなど，百貨店の経営ノウハウが不十分なまま百貨店が急増したことにあった。

実際，筆者が1998年に訪れた第一百貨商店は当時売上で中国一を誇っていたが，照明不足で売場は薄暗い感じで，店内の雰囲気も華やかさに欠け，フロアには「腕を組む，寄り掛かる，おしゃべりする」愛想のよくない店員が多く配置され，外資系百貨店とは大きな差があった。そして何よりもマーチャンダイジングに問題があり，ショーケースには魅力的な商品がほとんどみられなかった。国内百貨店のなかで，格上げにより高級百貨店が登場するのは21世紀に入ってからである。

なお，上海市政府では1997年，大規模商業施設の新設着工を原則禁止し，98年，過度の安売りを止めるよう通達をだし，さらに百貨店密集地では同質的競争に陥らないよう商品構成まで指導を行っている[4]。

上海の百貨店の最近の動きをみてみよう。2003年はSARSの影響により，小売業全体が影響を受け，主要19百貨店の売上高は124億元，前年対比1.67％増と低成長であったが，百貨店の格上げ現象が顕著だった。市民の生活水準の向上とともに，匯金百貨店，パークソン，虹橋友誼百貨店などの中・高級百貨店

が成長し，売上はそれぞれ前年比15％，9％，17％伸びた。また，近郊に住居をもつ人口が増加し，新興社区（コミュニティ）にも百貨店が展開するようになった。（上海市経済委員会，2004）。04年，上海市百貨店の小売販売額は475億元で前年比5％増と，低成長の状況から抜け出した。中・高級化路線を維持し，品揃えは日用品から流行性の高いアパレル，化粧品，時計，贈答品などにシフトしたり，海外のブランド品を増やしたりして，個性化・高級化する消費欲求に応え，他業態との差別化を図った。休日や長期休暇を利用し，マイカーで上海にショッピングにやってくる消費者が増えたので，反復顧客の比重が大きくなった。

　他方，2004年，外資系百貨店のシェアは20％を占め増加傾向を示した。（上海経済委員会，2005）。この年，香港そごうが南京西路に久光百貨店を誕生させ，1997年進出の伊勢丹も全面改装，南京西路は伊勢丹だけの「点」から，エルメスやルイヴィトンなどを扱うファッションビル「プラザ66」を含め「面」に発展した。これに対抗して，地元の国有百貨店はM&Aにより大規模化し，百貨店競争はますます激化するようになった。

　2005年，上海の百貨店は全国で上位を占めた。全国百貨店売上ランキング100のうち，上海の百貨店は20店舗で，トップテンには第一八佰伴と新世界城の2店舗，50位以内には東方商厦徐匯店，匯金百貨店，第一百貨商店，パークソン，太平洋百貨店徐匯店，置地広場商厦，東方商厦南京東路店，太平洋百貨店淮海店，虹橋友誼百貨店などが含まれた。百貨店の品揃えはアパレル，靴，アクセサリー，化粧品，宝飾品の比重が増し，他方で家電品は大きく後退した。アパレルの売上比率は45％，靴類が16％と，両部門で過半を超えた。商業中心地にある百貨店は海外ブランドを含めて多くのブランドを扱い，幅も広く深い品揃えになっている。たとえば，南京東路の華聯百貨店は，ショッピング環境の改善や個性的なブランド品の充実によって高級化を図るとともに，商号を永安に変更した。東方百貨店の7店舗は，従業員の育成によりサービスを向上させ，新世界城は創立90周年を迎え，五星級の麗笙大酒店，杜莎蝋像館，華納映画館などの多様なサービス施設をそなえ，総合消費施設としてさらなる発展を目指した（上海市経済委員会，2005）。

　百貨店の売上高は拡大しているが，小売市場に占めるシェアは縮小してい

表8-2 ● 上海市の百貨店売上高ランキング（店舗別）

単位：万元

		プロフィール	2002	2003	2004	2005	2006
1	第一八佰伴	百聯・香港系	146,673	159,580	176,867	209,830	243,200
2	新世界城	香港系	118,763	138,834	145,363	152,874	192,266
3	東方商厦徐匯店	百聯・香港系	92,917	101,837	114,316	122,504	130,019
4	第一百貨商店	百聯・国営	168,095	166,078	175,593	113,971	119,620
5	パークソン	マレーシア系	65,762	71,812	8,6032	97,434	104,471
6	太平洋百貨店徐匯店	台湾系	89,047	89,937	96,720	101,321	101,382
7	匯金百貨店	香港系	699,591	80,383	8,6733	76,303	93,304
8	置地広場商厦	香港系	—	—	70,502	80,810	88,544
9	太平洋百貨店淮海店	台湾系	58,714	62,707	70,036	72,787	75,627
10	東方商厦南京東路店	百聯・香港系	—	—	—	65,792	65,774
	前年比売上高（％）		—	1.67	5.0	—	8.4

出所：『上海商業発展報告』などによる。網掛けは百聯集団。

る。かつての社会主義経済時代，百貨店は小売業の中心であり，上海では小売市場の8割を占めていたといわれるが，現在は2～3割に落ち込んでいる。しかしながら，上海の百貨店業界は引き続いて穏やかに発展し，上位40社までの百貨店の年間小売売上高は185億元，前年比8.4％増であった。

上海の百貨店は，①伊勢丹や久光など日本・香港系の高級百貨店，②太平洋やパークソンなど台湾・マレーシア系中級百貨店，③国有の第一百貨店など大衆百貨店の3つのグループに分かれていた。上海では上流層のつぎに位置する「ニューリッチ層」といわれる中間層が増えている。この層は約23％と推定され，伊勢丹はこの層のなかで上流層に近い層をターゲットにしている（森田，2007）。しかしパークソン徐家匯店の婦人フロアの大規模改装，婦女用品商店による日本ブランドを多数取り入れたレディースファッション館の開設など，中級・大衆的に位置づけられていた百貨店の「格上げ」は確実に進んでいる（吉岡，2005）。もうひとつ上海の百貨店で特徴的なことは，売上高のベスト4のうち3店舗が百聯集団に属しており，百貨店業界でもコンビニエンスストアと同様，国有系企業による寡占化が顕著である。

（2）ショッピングセンターの展開

上海にショッピングセンターが初めて登場したのは1990年代中頃であり，そ

表8-3 ●上海市におけるショッピングセンター年度別開設数

	1996	1997	1988	1999	2000	2001	2002	2003	2004	2005
開設数	1	2	1	2	2	3	0	3	19	6
増加面積（万 m^2）	4.5	13.9	4.0	23.5	8.3	32.9	0	13.3	161.7	359.9

出所：『2005／2006上海商業発展報告』による。

　の後徐々に増え，2003年末には床面積5万平方メートル以上のものが8ヵ所あり，うち10万平方メートル以上が2ヵ所含まれている。ただし，ショッピングセンターは新設されたものばかりではなく，百貨店が増改築し内外のブランド店をテナントとして導入したり，飲食施設を充実したりして，衣替えしたものも相当数が含まれる。

　2005年末で営業中と確認できるものは37ヵ所で，そのうち床面積10万平方メートル以上の大型ショッピングセンターが16ヵ所に増えた。建築中のショッピングセンターは26ヵ所もあり，その平均床面積は15万平方メートルに達し，大型のものが増えている。上海のショッピングセンターは政府統計で，立地，目標顧客，経営規模，サービス機能などよって都市型ショッピングセンター，社区型ショッピングセンター，区域型ショッピングセンターに分けられている。

　少し詳しいデータを紹介しよう。2004年上海ではショッピングセンターが19ヵ所開業した。総数は30ヵ所を超え，総床面積は262万平方メートルで，それぞれ前年比136％，161％増加した。これらの数字は，百貨店と重複する部分がかなり含まれるが，ショッピングセンター・ブームの時代が到来したといえる。内訳は，都市型16ヵ所（港匯広場，恒隆広場，梅龍鎮広場，中信泰富広場，世茂国際広場，久城市広場，来福士広場など），社区型8ヵ所（華聯社区購物中心，百聯南方購物中心，百聯西郊購物中心など），区域型8ヵ所（虹橋上海城購物中心，文峰広場など）である。立地別にみると，これまで内環路内で市の中心部に多く立地していたが，建設中のものは26ヵ所中環路の外側に16ヵ所，

表8-4 ●上海市の立地別ショッピングセンター数（2005年）

	内環路内	内・中環路間	中・外環路間	外環路外	合計
既設	27	2	4	4	47
建設中	5	5	6	10	26

出所：『2006上海商業発展報告』による。

外環路の外側に10ヵ所もあり，大型商業集積の分散化が急速に進みつつある。

(3) 都市文化と街づくり

　上海中心地区（都心）は，黄浦江に沿って西洋様式建築が立ち並ぶバンド（外灘）や上海で一番の繁華街である南京路と淮海路を含む地区である。黄浦江の対岸の浦東地区には，新都心建設の国家プロジェクトが進行中である。この中心地区の強化と並んで，副都心に指定された徐家匯，花木（浦東新区），五角場・江湾（市の東北部）の3地区の開発も進んでいる。しかし，都心の南京東路には新世界城，百聯世茂国際広場（2005年），来福士広場（2003年，シンガポール系），龍之夢ショッピングセンター（2005年）など，南京西路には「金三角」といわれる梅龍鎮広場，中信泰富広場，恒隆広場の三大ショッピングセンターが集中し，最上位の中心地性を発揮している。

　中国で百貨店は，良品廉価の商品を提供するという役割を果たしていた時代もあったが，専門店チェーンや総合超市に対して競争優位を保てなくなってきている。百貨店は都市文化と深い関わりがあり，上海でも百貨店は，ファッション性溢れる商品を取り扱い，春夏秋冬の移り変わりを知らせ，種々の慣習や伝統を承継してきた。ただし，各店が同じような海外の高級ブランドを多く取り入れただけでは，都市文化の発信や生活提案にはならない。「仕入担当者は感性を磨き，売場に立ち顧客の生の情報を集めてどんな商品を望んでいるかを常に考えている。売場で得た情報を取引先に説明し商品に反映させている。伊勢丹にしかない商品があるからお客さんがきてくれる（伊勢丹・松井達政本店長・談）[5]。売場づくりのコンセプト創出能力の必要性は，急増するショッピングセンターにも該当する。人気のブランドショップを誘致しただけでは上海人のハートをキャッチできない。上海の都市文化を創造し，そして新たな流行を発信する華やかさが百貨店には求められる。

3-3　自由市場

　百貨店と対極にあり，市民の生活（文化）をささえているのが自由市場である。1978年の改革開放以降，食品，日用品，衣料品などの小売流通でも，国有・集団所有の配給所が次第に後退し，自由市場，といってもここではおもに

集貿市場をさすが,が再登場し,80年代半ば頃から大きく成長している。紆余曲折はあったが,長年月をかけて自然発生的に発展してきた自由市場は,地域の人々に買物便宜性を提供するだけでなく,生活文化を守り発展させてきた。

(1) さまざまな実態をもつ自由市場

1978年の改革開放以降,食品,日用品,衣料品などの小売流通でも,国有・集団所有の配給所がしだいに後退し,80年代半ば頃から自由市場が再び成長している。

現在の中国では,「自由市場」は都市でも農村でもいたるところで散見することができる。長い年月をかけて,全国各地に食料品や衣料品など生活に必要なあらゆる物が売買される伝統的な集積「集市貿易市場」(集貿市場)が形成されてきたが,これが一般に「自由市場」と呼ばれる。

しかし戦後,政治体制の転換とともに,自由市場は苦難の時代を迎えることになった。当初は社会主義計画経済もとでも,自由市場は国営・集団所有制商業を補完するものとして容認された。その結果,農民は公定価格で供出するより自由市場の方が高く売れたので,商品は自由市場に多く売るようになり,必要な農産物が集まらず困った政府は,1957年,自由市場を事実上禁止した。60年代初めに一度復活するが,「文化大革命」の時代(1965〜76年)には,自由市場は農民の「副業」などとともに「資本主義のシッポ」としてきびしく批判され,ほとんどが閉鎖された。

しかし「4人組」検挙で文化大革命は終焉,1978年,改革開放政策が開始され,「共産党第11期3中全会」において,自由市場は社会主義経済の必要な補完部分として位置づけられた。その後,80年代以降急速に発展したが,農民が自家生産物したものを露店などで販売する方式が多く,施設面,衛生面,商慣

表8-5 ● 中国における商品交易市場(自由市場)の推移　　単位:100億円,(%)

年度	2000	2001	2002	2003	2004	2005	2006	2007
社会消費財小売総額	391	461	481	521	595	672	746	892
商品交易市場販売総額シェア	157 (40)	177 (41)	198 (41)	215 (41)	261 (44)	300 (45)	371 (50)	— (—)
市場数	3,087	3,273	3,258	3,265	3,365	3,323	3,876	—

出所:『中国市場統計年鑑2008』と『中国商品交易市場統計年鑑2007』から作成。ただし,商品交易市場は年間販売額が1億元以上のもの。

行などでの点で問題があった。最近では地方政府が，建物を立て替えたり新たに建設したりして設備面を改善し，市場管理費を徴収し，屋台や地面を割当て，近代化につとめている。

　計画経済体制のもとでの食品小売流通は，国営・集団経営の「菜市場」と「食糧配給所」が一手に握っていた。改革開放以降，青果物流通において「菜市場」は徐々に自由市場に取って代わられるようになった。上海でも，近郊の生産農家が収穫物を販売する自由市場が集合住宅や住宅地ある公園や歩道などに自発的に発生し，しだいに増加した。また，市内の卸売市場で仕入れた農水畜産物を商う露店なども集まり始めた。1980年代後半に上海市内に871ヵ所あった「菜市場」は，国有機関特有の顧客志向理念の欠如が露呈して消費者が離れ，90年代末には半分以下に減少した。一方，自由市場は立地が良好なこと，新鮮で豊富な品揃えで安いこと，加工サービスの提供などが消費者に支持され，560ヵ所強に増加している。

　「菜市場」に対して市政府は，建物の建設や立て替え，衛生面の改善などによりテコ入れを図っている。上海市商業委員会によれば，1997年の副食品小売市場（生鮮食品や加工食品）における自由市場の売上高シェアは67.3％，これに「菜市場」の24.8％を加えると90％以上になり，ほとんどの市民が「自由市場」を利用していたことになる（藤田他，2002，143頁）。「菜市場」は自由市場と生い立ちが異なるにしても，現在消費者からみれば青果物を中心と生鮮品小売業の集積であることには変わりはないので，ここでは自由市場と同じように扱うことにする。なお，上海市内には食品の他にもアパレルや生地，靴，装飾品や服飾品などの小商品，骨董品を主に扱う自由市場も多く形成されている。

　伝統的な自由市場は，農民などが自己生産した農水畜産品や手工業品を売買する場所であった。これに対して1980年代半ば以降，「専業市場」と呼ばれる集積が農村地域で増加した[6]。これらには伝統的な自由市場から転換したものや，新たに登場したものが含まれる。改革開放以降，農村に郷鎮企業が誕生し成長するプロセスで自然発生的に形成された市場で，農副産物や特定の工業製品・関連製品を扱う卸・小売業者，すなわち商人を中心とする店舗の集積をいう。たとえば，浙江省温州では個人営業の家庭工業を母体にした郷鎮企業の発

展が目覚ましく，それとともに80年代の半ば以降，農村地域にボタン市場，五金電器市場，農貿市場，プラスチック製品市場，靴市場など十大市場が形成され，全国的に知られるようになった。

　専業市場と同じように卸を主要な機能とする生鮮市場も開設されている。上海市には青果物では北市場，南市場，中山西路市場，真如市場，光新市場，曹安市場，華亭市場の7市場，水産品では銅川水産市場，曹安水産市場，上海中心水産市場の3市場が有名である。これらのうち1992年に鎮の農民経済組織と行政の共同出資で開設された曹安市場は，取引手数料の引き下げ，大口需要家の開拓，取扱品目の拡大，簡便な取引・決済方法などが功を奏し，野菜では市内最大の取引量を誇っている（藤田他，2002，122–123頁）。銅川水産市場は，96年，市政府関連の貿易商社が設立したもので，現在，敷地面積は2万平方メートル，800店舗以上が入居し，市内最大の水産品卸市場である。これら卸市場は周辺地域に交通渋滞，衛生・環境問題が顕在化し，水産品の3市場は，近々移転予定である。一般に，生鮮卸売市場は卸販売が中心であるが，昼間小売も行うし，集積内で消費者のアプローチがしやすい場所には小売をおもに行う商人が軒を並べている。したがって，卸市場は規模の大小はあるにしても，自由市場と同じような機能を遂行しているとえる。

　このように広義で自由市場といわれるものには，菜市場，自由市場，専業市場，卸市場などが含まれる。また特定の業種に特化された専門市場と，いくつかの専門市場がさらに集積した総合市場に分けることもできる。さらに，こうした市場全体を「商品交易市場」とか「商品取引市場」ということもあり，自由市場といってもその実態は，さまざまである。

（2）自由市場の今後

　21世紀に入り自由市場には逆風が吹いている。経済成長や高・中所得層の増大とともに，チェーン経営形態の総合超市や超市が成長し，食料品や日用品の購入先としてシェアを拡大している。また，衛生上の問題（鳥インフルエンザ発生以降，健康・安全志向が高まっている），秤量や品質に関する不正，偽ブランド品の温床になっているなどと批判されている。さらに，自由市場周辺の交通渋滞を招いているケースも多く，政府は自由市場に対する規制を強めてお

り，近年，自由市場のシェアは低下していると考えられる。しかし，高価な車を乗り回しても野菜は自由市場で買うという慣習が根強く定着しており，今でも上海市民には超市と並んで，身近にある便利な買物場所になっている。

それとともに自由市場のような伝統的商業集積は，地域社会のコミュニケーションの「場」でもある。韓国でも，「市場を見に行く」「市が開く日に恋人に逢い桑の葉も摘む（愛を育む）」という言葉がある。市場ではモノやサービスの売り買いのほかに，多くの人が集い，友達をつくり，種々の情報が行き交い，そして娯楽の場であった（イ，2000）。この意味で自由市場は，地域社会の社会的・文化的所産といえる。海外旅行で短期間その地域に滞在して，人々の生活を知ることはむずかしいが，市場を訪れると地域に暮らす人々の生活の一部を垣間みることのできる。

4 卸売業の動向

中国では，国有の卸売システムの崩壊していくプロセスで，自らの需要予測に基づいた仕入れや品揃え，市場開拓，効率的物流，小売支援活動などを行う近代的な卸売業の登場がなかなかみられなかった。1990年代中頃になっても，中間流通業者が育たず，中国に進出した海外メーカーは，マーケティング・チャネルをどう構築するかが大きな課題だった。メーカーは小売商と直接取引することが多く，反対に国有商店は品切れになると自分で商品を工場まで取りに行っていた。

上海では今世紀に入り，各業種で民営卸がようやく成長するようになっている。ここでは，年商約600億円で中国食品卸の最大手のひとつである上海南浦食品有限公司のケースをとりあげ，上海における近代的卸売業発展の系譜と現状をみてみよう。なお，日本の丸紅との合弁企業で上海地区最大の日用品雑貨卸として営業基盤を固めている上海百紅商業貿易有限公司は第5章で取り上げる。

4-1　上海の卸売業

　2006年の上海の卸売業の仕入総額は1兆3044億元（前年比18.1％増），売上総額は1兆5504億元（前年比19.8％増）であった。増加率は上海市の生産総額より大幅に超えており，社会消費品小売総額よりもかなり高い。売上高上位100社でみると，売上総額は6785億元で，全体の54％を占めている。うち国有企業が45％を占めるリーダー的地位にあるが，外資系卸売業（香港や台湾などの独資卸も含む）の方が成長のスピードが速い。しかし，民営卸は1割にも達していない。業種別にみると，石油，金属，化学工業，建材，石炭の生産財が64％を占め，タバコ，飴，果物類，ドリンク類は僅か3％にすぎない。その他薬および医療機器3.35％，パソコンのハードとソフトは3％，自動車および部品2％，家電品1％，化粧品0.6％，図書0.3％などである（上海市経済委員会，2007）。

4-2　ネスレと共に成長した「上海南浦食品」

　上海市の市場経済化は他地域より早く進捗し，上海南浦食品有限公司は1984年からすでに一部業務を始めていた。91年，現総裁・林建華が黄浦区食糧局と協力して資本金50万元で正式に設立した。日本でも卸売商は有力メーカーの代理店になることで，成長性や信頼性の高さを示してきたが，中国でも同じような方向をたどっている。南浦食品についても，代理店としての拡大プロセスを中心に沿革をみてみよう。

　南浦食品は1992年に，ネスレ，マーテル（フランス・コニャックメーカー），「荷蘭」（粉ミルク）の代理店になり，年間売上高100万元を達成することができた。ネスレの「輸入総代理店」になったことが発展の契機になったのである。その後ネスレは中国に工場進出して各地に代理店を構築しているが，現在でも上海での取り扱いは90％のシェアを占める。96年に天喔（Tenwow，イギリス・シリアル食品メーカー）の中国の総代理店になり，98年，事業範囲を食品や飲料に拡大，99年，天喔製品の生産を開始し，中国全体に朝食用シリアル食品「早早麦」を導入した。

　2000年南浦は，上海海総公司のもとに5ヵ所（北京，成都，武漢，広州，深圳）の分公司（支社）と16ヵ所の（連絡）事務所の販売網を形成し，中国全体

をカバーする体制を確立した。01年，浦東の新オフィスビルに移転，年間売上は13.90億元，02年，上海市糖業煙酒有限公司（国有）の協力により増資し，資本金が1.3億元になった。現在は国有の上海第一食品が株式49％を所有している。総経理助理・王珏瑋は「南浦の企業形態は形式は国有だが，実質は民営である。（中略）……いちばんの課題は，サプライヤーも小売商も最近，力をつけており，直接取引志向になっていることである」と，国有であることを認めるとともに，卸中抜き論を警戒している。

2003年から上海で近代的な配送センターの構築に取り組み，現在第2期工事が終了し，敷地9万5000平方メートル，総建設面積7万1280平方メートルの全国有数の配送センターとして機能している。総在庫量1億3000万元，年間回転総額は50億元，2200平方メートルの冷蔵設備をもつ複合型センターで，3万パレット，110台の車両（うち10台が冷凍車）を擁している。こうした体制を基に物流サービス水準を高め，ロジスティクスの確実性で顧客の信頼を獲得している。

南浦が果たしている卸機能は，有名ブランドメーカーに対しては配送や代金回収が主な業務であるが，その他メーカーの経営指導をしたり，小売店に対して企画提案を行っている。また，海外企業や一部の国内企業は，上海における市場動向や消費者行動になじみがないケースが多い。そこでメーカーが小売商と迅速に取引開始できるようサポートするなど広範なサービスを提供，カルフールなどに対する入場料も引き下げることを可能にしている。

2004年，レストランとホテルなど外食向けチャネルを構築したことが貢献し，年間売上25.5億元超に達した（付加価値税額分は除く）。現在の得意先は，以下の4つに分けられる。

①小売商（総合超市，超市，コンビニエンスストア，中小小売店）。
②30都市の1級卸，150都市の2級卸，2000社の飲食店。
③2000社のオントレード先。
④その他。

これらのうち，外食向けは卸と同じくらいの売上規模があり，大きな割合を占めている。2005年，企業規模の拡大に伴い，総合超市，超市，コンビニエンスストア・伝統小売，商品市場総合，市区飲食，郊外飲食，財務中心，物流中

心の 8 部門にわける組織改革を行った。06年，創立15周年を迎え，2 つの著名な調味料メーカー（双橋と川湘）の代理店になり，ブランド・ポートフォリオの拡大に成功，資本金が2.63億元になった。07年の年商は40億元に増加し，社員は本部スタッフ500人，物流センター要員650人，本部営業マン1000人の規模に達した。

南浦は15年間で，内外の12の著名ブランドを含めての40〜50の有名ブランドと代理店契約を結び，取扱商品は2000品目を超えている。主要な取扱ブランドにはネスレ，マーテル（コニャック），佳得楽（清涼飲料水），ヘネシー，早早麦（シリアル），皇軒（フランスワイン），君再来（白酒），天喔（ドライフルーツ），カルロロッシ（カリフォルニアワイン），荷蘭牛乳，新東陽（菓子），川湘（調味料），添佳（ビタミン入りお菓子），都楽（果汁飲料），ハイネケン，双橋（調味料），紅牛（RED BULL），王老吉（薬草の缶飲料），康富来（漢方薬），金日（果実風味の飴）などがある。

なお，代理店には「全国の総代理店」，「華東の総代理店」，「上海の総代理店」の 3 種類があり，南浦は皇軒やカルロロッシなど10ブランドで全国の総代理店契約を結んでいる。売上高構成比でみると，酒類15億元，清涼飲料 5 億元，ネスレ 5 億元，娯楽用食品（天喔のドライフルーツなど）5 億元，その他10億元とのことである。

4-3　国有卸の改革

計画経済時代の流通は国有卸・小売業が担っていた。商業部には直属で，「百貨」「紡績品」「文化用品」「服装」「金物（五金）・機械」「交通・電気機器」など商品別に専業公司が置かれた。商品流通に関する管理を行うのが各専業公司であり，実際の業務を遂行するのは卸公司であった。専業公司と卸公司は国有であり，それぞれ商業部だけでなく，省・市・自治区のレベルと市・県レベルの 3 段階に設置されていた。

国有卸は仕入・販売先，販売する地域，マークアップが決められており，「 3 固定制」が敷かれていた。1 級卸公司は商業部直属企業であり，製造企業が集中している地域の中心都市や貿易港をもつ大都市（たとえば，上海市，広州市，天津市など）で，仕入れと配給のために組織された。商業部には各商

品別に直属の専業公司が設置されており，製造企業から仕入れた商品を引き取り，2級卸や2級卸と同格の大型小売店（主に百貨店）に供給した。たとえば，上海市には1990年時点で，「百貨（日用品）」「紡績品」「文化用品」「服装品」「五金（金物）・機械」「交通・電気機器」などの1級卸があった（定村，1995，240頁）。

　2級卸は各省・市・自治区の商品別専業公司の直属企業であり，省都や交通の要衝に位置する都市などに置かれた。2級卸は1級卸から仕入れた商品や地域の企業から買い付けた商品を，3級卸や同等の大型店に供給した。3級卸は各市・県の商品別専業公司の直属企業であり，2級卸から仕入れた商品や地場のメーカーから買い付けた商品を主に小売店に供給したが，一部小売も行っていた（謝，2000，120頁）。

　上海市などの4つの直轄市の下に設けられている区は，第2級の地方行政単位として位置付けられて，業種別に2・3級卸が配置され，3段階卸売システムの役割を担っていたが，徐々に国有卸は後退することになる。それは改革開放が徐々に行われたことと符合する。1980年代に百貨店が発展したのは，それまで全国の百貨店の仕入れを担当していた，上海，広州，天津の3ヵ所にあった中央政府の商務部直属の百貨1級卸であったのが，87年に上海市（地方）政府に仕入権限が委譲されたことが影響している。88年に，百貨公司に「貿易センター」が設立され，種々の改革を行い，自由仕入や価格決定権をもつようになった。上海では90年から流通改革が行われたが，その改革の中心は百貨公司の「貿易センター」といえる。90年代半ばに，百貨の仕入部門が地方政府の商務局に移り，裁量権が大幅に増した。

　こうした背景のなかで，南浦食品は黄浦区食糧局と協力して新たに食品卸を設立し，ブランドメーカーのマーケティングチャネルの一翼を担うようになっている。また，第5章で言及するように，，国有卸が卸先進国の日本の企業と合弁で近代化ノウハウを習得し，卸機能の高度化を図っている。南浦食品は，中国最大の食品卸といわれているが，年商は600億円程度でまだ日本の菱食（2006年連結で1兆4367億円）や国分（1兆3889億円）と比べると20分の1以下である。事業分野や規模拡大はこれからであり，実質国有という企業形態の改革とともに，どのように流通近代化の一翼を担っていくかを見守る必要がある。

5 おわりに

　中国では計画経済から競争経済への移行は漸進的に行われてきたが，流通近代化も，試行錯誤を重ねながらも同時多発的様相を示している。多様な小売業態がチェーン経営形態を伴って一挙同時に出現するとともに，中国の場合，計画経済のくびきを解かれて中小小売商・自由市場も膨張している。また，卸売業も事業活動を活発化させ，近代的卸売商も成長しつつあるし，新たな商慣行も，それが合理的かどうかは別として定着しつつある。この意味で，中国の狭義の流通近代化は，2重3重の意味で同時並行的といえる。もっとも同時多発的といっても，日本でも初期的段階ではそうした類似の状況にあったわけであり，その後チェーン経営では総合的品揃えのスーパーが先行し，専門スーパーが後に続くということになった。ただし，上海をみる限り，まだチェーン経営の各種業態の進展順位を検討するのは時期尚早に思える。

　小売業態発展論では，在来店と新型店との異業態間競争が業態発展プロセスの大きな推進力と想定されているが，中国では在来店は生産性向上の誘因が低い国有商業のみで，いわゆる一般小売商に相当する民営の在来店はほとんど存在しなかった。民営の中小小売商そして超市，総合超市，コンビニエンスストア，ドラッグストアなど多様な新業態店がほぼ同時に登場し，国有商店，民有売商，新業態店との間の異業態間競争が当初より一般化していた。また，コンビニエンスストア同士などの同業態間競争もまもなく顕在化するようになった。これら民営の小売業は一般に国有商業に対しては明らかに競争優位にあったが，自由市場と新業態店との棲み分けがされず，また新業態店はそれぞれの業態コンセプトを明確にできず，ビジネスモデルの構築も不十分なケースも多い。

　こうした複雑で激しい競争関係は，上海の超市が生鮮食品の充実に力を注ぎ特徴を打ち出しているように，今後業態コンセプトの確立を促進する可能性がある。もし消費者に支持される差別的なコンセプトを確立することができなければ，市場から放逐されることになる。同業態間競争は経営革新の裏付けのない価格競争に陥る可能性が高いのに対し，異業態間競争は創意と工夫による競

争が軸となり，その進捗は明らかに消費者の選択肢を拡大させ，豊かな生活向上に資することになる。

こうした同時多発的な発展は，広義の流通近代化にどのような影響をおよぼすであろうか。それは狭義の流通近代化における「競争性」が優先されて，文化的価値基準や住みやすい街づくりが，相対的に軽視されることになる蓋然性が大きい。これはかつて日本や韓国がたどった途である。街づくりの計画性に関しては，計画がきちっとコントロールされ，それに自発性が加わっていく場合と，自発的市街地形成が一気に先行し，そこから出てくる課題を事後的に対応するやり方があるとすれば，欧米の先進国では国によりバラツキあるというものの総じて前者がとられてきている。中国は日本や韓国と同じように今までの大型商業施設の展開プロセスをみると，どちらかといえば後者の方法で「土俵づくり」をしている。中国がいずれの方向をたどるか，いま岐路に立っている。

注
(1) 河北省唐山市での聞き取り調査による。
(2) 『2006上海商業発展報告』と数値が合わないが，2007年版がまだ未発表のため『2007上海サービス業発展報告』の数値をそのまま用いた。
(3) 最近の話題として，2007年，アメリカ・ホームデポが大手ホームセンターの1つ「家世界」（ホームワールド）買収している。
(4) 『日経流通新聞』1998年6月9日付。
(5) 『日経流通新聞』2006年6月21日付。
(6) 農村で専業市場が発達した背景としては，家内工業製品の流通が計画的流通システムから排除されていたこと，戸籍制度により人口の移動が激しく制限されていたことなどが考えられる。

聞き取り調査の協力者
上海市商業経済研究中心　信息部高級経済師・李麗秋
良友金伴　副総裁・邱文勝（もともとITの技術者，「2008アジア小売業大会」に参加）
　　　　　商品部副総経理・馬士光
上海環球超市管理発展有限公司　招商部経理・肖秀菊
上海南浦食品有限公司　総経理助理・王珏瑋
上海百紅商業貿易有限公司　董事／副総経理・松園大
迅銷（ユニクロ）中国商貿有限公司　副総経理・高坂武史

参考文献

日本語：
伊藤雅俊（2005）『ひらがなで考える商い（下）』日経BP社．
宇沢弘文・堀内行蔵（1992）『最適都市を考える』東京大学出版会．
内田知行（1996）「市・市場：中国の市場」大東文化大学国際関係学部現代アジア研究所編『ASIA 21 基礎教材編』第6号．
恩田達紀（2004）「開放本番を迎える中国流通市場」『知的資産創造』野村総合研究所，3月号．
川端基夫（2006）『アジア市場のコンテキスト　東アジア編―来客のしくみと地域暗黙知』新評論．
久保村隆祐編（2005）『商学通論 6訂版』同文舘出版．
胡欣欣（2001）「日米欧がしのぎを削る中国」ロス・デービス／矢作敏行編『アジア発グローバル小売競争』日本経済新聞社．
胡欣欣（2003）「中国小売業の近代化と外資参入動向」矢作敏行編『中国・アジアの小売業革新』日本経済新聞社．
定村禮士（1995）「中国における商的流通の一考察」流通経済大学流通問題研究所編『中国現代物流研究』流通経済大学出版会．
謝憲文（2000）『流通構造と流通政策』同文舘出版．
鍾淑玲・矢作敏行（2005）「華僑系資本の中国小売市場への参入動向」『イノベーション・マネジメント』法政大学イノベーション・マネジメント研究センター，No.2．
鈴木安昭（2006）『新・流通と商業　第4版』有斐閣．
関根孝（2000）『小売競争の視点』同文舘出版．
関根孝（2007）「中国における流通近代化―河北省唐山市のケース」『専修大学商学研究所報』第39巻第2号．
関根孝（2008）「「流通近代化論」再考」『専修商学論集』専修大学，第86号．
関根孝・趙時英（2008）「韓国「在来市場」の発展方向―伝統的商業集積の活性化の途を探る」『専修大学社会知性開発センター論文集』，第4号．
陳建軍（1997a）「中国の専業市場と日本の卸売市場に関する比較研究（Ⅰ）」『現代社会文化研究』新潟大学，No.7．
陳建軍（1997b）「中国の専業市場と日本の卸売市場に関する比較研究（Ⅱ）」『現代社会文化研究』新潟大学，No.8．
丁可（2006）「中国の雑貨産業における高度化―「市場」はなぜ中小企業活躍の舞台になれるのか」今井健一・丁可編『中国 高度化の潮流―産業と企業の変革』調査研究報告書，アジア経済研究所．
日本機械輸出組合（2004）『中国市場での販売課題と市場戦略』．
藤田武弘・小野雅之・豊田八宏・坂爪浩史編（2002）『中国大都市にみる青果物供給システムの新展開』筑波書房．
丸尾豊二郎・丸川知雄・大原盛樹（2005）『メイド・イン・シャンハイ』岩波書店．

丸川知雄（1999）『市場発生のメカニズム―移行期の中国経済』アジア経済研究所。
丸紅経済研究所（2003）「中国初の合弁卸売会社 百紅の事業展開―中国流通ビジネスの方向性」同研究所レポート。
向山雅夫（2001）「アジア流通革命の展望」（ロス・デービス／矢作敏行，前掲書）。
森田章文（2007）「利益体質づくりを最優先の課題に」『ストアーズレポート』ストアーズ社，No.471。
矢作敏行（2000）「プライベート・ブランドの発展過程」矢作敏行編『欧州の小売りイノベーション』白桃書房。
矢作敏行（2006）「流通―経済の暗黒大陸の夜明け」山下裕子編『ブランディング・イン・チャイナ』東洋経済新報社。
矢作敏行（2007）『小売国際化プロセス―理論とケースで学ぶ』有斐閣。
吉岡裕之（2005）「上海百貨店―レディスブランド動向」『コラム マンスリーファッションレポート』伊藤忠ファッションシステム，8月号。
流通科学大学・長江流通調査隊（2000）『中国流通調査―上海・長江流域を中心として』流通科学大学出版。

中国語：
上海市経済委員会『上海商業発展報告』（2003～2006の各年版）。
上海市経済委員会『2007上海サービス業発展報告』。
上海南浦食品有限公司（2006）『共鋳南浦輝煌15年』。
中国商業連合会『2002年中国小売業発展報告―中国小売業白書』。
中国商業連合会『2007年中国小売業発展報告―中国小売業白書』。
中国連鎖経営協会『中国連鎖経営年鑑』（各年版），中国商業出版社。
李飛・王高他（2005）『中国小売業発展歴程』社会科学文献出版社。

その他：
イ・ジョンフン（2000）「生の豊饒とコミュニケーター，朝鮮の場市」『流通ジャーナル』韓国百貨店協会，1月号（ハングル）。

第Ⅲ部

流通チャネルの革新

をつかむ

■第9章
家電流通の革新者
国美と蘇寧

1 はじめに

　中国流通業界の話題は，2006年小売業売上ランキングで国美電器が初めて首位に立ち，07年もトップの座を維持し，蘇寧電器も3位に入り，民営系二大家電専門店チェーン（家電量販店）が流通近代化の主役に踊り出たことである。

　中国の家電品流通は，社会主義計画経済から漸進的に市場経済への移行に伴い，他の物資とともにこの20年間で大きく変貌している。「切符制」による配分の時代から，家電産業が発展し売り手市場が出現し，改革・開放政策と相まって家電品チャネルが多様化するが，世紀の境目あたりから家電量販店が急成長する。本章ではまず，こうした政府による配分の時代から現在に至るまでの家電品流通の変遷を概括する。ついで，成長著しい家電量販店業界の発展の軌跡を紹介し，なぜ中国では家電量販店がこれほどに急成長したのか，その理由を国美と蘇寧の比較分析を通して，明らかにする。そこでは家電量販店のバイイング・パワーの発揮によって業績悪化に苦しむメーカーのマーケティング・チャネル戦略にも言及することになる。そして，最後に家電量販店成長の経済的・社会的意味を明らかにする。

2 │ 中国における家電品チャネル変遷[1]

　中国における現在までの家電品チャネル変遷のプロセスは，大きく「切符制」による配分，買い手市場の出現と家電品チャネルの多様化，家電量販店の成長，の3段階に分けることができる。それぞれの段階の特徴をみていこう。

2-1 「切符制」による配分

　1976年に「文化大革命」が終結し，鄧小平が復活したのは，78年，中国共産党第11期3中全会（中央委員会第3回総会）においてであった。「大胆に権限を下放し，地方と企業により多くの経営管理の自主権をもたせる」という経済改革委員会の方針が決定され，改革・開放が徐々に進められた。鄧小平は「生産力の発展」が最大の課題であることを認識し，「白猫であれ，黒猫であれ，鼠を捕るのは良い猫だ」という「白猫黒猫論」の考え方を示し，意識改革を行うとともに，以後の経済発展の基礎を築いた（温，2003，22-26頁）。

　改革・開放が行われたとはいえ，家電品産業を含めて消費財部門における技術革新はまだ「夜明け前」であった。生活水準からみて家電品は貴重品の時代であり，家電品も政府組織の流通システムにより配分され，おもに国営「百貨店」で販売された。企業に一応販売自主権は与えられていたが，物不足で典型的な売り手市場の状態であり，多くの家電品も「切符制」がとられ，家電品流通は形式的にも実質的にも政府に掌握されていた。

　国営商業の卸は「3固定制」（活動地域，取引先，利益率が決められていた）のもと，3段階に組織された。1級卸は天津，上海，広州におかれ，メーカーから家電品を購入し2級卸と一部大型小売商（主に国有百貨店）に提供する。2級卸は省都や中継都市におかれ，1級卸や他の2級卸から家電品を仕入れ，3級卸と都市小売商（おもに国有百貨店）に提供する。3級卸は都市の構成部分にあたる「区」や「県」に配置され，2級卸から家電品を仕入れ，現地の小売商（主に供銷合作社[2]）に提供していた（張他，2003，167-170頁）。

　1984年の中国共産党第12期3中全会で，「経済体制改革に関する中国共産党中央委員会の決定」が発表され，「経営責任制の確立」と「必要によるのでは

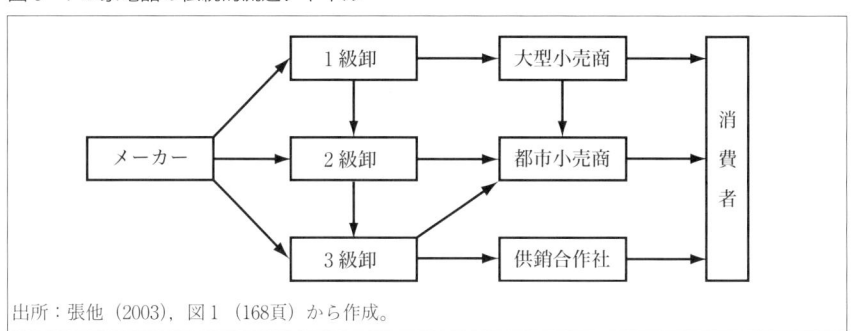

図9-1 ●家電品の伝統的流通チャネル

出所:張他(2003),図1(168頁)から作成。

なく,労働に応じた分配」が基本的方向として提案された。経済改革の効果が現れ始め,所得水準は上昇し家電品に対する需要が拡大した。家電品流通は,1級卸→2級卸→3級卸の単一チャネルから,部門別,行政別の枠を超えた取引が可能になった。しかしながら,国有卸が半強制的に買い上げる仕組みは1990年代まで続いた(新井,2005,189-90頁)。この段階では供給が需要に追いつかず,売り手市場の状況下で家電品市場に事業機会を求めて「経商(ちょっとした商売で一儲けするもの)ブーム」が起こり,家電品市場に中小零細な流通業者が参入した。メーカーや卸から,そして密輸などで不正規流通の稀少な家電品を入手さえできれば,計画外ルートで高価格で販売することができた。国内家電メーカーの供給力は質量ともにまだ不十分で,輸入家電品専門の流通業者が多数存在した。

2-2　買い手市場の出現と家電品チャネルの多様化

1989年,天安門事件直後の共産党第13期4中全会で,改革・開放政策が確認されるとともに,社会主義の現代化が進められることになった。天安門事件の影響で,90年の国内総生産(GDP)は前年比で実質3.8％増と,70年代末の改革・開放政策以来の最低を記録した。しかし92年,中国高度成長の起点ともされる鄧小平の「南巡講話」が行われ,市場経済への加速化が始まった。93年の中国共産党第14期3中全会において,「社会主義市場経済に関する決定」が採択され,社会主義計画経済から社会主義市場経済に移行して,国有企業・金融など各分野で大胆な改革を行うことが決定された。GDPは,92年以降は4年

表 9-1 ● 主要家電製品の普及推移

単位：100 世帯当たりの保有台数

	1985		1990		1995		2000		2005	
	都市	農村	都市	農村	都市	農村	都市	農村	都市	農村
カラー TV	17	1	59	5	90	17	117	49	135	84
電機冷蔵庫	7	0	42	1	66	5	80	12	91	20
洗濯機	48	2	78	9	89	17	91	29	96	40
エアコン	−	−	−	−	8	−	31	1	81	−

出所：『中国統計年鑑』各年版による。

連続で10％以上も上昇し，今度は景気過熱が問題となった。90年頃から，所有制度を変更せずに従業員が商店経営を請け負う「国有民営」が盛んに行われ，大規模流通企業に関しては，卸売と小売の兼業化，経営多角化，企業集団化，国家株を中心とした株式会社化など制度改革が試みられた（黄，2002，84-85頁）。多くの家電メーカーは，政府から許可を受けた代理店や代理人を利用するようになった。

　1991年にカラーテレビについて，売り手市場のなかで暗躍する闇ブローカーを締め出すために「専営」制度が発表された。カラーテレビの小売を政府が許可した国営商店のみに限定し，また卸売業も国営卸とメーカーだけが中央・地方政府の計画に基づいて行おうとした。しかしながら，同年カラーテレビの売上は大きく落ち込み，稀少なブラウン管の配分を通じた政府による生産台数の統制がむずかしくなり，計画的配分システムは形骸化した。カラーテレビの流通ルートは，89年初めまでの供給不足の時代と，供給過剰で競争が特に激しくなった91年以降では大きく変化した。

　政府主導の流通チャネルは，供給過剰，海外ブランド品の流入，価格競争の激化，産業利潤の低下，消費欲求の変化など新しい環境に対応することができず，メーカーは自ら適切なチャネルを探索し，あるいは構築せざるをえない状況になった。1992年の時点で，伝統的流通チャネル（計画内流通）と新興の流通チャネル（計画外流通）はほぼ4割強で互角になったという試算がある（渡邉，2008）。家電品流通が変化するなかで，家電メーカーが新たに構築したチャネルモデルにはつぎのようなタイプがある（張他，2003，172-180頁）。

(1) 複数代理店制

　メーカーが各地域に設立した販売子会社のもと，それぞれの地域で複数の1級，2級卸売商を代理店とするもので，市場開拓には適しているが，価格競争に陥りやすくブランド価値が損なわれやすい。新飛（河南省新郷市，FRESTECH），海信（山東省青島市，HISENSE）などが採用した。

(2) 総代理店制

　メーカーが各地域に設立した販売子会社のもと，第1級都市（北京，上海など人口1000万人超クラスの都市）の大型小売商に直接販売する場合を除き，いくつかの地域に分けて単独の卸と代理店契約を結び，地域内の小売商に独占的に商品を供給する。総代理店になった1級卸は，テリトリー内の第2級都市（省都のある人口500万人クラスの都市）に2級卸を1つずつ設立し，地域内の小売商に独占的に商品を供給する。第3級都市（人口300万人クラスの都市）には卸がないので，小売商はすべて2級卸から仕入れなければならない。販売計画の推進を全面的に代理店に依存するこの方式を，四川長虹（四川省綿陽市，CHANGHONG）やTCL（広東省恵州市）が採用したが，総代理店の力が強くなりすぎコントロールがきかなくなり，両社とも1998年から小売段階で専売店のネットワークを構築するようになった。

　複数代理店や総代理店はメーカーと資本関係がなかったが，エアコンのトップメーカーである格力電器（広東省珠海市）は，各地域で卸売商と共同出資で地域販売会社を設立している。省・市を範囲とするテリトリー制を敷き，同じく共同で設立した卸売商は当該地域の販売会社から仕入れることを義務づけている。この方式の特徴はメーカーと卸売商の関係を敵対者の立場から利益共同体に変容させることにある。

(3) 直販モデル

　卸売商を利用しないで小売商に直接販売するものである。ハイアールは当初の商城（百貨店）での販売時から，店中店（テナント）を創設し，さらに専売店づくりを行って，ブランドイメージの確立に努めた。潤沢な資金で製品ラインを広げたことが専売店網の発展に寄与し，国務院発展研究センターによる

と，1999年にすでに全国主要な市・県で専売店網を構築している。2000年からは全国に48の工貿会社（販売会社）を設立した。直販モデルはシーメンス（ドイツ）やエレクトロラックス（スウェーデン）など外資系企業も採用している。ただしこの方式は広大で複雑は中国市場では，大きな資本力を必要とするために，重要な都市だけや取引先だけを直販にし，県や郷では代理店方式を併用することが多い。

2-3　家電量販店の成長

　1997年のアジア通貨危機後は中国でもデフレ傾向に陥り，99年にGDPの伸びは7.1％に低下した。しかし，その後は高度成長が始まり，2001年の世界貿易機関（WTO）加盟による外国企業の対中直接投資増加などで拡大基調が持続した。反面，地域間や地域内の経済格差，大量の慢性的失業者の存在，社会環境の破壊などの問題が顕在化している。とくに，沿海部と内陸部，都市部と農村部との間の所得格差をどう是正するかが大きな課題となっている。家電業界では，いまだ8億人いるといわれる農村市場への対応が注目点となっている。それは，今後経済が順調に発展し経済格差が徐々に是正されていくとすれば，市場規模と現在の「三種の神器」の普及率からみて，潜在需要の宝庫であるからである。

　国内家電メーカーが台頭し，供給不足からしだいに供給過剰の状態に移行した。1990年代半ばになると，買い手市場の時代が到来し，家電品市場の競争は生産者段階でも流通段階でも激化し，流通コストの削減が大きな課題となった。大量仕入による低価格販売を特徴とする家電量販店が，メーカーの系列店網に対して比較優位にあり，大都市では大きなシェアを獲得している。家電専門店チェーンは，解体されつつある国有卸を利用しないで，卸売機能を内部化しメーカーと直接取引を行うケースが多くなった。

　現在，中国における家電販売の小売チャネルには，「電気城」（家電品の自由市場），百貨店，総合超市（総合量販店），専売店（系列店のこと），および家電専門店チェーンがある。「電気城」は，国内家電品販売や輸入に対する政府の厳しい規制があった時代，正規外流通品や密輸品がかなり存在し，その販路として集積したのが発祥といわれており，上海市など地域によってはかなり

の規模に達している。経営形態はテナント方式であり，家電品の卸売・小売市場の機能を果たしている。この業態の競争力は多様な商品を低価格で販売することにあったが，消費者の品質とサービスに対する欲求が高まるにつれて，地位を低下させている。百貨店は顧客吸引力が強いこと，信用度が高いことが特徴であり，家電品販売でも有力な販路であった。現在でも，家電品の年間売上高が1億元（約13億円）に近い「百貨店」は数多く存在しているという。しかし，家電量販店など他のチャネルが成長し，近年地位を後退させており，一部百貨店は家電品販売から撤退している（中国連鎖経営協会，2004）。

総合超市は，1990年代半ばに導入された業態であり，近年外資系の中には家電量販店に負けない家電品売場を設けている大型超市も増えている。ただし，成都と北京に進出しているイトーヨーカ堂は，家電量販店の攻勢に押されて，2003年，テレビや冷蔵庫など大型家電品の販売を中止している（矢作，2005，96頁）。家電量販店は，1990年代後半から急成長している。大量集中仕入，大規模な店舗，豊富な品揃え，低価格販売，サービスの充実などを武器に，現在大都市では，家電品販売額シェアで百貨店を凌ぐようになっている。

中国の流通近代化は「同時多発的展開」であるとよく指摘される。たしかに家電品流通においても，日本のように系列店，家電量販店，総合スーパー，家電ディスカウンターというような「順次段階的展開」とは異質である。1990年代初めには，家電品は売り手市場から買い手市場へ移行し，社会主義市場経済化が決定されると，国有の家電品配分システムは徐々に崩壊し，民営の中間商人が登場し発展するようになった。こうした背景のもとハイアールやTCLなど大手メーカーによる系列店網づくりが行われる一方，家電量販店や家電品を扱う総合超市の成長が同時多発的にみられた。現在大都会の家電品流通では，家電量販店が圧倒的優位に立っている。中国主要31都市における国美電器，蘇寧電器など家電量販店の販売額シェアは60％，聯華，カルフール，ウォルマートなど総合超市は13％，自由市場，専売店などが21％（2005年推定）と，大都市では家電量販店のチャネルが主流になっている（渡邉，2008）。

3 家電量販店成長の軌跡

ここでは家電品流通で百貨店から主役の座を奪い,成長著しい家電量販店業界の成長の軌跡をみてみよう。

3-1 離陸期から成長期へ

1990年代までは,中国における主要な家電品小売チャネルは百貨店であった。百貨店は消費者からも最も信頼されていた小売店であり,メーカーにとってもブランド・ポジショニングを高める最高の場所だった。しかしながら,2000年頃になると,安売りを訴求する家電専門店チェーンが離陸期から成長期へ入り,徐々に地位を固めるようになった。最初に成長したのは蘇寧電器,国美電器,三聯商社であり,このほか北京国通,北京大中,上海一百家電,上海永楽,広州の東沢や海印などの地方チェーンも5～10億元以上の年商規模を達成した(中国連鎖経営協会,2001)。

中国では政治的・制度的事情などから企業の地域性が強く,チェーンストアでも特定の市や省,あるいはそれらの周辺地域にとどまることが多い。家電量販店も例に漏れず,2000年の家電量販店売上高ランキングをみると,山東省の済南,煙台,日照,東営などに店舗を集中させている三聯商社がトップで53億元,やはり北京が地盤の国美電器が第2位である。国美の年間売上高はまだ三聯の半分以下の23億元にすぎない。その後の両社の展開は対照的である,三聯は現在に至るまで山東省および周辺地域で地盤を築く戦略をとり,他地域へ

表9-2 ●家電量販店の売上ランキング(2001年)

単位:億元

順位	企業名	年間販売額	店舗数
1	三聯商社	70.3	177
2	国美電器有限公司	61.5	84
3	蘇寧電器集団	39.9	91
4	江蘇五星電器有限公司	25.5	66
5	上海永楽家用電器有限公司	20.5	22
6	華聯集団家用電器公司	16.6	20

出所:中国連鎖経営協会(2002)による。

の進出には慎重であった。それに対して，国美は第1，第2級の大都市をターゲットに全国に店舗を積極的に開設し，02年には家電量販店業界で首位の座に就き，06年には中国小売業界のトップに躍進することになる。蘇寧も国美と同様，早い段階から創業の地である南京を離れて，華東，華南，華北に進出している。こうした違いを生んだ大きな要因の1つは，三聯が国有企業集団の傘下なのに対し，国美と蘇寧は完全に民営企業であったことにあると思われる。

3-2　家電品流通の現状

　1995年頃中国には，家電メーカーはおよそ200社もあり過当競争が常態化していたが，熾烈な競争プロセスを経て，90年代末になると約20社に淘汰された。ハイアール（山東省青島市，HAIER），春蘭（江蘇省泰州市，STARWAY），康佳（広東省深圳市，KONKA），TCL，海信などの一部メーカーは，製品ラインを拡大し年間売上高が100億元を超えるようになった（中国連鎖経営協会，2002）。いくつかが大手メーカーに成長する一方，同質的で単一ラインしかもたない家電メーカーの多くは市場から消えていった。こうした傾向を後押ししたのは，低価格販売を特徴とする家電専門店チェーンであった。

　家電量販店の成長は加速度を増し，2001年～05年までの5年間でみると，国美電器の売上は8倍，蘇寧電器は10倍に増加している。家電量販店は2つのグループに分けられ，ひとつは蘇寧，国美などの全国チェーン，もうひとつは永楽，三聯を代表とする地域チェーンであり，このことが数年後のM&A（企業の買収・合併）の布石となる。04年時点で，100以上の家電専門店チェーンがあり，蘇寧，国美など大手6社のシェアは18％であった（中国連鎖経営協会，2005）。

　家電量販店の成長が急であったが，それはおもに第1級都市のことで，第2，第3級都市では家電メーカー主導のチャネルや従前からの家電品流通がまだ大きな市場シェアをもっている。有力メーカーは，流通のリーダーシップをとるべく株式取得などにより各地域で販売会社を設立したり，代理店契約を結んだりしている。総代理店制のもとでは，販売店が特定ブランドの地域一手販売権をもち，百貨店，電気城などに卸し，メーカーはまた小売段階の系列店である専売店も一部で形成するようになった。百貨店は，家電品流通の伝統的

チャネルの主役で，かつて80～90％のシェアを占めていた時代もあったが，家電量販店の興起により少しずつ地位を後退させている。ただし，地方都市などでは依然として重要なチャネルである。総合超市でも家電品を扱っているが，品揃えの幅や深さに制約があり，家電小売市場では家電量販店や百貨店などの補完的位置づけである（中国連鎖経営協会，2005）。

3-3　中国流通近代化の主役

　2006年，家電流通業界では「合併元年」を迎えた。大規模なM&Aや多数の地方チェーンの撤退が生じ，国美電器，蘇寧電器，上海永楽家電，江蘇五星電器，北京大中電器の上位ランキングが崩れ，国美と蘇寧の二大企業体制，それに江蘇五星を買収したアメリカ最大の家電専門店チェーンのベストバイが競争に加わる状況になった。さらに，北京大中は翌07年，国美陣営に加わることになる。

　流通近代化の1つの側面が経営形態としてチェーン展開することによる規模の利益の発揮にあるとすれば，家電専門店チェーンは間違いなく中国流通近代化の主役の一人である。

　中国の小売業界では，2003年に上海の4つの政府系グループが大同団結してできた百聯集団がずっと売上で首位を占めていたが，06年，上海永楽電器を買収した国美電器がトップに立った。01年の売上は62億元に過ぎなかったが，5年後の06年には約14倍の869億元へと増加した。それだけ家電産業における技術革新と家電専門店チェーンの成長が急であった。さらに，07年に中国の小売業として初めて1000億元を突破し，その余勢を駆って北京大中も買収した。家

表9-3 ● 家電量販店の売上ランキング（2005年）

単位：万元

順位	企業名	年間販売額	店舗数
1	国美電器有限公司	498.4	426
2	蘇寧電器集団	397.2	363
3	上海永楽家電有限公司	151.7	199
4	江蘇五星電器有限公司	146.1	193
5	三聯集団有限会社	132.0	274
6	北京大中電器有限公司	100.0	120

出所：中国連鎖経営協会（2004）による。

電量販店2番手の蘇寧電器も，売上高が前年比40％増で年商1000億元に迫り，総合順位を3位に上げた。アメリカ・ベストバイに買収された江蘇五星電器（11位）21％増，中国最大のITショップのチェーン宏図三胞（16位）46％増と高い売上高の伸びを示しており，家電量販店の勢いは止まらない。日本を含めて世界各国の小売業売上ランキングでは，総合量販店もしくは総合量販店を中核とする複合小売業が上位を占めているのが普通だが，中国のように家電量販店が上位につくということは歴史上珍しい現象である。

　それでは，なぜ中国ではこれほど家電量販店が成長したのであろうか。これは家電量販店の発展が遅れている韓国[3]などと比べてみるだけでも，興味ある研究課題となる。中国と韓国を比較して，すぐ気づくことは家電産業における生産段階の市場集中度の違いである。中国では内外の多くのメーカーによる活発な競争「オリンピック現象」がみられるのに対して，韓国ではサムソン電子とLG電子の複占状態にあり，競争が制限的である。このほか，どういう要因が考えられるであろうか。家電量販店の二大企業に成長した国美電器と蘇寧電器の成長の系譜を紹介し，検討に取りかかりたい。

4 成長に弾みがつく国美電器（グオメイ）

　2001年から5年間で国美電器の売上は8倍になり，07年には中国の小売企業で初めて1000億元を達成している。ただし，注意をしなければならないのは中国連鎖経営協会が発表する年間売上高や店舗数に関する数字と，国美が公開する年次報告書のそれらとはかなり違うことである。どこの国でも統計データに関しては，一般に調査方法，捕捉率，集計方法などについて疑問が呈せられることがよくあるが，中国においても例外ではない。

　国美電器の場合，中国連鎖経営協会の数字にはグループ内取引や関連会社の数字が入っているのに対して，香港証券取引所に提出している数字は連結対象となる「子会社」以外は排除しているし，二重計上となるグループ内取引も含まれていないなどの理由が違いをもたらしていると考えられる。したがって，連鎖店経営協会の数字は厳密さに問題がありそうだが，同じようなスタンスで

情報を集めているとすればそれなりに時系列的に一貫性をもっていること，これらを用いれば大手小売企業の全体像と推移がわかること，種々の比較分析が可能になるので，本論文では連鎖経営協会の数字を中心に議論を進めることにする。

4-1　創業まで[4]

　国美電器の創業者・黄光裕は，2004年中国富豪ランキングでは，推定資産105億元でトップに選ばれた（『ユーロマネー』誌発表）。光裕は1969年，広東省の汕頭市の人口わずか300人あまりの農村・鳳壺村で4人兄弟の次男として生まれた。家族は両親と4人の子供の6人家族だったが，生活はきわめて貧しく，長男の俊欽と光裕は家計をささえるため，町で古本などを商い，生活費の足しにした。性格は内向的な兄とは対照的に，積極性やリーダーシップに富んでいたという。光裕は17歳の時，兄と内モンゴル自治区に出稼ぎにでたがうまくいかなかった。翌87年，黄光裕は兄と北京市の繁華街，前門の珠市口東大街で事業を再スタートさせた。手持ちの4000元と借用した3万元の資金を元手にわずか100平方メートルの小さな店を構えたのである。これが2006年，中国ナンバーワン小売業になった国美の始まりである。

4-2　緩慢な成長[5]

　当時国産品といえば，「安かろう悪かろう」というのが通り相場で，中国家

表9-4 ●国美電器の推移

単位：億元

	年間販売額（伸び率）	店舗数（伸び率）
2000	23　（－　%）	41　（－　%）
2001	61　（165%）	84　（105%）
2002	109　（79%）	64　（-24%）
2003	178　（63%）	139　（117%）
2004	239　（34%）	427　（207%）
2005	498　（108%）	426　（0%）
2006	869　（74%）	820　（92%）
	うち永楽電器221	202
2007	1,024　（18%）	1,020　（24%）

出所：中国連鎖経営協会『中国連鎖経営店年鑑』各年版による。

電市場は海外製品が優勢だったが，黄光裕は輸入品ばかりでなく国産品の可能性にビジネスチャンスをみいだした。国美電器は他社に先駆けて1990年，仲介商を離れメーカーから直接仕入を開始，包銷制（一手販売制）による新しい仕入・販売モデルを構築した。直接仕入で仕入原価が下がった分，消費者に安く提供したことが支持された。91年，家電品はまだ売り手市場の状態にあったが，『北京晩報』に新聞広告（「中縫広告」という）を開始した。消費者が求めている情報を豊富に提供したことが評判を呼び「中縫大王」といわれるようになり，消費者も家電品の購入前に新聞広告を読むことが習慣になった。伝統的な「座店経営」から，プロモーションなどにより積極的に市場を開拓するマーケティングを経営の軸に据えた。

　業績は順調に推移し，北京エリアでチェーン展開を始め，7～8店舗を開店した（ただし，店舗名は異なる）。1993年，北京市の前門に国美電器総公司を設立して店名を「国美電器」に統一，兄の俊欽は不動産業を中心とした新恒基集団を組織した。95年，北京最大の繁華街に国美電器「王府井商城」を開業したことが，店舗イメージの向上に貢献した。この頃になると，ハイアール，四川長虹，TCLなどの国内メーカーが成長してきたので，従前の輸入家電品中心の品揃えから，機敏に国産品・内外合同ブランド品を幅広く取り入れるようになった。その結果，取扱商品は一挙に広がり，家電品のワンストップ・ショッピング性は高まった。

　1998年，人口の郊外化や環状道路の整備が進捗したことなどを背景に，国美電器は立地戦略を変更した。それまで都市中心部に展開していた小型店舗を減少させ，北京市の3環路近くに2000平方メートルを超える中型店をオープンしたのを皮切りに，「街はずれ」に中型店を開設するようになった。この年，およそ10年の家電店経営の経験を踏まえ，「国美経営管理手引」を策定，チェーンストア経営の要諦は中央統制の徹底による規模の利益を獲得することにあるとし，方法論や各職場の職務・責任などの規範を詳しく解説し，実行に移していった。これにより国美は，全国展開の基盤を構築することができた。

4-3　成長のサイクルへ（1999年～2005年）

　1999年に国美電器は，全国チェーン展開を開始するとともに，「8項承諾」

によりサービス水準を向上させた。すなわち，80kmまで配送無料，運搬・取り付けサービス，無料問い合わせ電話，顧客名簿の作成，電話訪問，メーカーと共同保証，無料設計，エアコンの「24-7-7サービス」[6]を実施した。中国消費者協会から「誠信企業」の名誉を獲得し，北京の消費者から「アフタサービスが信用できる会社」と評価された。

　この年初めて北京を離れ，天津に進出し2店舗を開店，現地の十大商場（百貨店）から激しい反発に遭遇したが，かえって国美の知名度を高める結果になった。上海にも進出，開店月の売上2183万元を記録，1年後には上海市8区で9店舗に増え，月商1億元を超え，京（北京）・津（天津）・滬（上海）を結ぶチェーン体制が確立した[7]。この年，黄光裕は総経理の座を妹婿に譲り，集団公司の鵬潤投資有限公司を設立，国美，鵬潤地産，鵬泰投資を傘下においた。

　2000年，国内外の先進的な連鎖経営の成功経験と実践経験を参考にして「経営管理手引」を改定，また企業文化の構築，各店舗の店員交流などを目的にして広報誌『国美報』を創刊した。京・津・滬の各店舗で，カラーテレビの特価セールを実施し，これを契機に価格訴求型家電量販店としての地位を築き始めた。北京支社を独立させ，事業組織の全国展開の準備を完了，成都と重慶で同時開店し，開店日売上高はそれぞれ320万元と300万元に達した。年末には，店舗数は北京，天津，上海，河北省，成都，重慶で合計41店，年間販売額は23億元に達した。店舗展開には直営店方式ばかりではなく，一部で特別許可加盟店（フランチャイズ店）方式も用いられた。しかし，家電品の小売販路はまだまだ百貨店中心であり，三聯，国美，蘇寧の合計シェアは全国的には，わずか3％あまりを占めるにすぎなかった（中国連鎖経営協会，2001）。

　2001年，「経営管理手引」の内容を拡充，99年に続いて「誠信企業」の評価を与えられ，国美電器は中国連鎖企業ランキングで8位に躍進した。各地で同時に13店舗を開店し，全国店舗数が60店を超える。その後，鄭州，西安，瀋陽，青島でも開店，鄭州と西安では，開店当日の売上金額が900万元を突破し評判となった。同年，経営資源を効率よく運用するために「ERP（Enterprise Resource Planning，企業資源計画）システム」を導入，経理，営業，在庫などのデータを共用し，本社と連鎖店間で情報の授受をするようになった。ま

た，01年末店舗数はまだ84店舗に過ぎなかったが，2年後の03年までに中国全土で200店舗に増加する計画を発表するなど，積極的姿勢を一層強めている（中国連鎖経営協会，2002）。

　2002年，国美電器は全国の店舗で「最低差価補償」（最低価格を保証し，競合店より高い場合は価格差の3倍を補償する）の価格戦略を打ち出した。済南，広州，深圳，武漢と各地で積極的に進出して店舗数が大幅に増加し，家電売上ランキングで三聯に代わり首位に立った。この頃になると，家電専門店チェーンは国美，蘇寧電器を代表とする全国チェーンと，北京大中，上海永楽，三聯商社などの地域チェーンの2グループに分化し，これ以降全国チェーン展開する企業が躍進することになる（中国連鎖経営協会，2004）。

　2003年，家電品の価格競争が激化，国美電器はエアコンの店頭価格を1000元引きにするなどして対抗，またハイアールと共同イベント「2003冬季新品推廣月」を開催した。広州や深圳で新たな店舗をオープンし，華南地域では7店から10店舗に増加，香港にも進出するとともに，ネットショッピングを開始した。この時期，国美をはじめとする家電量販店のバイイングパワーは大きくなり，家電品流通の主導権はメーカーから家電量販店へ徐々に移行し始めた（中国連鎖経営協会，2004）。創業者「黄光裕」は「2003中国大陸百富榜」で，ランキングの第27位になる。

　2004年，国美電器はチベット，青海，寧夏，甘粛，海南，マカオを除く中国各地に進出，店舗数と売上高ともに大きく伸ばした。この年，格安CDショップ・チェーンを展開し，安売りで海賊版に挑戦，また国慶節の11連休で売上は，前年比89％と大幅な増加を記録した。またセンター管理制の経営組織を採用し，本部の下にマーケティングセンター（仕入れ，販売を担当），運営センター（プロモーション，店舗，物流，アフターサービス，店舗開発を担当），行政センター（人事を担当），財務センター（情報を担当）の4つのセンターを設けた。安売り競争が激化する中で，家電メーカーとの関係性の構築に務め，「国美グローバル戦略パートナーシップ・サミット」を開催，また全国で「レインボー・プロジェクト」を展開，ハイアール，海信，志高，A. O. Smithなど9社と協力し，アフターサービス体制を整備した。

　鵬潤投資はその後，香港の上場企業・京動自動化集団の株式74.5％を買収，

中国鵬潤集団と改名した。中国鵬潤は2003年，香港で１号店を開設，海外市場開拓に向けた第一歩を踏み出した。04年，香港証券取引所（HKEX）に上場，中国鵬潤は国美電器の株式65％を88億元で取得し，社名を国美電器控股有限公司に変更した。国美電器は親会社である中国鵬潤に代わり香港市場で株式公開，資本市場で88億元の資金を調達した（中国連鎖経営協会，2005）。黄光裕はこの年，推定資産1400億円で中国一の富豪になった。

2005年，国美電器は北京，上海，成都，重慶，西安，広州，深圳など第１級都市の市場で270以上の直営店，４万人以上の従業員を擁する有名企業になった。成長の原動力は，メーカーからの直接大量仕入による低価格戦略であり，経営規模の拡大が低価格を可能にした。今後成長の鍵を握るのは，第２，第３級都市の市場にどう浸透するかだが，国美では全国1200の小売店と「連盟店契約」を結び，新たな可能性を探り始めている。一方で，家電メーカーとプロモーションや物流などで戦略提携を結ぶとともに，家電メーカーの黒天鵝（黒竜江省ハルピン市）や愛多集団（広東省汕頭市）を買収したり，瀋陽では家電工業園区作りに参加したりして生産段階に進出，多元的事業展開を図っている（中国連鎖経営協会，2006）。

陳暁・国美電器総裁（元永楽の董事長）は「1999〜2005年は，国美にとって一民営企業が全国チェーン化を果敢に取り組んだ華々しい時代であり，立地の善し悪しはあまり問わず，前もって土地を確保し，大規模かつ迅速に店舗展開を図り，かつ活発にM&Aを行った。急速に中国の資本市場が整備され，国美は04年香港市場に上場，同年蘇寧も深圳市場に，05年永楽も上場を果たした。家電量販店間の競争は激化し，中小チェーンの経営が悪化，国美，蘇寧，北京大中，上海永楽，江蘇五星の五大チェーンが出来上がった」[8]と語っている。

4-4 中国ナンバー１小売業―M&Aで飛躍

2006年，上海永楽電器を買収した国美電器がトップに立った。年間売上高は01〜06年の５年間で約14倍の869億元へ増加し，07年には中国の小売業として初めて1000億元を突破した。

2006年の中国家電量販店業界の大きな話題は，その急成長とともに外資も参加したM&Aである。上海に本拠をおく永楽電器（店名は「チャイナ パラダイ

ス」で上海のシェアが50％以上）は，当初，地域的に補完関係にある北京大中（北京でのシェアが50％以上）と経営統合して国美と蘇寧を追撃する計画だった。両社で「戦略合作協議」を行い，共同仕入，倉庫管理，財務管理等で合作し，株交換の方法で一度は合意に達した。しかし，両社の統合交渉は決裂し，同年４，月国美電器が永楽電器を買収することになり，株式交換と現金を組み合わせることで行われ，11月に買収は完了した。買収により売上高は1000億元に近づき，経営陣は「われわれは近いうちに中国小売業界でナンバー１になる。販売網を迅速に発展させ顧客サービスを充実させる」と語ったが，実際06年，中国連鎖経営協会による売上高ランキングで首位の座に着いた[9]。永楽を「横取り」した国美は，その後は外資を交えた争奪戦の末，北京大中も呑み込むことになる[10]。しかし小売業でトップに立ったとはいえ，国美の店舗は華北・華東・華南地域の大都市（主に第１級，第２級都市）中心であり，これ以外の地域の都市や第３級，第４級都市への進出はこれからであり，今後の進出可能性からみるとまだ成長の余地が大きいといえる。陳　総裁も「香港に出店しているが，海外進出よりも国内の第２，第３級都市への出店を重視している。第１級都市から第２，第３級都市への浸透を図らなければならない」と語っている。

　北京大中の買収会見にはハイアールやモトローラの代表も出席したことからもわかるように，国美電器の影響力は大きくなり，TCLとは戦略的提携を結び，新しいビジネスモデルを構築をした。両社で販売システムを接続して売れ筋情報を共有，市場ニーズにあった製品開発を進めたり，物流システムの効率化を目指している[11]。TCLからみれば第１，第２級都市の市場では，大手家電チェーンとの良い業務関係を維持するとともに，第３，第４級都市の市場では専門店など独自の流通経路を構築し，シェアを確保することを狙っている。

　この間，国美電器はチェーン化が進展し仕入数量が拡大するに伴い，卸ルートからメーカーと直接に取引する本部一括仕入に変わった。それとともに2007年，初の大型物流センターを上海の浦東地区で稼働（床面積８万平方メートル，日本の岡村製作所が受注），北京は土地を物色中で，09年までに全国７ヵ所で建設する予定となっている。

　2006年６月にはアメリカ・ベストバイ（2007年の売上高359億ドル）が江蘇

五星電器（2007年の売上212億元，249店舗）を買収，07年12月，上海の繁華街・徐家匯に初の自前店舗を出店した。この店舗は，中国では売場がメーカーやブランド別が一般的ななかで，日本のように商品ごとに陳列したことが注目を集めている。上海永楽と統合する計画だった北京大中は，やはり地理的に補完関係にある蘇寧電器への身売りが噂されたが，熾烈な争奪戦が繰り広げられ，07年12月，国美電器の買収発表で決着がついた。また国美は，陝西省最大の携帯電話専門店チェーンの陝西セルスター（23店舗）を買収し，08年に入ると，さらに北方電器（山西省）の買収を発表，三聯商社（山東省済南市）の株式も10.69％を取得して筆頭株主となった。国美と蘇寧のガリバー２社の対決は，「米（美）ソ（蘇）戦争」といわれ，ベストバイも参戦し，家電品小売業界は激しさを増している。07年，中国連鎖経営協会「連鎖店100強」によれば，国美電器の売上高は1024億元で前年に続きトップ，店舗数1020店舗に増加した。蘇寧電器も売上が855億元に増加，３位にランクされている。国美と蘇寧に加えて，江蘇五星，宏図三胞（IT関連専門店チェーン，HISAP），迪信通（携帯電話専門店チェーン，D. PHONE）と５つの企業がトップ30に入った。これらの販売規模と店舗数の平均増加率はそれぞれ前年比で28％と34％と，他業態・業種のチェーンより高い。

　「現在，国美の店舗は，①大型店，②標準店，③スーパーマーケット（SM），④専門店の４タイプの店舗があり，大型店はヨドバシカメラ，標準店はヤマダをモデルにしている。いまはまだ北京などでも標準店が多いが，これら４タイプ併せて3000店，売上2000億元がまず目標で，ベストバイを抜いて世界一になることを目指している」（陳総裁）。

　国美の2007年次報告書によると，粗利益（メーカーからのリベートを含む）は拡大傾向にあるのに対して，販売管理費（人件費，プロモーション費，家賃・地代など）は減少傾向にあり，したがって，利益率は05年の4.13％から07年7.29％に３ポイント以上も大幅に上昇している。ちなみに，日本のヤマダ電機の08年３月期の販売管理費は18.4％，経常利益率は4.6％と，両者とも前年より値は低下している[12]。なお，中国ではリベートなどの商慣行が問題になることが多いが，家電量販店はメーカーから「店舗オープン協賛金」「高価格商品促進リベート」「高価格商品取扱リベート」「新製品取扱リベート」「規模（売

上高比例）リベート」「市場推進リベート」などを徴収しており，07年国美が受け取ったこれらの合計が販売額の4.34%に達している。

4-5　国美の強さ

　国美電器躍進の要因としては，早い時期にチェーン・オペレーションの徹底（有能なバイヤーによる買取り・大量集中仕入），家電量販店としての業態コンセプトの確立（広く深い品揃え，専門知識をもつ店員の配置），戦略的拠点づくり（人口150万以上都市で支社を設立し，支社を中心にドミナント出店），臨機応変な店づくり，積極的なIT導入などが指摘されている（于，2004）。国美電器の李俊涛副総裁は，「創業の頃から日本の家電量販店を視察し，各社の成功や失敗から多くのことを学んできた。我々は日本のヤマダ電機に似ている。ヤマダが強いのは，マーケットをみたうえで，顧客が集まる立地を押さえ，豊富な商品を安価に売っている点だろう。一方で，10年前は業界トップでありながら，現在は影が薄れつつある家電量販店はどうか。商品，価格，経営，店舗を市場動向に合わせて見直してこなかったからだと私は分析している。小売に求められているのは，これらの調整力にほかならない。品揃えや店舗の立地を柔軟に変えていくことが経営の要だと考えている」と語っている[13]。

　国美電器が成長のサイクルに入ったのは，1998年に「国美経営管理手引」が開発されて以降である。この手引きはその後何度か改定されたことをみても，国美成長の「手引き」になったと考えられる。中国小売業界において，早い時期にチェーンストアの経営の重要性を認識し，中央統制の徹底による規模の利益を発揮する方法，各職場の職務・責任など連鎖経営管理の枠組みを策定している。これにより全国展開の基盤を構築することができ，店舗数が急速に増加するようになった。店舗数が増え売上が伸びれば伸びるほど，規模の利益は大きくなる。国美は積極的な店舗展開と強引とも思えるM&Aで店舗数を拡大，大量集中仕入による価格引き下げや有利な支払い条件を実現している。また，有能なバイヤーの育成，買取仕入，メーカーと一定の数量を契約する仕入方法，実用に特化したPB商品の開発なども低価格販売に貢献している。しかしながら，国美などの家電専門店チェーンは，その成長が急だったこともあり，「同業者に対する比較競争優位は外部資源によるものであって，海外企業のよ

うな内部資源によるものではなく、その差は大きい。国美や蘇寧の成功の大きな要因は、企業家がチャンスをタイムリーに把まえたにすぎず、持続的な競争優位性の程度は今後の競争のなかで試されることになる。外部資源の獲得は容易であるが、内部資源の蓄積には長期的努力が必要である。家電チェーン企業として、もっと健全な科学管理手段が必要である」という指摘もある（何、2005）。

5　追跡する蘇寧電器

　蘇寧電器は2008年第1四半期の営業利益は126億元で、国美電器を5億元上回ったと報じられている。これに対して、国美側は会計基準にしたがったので北京大中の利益は含めていないが、含めれば我々の方が利益は大きいと語っている[14]。国美と蘇寧の競争がますます熾烈さを増し、「米ソ戦争」の様相を強めている。

5-1　江蘇省・南京市寧海路で創業

　蘇寧電器の会社名は、「江蘇南京」の地名からとったものである。蘇寧の創業者・張近東は大学卒業後、国有卸で働いていたが、1989年独立して、家電品の卸売で事業を起こし、90年、江蘇省の南京市寧海路で蘇寧という家電店を創設し、エアコンの小売販売を始めた。その頃、中国の家電市場は売り手市場であり、蘇寧は国美電器とともにこの絶好のビジネス・チャンスを捉えた。96年

表9-5 ●蘇寧電器の推移

単位：億元

順位	年間販売額（伸び率）	店舗数（伸び率）
2001	40（－%）	91（－%）
2002	61（53%）	134（47%）
2003	120（99%）	148（10%）
2004	221（80%）	193（30%）
2005	397（80%）	363（88%）
2006	610（54%）	520（43%）
2007	855（40%）	632（22%）

出所：中国連鎖経営協会『中国連鎖経営年鑑』各年版による。

ころから，四川長虹を初めとする国内家電産業が急速に発展したことが，家電品小売業にビジネスチャンスを与えた。国美は，輸入家電品の経営から国産品中心の総合家電品販売の経営に転換し，取扱商品もカラーテレビ，冷蔵庫，洗濯機，エアコン，パソコンなど2万品目以上に及んだ。これに対して蘇寧も，99年，エアコン中心の販売から総合的に家電品を扱う経営に転換し，品揃えが国美と競合するようになった。

5-2　蘇寧電器の飛躍[15]

1993年，この年はまれにみる高温に襲われ，中国全国でエアコンの販売合戦が展開された。南京でも演目「エアコン大戦」が上演され大きな話題となった。戦いは，南京八大国有商場（百貨店）の「連合艦隊」と，「小さい小舟」の蘇寧との間で行われた。メディアの「エアコン大戦の追跡報道」というコラムから，その激しさを知ることができ，当時の「戦争」のすさまじさを語る時，いまだに蘇寧の関係者は興奮を抑えられない様子になる。

1993年の春，まだ朝晩の冷え込みが終わらない頃，蘇寧電器はいち早く南京各メディアに，大々的に「夏を快適に過ごしたいなら，蘇寧へ行ってエアコンを買おう」という広告を打った。オフシーズンにかかわらず，蘇寧のエアコン販売額は9000万元を突破，南京エアコン市場の70％のシェアを奪った。蘇寧の先制攻撃に直面した国有百貨店は，市場を奪還すべく迅速に対応した。「南京家電開拓協調委員会」を設立，「統一販売，統一メンテナンス・サービス，統一交換を実行する」と発表し，全国のエアコン企業に「反撃を展開する」旨の書面を送った。これに対し，張近東は「計画経済時代の統一価格は過去のものである。われわれは同業者と対立することは望まないが，対立を恐れない」と語った。

この年，最終的に蘇寧電器はオフシーズンに大量に仕入れた低価格エアコンと低コスト経営方式で，3億元の販売額を実現，蘇寧はエアコン販売の最大手になった。後に専門家は，「エアコン大戦」の勝負は，早くも前年に勝敗が決定していたと分析している。1992年，南京地域の高温は長続きはせず，エアコン市場は冷え込み，秋のエアコン・メーカーによる注文展示会の際，百貨店の反応は冷淡だった。これに対して蘇寧は，ハイシーズン直前から仕

入れを行う従来の方式とはまったく異なる「オフシーズンに投資して低価格で仕入れ，低価格販売を行う」戦略で，計画通り仕入れを進めた。同じ方法で，蘇寧は科龍グループ（広東省佛山市）の有力エアコン・メーカーである華宝（HUABAO）と協同関係を結び，ハイシーズンの到来とともに，有利な仕入れを行うことができた。これに対して競争業者は，ハイシーズンが到来すると，エアコンの仕入れすら満足にできない情況に陥ったのである。

　張近東は後に「エアコン大戦」について，「今回の価格戦争は，表面現象にすぎない。実際には，商品の供給源こそが本質である」と語っているが，国営企業では決して行われることのなかった，ハイリスク・ハイリターンのビジネスを果敢に実行に移した功績は大きい。21世紀に入ってからの家電量販店の急成長を捉えて，中国の経済学者たちが「商業資本の台頭」と呼んでいるが，実際はその10年前に蘇寧電器は画期的なマーチャンダイジングを行っており，布石が打たれていたわけである。家電品流通の主役が国有流通企業・百貨店から家電量販店に確実にシフトし始めた。

　メーカーと良好な関係を構築してエアコンの販売に必要なサービスを提供するとともに，「オフシーズンに低価格で仕入れ，ハイシーズンに低価格販売を行う」戦略が功を奏した。さらに，蘇寧電器は1999年から，エアコン中心からカラーテレビ，冷蔵庫，洗濯機，エアコン，パソコンなどを品揃えに加えて，総合家電経営に変貌を遂げるとともに，全国へと店舗展開をしていった。

5-3　国美を追撃する蘇寧

　「エアコン販売の地方チェーンにとどまっていた蘇寧にとって1999年は，総合的品揃えの全国チェーンへの転換点になった。規模拡大の参考にしたのは，日本の秋葉原そしてコジマ電機であった」[06]。蘇寧電器は創業以来家電品の卸を主要事業としていたが，エアコンからから始まった小売販売は，2000年になると販売額比率が60％にも達し，卸を上回るようになった。蘇寧の小売店舗は南京から始まり，華東，華南，華北に拡張し，00年末には170店舗になり，年間販売額は40億元に増加した（中国連鎖経営協会，2001）。

　市場経済の発展と家電市場の拡大とともに，同業者間の競争も激しくなった。2000年末，蘇寧電器は3年以内に全国で160店の新店舗増設を発表，01年，北

京で10店舗を出店，国美電器と激烈な商戦を行い，国美の牙城である北京で追撃を始めた。蘇寧は小売をエアコン販売に限定していたので，カラーテレビなど家電品の小売商だった国美とは競争が起こる可能性が低いとみられていた。しかし，蘇寧は北京進出によって卸売から小売に明確に方向転換し，両者の激突が始まった。方向転換の理由は，卸売の利潤が少ないこと，それに家電卸売は地域制限があり全国市場の形成がむずかしいことが背景にあった。なお，同年蘇寧も，国美と同様に，経営資源を効率よく運用するために「ERPシステム」を導入している（中国連鎖経営協会，2002）。

蘇寧電器は，つぎつぎに江蘇省内の主要都市，および上海，北京，広州，杭州，合肥，西安，武漢など10数ヵ所に，地域連鎖管理センターを設立した。2002年，山東省済南市に進出，松下，TCL，長虹などから10億元分のカラーテレビ50万台を買い入れ，北京，上海，重慶，寧波，常州の5都市で6店舗を同時出店した。この年，蘇寧は中国商業連合会から「中国商業名牌企業」という栄誉が授与され，江蘇省の大型民営企業のトップに輝いた。03年，創業以来わずか13年間で，蘇寧は江蘇省南京市の資本金10万元，従業員10数人中小企業から，24省に148店舗を開店，年間販売額120億元以上の大企業に成長した。この年南京市山西路に，売場面積1万8000平方メートルの大型直営店をオープンした（中国連鎖経営協会，2003，2004）。蘇寧は流通業以外に家電品製造業にも進出し，グループ内企業の飛歌（FEIGE）のエアコン年産量は50万台，その70％が欧亜に輸出している。このほか，製造業，不動産の開発，電子商取引などの事業も展開している。蘇寧の中核事業である流通は，連鎖経営（レギュラーチェーン）と特別許可経営による拡張戦略が採られている。この時点で，チェーン店の8割以上が特別許可加盟店であり，健全なチャネル構築と適切なチャネル統制が不可欠であった。なお，特別許可加盟店は特許専売店と同じであり，蘇寧電器の販売権と商標権を付与することにより，長期契約を結んだ専売店で，一種のフランチャイズチェーンのフランチャイジー（加盟店）といえる（塩地，2002）。

2004年は蘇寧電器にとって，深圳証券取引所（SZSE）に上場（公開価格29.88元），ハイアールと合弁事業を開始するなど躍進の1年間であり，小売売上高ランキングでは4位に上昇した。中国政府は年末の小売分野の全面的な

開放にそなえて，蘇寧を含む重点支援小売企業20社を決定している。家電品チェーン内部では寡占化が進み，蘇寧，国美電器など全六大家電品チェーンのシェアは18％を占めるようになっている（中国連鎖経営協会，2005）。

　蘇寧電器は国美電器などとともに，家電量販店は第1級市場都市では家電品販売の中心になり，第2級都市でも相当なシェアを占めるようになった。2005年，蘇寧は武漢に進出し，全国の第1級都市すべてに進出，小売ランキングは3位になった。また5月，北京オリンピック開催年の08年末をメドに，世界最大級の経営規模の1500店（当時160店）体制にすることを発表し，とりあえず05年末までには2日に1店のペースで出店することになった[17]。同月11日には，全国で22店舗を同時開店した。蘇寧の強みは組織構造を調整して，「水平的管理」を行っていることにある。チェーンオペレーションの推進を目標とし，チェーン全体と地域連鎖網を結合し総合的に管理するシステムを構築，統一的チェーン管理規範により，イメージ・資源統一・サービスなどの統一を図っている（中国連鎖経営協会，2006）。

　2006年，蘇寧電器，国美電器，江蘇五星，三聯商社，北京大中の5社の市場シェアは25％に上昇した。この段階にいたり，初期の「粗放型発展」ではもうすでに現状に適応しえなくなり，各企業は物流，配送，販売，顧客サービスなど管理体制の充実を図るようになった。蘇寧電器は国内で500ヵ所のサービスネットワーク，30ヵ所の顧客サービスセンター，15ヵ所の物流基地を建設する一方，IBMと提携，8000万元を投資して情報武装化を進め，企業管理とIT管理を改善させている（中国連鎖経営協会，2007）。ちなみに北京の物流センターは05年に開設，3万8000平方メートル規模の大型近代的施設で，総合サービス・ビルも併設，当該地区各店舗への配送は70％がセンター経由になっている。

　2007年，蘇寧電器は年間売上高855億元（前年比40％増）で国美電器を追撃した。蘇寧の店舗には直営店と特別許可加盟店があるが，北京の店舗はすべて直営店で，特別許可加盟店は地方に多い。店舗規模は第1級都市は1万平方メートル，省都級都市では6000〜8000平方メートルを標準とし，北京や上海では大型店を住宅地に，南京は中型店を中心に出店するなど臨機応変に対応している。

範執行総裁は「近年，日本の家電業界関係者との交流が増えている。液晶テレビの最新技術を学んだり，今後の需要予測をしたりするために，訪日して大手メーカーや同工場を訪問している。また，家電量販店と接触し，進んでいるチェーンオペレーション，店舗展開，陳列方法などに関するノウハウの移転を図っている」と語っている。

5-4　サービス第一主義

国美電器はほとんどが直営店方式であるが，蘇寧は特別許可加盟店方式を併用している。ただし，聞き取り調査によると，レギュラーチェーン（RC）とフランチャイズチェーン（FC）に関して店舗運営上の違いはほとんどないとのことである。2006年6月現在，蘇寧が103都市で展開する413店のうちRC200店，FC213店である。チェーン経営には，健全なチャネル構築と適切なチャネル統制が不可欠であり，日本の家電量販店をベンチマークしたり，企業幹部と接触したりして，チェーンオペレーションについて組織方法，店舗展開，陳列方法などのノウハウ移入を行っている。

蘇寧電器は国美電器とは品揃えとプロモーションの点ではあまり際立った相違点がなく，価格競争では規模格差のある国美に必ずしも勝つことができない。そこで，メーカーとは共存共栄の関係性を構築し，サービス第一主義を掲げて差別化を図ってきた。蘇寧は，メーカーと二重保証によるアフターサービス，迅速な配送（エアコンは12時間以内に配送・設置），広範な顧客サービス（顧客からの電話1本ですべて解決する。その提供状況は全国ネットで監視している），の3つのサービスを充実することに努力を傾注している。

6　自社チャネル網の構築急ぐ家電メーカー

中国では家電量販店が急成長し，一括集中仕入によりバイイングパワーを発揮するようになり，業績悪化に苦しむメーカーも少なくなくなった。上海では，2006年にすでに，国美電器，蘇寧電器，上海永楽の3社で85％のシェアに達し，出店料などさまざまなリベートの要求も厳しくなり，メーカーの利益は

圧迫された[18]。そこで家電メーカー大手は，自社チャネル網の構築を急いで整備しはじめた。エアコンのトップメーカーである格力電器のように家電量販店との取引を停止したところもある。売上拡大と価格維持のハザマで揺れ動く家電メーカー，ここでは直販モデルのハイアールと総代理店制のTCLを採りあげ，家電量販店成長に対する対策も含めてマーケティング・チャネル戦略についてみてみよう。

6-1　ハイアール[19]

　ハイアールの前身は，青島で設立された小型電動機などを製造する青島電動機廠に始まる。1979年，青島市日用電器廠と社名を変え，洗濯機の生産を開始したが，倒産寸前の状態だった。直属上部機関の青島市家電公司は，張瑞敏を中心とする指導チームを送り込んで大改革に乗りだし，80年代後半から90年代前半にかけての「消費革命」の進展とともに，しだいに成長の軌道に乗るようになった。現在の製品ラインはエアコン（家庭用，業務用），電子レンジ，洗濯機，食器洗い機，冷蔵庫，冷凍庫，携帯電話，テレビ，DVD，湯沸かし器など製品ラインは広く，中国を代表する総合家電メーカーに成長している。

　ハイアールのマーケティング・チャネルは，自らチャネルを構築する直営方式の志向性が強かった。当初は大商城（百貨店）販売であったが，店中店を設けるようになり，一方で日本の家電系列店に相当する専売店のネットワークづくりに着手した。すなわち，企業内に販売部門を設け，企業規模や販売地域が拡大するにしたがい，都市ごとに支店を設置し小売店と直接取引を行った。しかしながら，1990年代前半までは，家電品の需要の多くは大都市であり，他のメーカーと同じように，大商城中心であった。ほとんどの有力ブランドは，そうした大商城で扱われたが，90年代後半になるとハイアールの生産力は大幅にアップし，大商城だけでは不十分となりチャネル政策の変更に迫られた。そこで，成長してきた家電量販店を利用するとともに，中小都市を中心に97年から再び専売店網づくりに力を注ぐようになった。

　2000年まで，本部が小売店に直接販売して資金回収を行っていたので，法人税などはすべて青島市に納めていた。これに対して，各地政府の不満が拡大したので，全国に新規にハイアール工貿会社（販売会社）を設立した。06年末，

図9-2 ●ハイアールの流通経路

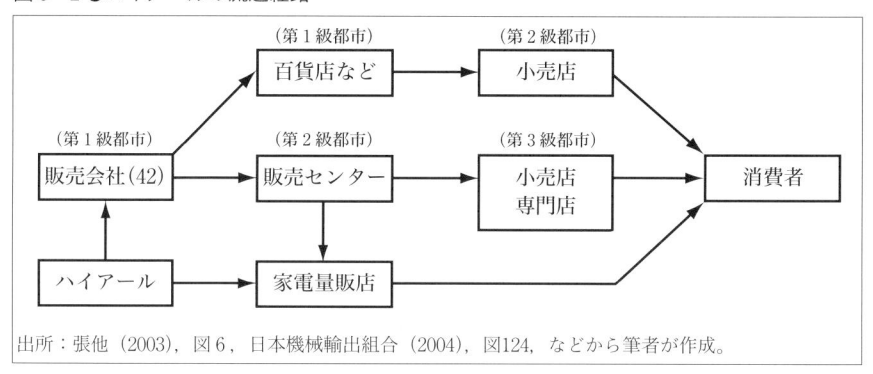

```
                    (第1級都市)      (第2級都市)
                    百貨店など   →   小売店
                      ↑                        ↘
   (第1級都市)      (第2級都市)     (第3級都市)
   販売会社(42)  →  販売センター  →  小売店       →  消費者
      ↑                  ↓            専門店          ↗
   ハイアール    →   家電量販店                     ↗
```

出所：張他（2003），図6，日本機械輸出組合（2004），図124，などから筆者が作成。

　48の販社とともに，48の配送拠点も設けられている。全国の第1級都市（主に省都）に販売会社を設立し，省都以外の第2級都市にはハイアール流通センター（販売センター），それ以外の3，4級都市では専売店を組織した。販売会社は第1級都市の小売商と直接取引するとともに，販売センターを通じて第2級市場の小売商と第3級都市の小売商・専売店と取引する（張他，2003，177-178頁）。これとは別に家電量販店を担当する大規模得意先サービスセンターが設立されている。専売店は「1県1店舗」が原則であり（ただし，大きい県は複数），2000年までに農村を中心に約1000店舗，現在はおよそ2000店に達している[20]。専売店の規模は100平方メートルから1000平方メートルとさまざまである。ハイアール製品のみ扱うという排他的協力が必要条件とされているが，必ずしも遵守されていないようである。

　家電量販店が新規店舗を開くたびに数10万元の出店料を取られたり，家電チェーン店間価格競争が激化し，その煽りを受けている家電メーカーは，有効な対抗策が打てていないのが現状である。自社販売網を整備したハイアールでも，第1，第2級都市では家電量販店チャネルが中心であり，全国に構築した専売店網は3，4級都市で機能しているにすぎない。ハイアールは，現在，自社販売網をいかにパワーアップし，一方で量販店との良好な関係も続けていくのかが問われている。

6-2　TCL

　TCL集団公司は，中国改革開放後の高度成長企業のモデルのひとつで，IBMのパソコン部門を買収した聯想集団と共に，「国際買収」の先駆け国有企業として有名である。1981年，広東省恵州市人民政府の出資により，オーディオ・カセットテープのメーカーTTK家庭電器として設立された。香港の中小メーカー向けの委託加工が中心であり，安い労働力だけが強みであった。しかし，86年に電話機の生産を開始，TCLブランドで販売を始めると急成長を遂げ，89年には電話機の売上でトップに立った。92年，カラーテレビ生産に進出，同業他社が普及品を主力にしていたのに対し，ワイドスクリーン・テレビの生産を目指し，高級品を中程度の価格で販売して成功した（小島，2004）。96年に中国テレビ市場で三大メーカーの１つになり，98年には自社ブランド商品の輸出を本格化している。ハイアールが白物家電に強い松下なら，TCLはAVや情報通信機器を得意とするソニーにたとえられることもある。

　2002年，松下と包括的提携の合意がなされ，また香港市場で株式を公開している。04年，広東省深圳市に，フランス・トムソン社との合弁による世界最大のテレビメーカー・TTEコーポレーション（TTE公司）を誕生させた。さらに東芝とも白物家電の合弁会社を設立することで合意した。この他，エリクソン（スウェーデン）やフィリップス（オランダ）などとも多面的な提携を行っている。

　TCLは1992年までは，四川長虹などと同じように，３段階の伝統的流通チャネルを利用していた。しかしながら，供給過剰になるにつれて担当範囲を超えた取次販売や価格競争が激化し，多数の卸売商が欠損を招来する事態を招いた。そこで，TCLは92年テレビ事業に参入したのを契機に，第１級都市で大商城に直接販売する場合を除き，各地域で単一の卸に独占的販売権を与える「総代理店制」を採用した。しかしながら，特定地域における販売権を一手にもつ地域総代理店のパワーが次第に増し，仕入価格の引き下げ要求が強まったり，小売段階では価格競争が起こったりして，メーカーのコントロールがきかなくなった。

　そこで，TCLは四川長虹などとともに，98年からは自社販売網の構築に努め，小売市場への影響力を高めるようになった（張他，2003，173-175頁）。

2006年末,全国を5つの管理区域に区分し,30の分公司(販売会社)と160の営業部を設置して,全国すべての大中都市と3000の県,郷,鎮に,2万5000以上の販売拠点を設けている[21]。販売拠点である小売店の販売データは,インターネットで管理され,リアルタイムで売れ筋情報にアクセスできるようにしている(丸尾,2004)。

　TCLの販売部門(分公司と営業部)はおよそ1万人という膨大な人海戦術によるもので,販売計画が順調に進捗している状況においては,内部化がもたらすコストを十分負担することができた。さらに,販売チャネルは単に家電品を販売するだけでなく,アフターサービスの提供,顧客情報の収集,市場動向の把握などの機能も担っていた。しかしながら,家電量販店が成長して価格競争が激化してくると,内部化コストは固定費として重くのしかかり,業績は悪化することになる。小売段階の価格統制がきかなくなり,機能障害を起こす可能性が大きくなった。TCLは近年,家電量販店や総合超市との関係を深め,チャネル体系全体を見直さなければならなくなっている。

　現在,TCLは国美電器,蘇寧電器,カルフール,ウォルマートとの取引量が最も大きいメーカーになっている(渡邉,2008)。ちなみに,TCLは国美電器と2006年,戦略的提携を結んでいる。第1級,第2級都市では家電量販店を利用し,そして第3,第4都市では専売店チェーンで浸透する戦略を導入している。ただし,業績は苦戦しており,TCL(香港上場,TCLマルチメディア)の2007年12月期,売上高は213億香港ドルで前年比27％減,損失は前年の25億香港ドルよりは改善しているものの,3億香港ドルの赤字を計上している[22]。

6-3　家電量販店と専売店が棲み分け

　ハイアールとTCLのマーケティング・チャネルは当初,直販方式と総代理店制と異なっていたが,やがて販売会社,専売店のネットワークを構築するようになった。その系列化されたチャネルを通じて販売計画の推進,価格の安定化,サービスの提供,市場動向に関する情報の収集などを行ってきたが,国美電器や蘇寧電器の急成長に伴いチャネル政策の変更を余儀なくされている。すなわち,両社のマーケティング・チャネルの末端は,第1,第2級都市では家電量販店,第3,第4級都市では専売店チャネルというような棲み分けがなさ

れるようになっている。

7 まとめ

　中国の家電品流通は「切符制」による配分の時代から，改革・開放を経て1990年代になると買い手市場の出現と家電品チャネルが多様化した。90年代末から21世紀になると，家電専門店チェーンが急成長し，大都会では家電品流通の中心に躍り出たが，その間大手メーカーによる系列化（販売会社の設立と専売店網の構築）が試みられてきた。ここではまずなぜ，中国において家電量販店は短期間にこれほど急成長したのかを要約したい。ついで，家電量販店成長の経済的・社会的意味を検討する。

7-1　中国家電量販店の急成長の要因

　家電量販店の急成長の要因として第1に，家電産業の発展と生活水準の向上があげられる。これらの状況を三種の神器（カラーテレビ，電気冷蔵庫，洗濯機）とエアコンの普及率の推移をみると，農村と都会ではかなり開差はあるものの，全体的に1990年代を通じて大幅に上昇している。とくに，中国で重要なことは家電品産業の生産段階での市場構造である。95年頃の時点で中国には，およそ家電品メーカーはおよそ200社もあり過当競争が常態化していた。したがって，メーカーによりチャネルの系列化もあまり進んでいないこともあり，家電量販店は仕入先に不自由をすることはあまりなかった。

　第2に，家電品の商品属性である。チェーンストアは高度に標準化されたシステムを生かすために，品揃え品目を需要量の多い標準化された品目に限定する傾向にある。商品がこのような属性をそなえていれば，店頭での人的サービスを省略でき，価格設定は容易になり，また本支店舗間の物流費用を削減できる（田村，2001，213-215頁）。家電品も技術革新の結果，一部を除いて需要量の多い標準化された品目が急速に増加した。

　第3に，都市への人口集中，都市圏での人口の郊外化，自動車の普及，道路網の整備により，家電量販店にふさわしい立地が増えている。中国では都市籍

の取得が厳しく制限されているとはいえ，都市化が進み，都市化の程度を示す都市人口比率は，1980年19.6％，90年27.4％，2000年に35.8％，05年40.4％（5億3000万人）に上昇している[23]。また，交通体系や通信手段が発達し，1次物流から2次物流（工場から配送センターまでと配送センターから各店舗まで）が効率化し，大量の情報の授受が迅速かつ正確になり体系的なサプライチェーンの構築が可能になっている。

第4に，閉塞感のある統制の軛木から解き放たれ，澎湃たる変革の気運のなかで企業家精神を発揮する起業家が登場した。当時の流通を担当していた国営企業は，リスクを自ら引き受ける土壌はほとんどなく，自らの地位保全や身内の就職斡旋が主な興味でしかなかったといわれる。これに対して国美電器や蘇寧電器は，完全な民営企業であり資本に対して責任があり，そこには何よりも国営企業にはなかったビジネスに対する積極的姿勢や従業者のモチベーションがあった。

第5に，国美電器はヤマダ電機やヨドバシカメラを，蘇寧電器は秋葉原の家電量販店やコジマをベンチマークしたように，日本などから家電専門店チェーンの経営ノウハウの「非公式な」移転が中国における家電量販店の成長を早めたと思われる。技術移転について契約を結び対価を支払うという公式な交流が行われた形跡はないが，聞き取り調査や新聞報道などによると，たびたび訪日して日本の家電量販店に関する情報収集をかなり積極的に行ってきている。

7-2 チェーン化の経済的・社会的意義

ここではボランタリーチェーンとフランチャイズチェーンを含めて，家電品小売業のチェーン化がもつ経済的，社会的意義を考えてみたい。

第1に，流通生産性が向上した。チェーンの場合本部で集中仕入が行われるので，卸売機能を内部化して生産者から直接仕入れたり，卸売段階を短縮化したりして，一般の流通経路より効率化され，商業マージンも圧縮される。家電専門店チェーンは，メーカーから直接仕入がふつうであり，チェーン化されていない電器店より消費者に対して相対的に安い価格で商品を提供することができる。

第2に，PB商品を開発することが生産者に対する対抗力になり，生産段階

における寡占化の弊害を防止することが可能になる。チェーンストア全体の販売量が生産の経済単位を超えれば，PB商品の開発が可能になる。PB商品は商業者が開発した商品でリスクは自己負担になるが，チェーンストアの場合，消費者に近い立場を利用して品質，性能，包装などにおいてその欲求によりよく合致した商品を，NB商品より低価格で提供することができ，しかも，より多くのマージンを確保できるのが普通である。

しかしながら中国では，家電品のPB化はまだまだ緒に就いたばかりである。国美電器では一部PB商品の開発を行っているが，実用に特化した家電品の開発を行っているに過ぎない。日本のヤマダ電機にしても「家電品はブランド価値が販売に大きく影響する市場で，PB商品展開などで店頭に並ぶ商品の価値の差別化を図るのはむずかしい」とし，PB商品の開発には消極的である。消費者は，基本的にどの家電チェーン店も同じ商品を購入できるので，比較対象となるのは価格の違いのみの状況になっている[24]。

家電品のような耐久消費財のPB商品の開発には種々の困難が伴うが，日中両国の家電量販店はともに現在，いかに垂直的統合を実現するのかが問われている。ただし海外では，家電品のPB化に成功しているケースがないわけではない。ディスカウント・ストアやスーパーセンターを展開するウォルマートは，北米市場で大量の家電製品を売りさばいている。主力の船井電機が生産する液晶テレビなどは「エマーソン」（かつてアメリカで人気のあった家電品メーカーのブランド）というウォルマートのPBで販売されている。船井電機のウォルマートに対するOEM供給の取引金額は，連結売上高3967億円（2007年3月期）の約3割を占めており，10億ドル（約1100億円）を超える[25]。

第3に，中小規模の家電小売商に存続の余地を残す。中小小売商は，ボランタリーチェーンやフランチャイズチェーンなどを組織したり，加盟することによって営業方法を革新し，チェーンストアと同じような規模の利益をあげることができる。蘇寧電器では早い時期から，特別許可加盟店というフランチャイズチェーン方式を積極的に採用しており，今後は第3・4級都市では威力を発揮しそうである。

一方で，経営形態としてのチェーンストアに関しては検討すべき課題もある。中央統制が徹底しているので，店舗立地に応じた品揃え，価格決定，サー

ビス提供などを柔軟に行いづらいということである。店舗数が増加するにつれ、ますます地域に密着することが必要とされ、しかも個別店舗の市場条件は異なるので、経営上の困難性も増している。そこでは中央統制をどこまで統一的に行い、個別店舗の経営担当者にどこまで決定させるのかが課題となる（鈴木、2006、171頁）。これらの点に関して中国の家電量販店は、現場での意思決定の範囲を広げているし、店舗立地により売場面積や品揃えを柔軟に調整している。

7-3　おわりに

　流通のグローバル化が盛んにいわれる時代、ベスト電器が東アジア5ヵ国に31店舗を展開している程度であり、日本の家電量販店の海外進出は控えめであった。家電品小売業の国際化の遅れと同じように、家電品流通の海外研究も手薄であった。本章は、その点を少しでも補うことを意図したものである。あるべき家電品流通のマクロモデル構築に近づくためには、それぞれの地域での時系列的な分析を行うとともに、東アジアに限ってみても、家電品流通は多様な実体があり、比較研究を積み重ねることが必要であろう。もちろん規範的理論研究も欠くことはできない。

注

(1) 関根（2005）、25-29頁。
(2) 供銷合作社とは購買・販売協同組合を意味し、中華供銷合作総社は日本の農協と同じような全国組織。最近は都市部における消費合作社（生協事業）にも力をいれている。供銷合作社は文化大革命時代に国営部門に一時統合されたが、1980年代に農村合作社として復活している。2007年末現在、傘下組織は2万1321にのぼる巨大組織で、県レベルで2376、市レベルで342、省レベル（自治区、直轄市を含む）で31の上部組織が形成されている。総職員数367万人（同社ホームページ）。
(3) 関根・趙（2004）。
(4) ここの論述はおもに次の資料による。田村まどか（2006）「4000元で起業した農家の次男坊が中国のトップ富豪に」中国情報局ニュース。
(5) ここの論述はおもに周（2004）による。
(6) 「24-7-7サービス」の「24」とは、全国すべての店舗は顧客がエアコンを購入した後、24時間以内に取り付けを保証すること。「7-7」とは「7免サービス」（設計／取り付け／穴開け／問い合わせ／年1回のガス補充・無料保修・無料移動）と「7のサー

ビス規範」(作業服・名札／雑巾／挨拶／靴袋／飲水禁止／禁煙／サービス監督カード)のこと。
(7) 周 (2004)。
(8) 国美電器総裁・陳暁氏に対する聞き取り調査による (2007年8月)。
(9) 『日本経済新聞』(2006年7月26日付)。
(10) 『日経MJ』2007年12月21日付。
(11) 『日経MJ』2006年11月3日付。
(12) 『日経MJ』2008年5月19日付。
(13) 『日経ビジネス』2008年7月8日号。
(14) 「済龍 ChinaPress (ザイロン チャイナプレス)」2008年5月28日。
(15) ここの論述はおもに何 (2005) による。
(16) 蘇寧電器華北地区執行総裁・範志軍氏に対する聞き取り調査による (2007年8月9日)。
(17) 『日本経済新聞』2005年5月9日付夕刊。
(18) 『日経MJ』2006年3月31日付。
(19) おもに，関根 (2005) による。
(20) ハイアール商流推進本部部長・劉子力氏に対する聞き取り調査 (2004年8月) による。
(21) TCL-トンプソン電子有限公司市区業務担当・孟剛氏に対する聞き取り調査による。
(22) 「聯合亜洲網訊有限公司 serchina」2008年3月13日。
(23) 『世界国勢図会 2007／08』矢野恒太記念会。
(24) ヤマダ電機ホームページ。
(25) 『週刊ダイヤモンド』2008年12月12日号。

聞き取り調査の協力者：
2004年8月：ハイアール商流推進本部部長・劉子力
2006年8月：唐山ハイアール工貿営業部長・段永坤，唐山TCL市区業務部・孟剛，唐山蘇寧電器総経理・白秀栄，唐山国美電器総経理・雷鳴
2007年8月：蘇寧電器華北執行総裁・範志軍，国美電器総裁・陳暁

参考文献
天野倫文・範建亭 (2003)「日中家電産業発展のダイナミズム (上) (中) (下)」『経営論集』東洋大学，第58・59・60号。
新井亨 (2005)「中国における家電の流通チャネルの変遷」松江宏編『現代中国の流通』同文舘出版。
王曙光 (2002)『海爾集団—世界に挑戦する中国家電王者』東洋経済新報社。
大橋英夫 (2005)『現代中国経済論』岩波書店。
胡欣欣 (2001)「日米欧がしのぎを削る中国」ロス・デービス／矢作敏行編『アジア発グローバル小売競争』日本経済新聞社，163-196頁。
胡欣欣 (2003)「流通業における中小企業の実態」西川博史・谷源洋・凌星光編『中国の

中小企業改革の現状と課題』日本図書センター, 201-229頁。
胡欣欣 (2003)「中国小売業の近代化と外資参入動向」矢作敏行編『中国・アジアの小売革新—全球化のインパクト』日本経済新聞社, 53-75頁。
黄磷 編 (2002)『WTO加盟後の中国市場—流通と物流がこう変わる』蒼蒼社。
黄磷 (2003)『新興市場戦略論—グローバル・ネットワークとマーケティング・イノベーション』千倉書房。
小島末夫 (2004)「中国躍進企業 TCL—グローバル戦略で拡張図る家電大手」『ジェトロセンサー』5月号。
塩地洋 (2002)『自動車流通の国際比較—フランチャイズ・システムの再革新をめざして』有斐閣。
鈴木安昭 (2006)『新・流通と商業 第4版』有斐閣。
関根孝・趙時英 (2004)「韓国家電品流通のダイナミクス—日韓比較の視点から」『専修大学商学研究所報』第36巻第3号。
関根孝 (2005)「中国家電品流通の端緒的研究」『専修大学商学研究所報』第37巻第1号。
関根孝 (2008)「中国家電チェーン勃興に見るグローバルへの視点—アジアを見渡す国美電器と蘇寧電器」『販売革新』商業界, 5月号。
孫健 (2003)『ハイアールの戦略—中国最大最強の企業グループ』(福田義人訳) かんき出版。
田村正紀 (2001)『流通原理』千倉書房。
西口敏宏・天野倫文・趙長祥 (2005)「中国家電企業の急成長と国際化—海爾 (ハイアール) 集団の研究」『一橋ビジネスレビュー』52巻4号。
日本機械輸出組合 (2004)『中国市場での販売課題と市場戦略』日本機械輸出組合。
樊綱 (2003)『中国—未完の経済改革』(関志雄訳) 岩波書店。
富士経済 (2004)『2004年 中国電子機器産業・市場の展望 (上巻) AV機器・映像情報機器・電化機器編』。
丸屋豊二郎 (2004)「中国TCL—国内市場を固め, アジア・先進国市場に挑戦」『ジェトロセンサー』5月号。
丸川知雄 (1996)「市場経済移行プロセス—中国電子産業の事例から」『アジア経済』アジア経済研究所, 6月号。
丸川知雄 (1999)『市場発生のメカニズム—移行期の中国経済』アジア経済研究所。
谷地宏安 (1999)『中国市場参入—新興市場における生販平行展開』千倉書房。
矢作敏行 (2005)「ブランディング・イン・チャイナ—「経済の暗黒大陸」の夜明け」『一橋ビジネスレビュー』53巻1号。
渡邉真理子 (2002)「資本構成と企業行動—テレビ企業2社の比較から」丸川知雄編『中国企業の所有と経営』アジア経済研究所。
渡邉真理子 (2008)「代金回収リスクと企業の流通戦略—質の低い制度のもとでの中国家電メーカーの選択と結末」草稿。

中国語：

于淑華（2004）「国美発展と連鎖経営」国家発展改革委員会レポート。
何森（2005）『連鎖為王―解読中国連鎖企業経典案例』中国経済出版社。
周錫冰（2004）『国美攻略』民主与建設出版社。
中国連鎖経営協会（2002～2008）『中国連鎖経営年鑑2001年～2007年』中国商業出版社。
張敦群・張永強（2003）「中国家電品の流通モデルの実例研究」李東進・金鏞准『21世紀的市場理解と探索』経済科学出版社。
田雋（2003）『中国主流消費市場研究報告』企業管理出版社。

英語：

Goldman, A. (2001) "The Transfer of Retail Formats into Developing Economies: The Example of China," *Journal of Retailing*, Vol.77, pp.221-42.
Saeed Samiee, Leslie S. C. Yip and Sherriff T.K. Luck (2004) "Retailing Trends and Opportunities in China," *International Marketing Review*, Vol.21 No.3, pp.247-254.

■第10章
変貌する乗用車市場における
メーカーと４Ｓ店の共存共栄
トヨタ自動車の中国合弁事業の事例を中心に

1 はじめに

　1990年代終盤以降中国の乗用車市場において個人ユーザーが急速に増加し、官庁や企業法人に代わって消費の主役となった。こうした消費市場の変化に対応し、個人ユーザーの間で企業・製品ブランドを構築するため、大手メーカーは４Ｓ店[1]を中心とする新しい販売チャネルを構築した。４Ｓ店とは、新車販売（new car sales），部品販売（spare parts sales），アフターサービス提供（service）と情報フィードバック（survey）の４つの機能を果たす、特定メーカーの車両を専売する自動車販売店である。大手メーカーは自らの基準に基づいて４Ｓ店に統一した店舗デザインと接客を導入し、統一小売価格で販売させることを通じて販売面での顧客満足を向上させ、ブランドを構築しようとした。90年代末以降大手メーカーが構築し始めた二つのチャネルは、2001年から大きく発展し、大手メーカーの主要な販売チャネルとなっている。

　しかし、４Ｓ店チャネルが確立して間もない2000年代前半，中国の乗用車市場の供給と消費状況が大きく変化した。まず、供給の面においては，03年以降主要メーカーのフルライン化が進み、また新規参入が増加した結果，新車の発売が頻繁となり、乗用車の供給台数の増加率が急激に高まった。しかし、04年半ば以降需要の伸びが鈍化し、主要メーカーの間で価格競争が起きた。多くのメーカーは数量リベートと販売奨励金を強化し、販売店に在庫を押しつける過

度なプッシュ戦略をとった。これにより，販売店の在庫が増加し，車両の投げ売りが発生した。

しかし，過度なプッシュ戦略をとった大手メーカーがある一方，4S店との共存共栄を目指す販売促進・チャネル戦略を模索した大手メーカーも存在する。これらのメーカーの共存共栄策は現在，より多くの大手メーカーの間に広がっている。それでは，その政策にはどのような特徴があるのか。また，その効果と直面している問題は何か。本章ではこれらの問題を取り上げる。

構成はつぎの通りである。まず，議論のバックグランドである，2000年代前半に中国乗用車市場で生じた生産と消費の変化を説明する。つぎに，市場変化のなかで，多くの大手メーカーが採用した過度なプッシュ戦略がもたらした問題を紹介したうえで，4S店との共存共栄を目指す大手メーカーの販売促進・チャネル政策の特徴を，トヨタ自動車の中国合弁事業の事例を通じて説明する。そして，これらの政策の効果と直面している問題を検討する。

2 21世紀に入ってからの中国乗用車市場の変化

2-1　乗用車生産の変化

1990年代半ばから本格的に発展し始めた中国の乗用車生産は，21世紀に入ってから拡大のスピードを増した。2001年以降も乗用車生産は新規参入が増加し，生産台数が増え続けたが，新たに，以下の3つの特徴が顕著となった。第1に，主要メーカーのフルライン化が進むと同時に，新規参入が増加した結果，各クラスの乗用車のメーカー数・モデル数の増加テンポが一層高くなった。図10-1と図10-2は，主要乗用車であるセダン車の生産状況について，『中国汽車工業年鑑』でデータが公表された98年以降における，クラス別のメーカー数と生産台数を示している。図をみると，01年以降，排気量2.5L以上の中高級と高級車を除き，他の各クラスのセダン車のメーカー数も生産台数も急速に増加し，とくに排気量1.0〜2.5Lの普通級と中級車の増加率が高い。06年に乗用車のメーカー数は30社を超え，年間発売された新モデルの数は03年

の2倍の100モデル以上であった[2]。

2つ目の特徴は，大手メーカー間の生産台数構成比の差が縮小し，その順位にも変化が生じたことである。表10-1によると，2001年と比べ，03年には上位メーカー間の生産・販売台数構成比の差が縮小し，06年にその差がさらに縮まった。また，大手メーカーの生産・販売台数の順位における変化も03年以降顕著となり，大手メーカー間の競争が激しくなったことがうかがえる。

2001年以降中国の乗用車生産にみられた3つ目の特徴は，自主開発車を奨励する中国政府の方針の下で，独自技術による自社ブランド車を生産する国内メーカーが成長し，その生産・販売構成比が伸びていることである。01年に自主開発のモデルを製造した大手メーカーは吉利集団だけで，生産した主要な車種も軽ワゴンであり，生産台数は2万1171台[3]にすぎなかった。しかし，06年に自主開発の乗用車の生産と販売台数は92万2785台と91万6239台[4]に増加し，乗用車の生産と販売台数に占める比率はそれぞれ17.6％と17.7％に高まった。

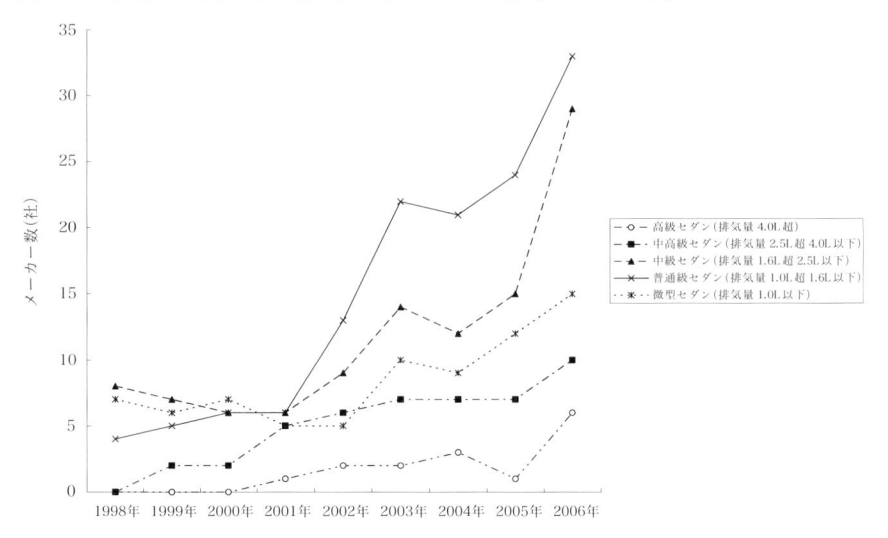

図10-1 ● 中国におけるクラス別セダン車のメーカー数（1998～2006年）

注1：複数クラスの乗用車を生産するメーカーは，それぞれのクラスで計上している。したがって，この図の各クラスのメーカー数を合計した場合，実際のメーカー数を超える。
注2：1998～2004年のデータには，一部多目的スポーツ車（SUV）メーカーが含まれている。05と06年のデータには含まれていない。
出所：『中国汽車工業年鑑』1999～2007年版。

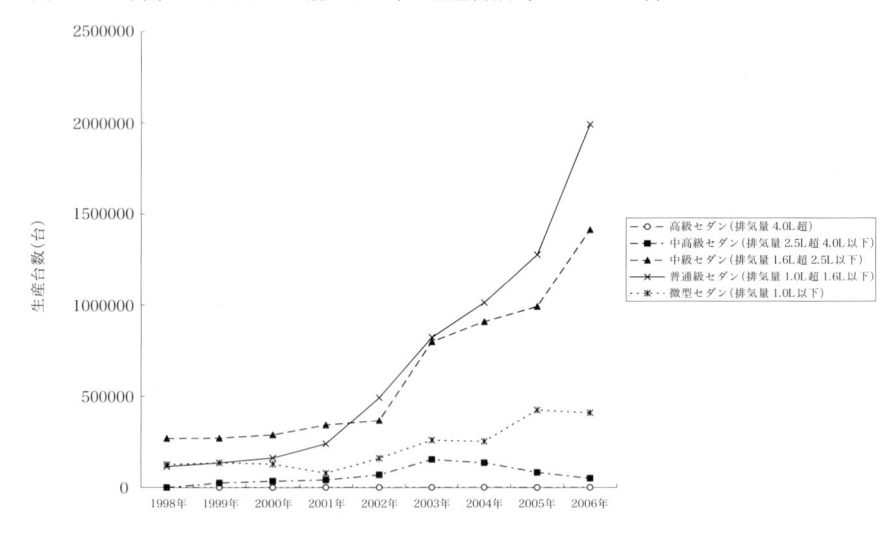

図10-2 ●中国におけるクラス別セダン車の生産台数（1998～2006年）

凡例：
― ○ ― 高級セダン（排気量4.0L超）
― ● ― 中高級セダン（排気量2.5L超4.0L以下）
― ▲ ― 中級セダン（排気量1.6L超2.5L以下）
― × ― 普通級セダン（排気量1.0L超1.6L以下）
… ※ … 微型セダン（排気量1.0L以下）

注　：1998～2004年のデータには，一部多目的スポーツ車（SUV）の生産台数が含まれている。05と06年のデータには含まれていない。
出所：『中国汽車工業年鑑』1999～2007年版。

　表10-2は自主開発モデルについて，2006年上位10位のメーカーの生産と販売状況を示したものである。06年に自主開発モデルの生産と販売台数が10万台を超えたメーカーは3社もあり，とりわけ最大手の奇瑞汽車有限公司はセダン，SUVとミニバンといった多様な乗用車を生産し，生産台数と販売台数は30万台を超えた。
　このように，21世紀に入ってから大手合弁メーカーのフルライン化が進み，また，独自技術による自社ブランド車を生産する国内メーカーも成長し，各クラスの乗用車のメーカー数，モデル数と生産台数が増加し，競争が激化した。その結果，大手メーカー間の市場シェアの差が小さくなり，順位も大きく変化した。

2-2　乗用車消費の変化

　中国では1990年代終盤以降，個人ユーザーが急速に増加し，官庁や企業法人

第10章　変貌する乗用車市場におけるメーカーと4S店の共存共栄

表10-1 ● 乗用車生産台数上位10社の生産・販売・販売台数と構成比（2001年、2003年、2006年）

順位	2001年					2003年					2006年				
	メーカー	生産・販売台数（台）		生産・販売台数の構成比（％）		メーカー	生産・販売台数（台）		生産・販売台数の構成比（％）		メーカー	生産・販売台数（台）		生産・販売台数の構成比（％）	
		生産	販売	生産	販売		生産	販売	生産	販売		生産	販売	生産	販売
1	上海大衆汽車有限公司	230,281	230,050	18.2	18.1	上海大衆汽車有限公司	405,252	405,111	14.2	14.3	上汽通用五菱汽車股份有限公司	427,355	408,432	8.2	7.9
2	一汽大衆汽車有限公司	133,893	130,781	10.6	10.3	一汽大衆汽車有限公司	302,200	297,995	10.6	10.5	上海通用汽車有限公司（上海通用北盛、上海通用東岳を含む）	414,723	406,144	7.9	7.8
3	上海通用汽車有限公司	58,543	58,328	4.6	4.6	上海通用汽車有限公司（上海通用東岳汽車有限公司を含む）	206,964	201,188	7.3	7.1	上海大衆汽車有限公司	350,630	349,088	6.7	6.7
4	神龍汽車有限公司	53,680	53,194	4.2	4.2	天津一汽夏利汽車股份有限公司	117,186	117,335	4.1	4.1	一汽大衆汽車有限公司	346,787	345,318	6.6	6.7
5	広州本田汽車有限公司	51,131	51,052	4.0	4.0	広州本田汽車有限公司	117,178	117,130	4.1	4.1	奇瑞汽車有限公司	307,232	302,478	5.9	5.8
6	天津汽車夏利股份有限公司	51,019	70,326	4.0	5.5	神龍汽車有限公司	105,475	103,126	3.7	3.6	北京現代汽車有限公司	290,088	290,011	5.5	5.6
7	長安鈴木汽車有限公司	43,123	43,090	3.4	3.4	長安鈴木汽車有限公司	102,083	100,018	3.6	3.5	広州本田汽車有限公司	262,019	260,096	5.0	5.0
8	上汽集団奇瑞汽車有限公司	30,070	28,160	2.4	2.2	上汽集団奇瑞汽車有限公司	101,141	90,367	3.5	3.2	天津一汽豊田汽車有限公司・四川一汽豊田汽車有限公司・一汽車利（天津）汽車有限公司の特徴	219,839	219,466	4.2	4.2
9	吉利集団	21,171	21,636	1.7	1.7	浙江吉利控股集団有限公司	81,284	80,065	2.9	2.8	浙江吉利控股集団有限公司	206,958	204,331	3.9	3.9
10	東風汽車公司	18,501	17,415	1.5	1.4	広州風神汽車有限公司	66,139	65,120	2.3	2.3	神龍汽車有限公司	201,858	201,318	3.9	3.9
	上位10社合計	691,412	704,032	54.7	55.4	上位10社合計	1,604,902	1,577,455	56.3	55.8	上位10社合計	3,027,489	2,986,682	57.8	57.6

注：2001年と03年の生産・販売台数には、SUVとミニバンが含まれていない。06年の生産・販売台数には含まれている。
出所：『中国汽車工業年鑑』2002年版、2004年版、2007年版。

表10-2 ● 主要な「中国系」メーカーの自主開発乗用車の生産・販売台数（2006年）

順位	メーカー	車種	自主開発モデルの生産台数（台）	自主開発モデルの販売台数（台）
1	奇瑞汽車有限公司	セダン，SUV，ミニバン	307,232	302,478
2	浙江吉利控股集団有限公司	セダン	206,958	204,331
3	哈飛汽車股フェン有限公司	軽ワゴン	132,213	137,471
4	比亜迪汽車有限責任公司	セダン	51,083	51,019
5	一汽吉林軽型車廠	軽ワゴン	47,174	45,052
6	東風渝安車輌有限公司	軽ワゴン	46,693	46,801
7	長城汽車股フェン有限公司	SUV	39,566	40,062
8	長安汽車（集団）有限公司	セダン，SUV，ミニバン	22,915	22,514
9	一汽轎車股フェン有限公司	セダン	10,539	10,315
10	北京汽車製造廠有限公司	クロスオーバー	9,791	10,061

注：順位は，自主開発モデルの生産台数による。
出所：『中国汽車工業年鑑』2007年版。

に代わり乗用車市場の主役となった。そのなかで，2000年代前半，2つの大きな変化が生じた。

　1つ目の変化は，2004年半ば以降需要の拡大が鈍化したことである。図10-3は01年以降中国における乗用車の販売台数とその増加率を示している。図に示されるように，01年から06年まで乗用車の販売台数は増加し続けているが，04年からその増加率は急速に低下した。

　2000年代前半中国の乗用車消費に生じた2つ目の変化は，購買者層のすそ野の拡大につれて，低価格の中小型乗用車の販売台数が大きく増加し，乗用車販売を支える主力車種となったことである。図10-4は01，03，06年中国におけるクラス別セダン車の市場シェアを示すものである。それによると，セダン車のうち排気量1.0-1.6Lクラスの普通級セダン車の市場シェアは01年の31.3％から06年の51.6％まで増加し，市場全体の半分を超えるようになった。また，セダン，SUVとミニバンを含む乗用車全体の販売状況をみても，05年と比べて06年は，排気量1.0-1.6Lのクラスの乗用車の販売台数が49.5％増で，排気量1.6-2.0Lのクラスについで2番目の高い増加率であり，一方，排気量3.0-4.0Lクラスの乗用車の販売台数は41.6％も減少した[5]。つまり，近年中国の乗用車の販売台数の増加は中小型乗用車の販売増によってささえられている。

　以上のように，2001年以降，中国の乗用車市場は，供給が急速に増加しているのに対して，04年からは需要の拡大が鈍化した。市場の変化に対応するために，大手メーカーは中小型車の生産に力を入れる一方，さまざまな販売促進施

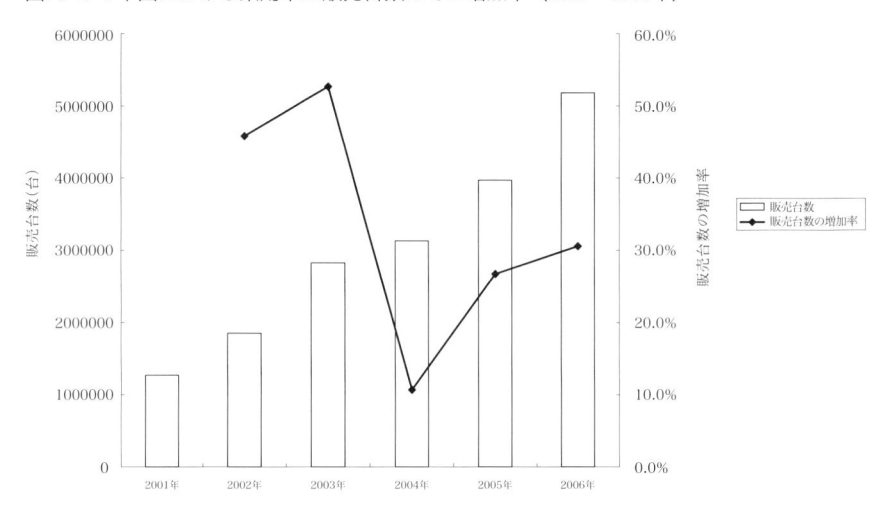

図10-3 ●中国における乗用車の販売台数とその増加率（2001〜2006年）

出所：『中国汽車工業年鑑』2002〜2007年版。

策を打ち出した。次節では，売り手市場から買い手市場へと変化した後の大手メーカーの販売促進・チャネル戦略を紹介する。

3 買い手市場における大手メーカーの販売促進・チャネル戦略

　市場の変化に伴い，4S店の販売は困難に直面した。2004年10月末，上海通用汽車有限公司，広州本田汽車有限公司と北京現代汽車有限公司などの販売状況が比較的よいメーカーでさえ，約20％の販売店は販売目標を達成できなかった[6]。需要拡大が急速に鈍化したなか，大手メーカーの販売促進とチャネル戦略に大きな違いが生じた。頻繁に値下げを実施し，4S店に対して過度なプッシュ戦略を実施した大手メーカーがある一方，値下げに頼らず，販売店との共存共栄を目指す大手メーカーも存在した。この節では，過度なプッシュ戦略の特徴とそれがもたらした問題点を指摘したうえで，4S店との共存共栄を図ろうとする代表的な企業であるトヨタ自動車の中国合弁事業[7]の事例を紹介する。

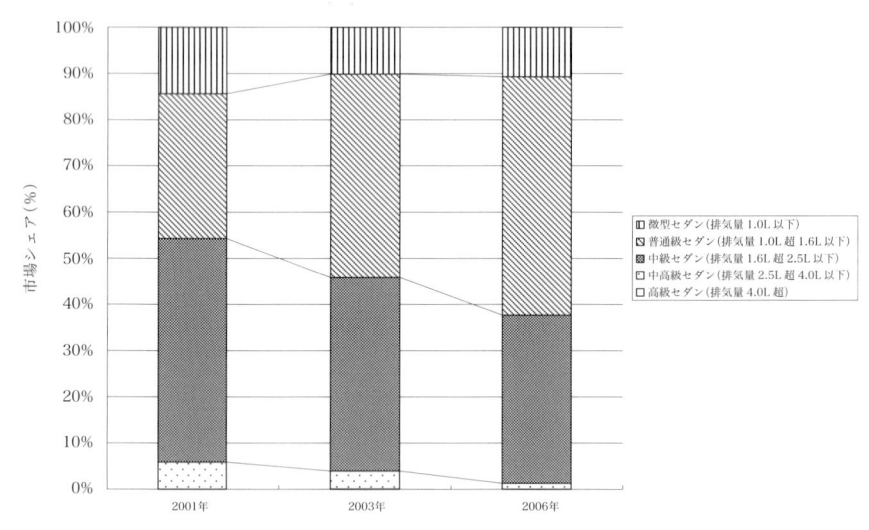

図10-4 ●中国国産セダンの販売台数におけるクラス別のシェア（2001，2003と2006年）

凡例：
- 微型セダン（排気量1.0L以下）
- 普通級セダン（排気量1.0L超1.6L以下）
- 中級セダン（排気量1.6L超2.5L以下）
- 中高級セダン（排気量2.5L超4.0L以下）
- 高級セダン（排気量4.0L超）

出所：『中国汽車工業年鑑』2002年版，2004年版，2007年版。

3-1　過度なプッシュ戦略の問題

　2004年後半，メーカー間の価格競争が熾烈化し，一汽大衆汽車有限公司，上海大衆汽車有限公司，東風汽車有限公司乗用車公司[8]，長安鈴木汽車有限公司，北京現代汽車有限公司などの大手メーカーは一部車種の値下げを発表した[9]。04年後半，毎月メーカーが発表した値下げの回数は00年や01年の年間回数を超えた[10]。

　こうした値下げに加えて，2004年後半多くの大手メーカーは販売店に対してプッシュ戦略を実施した。その特徴は2つある。1つは，数量リベートや販売奨励金制度を強化したことである。たとえば，04年11月に売れ行きが比較的順調だった広州本田汽車有限公司でさえ，4S店が販売ノルマを達成させるため，同年11月と12月の4S店の最低注文台数を80台に決定し，また，114台以上注文した販売店には70万元の奨励金を与える施策を打ち出した[11]。

　もう1つの特徴は，月末や年末に販売店の販売状況を無視して在庫を押しつ

ける状況が深刻化したことである。たとえば，中国「全国乗用車信息聯席会」（全国乗用車情報連合会）のデータによると，2004年11月主要メーカー12社の乗用車卸売台数のうち，40％は当月最後の2日間に卸したものであり，なかにはこの比率が60％に達したメーカーもあった[12]。

　数量リベートや販売奨励金の提供は販売促進に一定の効果があったと考えられるが，4Ｓ店に対する行き過ぎたプッシュは，2つ大きな問題を招いた。1つは，4Ｓ店，とくに顧客が値下げに積極的に反応してくれる人気ブランドを取り扱う販売店の多くは，車の投げ売りを始めた。2004年末北京市において，売れ筋の「セイル」（上海通用汽車有限公司）や「ボラ」（一汽大衆汽車有限公司），「エラントラ」（北京現代汽車有限公司）は，投げ売りの代表的な対象となった[13]。

　小売段階で生じたもう1つの問題は，4Ｓ店は販売ノルマを達成してリベートを得るために，消費者への直接販売のほか，間接ルートすなわちメーカーの契約ディーラーでない，アフターサービスも提供しない販売店に車両を卸すというルートを利用して在庫をさばく状況が深刻化したことである[14]。『中国汽車報』によると，2005年4月1日に「汽車品牌銷售管理実施弁法」が施行されるまで，4Ｓ店の販売台数の約半分は，こうした間接ルートを通じて売られたという[15]。

　2005年に入ると，上海大衆汽車有限公司や一汽大衆汽車有限公司などの大手メーカーは販売店に在庫を押しつけるやり方に問題があると認識し始め[16]，販売店が過剰な在庫を抱える状況はやや改善された。しかし，小売段階の投げ売りと，間接ルートの利用といった問題はあまり改善されなかった。その原因は2つある。1つは，数量リベートの提供は相変わらず多くの大手メーカーの重要な販売促進手段であったこと，もう1つは，競争が激化するなかで，メーカーが自ら頻繁に値下げした結果，販売店の新車販売利益が少なくなり，高額の販売管理費をカバーするためにリベートが販売店にとってますます重要な収益源となったからである。実際，06年のメーカーの値下げと，販売店のガソリン購入券の贈与やキャッシュ・バックなどの実質的な値下げは大規模なものだけでも200回を超え[17]，07年6月に北京市で販売されていた約200モデルの乗用車のうち，販売店が実質的な値下げを行わなかったのは15モデルにすぎな

かった[18]。また，販売店はメーカーの許可なしで最終顧客以外の顧客に車を販売してはいけないことを規定した「汽車品牌銷售管理実施弁法」が実施された後も，販売店による間接ルート販売は根絶されなかった。たとえば，『中国汽車報』によると，05年後半，上海の多くの4Ｓ店は年末にリベートをえるために，販売権を持っていない販売店に車両を卸しただけではなく，卸売価格を下げて小売段階の安売りのための資金まで提供したという[19]。

　こうしたメーカーの過度なプッシュ戦略と，それに対する販売店の反応は，両者の協力関係を破壊しただけではなく，価格に対する消費者の信頼を損ない，アフターサービスの提供にも支障をきたした。しかし，過度なプッシュ戦略をとった大手メーカーがあった一方，値下げに頼らず，販売店との共存共栄をめざす販売促進・チャネル戦略を模索してきた大手メーカーも存在する。以下では，こうしたメーカーの代表格であるトヨタ自動車の中国合弁事業の事例を説明したい。

3-2　4Ｓ店との共存共栄をめざす販売促進・チャネル戦略の模索：トヨタ自動車の中国合弁事業の事例

　トヨタ自動車株式会社（以下，トヨタ）は中国での現地生産の開始が遅かった。2002年8月に中国自動車メーカー最大手の第一汽車集団公司（以下，一汽集団）と包括提携を調印したのに続き，04年7月には広州汽車集団股份有限公司（以下，広汽集団）との乗用車合弁プロジェクトが認可された。その後，小型車から中・高級車まで生産のフルライン化を急速に展開し，06年に生産台数では第8位までに追い上げてきた。表10-3は07年トヨタの中国合弁会社が生産・販売している主要モデルを示している。現在トヨタは9万元未満から81万元までの各クラスの普通乗用車，SUV，ミニバンを生産しており，また「カムリ」を除き，ほとんどのモデルは一汽集団との合弁工場で生産している。

　2003年9月，トヨタは一汽集団と車両販売会社一汽豊田汽車銷售有限公司（「一汽トヨタ自動車販売有限会社」，FTMS）を設立し，それまで複数の工場が生産した車両をそれぞれ直接販売店に卸していたチャネルを統合した。FTMSはトヨタと一汽集団の生産合弁会社（以下，一汽トヨタ）の車両のディ

ストリビューターとして，①車両・部品・用品の販売，②マーケティング企画・コンサルティング，③ディーラー・自動車修理工場に対するコンサルティング・トレーニングサービスの提供，という機能を果たし，同年11月から営業を始めた。

FTMSの設立により，それまでの販売店が直接工場に注文するという商取引方式は，すべての販売店がFTMSに注文する方式に変わった。複数工場の車両を1社のディストリビューターが取り扱う仕組みをつくったのは，中国ではトヨタが初めてである。2007年11月現在一汽トヨタの専売店（以下，一汽TOYOTA店）は全国23の省・直轄市・自治区で289店舗に達しており[20]，そのほとんどは4S店である[21]。

一方，広汽集団との合弁会社である広州豊田汽車有限公司（以下，広州トヨタ）は2006年6月カムリの発売にそなえ，116店の専売店（以下，広州TOYOTA店）を認定し，07年12月には広州TOYOTA店の数は120店を超えている[22]。図10-5はトヨタの中国生産合弁会社の販売チャネルを示すものである。

広州TOYOTA店は2006年6月から営業を開始した。現在取り扱っているモデルは「カムリ」だけだが，売れ行きも好調である。一方，02年10月に販売を開始した一汽TOYOTA店は，04年後半の需要拡大の急激な減速に直面した。しかし，ディストリビューターであるFTMSは他の多くのメーカーのように，頻繁に値下げをしたり，在庫を販売店に押しつけたりはせず，むしろ販売店との共存共栄を図る戦略を模索してきた。以下では，トヨタの販売促進・チャネル政策の特徴を，FTMSと一汽TOYOTA店を中心に説明する。

⑴ 2004年半ば以降一汽TOYOTA店の販売状況の変化

2004年半ばから始まった需要拡大の鈍化は，一汽TOYOTA店にも大きな影響をおよぼした。この点は，重要な消費地である北京市にある2つの代表的な一汽TOYOTA店をみるとよくわかる。A店は国営自動車修理工場グループの傘下にある企業である。当該修理工場は1980年代からトヨタの特約メンテナンス・修理サービスセンター（「豊田汽車特約維修服務中心」，TASS）であり，02年に工場の敷地内に設立されたA店は最初のトヨタ現地生産車の専売店の1

表10-3 ●2007年トヨタ自動車の中国合弁事業が生産・販売している主要なモデル（参考小売価格が高い順）

車種	モデル中国名 日本語表記 （英語表記）	参考小売価格 （税引き、万元）	合弁相手の メーカー	生産開始 年月
普通乗用車	皇冠 クラウン（CROWN）	32.00-50.20	一汽集団	2005年3月
	普鋭斯 プリウス（PRIUS）	28.22-29.62	一汽集団	2005年12月
	鋭志 マークX（REIZ）	21.68-35.68	一汽集団	2005年10月
	凱美瑞 カムリ（CAMRY）	19.78-26.98	広汽集団	2006年5月
	全新COROLLA 新型カローラ （COROLLA）	13.28-17.98	一汽集団	2007年5月
	花冠 旧型カローラ （COROLLA EX）	11.48-12.68	一汽集団	2004年2月
	威馳 ヴィオス（VIOS）	8.99-13.20	一汽集団	2002年10月
SUV・ ミニバン	陸地巡洋艦 ランドクルーザー （LAND CRUISER）	64.50-81.00	一汽集団	2003年10月
	普拉多 ランドクルーザープラド （LAND CRUISER PRADO）	46.20-55.80	一汽集団	2003年9月
	柯斯達 コースター （COASTER）	36.40-52.75	一汽集団	2000年12月

出所：一汽豊田汽車銷售有限公司ホームページ（http://www.ftms.com.cn/）,「天津一汽トヨタ、第２工場でクラウンの生産を開始」トヨタ自動車・ニュースリリース2005年３月22日（http://www.toyota.co.jp/jp/news/05/Mar/nt05_014.html）,「天津一汽トヨタ、第２工場でREIZの生産を開始」トヨタ自動車・ニュースリリース2005年10月24日（http://www.toyota.co.jp/jp/news/05/Oct/nt05_1014.html）,「四川一汽トヨタ、長春でプリウスの生産を開始：販売価格は28.8万元から。インターネットによる先行受注を開始」トヨタ自動車・ニュースリリース2005年12月15日（http://www.toyota.co.jp/jp/news/05/Dec/nt05_1203.html）,「天津一汽トヨタ、中国の第３工場で新型カローラの生産を開始」carviewニュース2007年５月28日（http://www.carview.co.jp/news/0/38499/）,「広州トヨタ、カムリの生産を開始」トヨタ自動車・ニュースリリース2006年５月23日（http://www.toyota.co.jp/jp/news/06/May/nt06_023.html）。

つとして認定され，同年10月ヴィオスの発売と同時に営業を始めた。07年11月現在，A店は従業員121人（そのうちメンテナンス・修理担当者は104人）であり，一汽トヨタが生産している９つのモデルすべてを販売している。

A店は営業が始まった初期の2003年，年間販売台数は約1600台に増え，販売業績が全国の一汽TOYOTA店のなかで上位となった店舗であった。しかし，

表10-5 ●トヨタの中国生産合弁会社の販売チャネル

一汽トヨタ → FTMS → 一汽TOYOTA店（4S店）→ 顧客

広州トヨタ → 広州TOYOTA店（4S店）→ 顧客

出所：筆者のインタビュー調査（2007年11月，12月），畢滔滔（2006），王法長（2006）による。

04年と05年は販売台数を1600台に維持することができたが，営業利益が減り始めた。06年年間販売台数は約1200台に減少し，07年の予想年間販売台数は約1100台である。

一方，B店は私営企業である。この店も2002年10月「ヴィオス」の発売と同時に営業を始め，優秀ディーラー賞や大口ユーザー開拓賞など多くの賞を受賞してきた。07年11月現在，従業員が約130人（そのうちメンテナンス・修理担当者は約70人）であり，一汽トヨタが生産している9つのモデルのほか，「ハイエース」，「プレミア」，「RAV4」，「プラド2700」などの輸入車も取り扱っている。年間販売台数は04年の約1000台から，05年は約1300台，06年は約1500台に増加し，また，2007年の販売台数も1500台を見込んでいる。B店は官庁の公用車購入・メンテナンス・修理の指定販売店の1つとなっており，公用車の販売台数が年間販売台数に占める比率は05年の30％超から，06年と07年は約50％に増加した。しかしながら，個人消費者への販売台数はやや低迷している。04年半ば以降の販売状況の変化について，会社の販売担当副社長は，「2003年の時は車を買う顧客が長い列をつくったが，04年後半からは市場は売り手市場から買い手市場へと変化した」と述べた[24]。

このように販売がより困難になるなか，FTMSは他の多くの大手メーカーと異なる販売促進・チャネル戦略を実施した。以下では，その戦略を紹介する。

(2) FTMSの販売促進・チャネル戦略

FTMSが設立された2003年当初，FTMSと4S店との取引条件には4つの特徴があった。第1に，車両の供給と在庫管理について，FTMSは4S店と年間

契約を結び，各販売店の受注状況に基づいて車両を供給する。FTMSは毎日全4Ｓ店の車両在庫状況をチェックし，在庫状況を把握する。第２に，両者間の決済は，車両を4Ｓ店に出荷する時点で行う。第３に，FTMSが4Ｓ店に与えるインセンティブはおもに２つある。１つは，中国国内最大と思われるマージン率を提供することである。もう１つは，納車期間を短くすることにり，販売店がより早く顧客が代金を回収できるように工夫することである。第４に，販売促進について，FTMSは4Ｓ店に対して技術者・販売員の研修を実施し，トヨタの販売方針を浸透させる努力を払った。

　2004年半ば以降販売が困難な局面に入った後も，FTMSはそれまでの販売促進・チャネル政策を堅持し，販売力の強化に力を入れた。04年半ば以降のFTMSのチャネル政策では４つの特徴が顕著にみられる。

　第１に，車両の供給について，FTMSは販売店に車両を押しつけず，販売店に自分の能力に応じて注文および販売させている。具体的には販売店への車両供給の仕方はつぎの通りである。両者は毎年年間販売契約を結ぶ。具体的には，販売店は年間販売計画を提出し，FTMSは自らの市場予測や年間生産計画などのデータに基づいて，年間販売計画の参考数値を提出し，双方で協議して契約を結ぶ。販売店が最終的に達成する販売台数は販売契約の90％から120％の間で変化することが認められる[25]。

　一方，毎月の車両供給について，2006年からFTMSは販売店に対して「Ｎ＋２月・Ｎ＋１月」注文方式，すなわち販売店がＮ月の注文台数を２カ月前に提示し，また１カ月前に確定するという注文方式を導入した。FTMSはその注文に対して，当該店舗の販売状況と在庫状況，全国の販売状況，生産能力などのデータに基づいて注文台数の提案を販売店に示す。こうした注文・受注方式を通じて販売店の過大在庫を防ごうとしている。

　第２に，FTMSと販売店との決済は相変わらず，販売店が車両の代金を払ってから車が納入される方式である。これは販売不況の時期に販売店の負担となるが，販売店の経営を保護する一面もある，と販売店の経営者はコメントしている[26]。

　具体的な運営方法はつぎの通りである。「Ｎ＋２月・Ｎ＋１月」の注文方法によって，販売店はＮ月に車両の購入に必要とされる資金額が分かる。FTMS

は販売店が注文した番号の車がそろそろ生産される時期に販売店に知らせ，販売店はその車の料金を支払う。販売店が通知を受け取って支払わない場合，FTMSは支払いを催促し，販売店が催促にも応じない場合，FTMSは販売店から預かっている300万元の保証金をそれに充当する。保証金が使われた場合，販売店はその後一定期間内に保証金額を元通りに補わなければならない。車両代金を支払わない場合販売店側に生じる損失は，FTMSでの考課や，注文した車両が供給されない場合生じる販売利益の損失であり，契約中止などにより店舗運営の全体が影響されることはない。こうした運営方法は，販売店の不払いが次年度のディーラー契約に悪影響をおよぼし，契約中止をもたらすこともある[27]，といった多くのメーカーの運営方法と比べて，販売店側の状況や利益を配慮したものであるといえる。

　第3に，FTMSは数量リベートに頼らず，車両販売毎に利益を獲得させるよう努力している。これを実現するために，頻繁な値下げを実施せず，かつ小売価格の安定も図っている。そのため，FTMSは一定区域内の販売店に協力会を組織させ，メンバー間の協議によって小売価格の統一を維持し，また，意図的に小売価格を破壊する4つの販売店に対して，車両の供給を減少する措置をとっている。

　このようにFTMSは，設立初期からの販売促進・チャネル政策を堅持すると同時に，売り手市場から買い手市場に変化した後，販売店の販売力の強化にさらに力を入れた。これはその販売促進・チャネル戦略の第4の特徴である。

　販売店の販売力の向上を促進する方法は4つある。1つ目は，FTMSは「二輪定律」（Two-Wheel Law），すなわちブランドを確立し，企業を発展させるためには，商品力と販売力の両方が必要であるというマーケティングに関する基本的な考え方を提示し，研修を通じて販売店の高級管理者に浸透させると同時に，顧客第一という経営理念を共有させようとした。

　2つ目は，「一汽豊田経銷店銷售業務標準」（「一汽トヨタ販売店販売業務標準」，SSP），すなわち車販売のすべての段階における業務と行動標準，たとえば，集客活動，接客，需要分析，商品説明，試乗，価格説明，契約結び，納車，販売後のフォローなどの業務と行動の標準を設定し，販売店段階で徹底させようとした。こうして販売方法を標準化することにより，顧客満足を高めよ

うとしている。

　3つ目は、「5点価値論」、すなわち車の価値は、①性能と価格の比率、②故障率、③使用コスト、④中古車の下取り価格、⑤アフターサービスといった5つの側面から構成されるという観点を提示し、販売で活用する。

　4つ目は、上述した販売力を高める方法を各販売店で徹底するために、FTMSはさまざまな支援を提供している。たとえば、地区担当者は販売店とのコミュニケーションを強化し、その経営上の問題の発見と改善を手伝い、細かく指導している。また、FTMSは販売店に対して、毎月の販売データ、たとえば、販売店が所属する地区の販売目標と完成状況、各店の販売状況と位置づけなどのデータを販売店に公開し、これによって販売店に自らの状況と努力すべく方向をはっきりと自覚してもらう。販売店に対する情報公開について、FTMSは大手メーカーの中で最も優れていると評価されている[28]。

　さらに、FTMSは販売店の販売員やメンテナンス・修理担当者の訓練を頻繁に行い、彼らの学習意欲を高めるためにさまざまな技術コンテストも開催している。同時に、販売店間の販売コンテストも頻繁に行い、意欲を喚起しようとしている。

　このように、売り手市場から買い手市場に転換した後、FTMSは値下げに頼らず、優れた商品の提供とサービス力向上を促進することにより、4S店との共存共栄を図り、ブランド構築と企業の長期的な発展を実現しようとしている。こうした販売促進・チャネル戦略はFTMSだけではなく、多くの大手メーカーの間に広がっている。たとえば、2005年以降、プッシュ戦略に頼ってきた一汽大衆や上海大衆汽車有限公司などの大手メーカーも、その問題を認識し、販売店への在庫押しつけをやめ、販売店のサービス水準を高めることに力を入れるよう改革を始めた[29]。

4　4S店との共存共栄をめざす販売促進・チャネル戦略の効果と問題

　中国の乗用車市場が売り手市場から買い手市場へと転換するなかで、過度なプッシュ戦略をとった大手メーカーがある一方、頻繁な値下げに頼らず、販売店との共存共栄をめざす販売促進・チャネル戦略を打ち出したメーカーも存在

すると述べた。彼らの戦略は,①優れた商品を提供し,②注文に基づいて生産を調整し,③価格を安定させ,④高い数量リベートに頼らず,サービス力の向上を支援することによって販売力を高める,といった4つの特徴がある。この節では,その効果と問題の両方を検討する。

4-1　4S店との共存共栄をめざす販売促進・チャネル戦略の効果

　優れた商品を提供し,価格を安定させ,4S店のサービスの改善を支援するといったメーカーの戦略は,顧客満足の向上と,双方の長期的な発展に大きな効果をもたらした。その効果は3つの面に現れている。第1に,4S店が抱えていた大きな問題,すなわち店舗のハード面のみを重視し,ソフト面を軽視するといった問題を克服したことである。1990年代終盤以降大手メーカーが4S店チャネルを導入した重要な目的は,メーカーの基準に基づいて統一した店舗デザイン,接客と小売価格を導入することによって,販売店のハードとソフトの両面に標準化と高品質の理念を導入し,顧客満足を高めることにあった。しかし,実際には2004年半ばまでの売り手市場において,4S店はハードの質は高いがソフトの質は低い水準のままにとどまっていた[30]。当時ほとんどの4S店の販売員の業務は販売関連の書類を記入することだけであり[31],当然顧客の満足度は高くなかった[32]。そのため当事者にサービスの重要性を認識させ,その改善を支援するというメーカーの戦略は,上述した問題の克服に大きな役割を果たした。

　第2に,メーカーの優れた商品と4S店の高いレベルのサービスという両輪を走らせるといったマーケティング理念は,ブランドに対する顧客の認知度と忠誠度を高めた。この点は,一汽TOYOTA店の担当者たちのつぎの発言によって裏付けられている[33]。

> 「トヨタの車は競争他社の同クラスの車と比べ安くない。しかし,品質がよくて故障しないから,修理代などのコストをトータルに考えると実は安い。トヨタの車のよさは消費者の使用経験の増加につれて,より広く知られるようになっている。たとえば,私たちの4S店が属している企業グループは,ほとんどの大手メーカーの販売店を持っており,また,中古車の下取り店もある。我々の調査によれば,グループの下取り店で古い車を売ってからグ

ループの4S店で新車を買った顧客は，グループの全体の販売台数の30％以上を占めている。このような顧客の9割近くは他のメーカーの車を売って，トヨタの車に買い換えた。一方，トヨタのユーザーはなかなか車を売らない。顧客は，トヨタの車を実際に使ってから初めてよい車だとわかるといっている（ある一汽TOYOTA店の経営者A氏）。

「たとえ初めて車を購入する顧客でも，販売員の説明により，トヨタ車のよさをわかってもらうことができる。（中略）現在中国では車を買う人が非常に多いが，車の知識がある人は非常に少ない。ほとんどの人は，どのような車を買うべきかよく分からず，また，彼らの情報源も大体友達の口コミ，広告によるものか，または簡単な価格比較を行っているだけである。だから，販売員が5点価値論に基づいて，時間をかけて顧客にトヨタ車の価値を紹介すると，多くの顧客が納得してくれる」（ある一汽TOYOTA店の販売担当者B氏）。

第3に，価格の安定を図る戦略は頻繁な値下げによって車の価格について常に不安を抱えてきた中国の消費者に安心感を与えたと同時に，4S店の新車販売の利益を保証している。

4-2　4S店との共存共栄をめざす販売促進・チャネル戦略が直面している問題

しかし，中国の消費者の購買行動と4S店の組織形態に独自性があるため，上述した戦略が直面している問題もある。

1つ目の問題は，顧客の注文に応じて生産を調整する供給方式は，過大在庫と値崩れの防止には有効であるが，他方では，顧客への納車に必要とされる日数がより長いため，顧客満足を損ない，その結果，販売機会の損失を招きかねないということである。これはとくに，実物をみてから買うか買わないか判断する，といった消費者の購買行動の傾向が非常に強い中国では大きな問題である。

たとえば，一汽トヨタの車は，顧客が注文してから納車されるまで45日間待つことは珍しくない[34]。これについて，顧客から「画像や展示車をみたからといって，契約金を払ってから45日も待たされ，しかもこの間自分の車をみ

ることができないからとても心配する」(35)という不満が聞こえている。また，2005年，販売好調のクラウンを購入しようとした顧客のうち，即時納車できないという理由で競争他社の車を選んでしまった顧客も少なくなかったという(36)。

　2つ目には，修理技術の向上を重視してきたメーカーと4S店は，相変わらずメンテナンス・修理の代金が高いといった問題を解決していない。2003年7月，『中国汽車報』が4S店を含めてメーカーの特約修理工場，国内の零細整備業者，海外整備・修理店チェーンのサービスに関して，インターネットを通じて3106人の自動車ユーザーの意見を調査した結果，メーカーの特約修理工場に関して，ほぼすべてのユーザーは修理サービスの質が高いと答えている一方，回答者のうち，40％以上は料金が高いと指摘している(37)。約4年後の07年1月に『中国汽車報』が4S店のメンテナンス・修理について，車使用歴が5年以上の顧客30名の意見を調査した結果，すべてのユーザーの最大の不満は依然としてメンテナンス・修理代が高いことであった。また，低級車のユーザーほど4S店のメンテナンス・修理代を負担することができず，4S店をあまり利用していないということが明らかにされた(38)。

　競争の激化につれて新車販売の利益が減少し，アフターサービスの提供は4S店にとってますます重要な収入源となっている。しかし，低・中級車が需要拡大を支えている中国乗用車市場において，メンテナンス・修理代が高い問題は，顧客満足を損ない，また，販売店の経営にも悪影響をおよぼす可能性がある。

　3つ目の問題は，メーカーが4S店を増やした結果，同一タイプ間の競争が激化し，小売価格の統一がますますむずかしくなっている，ということである。近年生産の拡大につれて，大手メーカーは積極的に4S店を増やしている。たとえば，北京市において，2003年に一汽TOYOTA店が6店舗あったが，07年に22店までに増加した。一定地域における4S店の増加は，顧客により便利に高品質のサービスを受けさせることには効果があるが，一方では，これによって4S店間の競争が激化し，小売価格の維持が困難になるという問題ももたらしている。

　とくに，大・中規模の販売業者は一社のメーカーの4S店を多店舗設置する

のではなく，複数のメーカーの店舗を1，2店ずつ設置している。また，同じメーカー系列の4S店の間でみると，資金力の差が大きいことが多い。このため，販売店舗数の増加につれてすべての販売店に小売価格を守らせることがむずかしくなっている。さらに，2008年から中国では独占禁止法が施行され，メーカーによる小売価格統制には限界が出てくる可能性も想定される。資金が少なく，立地条件が悪く，販売能力が低い4S店による価格破壊は，メーカーの方針に忠実に従う4S店を悩ませる大きな問題となっている[39]。

5 おわりに

　4S店チャネルが大手メーカーの主要なチャネルとなって間もない2004年後半，中国の乗用車市場は売り手市場から買い手市場へと転換し始めた。状況変化のなかで多くの大手メーカーが実施した頻繁な値下げと4S店に対する過度なプッシュ戦略は，両者の間の協力関係を破壊しただけではなく，価格に対する消費者の信頼を損ない，アフターサービスの提供に支障をもたらし，メーカーのブランド構築およびメーカーと4S店の長期的な発展に悪影響をおよぼした。

　しかしながら，他方で買い手市場の下でも，4S店との共存共栄を目指す販売促進・チャネル戦略を模索してきた大手メーカーが存在する。これらのメーカーの戦略は，①優れた商品を提供し，②注文に基づいて生産を調整し，③価格を安定させ，④数量リベートに頼らず，4S店のサービス力の向上を支援するといった特徴を有しており，顧客満足の向上やブランドの確立といった企業の長期的な目標に貢献している。ただし，中国の消費者の購買行動と4S店の組織形態には独自性があるため，この戦略はいくつかの問題にも直面している。中国の消費者は現物をすぐに手に入れたいとの意向が強い。また，ユーザーはかつての高所得者から中間所得層に拡大している一方，ガソリン代や駐車代の高騰によって車の使用コストはかつてより高くなっている。このような市場において，消費者の満足を高めるために，今後納車期間の短縮とアフターサービスのコストの大きな削減が不可欠である。同時に，大・中規模の販売業

者が複数メーカーの4Ｓ店を展開している中国市場においては，メーカーと4Ｓ店の共存共栄の基礎であり，目標でもある小売価格の安定をいかに実現するかは，メーカーにとってかなりハードルの高い課題であろう。

謝　辞

　この調査を進めるにあたって，蘇衛寧氏（北京方庄豊田汽車銷售服務中心，北京博瑞祥輝旧機動車経紀有限公司），宋洋氏（北京奥徳行豊田汽車銷售服務有限公司），田小玲氏（上海中昇豊田汽車銷售服務有限公司），陳誠文氏（上海和凌雷克薩斯），張煒氏，張朝暉氏，杜婷氏（上海美蘭汽車銷售服務有限公司・広汽豊田美蘭滬西店）にインタビューを実施しました（五十音順）。本調査にご協力いただいたことに心より御礼申し上げます。また，調査において曹子建氏（北京汽車修理三廠），閻萍氏（北京奥徳行豊田汽車銷售服務有限公司），徐静氏（豊田汽車公司上海代表處）からご協力を頂きました。ここに記して感謝いたします。

注

(1) 1990年代末と2000年代初めは3Ｓ店と呼ばれ，新車販売，部品販売，アフターサービス提供の3つの機能を果たす専売店であったが，03年ごろから4Ｓ店，すなわち情報フィードバック機能を加えた専売店という名称がよく見られるようになり，現在は大手メーカーの販売店の一般的な名称となっている。
(2) 「新車上市還会那麼多嗎？」『中国汽車報』2005年4月4日付，B3ページ，「新款車過百難撼動老産品統治地位」『中国汽車報』2006年1月2日付，B10ページ，「2006年汽車市場十大関鍵詞」『中国汽車報』2006年12月18日付，C3ページ。
(3) 2001年のデータにはSUVとミニバンが含まれていない。『中国汽車工業年鑑』2002年版による。
(4) 『中国汽車工業年鑑』2007年版によって筆者が計算。
(5) 『中国汽車工業年鑑』2007年版による。
(6) 「年終圧庫：為誰而戦」『中国汽車報』2004年11月15日付，29ページ。
(7) 「豊田中国戦略反攻大幕拉開」『中国汽車報』2005年9月26日付，C2ページ。
(8) 2005年以降メーカー名は東風日産汽車有限公司乗用車公司に変更した。
(9) メーカーの社名は2004年の社名である。「トヨタ，中国で2割値下げ――車買い控えに対応，価格競争，日米欧三つどもえ」日本経済新聞（朝刊）2005年1月14日付，3ページ，「日本車各社，中国で値下げ――日産，5－9％，スズキ，最大13％，競争激化」日本経済新聞（朝刊）2004年7月31日付，1ページ，「中国，自動車値下げ第二波――現代・ＶＷ系，トヨタなど，販売不振続く」日本経済新聞（朝刊）2004年9月28日付，9ページ，「価格沖撃波前　誰是最後一個倒牌者？」『中国汽車報』2004年6月22日付，29ページ，「2005年　車価又成弓上之箭」『中国汽車報』2005年1月3日付，C1ページ。
(10) "標致式降価"中国汽車価格競争進入第三段階」『中国汽車報』2004年12月6日付，30

⑾　「盤点庫存　成都経銷商年底頭痛」『中国汽車報』2004年12月6日付，30ページ。
⑿　「一成多4Ｓ店今年将退出市場？」『中国汽車報』2005年1月24日付，C4ページ。
⒀　「"零利潤"銷售是杯苦酒」『中国汽車報』2004年11月22日付，36ページ。
⒁　「汽車必須要"直銷"」『中国汽車報』2005年4月18日付，C1ページ。
⒂　「上海大衆営銷策略開始転型」『中国汽車報』2005年9月12日付，C1ページ。
⒃　「上海大衆挑戦"零庫存"」『中国汽車報』2006年2月20日付，C3ページ，「你看　你看"圧庫"悄悄在改変」『中国汽車報』2006年1月2日付，C1ページ，「从量到質是経銷商的必然選択」『中国汽車報』2006年1月2日付，C2ページ。
⒄　「2006年汽車市場十大関鍵詞」『中国汽車報』2006年12月18日付，C3ページ。
⒅　「北京市場僅7％車型無優恵」『中国汽車報』2007年6月11日付，C10ページ。
⒆　「為獲返利　商家与廠家"闘法"」『中国汽車報』2005年10月24日付，C10ページ。
⒇　一汽豊田汽車銷售有限公司ホームページ（http://www.ftms.com.cn/）から筆者が計算。
(21)　筆者のインタビュー調査（2007年12月）による。
(22)　筆者のインタビュー調査（2007年12月）および，広州豊田汽車有限公司ホームページ（http://www.guangzhoutoyota.com.cn/corporate/）による。
(23)　筆者のインタビュー調査（2007年11月）による。
(24)　筆者のインタビュー調査（2007年11月）による。
(25)　筆者のインタビュー調査（2007年11月）による。
(26)　筆者のインタビュー調査（2007年11月）による。
(27)　筆者のインタビュー調査（2007年11月）による。
(28)　筆者のインタビュー調査（2007年11月）による。
(29)　「你看　你看"圧庫"悄悄在改変」『中国汽車報』2006年1月2日付，C1ページ，「从量到質是経銷商的必然選択」『中国汽車報』2006年1月2日付，C2ページ，「上海大衆挑戦"零庫存"」『中国汽車報』2006年2月20日付，C3ページ。
(30)　「从量到質是経銷商的必然選択」『中国汽車報』2006年1月2日付，C2ページ。
(31)　筆者のインタビュー調査（2007年11月）による。
(32)　「从量到質是経銷商的必然選択」『中国汽車報』2006年1月2日，C2ページ。
(33)　筆者のインタビュー調査（2007年11月）による。
(34)　筆者のインタビュー調査（2007年11月）による。
(35)　筆者のインタビュー調査（2007年11月）による。
(36)　「一汽豊田謹慎発動攻勢」『中国汽車報』2005年7月4日付，B2ページ。
(37)　「特約維修站難以拴住消費者的心」『中国汽車報』2003年7月22日付，33ページ。
(38)　「車価越低，去4Ｓ店維修保養比例越低」『中国汽車報』2007年1月29日付，C8ページ。
(39)　筆者のインタビュー調査（2007年11月）による。

参考文献

日本語：

石原武政・矢作敏行編（2004）『日本の流通100年』有斐閣。

塩地洋（2002）『自動車流通の国際比較：フランチャイズ・システムの再革新をめざして』有斐閣。

塩地洋・孫飛舟・西川純平（2007）『転換期の中国自動車流通』蒼蒼社。

畢滔滔（2006）「第5章　自動車──流通チャネルとブランド構築の接点」，山下裕子＋一橋大学BICプロジェクトチーム『ブランディング・イン・チャイナ』東洋経済新報社，171-204ページ。

「トヨタ，中国で2割値下げ──車買い控えに対応，価格競争，日米欧三つどもえ」日本経済新聞（朝刊）2005年1月14日，3ページ。

「日本車各社，中国で値下げ──日産，5-9％，スズキ，最大13％，競争激化」日本経済新聞（朝刊）2004年7月31日，1ページ。

「中国，自動車値下げ第二波──現代・ＶＷ系，トヨタなど，販売不振続く」日本経済新聞（朝刊）2004年9月28日，9ページ。

中国語：

王法長（2006）『二輪定律：中国式的豊田営銷』社内資料。

『中国汽車工業年鑑』1999〜2007年版。

「特約維修站難以拴住消費者的心」『中国汽車報』2003年7月22日付，33ページ。

「価格沖撃波前 誰是最後一個倒牌者？」『中国汽車報』2004年6月22日付，29ページ。

「年終圧庫：為誰而戦」『中国汽車報』2004年11月15日付，29ページ。

「"零利潤"銷售是杯苦酒」『中国汽車報』2004年11月22日付，36ページ。

「"標致式降価"中国汽車価格競争進入第三段階」『中国汽車報』2004年12月6日付，30ページ。

「盤点庫存 成都経銷商年底頭痛」『中国汽車報』2004年12月6日付，30ページ。

「2005年 車価又成弓上之箭」『中国汽車報』2005年1月3日付，C1ページ。

「一成多4Ｓ店今年将退出市場？」『中国汽車報』2005年1月24日付，C4ページ。

「新車上市還会那麼多吗？」『中国汽車報』2005年4月4日付，B3ページ。

「汽車必須要"直銷"」『中国汽車報』2005年4月18日付，C1ページ。

「一汽豊田謹慎発動攻勢」『中国汽車報』2005年7月4日付，B2ページによる。

「上海大衆営銷策略開始転型」『中国汽車報』2005年9月12日付，C1ページ。

「豊田中国戦略反攻大幕拉開」『中国汽車報』2005年9月26日付，C2ページ。

「為獲返利 商家与廠家"闘法"」『中国汽車報』2005年10月24日付，C10ページ。

「新款車過百 難撼動老産品統治地位」『中国汽車報』2006年1月2日付，B10ページ。

「你看 你看 "圧庫"悄悄在改変」『中国汽車報』2006年1月2日付，C1ページ。

「从量到質是経銷商的必然選択」『中国汽車報』2006年1月2日付，C2ページ。

「上海大衆挑戦"零庫存"」『中国汽車報』2006年2月20日付，C3。
「2006年汽車市場十大関鍵詞」『中国汽車報』2006年12月18日付，C3。
「車価越低，去４Ｓ店維修保養比例越低」『中国汽車報』2007年1月29日付，C8。
「北京市場僅７％車型無優恵」『中国汽車報』2007年6月11日付，C10。

その他：
一汽豊田汽車銷售有限公司ホームページ（http://www.ftms.com.cn/）。
広州豊田汽車有限公司ホームページ（http://www.guangzhoutoyota.com.cn/corporate/）。
「天津一汽トヨタ，第２工場でクラウンの生産を開始」トヨタ自動車・ニュースリリース 2005年3月22日（http://www.toyota.co.jp/jp/news/05/Mar/nt05_014.html）。
「天津一汽トヨタ，第２工場でREIZの生産を開始」トヨタ自動車・ニュースリリース2005年10月24日（http://www.toyota.co.jp/jp/news/05/Oct/nt05_1014.html）。
「四川一汽トヨタ，長春でプリウスの生産を開始：販売価格は28.8万元から。インターネットによる先行受注を開始」トヨタ自動車・ニュースリリース2005年12月15日（http://www.toyota.co.jp/jp/news/05/Dec/nt05_1203.html）。
「広州トヨタ，カムリの生産を開始」トヨタ自動車・ニュースリリース2006年5月23日（http://www.toyota.co.jp/jp/news/06/May/nt06_023.html）。
「天津一汽トヨタ，中国の第３工場で新型カローラの生産を開始」carviewニュース2007年5月28日（http://www.carview.co.jp/news/0/38499/）。

■第11章

食品流通チャネルの生成と発展

台湾系2社の比較事例研究[1]

1 はじめに

1-1 問題提起

　台湾最大の食品メーカーである統一企業グループは，傘下にセブン-イレブン統一超商という台湾最大の小売業チェーンを擁している。台湾市場において，統一企業グループは製造，卸売，小売の3段階を機能的・人的・資本的に垂直統合している「完全なる製販統合型企業」であり，今日まで競争の優位性を発揮し発展してきた[2]。

　統一企業の主力商品の1つは即席麺である。1年間に全世界で消費される即席麺の数は796億食といわれ，そのうち390億食は中国・香港市場で消費されている。

　中国市場において，頂新グループ（ブランド名：康師傅）は1989年に参入し，即席麺市場と茶飲料市場におけるトップシェアを占め続けている。一方，統一企業は92年，やや遅れて中国市場に参入し，頂新に水をあけられながらも，即席麺市場と茶飲料市場で高いシェアを獲得してきた。両社はいずれも中国市場で製販統合型路線を推進している台湾企業である。ここで注目すべき点は，頂新は統一企業が台湾でつくり上げた製販統合型経営にならい，中国市場において積極的にそれを推進してきたことである。

　本章は，台湾資本の頂新と統一企業の二大食品メーカーの中国市場におけるブランド形成プロセス，およびそのブランド形成をささえたマーケティング・

チャネル構築の実態を明らかにし，中国市場における製販統合型経営の有効性と形成要因を考察することを目的とする。

なお，分析は企業インタビューの結果以外に，社史，アニュアルレポート，社内月刊，統計資料，既存の研究文献や出版物を利用して行う。

1-2　分析枠組み

鍾（2005）は，台湾において「完全なる製販統合型企業」統一企業グループが誕生した外部要因と内部要因を明らかにした。外部要因には，①台湾の流通構造，②政府の流通政策，③市場の競争環境の3つがあり，内部要因には，①多角化戦略と②販路確保の経営戦略の2つがあった。とりわけ，未発達な台湾の流通構造を背景に販路確保の必要性が大きかった点を強調している。

ここでは，台湾の製販統合型企業が生成した要因を分析の枠組みとする。「製販統合型経営」とは，製造業者が自らの資本を投入し，卸売および小売段階の双方を資本的・人的・機能的に統合することと定義する。ただし，小売・卸売段階の垂直統合の範囲は，取扱商品をみると，部分的である。そして，製販統合の程度は企業の発展段階に応じて可変的であると理解し，市場に企業のマーケティング戦略を効率よく対応できる卸売企業と小売企業が多数存在した場合には，製販統合型経営が生成あるいは持続しない可能性がある。

さらに，製販統合型路線を推進する2社の展開の違いを比較するため，製造業者がチャネルの設立を行う際の制約条件も分析視野に含める。

制約条件に関してさまざまな議論があったが，高橋（1990）は，バウアーソックス（D. J. Bowersox）やシムズ（J. T. Sims），スターン（L. W. Sterny）らの主張を以下のようにわかりやすく整理しており，それを参考とした。すなわち，製造業者がチャネルの設立を行う際の制約は，①企業の相対的市場地位，②財務力，③チャネル・パートナーの利用可能性，④参入障壁の4つである。その内容は，「チャネルの設立を行う際には，その市場における競争上の地位や，チャネル設立に配分することのできる財務資源の多寡によってその設立の際の自由度が制約されることになる。さらにその設立のさいにどれくらい有望な中間業者が利用可能なのか，他の製造業者によってどれぐらい既存の流通業者が系列化されており参入障壁がどの程度形成されているかということに

よって，設立の際の自由度が制約されることになるのである」[3]。

2 中国の流通構造と流通政策の概況

2-1　中国の流通構造の特徴

　謝（2000）によると，1992年前後の中国の流通構造を日本と比較した結果，中国の小売構造の特徴は零細性と店舗密度の低さにあるという。1つ目の零細性は，中国の零細規模小売店の比率が日本より高く，国営商店，集団商店，合資商店，個人商店の資本所有形態の違いによる生産性格差が大きい。2つ目の店舗密度については，90年代における中国の小売商店の絶対数が日本よりも多いにもかかわらず，人口1000人当たりの商店数，10平方キロメートル当たりの商店数はいずれも日本より少ないということであった。

　卸売構造については，1996年における中国の卸売商店と97年における日本の卸売商店を比較した場合，中国は日本に比べて卸売業の人口当たりおよび面積当たりの分布密度が低く，企業の平均規模が小さい。さらに，85年から97年までの中国と日本の商業統計データに基づいた分析結果を引用すると，中国卸売業の零細化が進んでいることが90年代後半の時点の特徴であった（謝，2000，116頁）。

2-2　流通開放政策後の中国の流通システム

　中国の国営企業系流通システムは，主システムの商業部系統と副システムの合作社系統で構成されている。1978年12月に開催された中国共産党第11期3中全会に，経済改革・開放政策が提出され，市場開放の初期段階が始まった。商品流通改革には「3多1少」（多様な経済形式，多様な経営方式，多様な流通経路，少ない流通段階）のスローガンが公表され，大地域にある国営の1級卸は地方の2級卸と合併し，流通経路の長さが短縮された。さらに，農村地域の流通を担当する供銷合作社系統は，81年より「官営」から「民営」への転換が進められた。

1992年6月，中国共産党中央委員会と国務院は「第三次産業の発展を加速することについての決定」を発表し，中国小売業への外資進出を条件つきで認めるようになった。そして，WTO加盟後，外資による小売企業への100％投資も可能になり，中国における流通構造はますます複雑になってきた。
　以上のような国営体制から転換した中国の流通構造という外部要因と，頂新と統一企業のマーケティング・チャネル構築の関係については，次節以降で明らかにする。

3 頂新（康師傅）のブランド戦略とマーケティング・チャネル構築

3-1　頂新グループについて

　頂新の前身は1958年に台湾の彰化で設立された鼎新製油であり，魏氏一族が営む典型的なベンチャー家族企業であった。74年，この企業は台湾の主要な業務用油メーカーに成長し，社名を頂新製油実業有限公司に変更した。78年，創立者である魏氏一族の父親が死亡し，家業を継続したのは男子4兄弟であった。82年に，頂伸貿易股份有限公司を設立し，食用油の貿易業務を開始した。
　1987年11月，台湾の行政院は「台湾人の中国への親戚訪問」を開放し，長い間途絶えていた台湾人と中国人の交流の門が開き始めた。そこで，台湾企業と中国企業や政府とのインフォーマルな交流やビジネスが始まった[4]。88年7月，中国政府は「台湾からの対中投資促進策」を公布し，中国に投資している台湾企業に経営主導権を保証し，土地使用料，水道，電気，交通，通信，融資，税金などの出費の軽減や，製造業を対象とした優遇処置を実施した。この政策を受けて，魏氏一族の4兄弟は88年，中国市場の調査を開始した。
　当時，中国の食用油市場はばら売りがほとんどであり，製品化された食用油はあまりなかったことに注目して，中国での食用油事業に挑んだ。1990年に中国の北京で「頂好清香油」という食用油を発売し，正式に中国市場に参入した。
　「頂好清香油」は台湾の人気女優をテレビコマーシャルに起用し，台湾からの高級食用油であることをアピールした。知名度はある程度得たものの，マー

ケティング・チャネルが未形成であったため，800グラム入り2人民元の高値で発売された「頂好清香油」は，うまく一般の消費者に売り込むことができなかった。当時，現地企業は中国既存の流通系統を活用することができ，食用油を800グラム入り0.8人民元で発売していた。

1991年，頂新は中国の山東省済南市で頂利油脂食品公司を設立し，「康莱蛋酥巻」という卵を原材料で作ったエッグロール・クッキーを発売したが，食用油と同じような運命を辿ってしまった。

即席麺市場に飛び込んだのはある偶然の出来事がきっかけであった。魏氏一族の4兄弟の1人が中国の長距離列車での旅の際，持参していた台湾の即席麺が周りの乗客に大好評であったことにヒントを得て，事業化を思い立った。一族はこのビジネスチャンスを掴んだのである。当時，中国の「方便麺」といわれている即席麺は品質が悪く，味付けも重視されていなかった。高品質の輸入即席麺は3元から5元前後であり，現地商品の10倍以上の価格であった。1991年に天津頂益食品公司を設立し，92年7月に「康師傅」という銘柄の即席麺が発売された。

3-2 「康師傅(カンシーフー)」ブランドの確立とマーケティング・チャネル構築（1992年～1997年）

ここでは「康師傅」ブランドの形成と，そのマーケティング・チャネル戦略の構築過程を2つの段階に分けて考察する。

(1)「康師傅」ブランドの形成

「康師傅」の「康」は健康を意味し，「師傅」は高い技能をもつ人への敬称であり，ぽっちゃりとしたコックさんをブランドのイメージキャラクターとして起用し，親しみやすい商品というイメージを消費者に訴えた。

高品質で手ごろな価格の即席麺を提供するのが即席麺のポジショニングであった。発売先である中国の北京・天津地域において市場調査を行ったところ，牛肉味が最も人気があり，そのつぎにとんこつ味と鶏がらスープ味が続き，最後に海鮮味が好まれるという結果がえられた。頂新はそこで「康師傅紅焼牛肉麺」という牛肉味の即席麺を主力商品とし，保存料と人工色素を利用し

ないことで，現地商品との差別化を図った。価格設定は中国市場における即席麺の状況を考慮し，輸入品即席麺の5元と現地商品の0.4元の間の1.98元に設定した。

　プロモーション戦略についてはテレビや雑誌などのメディアを大いに利用し，メッセージは「抵抗できない香り，おいしさがみえる」であった。1991年時点で，中国ではテレビ広告を利用する宣伝方法がそれほど活用されておらず，中央テレビのゴールデンタイムの広告費が15秒に500人民元前後という安値であった。頂新は1日に100回以上のテレビコマーシャルを流し，短時間に中国全国で高い知名度を得ることができた（劉，2003，21-27頁）。

　このように製品，価格，プロモーションといったマーケティング・ミックスにより，「康師傅」の知名度を高め，即席麺が発売されてから1ヵ月後には，発注から納品まで3ヵ月待ちと，生産が追い付かない状態になった。1994年，頂新は生産拠点を中国の北部から南部の広州へと拡大したが，それでも同じ状態がしばらく続いた（『財訊』2001年8月，261頁）。その年の年間売上高の成長率が300％に達し，頂新は中国における上位外資系企業百社にランキングされた。

（2）初期段階のマーケティング・チャネル戦略
　初期段階における外部環境には，総合量販店やコンビニエンスストアなどの近代化小売業の増加，統一企業や華龍などの競争者の出現があり，企業の内部要因の変化には，飲料事業への参入や，味全グループの買収による事業拡大，困難さを増すチャネルコントロールなどがあった。
　「康師傅」即席麺のマーケティング・チャネルは，初期の商品である「頂好清香油」と同様，配給システムから生まれ変わった中国既存の流通系統を利用し，現金取引の方針であった。しかし，既存の流通系統に頼る体制には価格維持をはじめ，商品のコントロールが難しいといったデメリットが避けられなかった。たとえば，発売地の北京から遠い広州や新疆，ロシアなどでは，0.58人民元に設定された袋麺が1元以上の価格で販売されていた。
　販売地域によって価格が異なる状況を改善するために，頂新は即席麺の生産設備を増強しながら，1994年からは集団経営や個人経営の卸売商を自社の「経

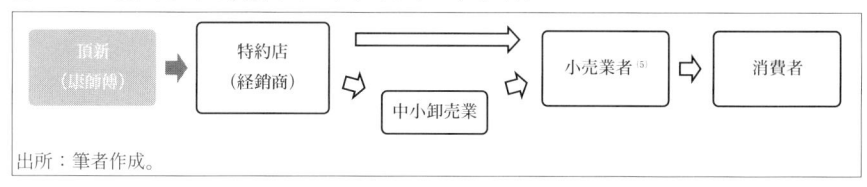

図11-1 ●1997年までの頂新のマーケティング・チャネル

```
頂新         →  特約店       ⇒           ⇒  小売業者[5] ⇒ 消費者
(康師傅)         (経銷商)
                             中小卸売業
```

出所：筆者作成。

銷商」（特約店）に組織化した。特約店の選定に当たって，台湾からの人材も起用し，各地域にある卸売商の財務状況や現地政府との関係，販売能力，配送設備を基準に判断した（温，2003，190頁）。頂新の特約店になる条件は，康師傅以外の商品を販売しないことである。またほかの地域へ商品を売ることもできない地域専売制であった（劉，2004，132頁）。これはメーカーのパワーが流通機構に働いていることを表している（図11-1参照）。

一方，特約店は自らの利益を追求するため，売れる商品を先に仕入れ，新商品には目を向けなかった。そのため，一時的に康師傅の「紅焼牛肉麺」が頂新会社全体の売上高の85％を占める状況もあったという（『商業新聞（BIZNEWS）』2001年6月5日号，57頁）。さらに，特約店とはすべて現金取引であったため，資金力に乏しい特約店との取引が制約され販路拡大の障害になったことが，もう1つの弱みであった。

3-3 「康師傅」ブランドの拡大を支えたマーケティング・チャネル構築（1998年～現在）

（1）新商品分野への展開

頂新は1995年に天津で頂園食品公司を設立し，せんべい，菓子，クッキーなどの事業を開始し，総合食品メーカーを目指し始めた。96年には杭州で頂津飲料公司を設立し，「康師傅」のブランド拡張によって，中国の清涼飲料水事業に参入した。96年には「康師傅」というブランドの下でレモンティーと花茶を発売し，ついで97年から98年の間にはアイスティーや緑茶，ウーロン茶を追加発売した。

1998年，頂新は台湾で統一企業を追う2番手の食品メーカーである味全グループを買収し，食品製造分野における事業の拡大を狙った。味全グループは

特に果汁飲料や乳飲料分野の事業に強みがあり，頂新は味全グループを買収後，2002年に中国市場に味全の「毎日C」ブランドの果汁飲料を導入した。その後，さらに，味全グループが台湾で販売している乳酸菌飲料を中国に導入した（『遠見雑誌』2003年10月1日号，162-166頁）。このように，頂新は中国で自ら新しいブランドを育成しただけでなく，味全グループを買収したことによって，中国における経営基盤の拡大を可能とした[6]。

(2) 頂新のマーケティング・チャネル改革

2006年時点で，康師傅の市場シェアは即席麺で43.3％，茶飲料で53.6％であった（図11-5と図11-6参照）。これらの業績は「康師傅」というブランド力の成果だけではなく，1998年から始まったマーケティング・チャネルの大改革も大いに貢献している。

1998年，頂新は4000万USドルを投入し，マーケティング・チャネルにおける大改革に着手した。具体的には，97年までに利用していた1000ヵ所の地域特約店との契約を中止して，自らの資本を投入した直営の営業所を設置した。さらに，「頂通」という物流子会社を設立し，物流機能も自らの力で構築した（図11-2参照）。

1998年から2006年までに，頂新は中国全土に437ヵ所の営業所と80ヵ所の倉庫を設立し，5490の卸売商と7万3000店舗の一般小売店に直接対応することが可能となった（『康師傅持ち株会社 2006年アニュアルレポート』，22頁）。

このような綿密な販売網は，頂新の即席麺事業の拡大だけでなく，飲料や菓子事業にも利用された。その結果，2001年，頂新の飲料事業の売上高の成長率は100％前後に達し，台湾の味全企業が所有していた「毎日C」ブランドでも果汁飲料を投入し，短期間に市場シェアの増大を実現した（『遠見雑誌』2002年7月1日号，『能力雑誌』2002年6月号，および『財訊』2002年2月号）。

また，今回のマーケティング・チャネルの大改革によって，商品の回転率を高めることができ，月に1度しか納品することができなかった新疆でも，自らの販売網の構築後，納品回数を増加することができた。そのほか，かつて新疆で3.5元で販売されていたカップ麺は流通チャネルの短縮によって2.5元での販売が可能になり，他社との競争優位を確立した（劉，2003，89頁，『財訊』

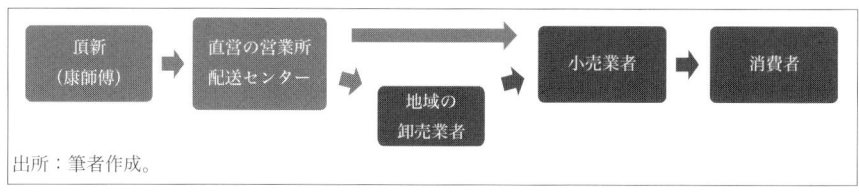

図11-2 ●1998年以降の頂新のマーケティング・チャネル

```
頂新（康師傅） → 直営の営業所・配送センター → 地域の卸売業者 → 小売業者 → 消費者
```

出所：筆者作成。

2001年8月号，261頁，『東方企業家』2002年8月号）。

このように頂新は，単一チャネル・マーケティング・システムからマルチチャネル・マーケティング・システムへと展開し，製造業者による「垂直的マーケティング・システム」（以下，VMS)[7]を組織化した。このVMSは最初の特約店制の契約型VMSから，1998年の資本統合を伴う企業（法人）型VMSへと段階的に進展した。

3-4　小売業への参入

頂新は1996年2月，香港で「頂新国際集団持ち株会社」（その後は「康師傅持ち株有限公司」に社名変更）を設立し株式上場後，流通と外食分野へ事業を展開した。96年5月，フライドチキンチェーンの「徳克士」を買収し，ファストフード事業へ参入した。その後，98年には上海の現地企業と資本提携し，「楽購」という名称の総合量販店を展開し，自ら販売経路を開拓するため，小売段階における製販統合に着手した（『工商時報』2003年11月1日付）。

2004年4月，頂新はコンビニエンスストアの上海ファミリーマートを始めた。現地法人である「福満家便利有限公司」の出資比率は，中国便利店公司が65％（同公司の出資比率は頂新が50.5％，伊藤忠・日本ファミリーマートと台湾全家便利商店の3社が計49.5％），現地パートナーの中信信託が35％という構成である（『聯合報』2004年4月6日付）。04年6月に1号店を開き，07年3月時点までには上海で106店舗を展開した。さらに，07年1月には広州に進出し，3月までに3店舗を展開した。この提携においては，頂新が経営管理全般と物流システムを担当し，伊藤忠商事は惣菜などの製造工場の技術提供を担当した。日本のファミリーマートは商標の使用権の提供と，物流システムの構築に協力した。04年7月，頂新はイギリス最大のスーパーマーケットであるテス

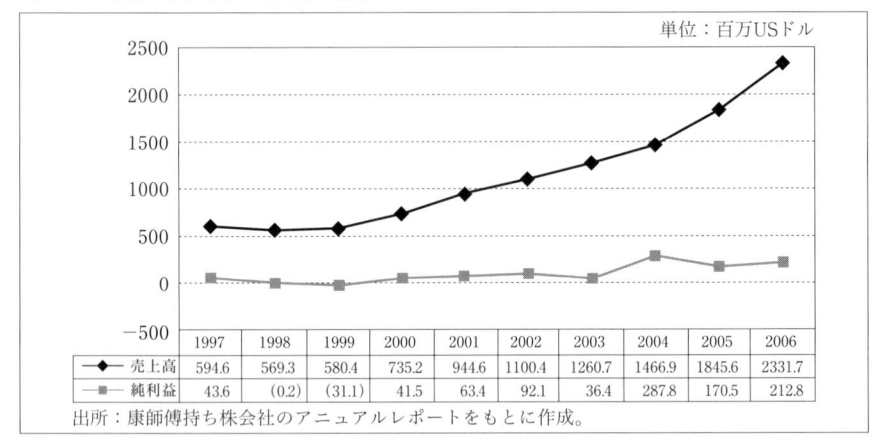

図11-3 ●頂新の売上高と純利益の推移

単位：百万USドル

	1997	1998	1999	2000	2001	2002	2003	2004	2005	2006
◆ 売上高	594.6	569.3	580.4	735.2	944.6	1100.4	1260.7	1466.9	1845.6	2331.7
■ 純利益	43.6	(0.2)	(31.1)	41.5	63.4	92.1	36.4	287.8	170.5	212.8

出所：康師傅持ち株会社のアニュアルレポートをもとに作成。

コと資本・業務提携し，テスコが「楽購」の現地法人企業（上海康交楽購超市貿易有限公司等）の株式50％を取得し（買収金額2.6億USドル），共同経営権を獲得した。06年12月に，テスコは出資比率を5割から9割へ引き上げ（買収金額3.5億USドル），合弁企業の主導権を握ることになった（『日経産業新聞』2006年12月18日付）[8]。これにより，頂新の近代化小売業への製販統合は，総合量販店から加工食品の占める割合が高いコンビニエンスストアへとシフトした。

一方，伝統的な小売業に対して，頂新は地域の小売店舗を立地や商品の仕入状況などの基準で分類し，訪問頻度は店舗の種類によって変えている。定期訪問は，小売店舗の在庫確認のほか，情報交換や陳列と販売方法の指導などを行った。また，頂新に所属する営業マンは1人1日30店舗以上の小売店を訪問する[9]。ちなみに，2004年時点で，頂新グループは流通チャネルのうち，伝統的な小売業が75％，近代化小売業が25％の売上高を占めていた（劉，2004，132頁）。

3-5　頂新の業績

以上のようなマーケティング・チャネル戦略の転換の結果として，頂新は売上高と利益額の両方の増大を実現した。頂新経営者4兄弟の1人である魏応交

氏によると,「マーケティング・チャネルの革新によって,毎年2桁の成長率を実現することができ,利益も前年に比べて50％を増加した。」(『遠見雑誌』2002年7月1日号,122頁)とのことである。

頂新の売上高と純利益の推移をみると,大改革が始まった最初の2年の1998年と99年には,売上高と純利益が地域特約店の対抗の影響を受けて一時的に落ちた。しかし,2000年以降の売上高の成長率は急激に上昇し,06年には売上高が23億3100万USドルになり,05年と比べると26.3％の成長であった(図11-3参照)。

4 統一企業グループのブランド戦略とマーケティング・チャネル構築

4-1 統一企業の中国進出

統一企業は1967年,台湾の台南で設立された台湾最大の総合食品メーカーであり,同時に台湾で4000店舗以上のコンビニエンスストアを展開しているセブン-イレブン統一超商やコーヒーチェーンのスターバックス,およびドラッグストアを展開している。そのほか,卸売機能を持つ物流会社や,日本のヤマト運輸との宅配サービスや,ダスキンとの清掃事業,ドーナツチェーンなどの事業を持つ,台湾最大の流通企業グループでもある。

1967年設立から80年代後半まで,統一企業の事業展開とマーケティング活動は台湾国内市場に焦点を置いていた。しかし,島国である台湾の国内市場の成熟化と競争の激化を背景に,90年代以降,統一企業は世界レベルの食品グループになることを目指し始めた。とくに,中国市場における投資額とその規模は最も大きい。

国外へ目を向けた際に,統一企業の会長である高清愿は,世界レベルの食品グループに達するには中国市場での事業展開が不可欠であると語り,中国市場をグローバル展開の重点地域に定めた(『統一月刊』1992年7月号)。

1980年代後半,頂新を含めた一部の台湾企業は政府による中国への投資規制を無視して,中国市場への資本投資を始めたが,上場企業である統一企業は,

中国への企業投資の制限付き開放後の92年，事業範囲を中国市場へと拡大したのである。

4-2　即席麺による「統一ブランド」の構築

　1992年1月，統一企業はトマト商品の生産のため，原材料の調達が便利な新疆に中国における最初の生産工場である新疆統一食品有限会社を設立した。同年2月，中国・北京で北京統一食品有限公司を設立し，さらに，同年6月には小麦粉関連商品を生産する天津統一企業食品有限公司を立ち上げた。すなわち，ほぼ同時期に中国市場における食品と食糧事業の現地生産を開始したのである。しかし，統一というブランドが消費者に周知されたのは，96年11月に「統一100」即席麺を発売してからであった。

　統一企業初期の商品戦略は標準化戦略であり，中国市場に導入したのは台湾での売れ筋商品である海鮮麺や肉そぼろ麺であった。しかし，現地生産を開始したものの中国市場には受け入れられなかった。理由は，発売先の中国北部地域の人々は油濃く辛いものが好みであるのに対し，台湾の食べ物の味付けが基本的に薄味だったためである。食文化の違いがそのまま業績に表れた。台湾と同じ華人市場である中国でなら，同じ商品を販売できるであろうという統一企業の過信があった。一方，現地市場の好みに合わせた商品を開発し，統一企業よりも数日早く発売したライバル企業の頂新は，統一企業が試行錯誤している間に，着々と即席麺の市場シェアを伸ばしてきた。

　統一企業は1996年11月，ついに中国市場向けの即席麺である「統一100」（袋麺）を発売し，ようやく浮上するきっかけをつかむことができた。この商品のポジショニングは高級即席麺であり，価格は当時，頂新が発売した中で一番高い商品である「康紅牛」の1.3人民元よりも高い1.5人民元（2006年時点の袋麺の定価は1.6元～1.8元）の設定であった。商品の特徴は，その頃の即席麺は2つの調味料しか入っていないのに対して，統一企業の「統一100」は3つの調味料を入れたことである。味も中国人の味の好みに合わせた牛肉味である。さらに，パッケージにも工夫をこらし，外側はカラフルな色彩を採用し，内側は銀色のアルミ発色素材を使用して，高級感を強調した商品とし，売場でも存在感を際立たせた。

プロモーション戦略は，全国放送のテレビや雑誌で大量に広告を出し，「統一100，満意100」（「統一100」を食べたら満足度が100％である）というキャッチコピーで，統一ブランドの即席麺は高品質であることを，消費者にアピールし続けた。結果として，高品質，高価格の戦略が中国の消費者にインパクトを与えることができ，「統一100」によって，統一というブランドの知名度は一気に上昇した（『天下雑誌』2001年12月1日号，および2005年8月の聞き取り調査）。

統一企業は新しい即席麺ブランドの開発を目指し，1997年8月に卵入り麺で麺のコシを強調した「好勁道」（袋麺の定価，0.8元〜1元）を導入し，さらに同年12月には「来一桶」（定価，3元）というカップ麺を導入した。統一企業が台湾で89年に発売し大ヒットした「来一客」という日清のカップヌードルに類似するカップ麺を，麺を2倍に増量して，食欲旺盛な中国の人々に対応して開発した商品であった（『統一月刊』2005年1月号，『天下雑誌』2002年8月11日号）。その後，統一企業は中国の即席麺市場における市場シェアを伸ばすことができ，2003年までに市場シェア第2位の食品メーカーの地位を確保することができた。しかし，白象や華龍などの現地即席麺メーカーが，低価格路線で中国の農村地域から攻めてきたことで，統一企業の市場シェアは2004年から第3位に下落した（図11-5参照）。

現在，統一企業が中国で発売している即席麺ブランドは，「統一100」，「好勁道」，「来一桶」，「巧麺館」，「小浣熊」の5つである。そのうち「好勁道」は台湾と中国で共通のブランドであるが，グローバル・ブランドの育成が今後のひとつの課題になっている（『統一月刊』2005年1月号）。

4-3　飲料事業の確立

統一企業が初めて中国の飲料市場に参入したのは1995年であり，「統一氷紅茶」というTP包装（テトラパック社の無菌充填の完全密封包装）の茶飲料を発売した。98年，統一氷紅茶は飲料市場の上位ランクに成長した。統一は99年11月，さらに「統一緑茶」という緑茶の新商品を導入した。

2000年代になると，統一企業の飲料事業の重要性は即席麺事業を凌ぎ，現在は中国に茶飲料，果汁飲料，コーヒー，牛乳，ビール，水の6つの分野で飲料

事業を展開している。特に茶飲料と果汁飲料の市場シェアが高い。

　2004年，統一企業は台湾で販売している「茶裏王」ブランドを中国市場に導入し，市場の反響がよかったことから，今後は，台湾でのお茶ブランドである「麦香」や「純喫茶」も中国に導入する予定である。07年時点で，統一企業は中国茶飲料市場第２位のシェアを維持している。

　果汁飲料類について，統一企業は台湾で「○○多」というブランドで，さまざまな味の果汁飲料を発売している。中国では「鮮橙多」というオレンジ果汁入りの飲料を発売し，高いシェアを獲得した。2002年８月にはブドウ味の「葡萄多」という果汁飲料を発売している（『統一月刊』2002年10月号）。

　コーヒー関連商品について，統一企業は台湾では「左岸珈琲」や「珈琲広場」などのブランドを用いていた。しかし，中国市場では「雅哈珈琲」という新しいブランドのコーヒーを導入したのは，台湾で使用していたブランドが中国市場に適合しないか，あるいは商標登録がむずかしかったからであろう。グローバル・ブランドへの発展の困難さを表している。

　そのほかの飲料事業としては，1999年前後の乳製品事業と2006年から開始した飲料水事業がある。

　全体的にいうと，中国市場における統一企業の即席麺と飲料商品のブランド戦略の特徴は，どちらも最初には統一企業という社名を連想させる「統一」が使われた。「統一」は企業ブランドであり，かつ製品ブランドとともに用いられた。また，即席麺事業は中国市場を対象としたローカル・ブランドが多かったのに対して，飲料事業はグローバル・ブランドを優先的に中国市場に取り入れるという違いがみられた。

4-4　統一企業のマーケティング・チャネル構築

　統一企業の中国市場におけるマーケティング・チャネル・システムは，マルチチャネル・システムであり，製造業者による契約型と企業型の並存型システムである。ここではさらに，伝統的な小売企業に対応したマーケティング・チャネル，近代化小売業に対応したマーケティング・チャネル，近代化小売業への直接参入，物流についての対応，の４つに分けて中国における統一企業のマーケティング・チャネル戦略を明らかにする。

(1) 伝統的な小売企業に対応したマーケティング・チャネル構築

資本投入の有無によって，統一企業の伝統的な小売企業に対応したマーケティング・チャネルは，自社資本による営業所と資本参加しない特約店の2つに分けることができる。営業所は主に2級以上の大都市に設置され，統一企業の各支社が営業所を管理している。

営業所は，まず1級都市（たとえば，上海，南京など）に優先的に設置され，その後2級以上の都市（たとえば，杭州，蘇州など）にも設置され，漸進的にネットワークを形成した。2005年までに，統一企業は中国で約240ヵ所の営業所を展開した。しかし，2級以上の都市は約300ヵ所あり，「すべての2級以上の都市に営業所を設置する」という目標はまだ実現されていない。人材確保の難しさが遅れの理由として述べられているが[10]，ほかの理由は後述する。なお，特約店は現地の卸売機構を利用し，主に中国の食糧配給時代に各地域や各交通要所の集散市場に入居していた配給機関であった。特約店の数は約4000社である（図11-4参照）。

配給時代から生まれた中国の卸売機構，特に農村地域の特約店の運営方法は，店に座って顧客を待つという「座商」の方式であった。商品についての情報はほとんどなく，顧客は来店し自ら商品を運ばなければならなかった。すなわち，日本では当たり前のようになっている卸売業者による販売促進や商品の配送もほとんど行われていなかったという。そのため，統一企業や頂新のようなより大きな市場を確保したい外資系の消費財メーカーは，資本投資の増加になると認識していても，製販垂直統合を進め，現地の卸売機構に頼ることを最小限に抑えた。すなわち，未発達な流通構造という外部要因を背景に，企業の販路確保の必要性が，製販統合型経営を推進したのである。

現在，特約店には「輔銷所」という統一企業の営業所から転換した特殊なケースがある。統一企業は中国進出直後，知名度が低かったことから，特約店になってくれる企業がみつからなかった地域もあった。そこで，2級都市以下の地域でも営業所をつくった。現在そのような地域では，特約店経営に名乗り出た企業に現地販売権を渡し，「輔銷所」という特別な特約店になっている。また，統一企業は営業所を増設する一方で，特約店に自社の営業マンを派遣し運営や販売指導を行い，配送も手伝っている。中国市場に対応したチャネル構

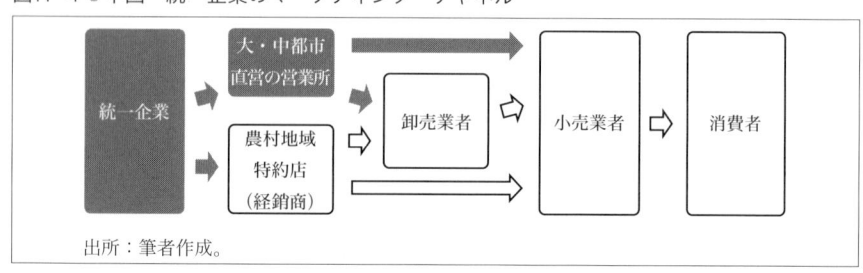

図11-4 ●中国・統一企業のマーケティング・チャネル

```
統一企業 → 大・中都市直営の営業所 →
       → 農村地域特約店(経銷商) →
                    → 卸売業者 → 小売業者 → 消費者
```

出所：筆者作成。

築の1つであるといえよう。

しかし，中国の多くの中小規模の食品メーカーの場合は資本力が不十分であったため，現地既存の地域卸売機構を利用するか，あるいは大手企業と提携する形で市場を確保せざるをえなかった。

台湾の統一企業のマーケティング・チャネルと比較した場合，台湾における統一企業の卸売段階のマーケティング・チャネルは，大都市を中心に特約店と統一企業の共同出資による販売会社（早期は100％自社資本の営業所），そして各地域に統一企業の資本が入っていない特約店によって構成されている。

台湾と中国の特約店の大きな違いの1つ目は，中国には特約店と統一企業の共同出資による販売会社がないことである。2つ目には，取り扱う商品について台湾の特約店はすべてが統一企業の商品であるのに対して，中国の特約店の7割から8割は統一企業以外の商品も取り扱っている。つまり，専売特約店ではなく，併売特約店なのである。先発者である頂新により大半の市場シェアを奪われた統一企業は販売力が限られているため，専売特約店の確保が困難になった。

2005年時点で中国市場において，統一企業の商品を100％取り扱っている特約店は，北京，上海，武漢，広州の4ヵ所であり，統一ブランドの強い地域のみであった。

（2）近代化小売業に対応したマーケティング・チャネル構築

1990年代から2000年代にかけて，中国にはスーパーマーケットや総合量販店，コンビニエンスストアなどの近代化小売業が多く現れ，それらの本部事務

所は上海に集中している。近代化小売業との取引交渉は，おもに上海の統一企業本部が対応している。

　小売チェーンとの契約条件は，それぞれの店舗規模や販売数量によって変わるが，基本形式は年間契約である。新商品発売の際にメーカーが大手小売チェーンに支払わなければならない諸費用も，上海の本部が一括して対応している。この点については，台湾での取引状況と類似している。

（3）小売業への直接参入（2000年以降が中心）

　統一企業は，台湾において1979年からコンビニエンスストアのセブン-イレブンを展開し，中国においても同じような事業構想をもっていたといわれる（『経済日報』2003年6月25日付）。しかし，中国地域における経営権獲得の交渉が難航しているため，2007年時点までにやや異なる小売業態によって中国における流通分野事業の展開を図ろうとしている。最初の流通分野への参入は，1995年11月のカルフール天津店への投資であり，統一企業が40％出資した。その後も，97年にカルフール重慶店に45％，01年同広州店に20％出資している。ただし，統一企業グループが出資しているカルフールの店舗は上記3店舗にとどまり，経営執行権もすべてカルフールが握っている。

　2000年以後，子会社であるセブン-イレブン統一超商が，中国における統一企業グループの流通分野の事業展開を主導している。スーパーマーケット事業では，00年に統杰（トンジェ）（中国）股份有限公司を設立し，第1店舗は中国南部の汕頭に開設した。さらに04年9月，山東省の山東銀座商城股份有限公司と共同出資で山東統一銀座商業有限公司を設立し，中国の東北地域での小売業展開を狙っている。そのほか，04年4月に広東省の麗珠医薬グループとの提携で，統一康是美深圳公司（統一企業グループの出資比率65％）を設立し，台湾で展開しているドラッグストアの「康是美」を中国に導入した。

（4）物流システムについて

　商流以外に，物流問題の解決も中国市場に参入した企業の大きな課題である。統一企業は営業所にそれぞれ付属の倉庫を持ち，基本的には商流と物流が一緒の体制になっているが，大都市の上海や北京のように商流と物流が異なる

場所で行われるところもある。2005年時点で，統一企業は中国において約300棟の倉庫を所有し，倉庫の面積は約300から1000平方メートル前後である。そのほとんどは現地の国営企業が使用しなくなった設備を購入して利用したものである。

当該地域に物流センターがない場合，出荷場所は注文量によって違う。3000箱前後の注文は統一企業の工場からの直接出荷であり，1000箱前後の注文は営業所からの出荷になる。3級以下の都市からの注文に対しては，基本的に営業所の倉庫から出荷している。

物流センターがある場合，たとえば5つの営業所をもつ上海では，物流は松江，浦東2ヵ所の物流センターが担当する。北京にも5つの営業所があり，2つの物流センターが担う。総合量販店やスーパーマーケットなどの大規模小売業への配送は，工場からの直接配送である。聯華超市，快客便利店やローソンなど，自社の物流センターを持つ大手小売業の場合には，それぞれの企業の物流センターに直接配送している（2005年8月の聞き取り調査）。

4-5　中国・統一企業の業績

統一企業は1992年に中国に進出した後，赤字経営が長年続いた。96年末，即席麺の「統一100」のヒットにより，業績は徐々に改善されたが，それでも97年時点に，中国における14社の食品関連会社のうち，黒字転換したのはわずか3社であり，赤字は8000万元台湾ドル（約2億8000万円）にものぼった。

2000年，統一企業はようやく中国事業を黒字転換することができた。そして，00年以降は飲料部門の成長によって，中国における売上高を続伸させることができた（『統一月刊』2001年1月号，『商業時代』2002年10月21日号，『財訊快報』2003年12月31日号）。06年上半期，統一企業の売上高が8.49億USドルになり，年成長率は33％であった。06年時点で，中国における統一企業の売上高は台湾とほぼ同額に成長した（『聯合晩報』2006年10月10日付）。

5 頂新グループと統一企業の比較

5-1 両社のマーケティング・チャネルの比較

　中国・統一企業のマーケティング・チャネルは，1992年の参入当時から営業所と地域特約店を同時に利用する戦略である。2005年時点までには，約240ヵ所の営業所を設置した。特約店のうち専売特約店は2割前後であり，併売特約店は7割から8割であった。それに対して，頂新は97年以前の専売卸の組織化によるチャネル戦略を，98年以降は営業所の設置に変更した。05年には中国全土に361ヵ所の営業所を持ち，06年にはそれを437ヵ所まで拡大し，流通チャネルの短縮化を実現した。営業所の数からみると，頂新の方が販売網は充実している。

　両社の卸売段階における製販統合の程度を，出資比率，自社営業所と他社特約店の割合，取扱商品の比率を基準に判断すると，頂新は「強」であり，中国・統一企業は「中〜弱」である。さらに，台湾の統一企業と比較すると，特約店はすべて専売特約店，特約店との共同出資による販売会社もある台湾・統一企業の卸売統合の程度は「強」である。

　物流システムについて，統一企業は中国市場に自分の物流会社は持っていないが，営業所には付属の倉庫があり，それらが物流機能を担っている。上海と北京以外の地域では，商流と物流を担う機関が分離していない。頂新の場合は，1998年に物流子会社である頂通を設立し，その後，物流の部分は頂通が引き受けることになり，2006年時点では80ヵ所の物流センターを運営している。商流は今まで通り本社と営業所が担当する。04年，日本の伊藤忠商事は頂通物流会社の50％の株式を取得し，両社の提携によって，中国において流通ネットワークを把握しようとしている（詳細は第5章参照）。

　また，食品製造業として中国市場に参入した後に，流通分野へと多角化している点は両社共通である。しかし，展開している小売店舗の総数からみると，頂新は150店舗前後であり，統一企業の50店舗前後よりはるかに規模が大きい。

両社の小売段階における製販統合の程度を比較すると，まず頂新は販売経路として1998年に総合量販店の楽購を展開した。当時，その点を考慮すると，製販統合の程度は「強～中」であった。しかし，2006年に楽購の持ち株の90％をテスコに売却し，上海や広州で展開するファミリーマート現地法人に対する出資比率も3割前後である。経営の主導権などから判断すると，07年時点における頂新の小売統合の程度は「中～弱」に変化している。

　統一企業の場合，中国市場においてさまざまな小売業態の展開を図っているが，出資比率は20％から65％前後である。台湾における統一企業の小売統合には，4000店以上の店舗を展開している100％出資の子会社であるセブン-イレブン統一超商があり，資本面や店舗数，人材交流の諸側面からみると，製販統合の程度は「中」である。これと比較すると，中国における統一企業の小売統合の程度はまだ「弱」である。

　このように，中国市場において食品メーカーである頂新は卸売段階と小売段階のいずれにおいても製販統合を積極的に進めているのに対し，統一企業は逆に出遅れているのが現状である。その結果，両社の業績と市場シェアにも差が現れている。詳細は，つぎの項目で述べる（表11-1と表11-2参照）。

5-2　近年の即席麺市場と茶飲料市場の概況

　中国即席麺市場における上位3社近年の市場シェアの推移をみると，頂新の康師傅が圧倒的に高く，他社と市場シェアを奪いながら2006年には43.3％のシェアを握っている。一方，統一企業グループは01年以来，市場シェアが減少傾向にあり，04年を境に第3位に転じ，06年現在第2位は現地企業の華龍である（図11-5参照）。

　茶飲料市場においては，頂新の康師傅，統一企業，そして現地資本の娃哈哈（ワハハ）が上位3位に顔を並べている。お互い市場シェアを奪い合いながらも，頂新が他社を大きく引き離している。即席麺事業から始まったマーケティング・チャネル構築は，頂新の茶飲料事業の推進にも効果をもたらしている（図11-6参照）。

表11-1 ●頂新グループと統一企業グループのマーケティング・チャネルの比較

	頂新（中国）	統一企業（中国）
参入時期	1989年	1992年
中国本部	天津	上海
食品事業の市場占有率（AC Nielsen 2006年調査結果）	即席麺（37％）No.1 茶飲料（51％）No.1 ジュース（16％）No.3 水（12％）No.2 サンドイッチ・クッキー類（24％）No.2	即席麺（13％）No.3 茶飲料（26％）No.2
代表的なブランド	康師傅（即席麺、茶飲料など） 毎日C（飲料）	統一（即席麺、飲料など）
マーケティング・チャネル	1997年以前：大地域特約店→中小卸売業→小売業 1998年以降：営業所（2006年437ヵ所）→中小卸売業→小売業	都市：営業所（2005年240ヵ所）→中小卸売業→小売業 農村：地域特約店→中小卸売業→小売業
物流会社	頂通物流会社（1998），傘下に80ヵ所の物流センターを所有。2004年，日本の伊藤忠商事が50％の株式を取得した。	なし
主な近代化小売業展開	楽購（HM）44店舗 全家便利商店（ファミリマート上海と広州）（CVS）106店舗	家樂福（天津，重慶，廣州）（HM）3店舗 北京統杰法宝超市（SM）8店舗 山東統一銀座（SM）33店舗 四川統一優瑪特（HM）1店舗 統一康是美（ドラッグストア）6店舗
その他のサービス展開	徳克士 （フライドチキンチェーン） 有楽和食ラーメン店 焼き肉店	上海星巴克 （コーヒー店チェーン）
中国における主要提携先企業	日本企業： サンヨー食品 伊藤忠商事 アサヒビール カゴメ食品 亀田製菓 欧米企業：テスコ（英）	日本企業： 日清オイリオ キッコーマン社 キリンビバレッジ 現地企業：匯源果汁，完達山乳品，広州健力宝，河北華龍。 欧米企業：Cargill（アメリカ），Aubergine（フランス）。

出所：統一企業と頂新のアニュアルレポート（2006年度），およびセブン-イレブン統一超商のホームページなどにより筆者が作成。

表11-2 ●両社の製販統合程度の比較

	頂新（中国）	統一企業（中国）	統一企業（台湾）
卸売段階	強	中～弱	強
小売段階	中～弱	弱	中

出所：筆者作成。

図11-5 ●中国即席麺市場上位3社の直近の市場シェア推移（売上高）

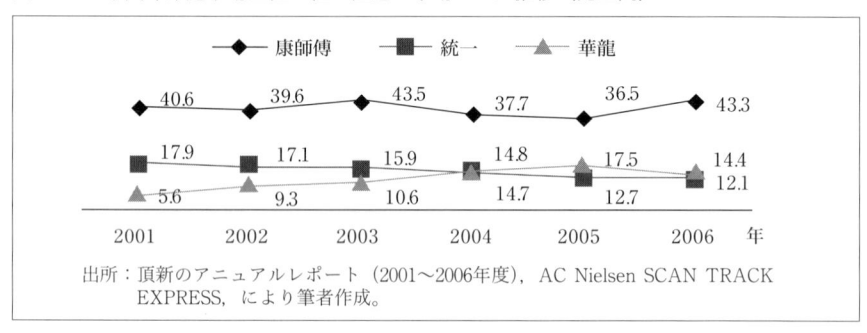

	康師傅	統一	華龍
2001	40.6	17.9	5.6
2002	39.6	17.1	9.3
2003	43.5	15.9	10.6
2004	37.7	14.8	14.7
2005	36.5	17.5	12.7
2006	43.3	14.4	12.1

出所：頂新のアニュアルレポート（2001～2006年度），AC Nielsen SCAN TRACK EXPRESS，により筆者作成。

図11-6 ●中国茶飲料市場上位3社の直近5年の市場シェア推移（売上高）

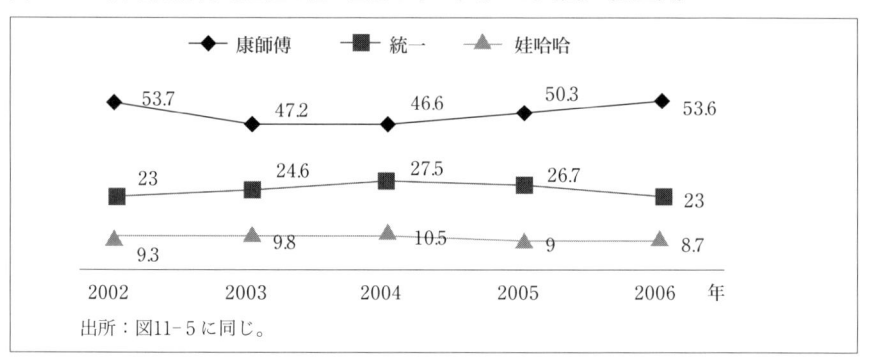

	康師傅	統一	娃哈哈
2002	53.7	23	9.3
2003	47.2	24.6	9.8
2004	46.6	27.5	10.5
2005	50.3	26.7	9
2006	53.6	23	8.7

出所：図11-5に同じ。

6 おわりに

6-1 中国における製販統合型企業の生成要因と制約要因

ここで，中国における頂新と統一企業のような製販統合型企業の生成要因を整理したい。まず，中国の国営体制のもとに発展してきた零細な流通構造は即

席麺から飲料へと事業の多角化に伴い，市場と販路を積極的に拡大したい台湾食品メーカーのマーケティング戦略に対応しきれない背景があった。さらに，しだいに激しくなった市場の競争環境と流通政策の変換による外資系小売業の参入への対応策として，製販統合型経営が中国市場において誕生した。しかし，両社の比較分析によると，製販統合型経営の推進には制約条件が影響を与えていることが判明した。

冒頭で述べた4つの制約条件で分析すると，まず，企業の相対的市場地位と，参入障壁については，先発企業である頂新は中国人の味覚にあった高い品質の即席麺を展開し，さらに大都市から地方に至る卸売系列化により，即席麺の全国市場をいち早く構築し，先発者の優位を確保した。一方，後発企業である統一企業の場合には参入障壁が存在しているため，台湾のように製販統合経営を推進することがむずかしかった。本章で考察した両社の発展プロセスからみると，統一企業の最大の参入障壁は，まさに自分の製販統合を真似したライバル企業の頂新の存在であった。そのほか，統一企業は台湾で展開しているセブン-イレブンの経営権を，中国で取得することができなかったことも，統一企業の中国における小売段階の製販統合型経営の推進を阻害した。

経営資源の側面から両社の発展をみると，頂新は台湾での市場ポジションが低かったため，1980年代後半から先手を打って中国市場を開拓し，本拠地は中国にある。一方，統一企業の本拠地は台湾にあり，中国は海外展開の1つである。営業所の人材の確保などを見ると，経営資源の分散が中国における統一企業の製販統合が頂新より遅れた理由の1つである。

そして，チャネル・パートナーの利用可能性については，両社が積極的に展開しようとした1990年代，効率よく利用できる中間業者が少なかったため，製販統合型経営が選択されたのである。頂新の経営者たちが自ら言明しているように，統一企業が台湾で実践してきた製販統合型経営を模倣したことは，頂新が中国市場におけるトップの地位を獲得した最大の要因である。すなわち，条件がそろえば，中国市場においても製販統合型経営が有効であることが確認できた。

最後に，財務力の面からも，統一企業の製販統合が頂新より遅れた理由を説明できる。統一企業の即席麺と茶飲料の市場シェアが頂新の半分以下であり，

収益性が低かったことにより，営業所および物流センターへの思い切った投資ができなかったと考えられる。なお，台湾企業が中国へ投資する場合には，台湾の経済部投資審査委員会による許可が必要であり，企業の資本金の40％が上限である。統一企業の中国における投資総額はすでに上限額を超えたため，新たに投資するには，中国で得た利益もしくは既存事業の売却によって資金を入手する以外にはないことになる[11]。

　本章は中国市場における頂新の康師傅と統一という二大食品ブランドの形成過程，およびマーケティング・チャネル戦略を明らかにした。また，統一企業が台湾において採用し成功した製販統合型戦略の経験と成果を，ライバル企業である頂新による実現ではあるが，海を渡った中国市場においても証明することができた。一方，統一企業のように，同一企業による製販統合型戦略の展開でも，参入市場によって製販統合型企業の形成を加速あるいは減速させる要因が存在していることが明らかになった。

6-2　今後の研究課題

　最後に，卸売機能が未発達な台湾・中国以外の新興市場において，同じような製販統合型経営が有効であるかどうかは，さらなる研究が必要であり今後の研究課題としたい。その他に，グローバル・マーケティングの側面からの参入戦略やグローバル統合の分析，グローバル・ブランド構築の問題，また日本企業との提携関係やノウハウの移転についての課題も，今後さらに考察する必要があると考えられる。

注
(1)　本章の初出は鍾淑玲（2008）「中国における台湾食品メーカーのマーケティング・チャネル戦略－頂新（康師傅）と統一企業のケースを通じて－」（日本商業学会誌『流通研究』10巻3号，3月）である。また，本研究は科学研究費（17730264）の助成を受けた。
(2)　台湾における統一企業の製販統合については，鍾淑玲（2005）を参照。
(3)　高橋（1990），88頁。
(4)　台湾の行政院大陸委員会のホームページ（http://www.mac.gov.tw/）による。
(5)　図11-1と図11-2の「小売業者」は伝統的な小売業者と近代化小売業両方を指している。
(6)　しかし，その後，味全グループの株価は下落し，頂新（康師傅）はそれによって，数

十億元（台湾ドル）の損失を受け，極端な資金困難に陥ったが，幸い1999年に，日本でサッポロ一番のラーメンを販売するサンヨー食品会社が頂新（康師傅）に資金参入したことによって，当グループの倒産危機を解除した。
(7) コトラー＆ケラー（2008），605-606頁。
(8) 頂新グループの垂直的統合戦略は，マーケティング・チャネル以外に，自らカップ麺容器工場などに投資し，生産要素の後方統合も行っている。
(9) 詳しくは劉他（2006）の47-52頁を参照。
(10) 2005年8月，統一企業（中国）投資有限公司，マーケティング本部長陳瑞旻氏へのインタビューによる。
(11) 2005年11月，統一企業が所持している珠海キリンビールの40％の持ち株を，キリンビールに売却したのは，中国における投資金確保のためである（『経済日報』2005年8月23日，および2005年11月24日付）。

参考文献
日本語：
謝憲文（2000）『流通構造と流通政策―日本と中国の比較―』同文舘出版。
鍾淑玲・矢作敏行（2005）「華僑系資本の中国小売市場への参入動向」『イノベーション・マネジメント』法政大学イノベーション・マネジメント研究センター，No.2。
鍾淑玲（2005）『製販統合型企業の誕生―台湾・統一企業グループの経営史』白桃書房。
陶山計介・高橋秀雄編著（1990）『マーケティング・チャネル―管理と成果』中央経済社。
高橋秀雄（1990）『マーケティング・チャネル―管理と成果』中央経済社。
日本貿易振興機構（2004），中国の主要食品産業の現状と今後の展望』『海外農林水産情報』Vol.134。
フィリップ・コトラー＆ケビン・レーン・ケラー（2008）『マーケティング・マネジメント（第12版）』（恩蔵直人監修・月谷真紀訳）ピアソン・エデュケーション。
『日経産業新聞』『日経流通新聞』の各日刊紙。

中国語：
温衛平・李穎生（2003）『中国市場品牌報告』企業管理出版社。
経済部国際貿易局編（2002）『台湾品牌在大陸』経済部国際貿易局出版。
康師傅持ち株会社のアニュアルレポート（2000年以降の各号）。
陳麗瑛・許素華（1991）「大陸的物質與商品流通渠道」『海峡両岸経済関係之探索』中華経済研究院。
統一企業社史（1997）『宏観多角』。
統一企業社内誌『統一月刊』の各号。
統一企業のアニュアルレポート（2000年以降の各号）。
中国商業聯合会『中国商業年鑑（1998-1993年，および2003～2006年）』中国商業出版社。
劉曉波（2003）『康師傅』九鼎国際。

劉曉波（2004）『麵麵倶到』博思騰文化事業有限公司。
劉震濤・楊君苗・殷存毅・徐昆明編（2006）『台商企業的中国経験』培生集団。
『財訊』『能力雑誌』『東方企業家』『遠見雑誌』『中国商業年鑑』『天下雑誌』『台湾経済研究月刊』『中華資訊網』の各号。
『商業時代』『聯合報』『聯合晩報』『経済日報』『工商時報』『財訊快報』『商業新聞（BIZNEWS）』の各日刊紙。

その他：
統一企業のホームページ（http://www.uni-president.com.tw/）。
康師傅（頂新）のホームページ（http://www.masterkong.com.cn/）。
セブン-イレブン統一超商のホームページ（http://www.7-11.com.tw/）。
統一企業（中国）投資有限公司，マーケティング本部長の陳瑞旻氏への対面インタビュー（2005年8月，場所は中国・上海本社）と，電話インタビュー（2006年2月）。
統一企業（中国）投資有限公司会長特別顧問（前統一企業（中国）投資有限公司社長）の朱光男氏への対面インタビュー（2006年1月，台湾・台南本社）。

■結章
課題と展望

1 はじめに

　中国の流通近代化は「発展途上」である。同時多発的に，種々の新業態が登場し，重要な卸売機能を担う卸が代理店・特約店としてリスクを負担するようになり，新たな中間流通システムの形成がまさに進行中である。海外の卸・小売業の進出も急である。「発展する中国流通」は，まさにダイナミックに変動中であり，走行中のランナーの姿をとらえる写真を撮るのがむずかしいように，その全貌を描き出すことは容易ではない。そこで本書では，「小売イノベーションの展開」，「流通業のグローバル化」，「卸売流通システムの創成」という研究視点を執筆者が共有しながら，発展する中国流通のコア部分に迫ることを目指した。方法論としては可能な限り二次データを集めるが，中国では統計資料が不十分なことが多いので，代表的なケースを選定し，聞き取り調査による実態調査分析を重視する姿勢でアプローチしていることが，われわれの大きな特色になっている。

　まず，ここでは研究成果を要約する。つぎに，これらを踏まえて中国の流通近代化の特徴を解明し，上記した研究視点の有効性を確認する。さらに，中国流通研究の課題と今後の展望を行いたい。

2 明らかになったこと

　第Ⅰ部の「移行経済体制下の流通近代化を探る」では，第1章で，中国における流通改革の歴史をふり返り，中国の流通構造は経済改革と流通政策から大きく影響を受けた事実を確認した。全体的にみると，1980年代から開始した流通改革により，国有企業の資本形態が大きく変わり，株式会社や民営企業の数が大幅に増加した。また，中国における流通近代化のプロセスをみると，外資導入とチェーンストア経営の2つが大きなキーワードとなっている。中国は92年から段階的に流通の外資を導入し，外国からの資金投入と経営技術の獲得により，国内流通企業の近代化を促進させた。2005年，内陸地域を対象とした流通近代化政策にも外資導入による促進策が含まれた。一方，海外流通業の巨大化がしだいに現地企業の大きな脅威となり，対抗策として01年以降，国内企業の集団化への傾向が強まり，全国各地で流通業の再編成が行われている。チェーンストア経営は，内外資問わず90年代から導入が始まり，21世紀にはいると成長期を迎えていることを明らかにした。

　第2章では，1992年から2004年まで漸進的な市場開放政策の実施が概観された。欧米，日本，華人・華僑資本の参入が活発化するなかで，合弁会社方式を軸にした経営知識の吸収という政策目標は首尾一貫して追求された。他方で，国有商業企業の改革から国内流通企業の育成へという国内流通体制の整備が同時並列的に進められた。とりわけ香港や台湾などの華人資本の参入意欲は旺盛で，中国小売市場における競争のキャスティング・ボートを握る存在となっていることが示唆された。また，日本企業の国際化は欧米企業と比べると総合量販店，コンビニエンスストアの両分野を通じて，少なくともこれまでは受動的であり，国際事業を持続的に発展させるための能動的な戦略性に乏しいと指摘された。

　第3章では，中国の小売市場で活発に事業展開している華人・華僑系資本9グループの参入実態，参入パターン，母国市場との事業の関係などの分析を行った。各企業グループは，本国において小売事業を運営しているが，必ずしも本国と中国ではまったく同じ事業展開をしているわけではない。また，参入

時期の早さや事業規模の大きさの点で華人・華僑資本は日本企業以上に活発であり，欧米企業との競争にしのぎを削る現状が指摘された。

第4章では，北京の有力小売企業2社である北京物美と北京京客隆の成長過程を現地調査で跡づけ，両社とも市場経済化の柱となっている国有企業改革と適合的な成長戦略を採用し，高い成長力を実現している点を明らかにした。典型的な民営企業である北京物美は，経営低迷に悩む北京市内の中小国有企業の経営再建を請け負い，あるいは買収・合併し，短期間に急成長を遂げた。それに対して，北京京客隆は国有企業改革の大方針に従って民営化し，香港市場に株式を上場する一方，国有卸売企業として蓄積した配送センターや店舗物件，取引関係等の経営資源を活用し，小売市場で多様な業態を展開し，新たな成長方向を打ちだした。両社の戦略は外資系企業では採用できない独自の成長戦略であり，それが国内企業として独自の強みを形成していと，結論された。

第5章では，日系総合商社の先駆的な取り組みを実証分析することを通して，卸売事業の発展可能性を探った。現地調査結果によると，1990年代は日系小売企業向け物流サービスの提供や地方政府との合弁による日本的卸売事業の実験にとどまっていたが，2000年代に入ると，商流を含む本格的な卸売事業に対する取り組みが活発化した。新規参入するメーカーの観点からすると，有名ブランド品の代理店，あるいは消費財メーカーのマーケティング・物流活動を支援する「プラットフォーム」機能を提供していると評価された。さらには，食品流通分野では小売事業展開や日系メーカーの生産拠点づくりと連動させ，戦略的な製販統合事業システムのなかで，卸や物流事業を位置づける例が現われている。日系総合商社による卸売事業の取り組みは初期段階にあるが，メーカーとの直接取引を志向する欧米外資系小売企業やそれに追随する中国企業が多いなかでも，卸売事業の発展可能性はある程度期待できることが示唆された。

第II部の「地域流通の近代化をみる」では，地域流通の近代化プロセスが分析された。第6章では国有商業機関を要とする計画的配分システムが徐々に崩壊し，漸次新たな流通システムの形成や商業集積の展開過程を全国レベルで概観するとともに，実際に地方都市ではどのように進捗したかを，河北省唐山市のケースで取り上げた。唐山市の流通近代化プロセスでは，①市場経済化に伴

う卸・小売業における零細な個人商店の爆発的な増加と商業集積の展開，②民営企業の成長にともなう新たなマーケティング・チャネルの形成，③グローバル化の進展を背景に，百貨店の進化や新たな業態・経営形態の導入による小売イノベーションの展開，とさまざまな現象がみられた。生産者と消費者を結ぶ卸と小売の各段階で市場が形成されるようになり，ビジネスを行う流通業が生成・発展し，新たな流通機能を担うようになった。中国における流通近代化の第1局面は，商業マージンの圧縮というよりはむしろ，市場経済化によるサービス向上であったこと，唐山市で新業態やチェーン経営などによる流通近代化進捗し市場経済化が加速化したのは世紀の変わり目あたりであったこと，自由市場は市民の生活を支え，生活文化貢献していることが明らかにされた。

つぎに，第7章では唐山市の卸売流通の改革プロセス，改革後の卸売構造の特徴を明らかにした。第1に，地方都市である唐山市は1980年代以降，中央政府の政策に従って商業改革を行ってきた。卸売流通について改革の基本方針は一貫して卸売段階を減らし，多様な所有形態・経営形態の卸売企業の発展を奨励し，卸売集積である商品交易市場を建設するといった市場経済重視の方針であった。しかしながら，第2に，改革の結果，大手国有卸売企業が衰退したものの，民営大手卸売企業が発達せず，中小卸売業者が卸売流通の主な担い手とする卸売構造が形成された。第3に，こうした卸売構造に関して，市も大手小売企業の経営者も，流通コストが削減され，期待された改革効果を上げたと評価しているが，それは必ずしも適切ではなく，実際には大手卸売企業の支援がないため，規模が小さく，経営ノウハウが乏しい唐山市の大手小売企業の仕入コストが高く，また，今後の発展も阻害されると結論された。

第8章では，流通近代化の先進的な都市である上海市の現地調査の報告である。具体的には，①チェーン経営形態の成長，②百貨店の競争力強化とショッピングセンターの発展，③自由市場の競争力強化，④卸売商の機能高度化，が重なりあいながら展開するプロセスが明らかにされた。上海でもさまざまな新型店が登場しているが，それぞれの業態コンセプトは必ずしも明確化されないまま，量的拡大が優先されてきた。現在，新旧入り交じって複雑かつ激しい競争が進行中であり，その結果，業態コンセプトをしだいに確立されつつある。また，業態，垂直的関係，立地という，独占的競争が行われている小売市場を

特徴づけている3つの要因，それと商業街づくりや都市文化・生活文化との関連性が分析された。そのなかで，同時多発的な発展は狭義の流通近代化における「競争性」が優先されて，文化的価値基準や住みやすい街づくりが，相対的に軽視されることになる蓋然性が大きいことが指摘された。

　第Ⅲ部の「流通チャネルの革新をつかむ」では，家電，乗用車，加工食品の3分野の流通チャネル問題が取り上げられた。第9章では，中国の家電品流通は，社会主義計画経済から漸進的に市場経済への移行に伴い，大きく変貌した現実を分析した。「切符制」による配分の時代から，家電産業が発展し売り手市場が出現，改革・開放政策とあいまって家電品チャネルが多様化するが，世紀の境目あたりから家電量販店が急成長した。要因としては，家電産業の発展と生活水準の向上，技術革新により標準化された家電品が増えたこと，家電量販店に相応しいと立地の増加，企業家精神の高揚，日本など海外からの経営ノウハウの移転などにあることがわかった。そこでは家電量販店のバイイング・パワーの発揮によって業績悪化に苦しむ一部メーカーは，新たなマーケティング・チャネルを構築していた。さらに，家電量販店成長の経済的・社会的意味を明らかにした。

　第10章では，専売店である4S店チャネルが日系メーカーの主要なチャネルとなるプロセスをとらえた。2004年後半，中国の乗用車市場は売り手市場から買い手市場へと転換するなかで，過度なプッシュ戦略をとったメーカーがある一方，4S店との共存共栄をめざすメーカーも存在する。販売店との共存共栄をめざすメーカーの戦略は，①優れた商品を提供し，②注文に基づいて生産を調整し，③価格を安定させ，④高い数量リベートに頼らず，4S店のサービス力の向上を支援するもので，顧客満足の向上，ブランドの確立と，企業の長期的な発展を意図している。しかしながら，納車日数がより長い，メンテナンス・修理の代金が高い，小売価格の統一がむずかしい，などの問題点が指摘された。

　第11章では，台湾資本の頂新と統一企業の二大食品メーカーの中国市場におけるブランド形成プロセス，およびそのブランド形成を支えたマーケティング・チャネル構築の実態を明らかにし，中国市場における製販統合型経営の有効性と形成要因を分析した。要約すると，統一企業が台湾において採用し成功

した製販統合型戦略の経験と成果は，ライバル企業である頂新の手によって再現され，海を渡った中国市場においてもその有効性をある程度確認することができた。一方，統一企業のように同一企業による製販統合型戦略の展開でも，参入市場によって製販統合型企業の形成を加速あるいは減速させる要因が存在しているこも，合わせて指摘された。

3 | 中国流通近代化の特徴

　本書のひとつの狙いは，中国の流通近代化の特徴を明らかにすることにある。流通近代化については，すでにいくつかの章ですでに論じられているが，ここではその概念を再度整理し，中国における流通近代化の内容や進行プロセスを総括する。

　広辞苑によると，「近代化」とは，産業化・資本主義化・合理化・民主化など（で特徴づけられる）近代的な状態へ移行することで，とらえる側面により多様な観点が存在する。たとえば，富永は近代化を技術的・経済的領域，政治的領域，社会的領域，文化的領域など諸領域を含む総合的概念と捉え，技術と経済の近代化については「産業化」(industrialization) と定義している（1996, 32-33頁）。流通産業における近代化論は，産業化・資本主義化・合理化を図る有力な手段としてチェーンストアの経営形態が取り上げられてきた。堤清二も「流通産業における近代化論は主に小売業におけるチェーン・オペレーション論であり，チェーンストアの経営形態によって小売業が大規模化・組織化され，その結果，流通産業全体が産業化される……。そして小売業の近代化・合理化・産業化を促進するためには，経営者の意識変革，経営組織の近代化など，いわゆる『経営革命』が行われなければならない」と述べている（1979, 54頁）。

　しかしながら「流通近代化は，一般に国民経済的な観点から，流通コストの削減，物価の安定という要請に基づくものといわれながら，メーカーサイドからの量産体制に伴う量販体制の要請であったり，さらに，消費者の消費水準の向上に伴う生活の多様化，高度化に適合した新しいサービスの要請や，郊外の

開発に伴う消費者の便利という観点からの要請であるなど，それぞれの立場によって問題の接近が異なっている」（吉田信邦他，1970，19頁）という指摘からもわかるように，流通近代化には多くの内容が含まれている。流通近代化をおもに国民経済的な観点からみると，その内容は次の5ポイントにまとめることができる（関根，2008）。

　①チェーン経営形態による流通効率化
　②百貨店の競争力強化
　③中小小売商・商店街の活性化
　④卸売商の機能高度化
　⑤不合理な商慣行の是正

　ただし，こうした流通近代化の内容は，日本における経験からあぶり出されたものであり，国際比較に有効かどうかということは別途，検討されなければならない。とくに，高度に発展した経済と発展途上の経済では，流通近代化の内容や進行プロセスが異なる可能性があるし，中国のように流通近代化の出発点が計画経済で，漸進的に市場経済に向かっている場合は，別の道をたどるかもしれない。また同じ先進経済でも，卸売システムが高度に発達した国と，そうではない国でも事情はかなり異なると考えられる。この意味において，中国における流通近代化モデルを検証することの意義は大きい。

　本書ではすでに明らかにしたように，チェーン経営形態による流通効率化，百貨店の競争力強化，自由市場の発展，卸売商の機能高度化・卸売市場の整備に関しては，それぞれ程度に差はあるにしても，着実に進捗している中国の現状が明確になった。総合的・全体的に流通近代化が進んでいる。ただし，不合理な商慣行の是正は，中国流通近代化における大きな課題となっている。

　上記した流通近代化に関する5つのポイントの進行状況を順にみていこう。第1に，チェーンストア経営の普及は当初，総合超市，超市，コンビニンンスストア，各種専門店などの種々の業態で同時並行的に進行するが，実際には業態間で成長力に相違が生じ，異業態間競争の進展により競争が活性化する。こうしたプロセスにおいて華僑資本やグローバル・リテイラーを中心とする外資が大きな役割を果たした。

　第2に，1990年頃までは，国有百貨店を除いて近代的小売業というものはほ

とんどみられなかった。その国有百貨店においても近代化は遅れていた。1998年，当時売上中国一を誇っていた上海の「第一百貨店」を見学した経験を想い起こす。照明不足で売場は薄暗い感じで，店内の雰囲気も華やかさに欠け，フロアには「腕を組む，寄り掛かる，おしゃべりする」愛想のよくない店員が多く配置され，外資系百貨店とは大きな隔たりがあった。何よりもマーチャンダイジングに問題があり，ショーケースには魅力的な商品がほとんどみられなかった。しかしながら，90年代になると市場場開放が徐々に進められ，外資系百貨店がつぎつぎに参入し，合弁事業などを通じて経営ノウハウの移入も活発化し，国有百貨店でもしだいにマーチャンダイジングを格上げし，高級化路線をとるようになった。また，市街地再開発により百貨店がキーテナントになったショッピングセンターや内外の高級店が集積する商業ビルも，上海など大都市では急増した。過去10年の個人的な定点観測からは，そのようにいえる。

第3に，生産性の高いチェーン経営が普及する一方で，一般には効率が悪いと考えられる中小小売商が急増していることである。改革開放以降，中小卸・小売商が集積する広義の自由市場は，各都市・各地域で増加し，表8-5でもわかるように，販売額や市場数は進行形で拡大している。現在でも，おもに小売商が集積する自由市場は，生鮮食品を中心に市民生活をささえている。計画経済機構の末端を担っていた配給所が徐々に衰退し，自営の中小小売商が勃興し成長する局面は，計画経済から市場経済への移行経済では流通近代化の第1段階といえる。中小小売商からみた，流通近代化の第2段階は，集積としての自由市場がチェーン経営方式の超市や総合超市に対してどのように競争力を高めていくかということになる。

第4に，近代的卸売業が姿を現わしつつあり，自己の需要予測に基づき仕入れ，品揃えを行い，大量仕入や迅速な配送により流通コストを節減させるようになっている。政府は1980年代の前半，新しい流通チャネル構築の方針が出し，「3固定制」の廃止，3段階システムの改革などが決定した。しかし長い間，国有卸売企業で蓄積されていた非生産的な経営体質の改革はスムーズには進まず，一方で郷鎮企業，個人・私営企業，農民らによる自由市場が復活し，新たな「中間流通システム」が形成されるようになった。1990年代半ばになると，各地で自由市場が増殖し，国有卸を経由しない流通がしだいに増加した。

衣料品や加工食品の分野ではブランド・メーカーが成長し，それとともに近代的ビジネス・モデルを志向する「販売会社」や「代理店」などが勃興している。

　第5に，商慣行の是正に関しては問題含みである。第4章で指摘されているように，値引きやリベートの強要など不透明な商慣行は衰えるどころか，ますます勢いを増している感がある。黄江明（2008）の聞き取り調査によれば，中国に進出しているある外資系の有力チェーンが，徴収する値引きとリベートの項目は合計60にものぼる。この一部を紹介すると，普通商品値引き，無条件値引き，祝日販促値引き，新商品値引き，販売データ交換値引き，契約対象外商品リベート，バーコード変更リベート，単品バーコード・リベート，販促陳列リベート，店舗オープン協賛金，支払い情報チェック・リベート，臨時倉庫利用リベート，国慶節リベート，派遣社員リベート，契約継続リベート，期限支払いリベートなどである。これらの総額は売上高の約12％に達するという。こうした多様なリベートなどの商慣行に関する政府対策は遅れている。2008年8月，ようやく独占禁止法が施行になり，支配的市場地位の乱用，差別価格の強要，正当な理由なく納入業者との取引拒否などが禁止されたが，細則等はまだみえず，実際の運用がどうなるかは今後の推移を見守る必要がある。

　最後に，広義の流通近代化概念からみると，狭義の流通近代化における「競争性」が優先されて，文化的価値基準や住みやすい街づくりが，相対的に軽視される蓋然性が大きい。これは上海市と唐山市の事例から提起された問題である。

4 ｜「小売イノベーション」と「流通業のグローバル化」

　本書執筆者間で共有されているのは，小売イノベーションと流通のグローバル化の分析視点である。

　流通が近代化することにより流通システムが変化する。その流通動態の駆動力になるのが小売組織の経営革新行動である「小売イノベーション」である（矢作編，2000）。小売イノベーションは，業態ばかりでなく，チェーンストアなどの経営形態，そして物流や商品調達に関する革新も含まれる。たとえば，

日本のコンビニンンスストアによる革新は,「年中無休24時間営業」という業態コンセプトの確立,粗利益配分方式によるフランチャイズチェーン組織,効率的な小口多頻度配送体制の構築,メーカーとの協働的な商品開発という多数の小さなイノベーションが複合された産物である。

　チェーン経営形態の発展は,小売業の産業化を促進し,小規模分散性を克服し規模の利益を実現できるようになり,垂直的な組織間関係も変容させる。しかしながら,第5章で日本の総合商社の中国進出に関連して,卸売業の発展可能性で議論されたように,卸の先行きに不透明な部分がある。たとえば,ウォルマートやテスコなど欧米外資は,追加的収益源を求めて,中国市場においても自社配送センター経由の商品補給システムを構築し,メーカーとの直接取引を志向しているからである。上海市や唐山市でみたように,近代的卸が成長しつつあり,流通コストを節減させていることも事実だが,卸の発展を打ち消すような力が働いているのもまた,事実である。本書では,中間流通システムの実証分析にかなりのスペース割いている。

　つぎに,流通近代化を論じる場合に重要なのはグローバル化の視点である。特に発展途上国のケースではそうである。小売経営のノウハウは,公式・非公式を問わず,さまざまな方法で先進国から発展途上国に移転される。より直接的には,外資小売企業の中国企業との合弁による参入であり,近代的な小売業態の営業が始まれば,国内企業による海外の進んだ経営技術のベンチマークは容易になる。労働市場が形成され流動化し,外資が経験を積んだ人材の確保が容易になる。中国では,欧米や日本だけでなく,香港,台湾,マレーシア,タイなどの華僑資本が中国の流通近代化を大いに促進してきた。

　小売イノベーションの視点から分析することで,流通近代化を中核部分に迫り,また流通のグローバル化の概念により,より広い枠組みの中で中国における流通近代化を位置づけることができた。

5 課題と展望

　今後の研究課題の第1に取り上げなければならないのは，企業形態論と経営統治問題である。中国は共産党一党独裁のもと漸進的に改革により，市場経済化を進めるという史上初めての壮大な実験が進行中であるが，国有企業による流通近代化と民営企業による流通近代化が同時に行われ，両者は複雑に絡み合っている。われわれが本書で分析したかぎりでは，表面的には民営企業による流通近代化が優位な様相であるが，企業形態を詳細に分析すると必ずしもそうとはいえないし，重要物資に関しては国有企業のプレゼンスが圧倒的に大きい。今後やがて民営企業による流通近代化がますます勢いを増すのか，それとも政治的改革の「遅れ」から政府・国有企業との接点が大きくなるのかは，国有企業改革の進捗度，企業集団の実体，企業集団を中心として組織の階層性，株式会社の株主構成，企業経営者の決定メカニズムなど，企業形態論の分析を欠くことができない。

　第2は，小売イノベーションは，業態と同時に，チェーンストアなどの経営形態，物流，垂直的組織間関係などに関する革新も含まれるという問題意識を研究者間で共有し分析してきたが，全体的に小売業態に関するイノベーションが主になり，チェーンストア経営や，物流，垂直的組織間関係については検討を欠いた部分もあった。たとえば，第2章では，外資参入動向と現地市場へのインパクトは，小売業態や出店戦略といった小売業務の局面に限定されている。小売競争の展開や個別企業の優位性を分析するためには不十分であり，今後小売業務をささえる商品調達や商品供給の局面を含め，現地化へのインパクトと現地企業の知識吸収プロセスを分析することが課題となっていると指摘された。

　第3は，方法論上の問題である。本研究プロジェクトの現地調査は，資料・文献の収集と聞き取り調査の2つの方法で行われた。中国では，日本の「商業統計表」や「商業販売統計」に相当するものがないことからわかるように，一般に公表されている信頼度の高い統計データが限られている。そこで聞き取り調査が重要な意味をもつ。

ただし，聞き取り調査では対象とするケースをどう選択するかが大きな問題となる。研究者の問題意識に依拠して，全体，地域，分野などを代表するものでなければならないが，往々にして抽象化し理論化するプロセスで，研究目的との間で齟齬が生じることがあるので，ここでは試みに一対対照法（paired comparison method）をとった。たとえば，流通近代化を明らかにするために，北京市小売業の成長戦略では民営企業では物美を，国有企業では京客隆が対象とされ，台湾系の中国市場進出では母国で異なる事業展開をする二大食品メーカーである頂新と統一が比較分析され，家電量販店では熾烈な競争を展開する1・2位企業である国美と蘇寧が取り上げられている。また，地域流通の近代化では唐山と上海が採用された。

一対対照法によるケース・スタディでも，もちろん恣意性の誹りは免れないが，単一の場合より対照的なケースを取り上げて比較分析するので，相対的ではあるが普遍性は増すと考えられる。一対対照法によるケーススタディを積み重ねることにより，理論レベルの階層性が想定されるとすれば，より上位に移行するとも考えられる。

「発展する中国の流通」は，市場経済化とともに歩んでいるが，巨大な国家中国では流通近代化の進捗に，地域や業種で大きな違いがみられる。全体像を掴もうとしてもなかなか困難といえる。そこに至るひとつのアプローチが，一対対照法によるケーススタディである。今後は，いかに理論レベルを引き上げていくか，そして実証研究による理論化の方法論をいかに確立するかが大きな課題となる。

参考文献

関志雄（2005）『中国経済のジレンマ－資本主義への道』ちくま新書。
黄江明（2008）「中国流通業を取り巻く経営環境の変動」法政大学研究会報資料（6月3日）。
関根孝（2008）「流通近代化論 再考」『専修商学論集』第86号。
堤清二（1979）『変革の透視図』日本評論社。
富永健一（1996）『近代化の理論－近代化における西洋と東洋』講談社。
矢作敏行編著（2000）『欧州の小売りイノベーション』白桃書房。
矢作敏行（2001）「アジアにおけるグローバル小売競争の展開」ロス・デービス／矢作編『アジア発 グローバル小売競争』日本経済新聞社。

吉田信邦・欧州中小企業金融調査団（1970）『ヨーロッパにおける流通革新―欧州中小企業金融調査団報告書』。

索引

注:中国語の固有名詞および語句は日本語の漢字の読みによる。

ABC 行

B&Q〈百安居〉……………………………47
CP・正大グループ……………………99
EDI(Electronic Data Interchange)……34
GPS(Global Positioning System)……34
IKEA〈宜家〉……………………………47
M&A(企業買収・合併)…………103, 116, 119, 122, 128, 174
POS(販売時点情報管理)……………34, 123, 131
TCL集団公司……………………………286
WTO(世界貿易機関)…………………112, 143
WTO加盟…………………………………3, 30, 46

あ 行

アホールド………………………………228
イオン……………………………………2, 55
移行経済体制……………………………111
イズミヤ…………………………………72
伊勢丹……………………………………238
一括配送センター………………………144, 152
一汽豊田汽車銷售有限公司……………304
一百集団…………………………4, 28, 156, 229
伊藤忠商事……………………………3, 143, 327
イトーヨーカ堂〈華糖洋華堂〉…2, 45, 47, 55, 144
イトーヨーカ堂グループ………………146
ウォルマート〈沃爾瑪〉………46, 52, 55, 60
請負責任制………………………………207
永楽電器…………………………………274
オーシャン〈欧尚〉……………47, 52, 55, 60, 86, 228
卸売3段階体制……………………………15

か 行

改革開放政策……………………………111
外資系企業…………………………………47
外資系企業による商業企業の投資試行規則……30
外資系小売企業…………………………29, 48, 51
外資商業企業・外資小売企業…………31, 49
外商投資産業指導目録…………………31
外商投資商業企業試点弁法……………142, 157, 207
外商投資商業領域管理方法……………31
華人・華僑系資本………………………77, 100
可的便利…………………………………65
家電製品チャネル………………………260
家電量販店…………………………………264, 267
加藤産業…………………………………159
カルフール〈家楽福〉……3, 52, 55, 58, 69, 101, 228, 335
華聯集団……………………………4, 28, 229
喜士多………………………………………87
切符制………………………………………22, 260
供銷合作社系統……………………………14
屈臣氏グループ……………………………81
経営請負制度………………………………2
経営責任制…………………………………23
計画経済期…………………………………14
経済改革開放期……………………………19
経済改革開放政策…………………………18
経済特区…………………………………2, 29
権限下放……………………………………5
広州華新(集団)貿易有限公司…………142, 159
広州汽車集団股份有限公司………………304
康師傅………………………………………323
好徳便利……………………………………65
好又多………………………………77, 78, 87
小売イノベーション………………………353, 355
小売業態の多様化…………………………30
小売サプライチェーン……………………127
国美電器(集団)………………………3, 54, 266, 269
国分……………………………………………8
国有卸売企業(国有卸)………26, 27, 173, 174, 190, 210, 218, 250, 352
国有企業………………………22, 23, 134, 174, 184
国有企業改革……………………………1, 68, 70, 124

国有小型企業……23
国有商業企業……28, 32, 118
国有の卸売システム……247
国有百貨店……351
国家支配企業……209
5点価値論……310
コンビニエンスストア……62, 233

さ　行

サプライチェーン……130
3固定制……20, 185, 190, 250, 260, 352
3多1少……321
3段階卸売（流通）システム……3, 141
3段階卸売体制……19, 207
三聯商社……266
市場開放政策……8, 79
市場システム……1
下請け経営責任制……22, 23, 27
自動在庫補充……161
社会主義市場経済（化）……1, 26, 169
ジャスコ〈佳世客, 吉之島〉……45, 47, 155
上海華聯羅森有限公司……152
上海市南浦食品有限公司……142, 248
上海百紅商業貿易有限公司……157
上海百紅商業有限公司……4
上海ファミリーマート……89, 147, 327
上海物資集団……4
上海友誼集団……4
上海良菱配銷有限公司……151
集市貿易……21
自由市場……180, 243, 352
重点育成流通企業リスト……3
首聯集団……34
商業発展マスタープラン……190
商業部系統……14
商品交易市場……3, 211, 214, 221
商品別（の）専業公司……172, 173
承包経営責任制……23
商務部……134
食品スーパー……231
ショッピングセンター……241
スーパーマーケット〈超市〉……111
スピルオーバー〈漏出〉……2, 69, 105
住友商事……143, 159

セブン-イレブン・ジャパン……2, 64
セブン-イレブン……92, 144, 335
セルフサービス販売方式……227
専業公司……15, 16
漸進的改革路線……4
総合量販店〈総合超市〉……2, 6, 54, 111, 113, 117, 230, 265
総代理店制……263
蘇寧電器……54, 266, 278
その他収益……4, 131, 164

た　行

第一汽車集団公司……304
対外市場開放……1, 2
大潤発……77, 78, 85, 228
大商場……124
太平洋SOGO百貨店〈グループ〉……47, 95
太平洋百貨店……238
大躍進期……16
大連佳菱物流有限公司……153
棚割り提案……161
チェーンストア〈連鎖店〉……176, 227, 236, 355
チェーンストア経営〈連鎖店経営〉……33, 176, 351
チャロン・ポカパン（CP）グループ……98
中国卸売事業モデル……162
超級市場〈超市〉……54, 113, 124, 231
超国民的待遇……135
頂新・味全グループ……89
頂新グループ……3, 105, 147, 319, 322
張文中……114, 123
直販モデル……263
津菱（天津）物流有限公司……153
デアリー・ファーム〈牛奶公司〉……47, 77, 84, 101
テスコ〈特易購〉……47, 60, 328
統一企業〈グループ〉……3, 90, 101, 104, 154, 319, 329
統一超商……92, 319
唐山市……171, 205
唐山市百貨大楼集団有限責任公司〈唐山百貨大楼〉……174, 218, 220
東方商厦……238
ドミナント・エリア〈集中出店地域〉……57, 58, 125
トヨタ自動車……304
問屋無用論……7, 141

索 引 ● 361

な 行

南巡講話 ……1

は 行

パークソン〈百盛〉グループ ……46, 47, 52, 77, 78, 96, 238
ハイアール ……284
配給制度 ……2
ハイパーマーケット ……62
ハチソン・ワンポア〈和記黄浦〉グループ ……45, 77, 81, 122
批発市場 ……21
百佳超級市場〈百佳超市〉 ……77, 78, 82, 96
百紅商業有限公司 ……71
百聯集団 ……4, 34, 156, 229
百貨店 ……183, 184, 237
ファミリーマート ……3, 63
物資集団 ……229
ブッシュ戦略 ……296, 302
プライス・マート〈普爾斯馬特〉 ……47
ブランタン ……238
フランチャイズ ……34, 46
フランチャイズチェーン(方式) ……68, 121, 237, 283
ブランド間競争 ……6
ブランド内競争 ……6
文化大革命 ……17, 260
文化表現 ……189
北京伊藤忠華糖綜合有限公司 ……144
北京京客隆商業集団股份有限公司〈京客隆〉
……2, 113, 124, 142
北京市朝陽副食品総公司 ……124
北京物美商業集団股份有限公司 ……3
北京物美商業集団股份有限公司〈物美〉
……3, 69, 113, 114
ベスト・バイ〈百思買〉 ……47, 275
便利店 ……124, 233
貿易中心 ……21
包括的業態戦略 ……116
ホーム・デポ〈家得宝〉 ……47
香港, マカオ, 台湾の華人企業 ……49
香港・マカオ・台湾資本企業 ……36

ま 行

マクロ〈万客隆〉 ……46, 228
丸紅 ……2, 143, 156, 236
三菱商事 ……2, 143, 151, 236
民営卸 ……191, 247
メトロ〈麥徳龍〉 ……47, 55, 60, 228

や 行

ヤオハン〈八佰伴〉 ……46, 70, 101
友誼(集団) ……28, 229
ヨークベニマル ……2
4 S店 ……295
四放開 ……24, 27

ら 行

楽購 ……89
流通革命 ……111, 228
流通近代化 ……6, 7, 8, 13, 31, 111, 170, 199, 350, 355
流通系列化 ……7
流通の多様性 ……8
菱食 ……154
良友金伴 ……65, 235
聯華快客 ……65
聯華超市 ……72, 154, 228
聯華超市股份有限公司 ……2
連鎖店経営(チェーンストア経営) ……29
ローソン ……63, 71, 152
ロータス〈易初蓮花〉 ……46, 77, 98, 228

執筆者紹介

矢作敏行（やはぎ・としゆき）
法政大学イノベーション・マネジメント研究センター所長　経営学部教授
主著：『コンビニエンス・ストア・システムの革新性』日本経済新聞社，1994年。
　　　『小売国際化プロセス―理論とケースで考える』有斐閣，2007年。

関根　孝（せきね・たかし）
専修大学商学部教授
主著：『小売競争の視点』同文舘，2000年
　　　『日韓小売業の新展開』（共編著）千倉書房，2003年。

鍾　淑玲（ショウ・シュクレイ）
東京工業大学大学院　社会理工学研究科経営工学専攻准教授
主著：『製販統合型企業の誕生―台湾・統一企業グループの経営史』白桃書房，2005年。
　　　「中国における台湾食品メーカーのマーケティング・チャネル戦略～頂新（康師傅）と統一企業のケースを通じて～」『流通研究』日本商業学会，2008年，第10巻第3号。

畢　滔滔（ビイ・タオタオ）
敬愛大学経済学部准教授，カリフォルニア大学バークレー校客員研究員
主著：「自動車：流通チャネルとブランド構築の接点」山下裕子＋一橋大学BICプロジェクトチーム編『ブランディング・イン・チャイナ』東洋経済新報社，2006年。
　　　「商店街振興組合の組織的特徴と合意構築の能力」一橋大学日本企業研究センター編『日本企業研究のフロンティア　第4号』有斐閣，2008年。

Riim
イノベーション・マネジメント研究センター
The Research Institute for Innovation Management

▧ 発展する中国の流通 〈検印省略〉

▧ 発行日──2009年3月26日 初版発行

▧ 著 者──矢作 敏行・関根 孝
　　　　　　鍾 淑玲・畢 滔滔

▧ 発行者──大矢栄一郎

▧ 発行所──株式会社 白桃書房
　　　　　〒101-0021　東京都千代田区外神田5-1-15
　　　　　☎03-3836-4781　📠03-3836-9370　振替00100-4-20192
　　　　　http://www.hakutou.co.jp/

▧ 印刷・製本──アベル社・渡辺製本

ISBN 978-4-561-66180-1 C3063

© Toshiyuki Yahagi, Takashi Sekine, Chung Sulin, Bi Taotao, and The Research Institute for Innovation Management, Hosei University. 2009 Printed in Japan

JCLS 〈㈳日本著作出版権管理システム委託出版物〉
本書の無断複写は著作権法上での例外を除き禁じられています。複写される場合は、そのつど事前に、㈳日本著作出版権管理システム（電話03-3817-5670，FAX03-3815-8199, e-mail：info@jcls.co.jp）の許諾を得て下さい。
落丁本，乱丁本はおとりかえいたします。

田村　正紀【著】
リサーチ・デザイン
経営知識創造の基本技術

ビジネス・スクールや大学院において論文を作成する学生，またはシンクタンク，コンサルタント会社，企業の調査部門の研究スタッフなど，本格的なリサーチに取り組む方を対象に，リサーチ・デザインの基本的な考え方や技術を展望したテキスト。

ISBN978-4-561-26457-6　C3034　A5判　208頁　本体2381円

株式会社
白桃書房

（表示価格には別途消費税がかかります）